公共卫生法

杨平　编著

山东大学出版社

图书在版编目(CIP)数据

公共卫生法/杨平编著. —济南:山东大学出版社,2020.7 (2025.8 重印)

ISBN 978-7-5607-6651-5

Ⅰ. ①公… Ⅱ. ①杨… Ⅲ. ①卫生法—研究—中国 Ⅳ. ①D922.164

中国版本图书馆 CIP 数据核字(2020)第 124893 号

责任策划 徐 翔
责任编辑 李昭辉
封面设计 张 荔

出版发行 山东大学出版社
社　　址 山东省济南市山大南路 20 号
邮政编码 250100
发行热线 (0531)88363008
经　　销 新华书店
印　　刷 济南巨丰印刷有限公司
规　　格 720 毫米×1020 毫米 1/16
　　　　 22.25 印张 410 千字
版　　次 2020 年 7 月第 1 版
印　　次 2025 年 8 月第 2 次印刷
定　　价 60.00 元

前言

在长期为预防医学本科生和公共卫生硕士讲授卫生法的过程中，笔者越来越觉得应该为他们编写一本更适用的公共卫生法教材，因为预防医学本科生未来的工作主要是从事公共卫生服务和卫生行政管理，而公共卫生硕士的设置本身就是为了提升公共卫生人员的专业素质与技能，当然也包括法学方面的素质与技能。在公共卫生越来越被重视的当今时代，公共卫生法的教学和研究是非常必要并且有意义的。

国内对公共卫生法的研究起步较晚，缺少专门的著作和教材。在这种情况下，笔者结合多年的教学实践，以及自己在公共卫生领域所受的专业熏陶，尝试着撰写了这本《公共卫生法》教材。同时，由于深感本科教育已不只是法律知识的传授，而应引导学生对公共卫生领域的法律问题进行思考，以提高学生的法学理论水平和法律思维能力，并对公共卫生法的前沿研究能有所了解和把握，所以，本书用相当大的篇幅对公共卫生法的理论进行了探讨，对公共卫生领域存在的法律问题进行了讨论，这是本书比一般教材深入的地方。所以，本书也是一部个人专著，是作者长期对公共卫生法进行研究后的产出。

本书的编写体例是这样的：前三章为基本理论，包括公共卫生概述、公共卫生法概述、公共卫生法治管理与理念；自第四章至第十五章介绍了现行主要的公共卫生法律法规。在这十五章里，每一章的第一节都是对该法的理论探讨和现存法律问题的讨论，第二节（个别有第三节）介绍该法的具体规定。所介绍的法律法规均为最新修订或颁布的，如 2019 年新修订的《中华人民共和国药品管理法》，2019 年新颁布的《中华人民共和国疫苗管理法》，2019 年新颁布的《中华人民共和国基本医疗卫生与健康促进法》等。公共卫生法包括的内容非常广泛，囿于笔者的水平和精力，本书只介绍了主要的公共卫生法律法规，对于目前没有立法的部分，本书一律没有涉及。

本书适宜的读者对象包括预防专业本科生、研究生，卫生管理专业的本科生、研究生，公共卫生硕士，卫生法的学习者，公共卫生领域工作人员，卫生行政管理人员，其他对公共卫生法感兴趣的人员。

本书吸纳了国内外许多研究者的研究成果，在此表示诚挚的感谢！本书的写作与出版得到了笔者所在单位——山东大学公共卫生学院的大力支持，得到了许多同事的大力帮助与鼓励，在此一并表示诚挚的感谢！由于作者水平和精力有限，疏漏不足之处定然有之，在此特恳请读者批评指正。

杨平

2020年3月16日于济南

序 言

2020年席卷全球的新型冠状病毒肺炎疫情，向全球公共卫生体系提出了巨大挑战，也暴露出了我国在重大疫情防控体制机制、公共卫生应急管理体系等方面存在的问题和不足，提示我国的公共卫生法治体系需要强化；重大疫情防控相关立法和配套制度不够完备，重大突发公共卫生事件应急响应机制有待完善，相关应急预案的操作性和针对性有待增强等。

一部人类的文明史，就是一部人类与传染病的斗争史。疾病以超乎想象的方式影响了人类社会的各个方面，病原微生物以难以置信的方式干预了人类文明的进程。病毒不仅从未离我们远去，也永远不会离我们远去。而人类远比想象得脆弱，我们要更加尊重和敬畏大自然，保持生态平衡。

公共卫生的目的是预防疾病，延长寿命，促进健康，提高生命质量。公共卫生的手段既包括公共卫生和预防，也包括组织临床活动和保障公民生活的社会机制，公共卫生实践活动是有组织的社会或集体行为。公共卫生在理念上已将卫生政策和法规的制定、筹资与保障、资源分配、卫生监督、卫生应急等纳入了公共卫生的视野，把健康纳入了所有政策，让人民共建共享。

在公共卫生实践、疾病预防和疫情控制过程中，依法、科学、有序地防控至关重要。要严格执行《中华人民共和国传染病防治法》《突发公共卫生事件应急条例》等法律法规，依法审慎决策；依法实施疫情防控及应急处理措施，依法对危害疫情防控的行为进行处罚，依法做好疫情报告和发布，依法支持和配合疫情防控工作，为群众提供疫情防控法律服务和法律援助。

山东大学公共卫生学院杨平教授的专著《公共卫生法》就公共卫生的产生、发展、服务进行了总结，对公共卫生法的基本原则、法律关系、法律责任、法律价值进行了分析，对《中华人民共和国传染病防治法》《中华人民共和国职业病防治法》《突发公共卫生事件应急条例》等法律法规进行了论述。全书概念明晰，基于理论结合案例讲解，结构完整，内容丰富，深入浅出，可读性强，是国内公共卫生法方面的重要著作。

杨老师毕业于法学专业，具有扎实的法律功底，又在公共卫生学院从事法律教学多年，对公共卫生有较好的理解。《公共卫生法》是她多年教学与研究工作的积累。杨教授在中国大学慕课上开设的公共卫生法课程选课人数超过4万，深受学生好评，这足见学生及公众对公共卫生法的高度关注。我认为，《公共卫生法》一书的出版发行，既为学生学习公共卫生法提供了帮助，也为公共卫生法理论研究提供了支持。

李士雪
山东大学公共卫生学院书记、院长
2020年3月30日于济南

目录

第一章　公共卫生概述 ………………………………………………………… (1)

第一节　公共卫生的产生与发展 ………………………………………… (1)

第二节　公共卫生的概念和特点 ………………………………………… (11)

第三节　我国公共卫生服务体系和服务项目 …………………………… (21)

第二章　公共卫生法概述 ………………………………………………………… (32)

第一节　公共卫生法概念与调整对象 …………………………………… (32)

第二节　公共卫生法的基本原则 ………………………………………… (43)

第三节　公共卫生法律关系 ……………………………………………… (47)

第四节　公共卫生法律责任 ……………………………………………… (53)

第三章　公共卫生法治管理与理念 ……………………………………………… (61)

第一节　公共卫生法的基本价值 ………………………………………… (61)

第二节　公共卫生法治管理 ……………………………………………… (74)

第三节　公共卫生法治管理理念 ………………………………………… (82)

第四章　健康促进法律制度 ……………………………………………………… (89)

第一节　健康促进法理论及相关问题 …………………………………… (89)

第二节　健康促进法律规定 ……………………………………………… (95)

第五章　传染病防治法律制度 …………………………………………………… (101)

第一节　传染病防治法理论及相关问题 ………………………………… (101)

第二节　传染病防治法律规定 …………………………………………… (112)

第六章　国境卫生检疫法律制度 ………………………………………… (125)

第一节　国境卫生检疫法理论与相关问题 ……………………………… (125)

第二节　国境卫生检疫法律规定 ………………………………………… (129)

第七章　职业病防治法律制度 …………………………………………… (141)

第一节　职业病防治法理论及相关问题 ………………………………… (141)

第五节　职业病防治法律规定 …………………………………………… (148)

第八章　精神卫生法律制度 ……………………………………………… (160)

第一节　精神卫生法理论及相关问题 …………………………………… (160)

第二节　精神卫生法律规定 ……………………………………………… (173)

第九章　母婴保健法律制度 ……………………………………………… (185)

第一节　母婴保健法理论及相关问题 …………………………………… (185)

第二节　母婴保健法律规定 ……………………………………………… (193)

第十章　人口和计划生育法律制度 ……………………………………… (202)

第一节　人口与计划生育法理论及相关问题 …………………………… (202)

第二节　人口与计划生育法律规定 ……………………………………… (208)

第十一章　食品安全法律制度 …………………………………………… (213)

第一节　食品安全法理论及相关问题 …………………………………… (213)

第二节　食品安全法律规定 ……………………………………………… (224)

第十二章　药品管理法律制度 …………………………………………… (250)

第一节　药品管理法理论与相关问题 …………………………………… (250)

第二节　药品管理法律规定 ……………………………………………… (257)

第三节　疫苗管理法律规定 ……………………………………………… (272)

第十三章　环境保护法律制度 …………………………………………… (287)

第一节　环境保护法理论及相关问题 …………………………………… (287)

第二节　环境保护法律规定 ……………………………………………… (297)

第十四章　公共场所卫生管理法律制度 …………………………………… (306)
第一节　公共场所卫生管理法理论及相关问题 ……………………… (306)
第二节　公共场所卫生管理法律规定 ………………………………… (312)
第三节　公共场所禁烟管理规定 ……………………………………… (317)
第十五章　突发公共卫生事件应对法律制度 ………………………………… (322)
第一节　突发公共卫生事件应对法理论及相关问题 ………………… (322)
第二节　突发公共卫生事件应急法律规定 …………………………… (338)

第一章 公共卫生概述

第一节 公共卫生的产生与发展

公共卫生(public health)也称“公共健康”或者“公众健康”。尽管称谓不同,从中文字面上看也存在差异,但我国卫生界通常把它们看成一回事,认为是不同的翻译而已。习惯上,国人称“公共卫生”的居多,另外,关于“卫生”一词,在汉语语境中有其自身的渊源与含义,故本书沿用“公共卫生”的称谓。

一、现代意义的公共卫生之产生

本书的重点在于对公共卫生法的阐述,所以不对公共卫生的起源与发展进行深入系统的研究,只对现代意义的公共卫生作粗浅的梳理。

所谓“现代意义的公共卫生”,是指伴随着现代工业革命产生的,利用现代技术和手段预防控制疾病和健康危险因素,有组织、有领导的公共卫生活动。目前公认为现代意义的公共卫生始于欧洲工业革命[①],时间很短,至今也就 200 年左右。

(一)欧洲工业革命引发的公共卫生问题

18 世纪后半叶,欧洲机器大工业代替了家庭手工业和工场手工业,集中的厂房和人口形成了都市。然而,由于当时人们对疾病预防认识不足,更由于当时经济条件差,厂房设备简陋,工作环境恶劣,缺乏基本的职业卫生防范和卫生设施,加上产业工人的劳动时间长,营养不良,居住环境差,饮用水不卫生,医疗条件落后等原因,导致传染病疫情在城市里频频发生,职业中毒和食物中毒事故不断,肺结核和职业性肺病发病人数剧增,因环境污染直接造成的疾病大量发生,糟糕

① 参见曾光、黄建始:《公共卫生的定义和宗旨》,《中国医学杂志》2010 年第 11 期。

透顶的公共卫生状况使得居民的患病率、死亡率大幅度上升。这场始于 18 世纪 60～80 年代、结束于 19 世纪末的欧洲工业革命推动了生产技术革命，使社会生产关系发生了重大变革，同时也引发了上述严重的公共卫生问题。

（二）社会性群体预防理念的形成

为解决由工业革命所引发的公共卫生问题，欧洲各国开始了广泛的公共卫生活动。逐渐地，人们认识到了城市的上/下水道、住所和工厂的卫生设施、环境卫生等对健康的重要影响；更重要的，人们认识到了群体预防的重要作用。到了 19 世纪末 20 世纪初，“人类经过长期积累的战胜天花、霍乱、鼠疫等烈性传染病的经验，以及针对工业革命的人口城市化、人口增长、环境污染等所造成的一系列卫生问题，逐渐认识到个体预防疾病的效益不高，必须针对整体进行预防才能取得显著效益”①。此时，预防医学由个体预防扩大到社会性群体预防，才真正把卫生学的概念扩大到公共卫生，这就是医学史上著名的第一次卫生革命。这次革命降低了当时严重威胁人类生命的各种传染病和寄生虫病的发病率、死亡率，使人类平均期望寿命提高了 20～30 岁。② 这是现代公共卫生的初始阶段，公共卫生的含义在很大程度上等同于环境卫生和预防疾病的策略。③

陶标芳、李十月主编的《公共卫生学概论》一书直接将第一次卫生革命称为“第一次公共卫生革命”，他们认为这场革命给公共卫生带来了如下的改变：一是观念的革命，人们形成了大众健康的理念，意识到传染病的控制不是个人的事情，必须大家携手共同应对。二是技术和方法的革命，人们掌握了免疫技术，发明生产了多种药物，使用流行病学方法，开展了包括对城市下水道、厕所、公共饮用水改造等在内的公共卫生工程建设。三是公共卫生决策的革命，促进了地区或国家公共卫生体系的建立，在卫生决策中重视预防和公共卫生资源的投入，为以后的公共卫生决策起了引领作用。④

（三）公共卫生初始阶段所采取的措施和手段

根据当时人们对公共卫生的认识和科技水平，各国对公共卫生采取了如下措施和手段：一是加强对污水、粪便、垃圾的处理，改造城市的上/下水道、厕所和饮用水等系统，开展了消灭病媒动物的活动，改善了工作和生活环境。重视食品及饮用水卫生，加强食品卫生监管；二是限制危险工作的劳动时间，保护孕妇，进行车间通风，预防工业毒物中毒，减少职业危害的发生和职业性疾病的产生；三

① 孙贵范主编：《预防医学》，人民卫生出版社 2010 年版，第 9 页。

② 参见孙贵范主编：《预防医学》，人民卫生出版社 2010 年版，第 9 页。

③ 参见龚向光：《从公共卫生内涵看我国公共卫生走向》，《卫生经济研究》2003 年第 9 期。

④ 参见陶芳标、李十月主编：《公共卫生学概论》，科学出版社 2017 年版，第 36～37 页。

是采用免疫接种的方法预防天花、白喉等传染病，使用抗毒素等药物治疗传染病，采用隔离检疫的方法防止外来传染病的传播；四是建立国家公共卫生体系，开展公共卫生调查，甚至开始了相关公共卫生立法，如1848年英国成立了国家卫生局，并制定了世界上最早的《公共卫生法案》(*Public Health Act*)，这是公共卫生历史上的一个巨大里程碑。[①] 英国的公共卫生实践和立法影响了整个欧洲，令欧洲其他各国纷纷效仿。

二、公共卫生之发展

从第二次世界大战结束到20世纪末，是现代意义的公共卫生大力发展的阶段。

(一)二战后社会快速发展带来了新的公共卫生问题

20世纪以前，人类面对的主要健康威胁是传染病和因环境污染造成的疾病。以控制传染病、改善环境为主要内容的第一次公共卫生革命对控制和消灭传染病发挥了巨大作用。[②] 然而，20世纪中叶之后，情形发生了变化，影响人类健康的主要疾病从传染病逐渐转变为慢性非传染性疾病，影响健康的因素除了物质环境外，社会因素也起着很大的作用。

自二战结束至20世纪60～70年代，为在废墟上重建家园，快速恢复萧条的经济，各国展开了大力的发展和建设，很快出现了工业经济快速发展和科学技术飞速进步的局面。这种新局面带来的不利后果是：一方面，由于战后人口迅速增长，衣食住行之需要越来越多，人类在大量制造所需物质资料的同时，过度地消耗能源，污染环境，破坏了生态平衡；另一方面，战后人们的生活方式也随着科技进步和物质丰富发生了重大变化，养成了一些不利于健康的行为习惯，如体力劳动减少，摄入能量过剩，饮食结构不合理等；再有就是，激烈的社会竞争，紧张的工作节奏，加上战争遗留给人们的心理创伤久久不能愈合，吸烟、酗酒、药物滥用等现象大量增加，人们的心理疾病逐渐增多。这样一来，疾病谱和死因谱发生了重大变化，烈性传染病相对减少，而慢性非传染性疾病发病率显著上升，"慢病"逐渐成为危害人类健康的重要疾病。

(二)第二次卫生革命使公共卫生进入了社会预防阶段

疾病谱的改变向人们提出了新的挑战，经过大量的实践活动和调查研究，人们认识到环境污染、社会压力、心理承受能力、不良生活方式、不良行为等均与慢性非传染性疾病密切相关，而改变环境、减少社会压力和心理压力、改变

---

① 参见张丽丽：《19世纪英国公共卫生立法研究》，河南大学2009年硕士学位论文。

② 参见陶芳标、李十月主编：《公共卫生学概论》，科学出版社2017年版，第34页。

不良生活方式和行为方式，是生物医学手段无法做到的，需要改善社会环境，培养人们养成良好的生活方式，并且依靠全社会的共同努力才能完成。于是，医学模式由原来的单纯生物医学模式，改变为生物-心理-社会医学模式，这被视为现代医学史上的第二次卫生革命。陶芳标、李十月主编的《公共卫生学概论》将其称为“第二次公共卫生革命”。这次革命以慢性非传染性疾病为防控对象，重视对疾病和健康危险因素的监测，倡导健康行为方式、合理营养和体育锻炼等，以降低慢性非传染性疾病的发病率和死亡率。① 这次革命使人们认识到群体预防需要社会的共同努力，使预防医学扩大到社会医学、行为医学和环境医学的社会预防阶段。② 1948 年 4 月 7 日，世界卫生组织（WHO，简称“世卫组织”）宣布成立；1952 年，WHO 采纳了温斯洛（Charles-Edward Amory Winslow）教授的“公共卫生”概念，向全世界成员国倡导公共卫生，并指导各国的公共卫生活动。

（三）新公共卫生时代及其延伸

20 世纪 80 年代中期以后，发达国家经历过繁荣的经济发展时期，由经济发展引起的环境污染、工作压力等导致的健康问题更加凸现，人们不仅意识到了社会支持、社会环境对健康的重大影响，而且意识到了环境污染、社会环境、工作压力等问题的解决需要政府发挥作用，于是，新公共卫生时代开始了。1986 年 11 月 21 日，WHO 在加拿大渥太华召开了被认为是新公共卫生时代开启标志的第一届国际健康促进大会，会上发表的《渥太华健康促进宪章》将新公共卫生定义为：“在政府的领导下，在社会的水平上，保护民众远离疾病和促进公众健康的所有活动。”③会议指出，健康的基本条件包括和平、住房、教育、食品、收入、稳定的生态环境、可持续的资源、社会的公平与平等。显然，这些基本条件不是个人能够解决的，而是需要政府来提供，所以，新公共卫生的核心内容就是强调政府在公共卫生中的核心地位。此后，公共卫生作为政府责任不断地被强化，公共卫生水平也成了考量政府政绩的重要指标之一。

1987 年，在墨尔本召开的一次澳大利亚全国会议上提出了“生态公共卫生”的概念，这被认为是新公共卫生的延伸，而且更具有整体性，认为人的身心及社会的安好取决于环境、社会、经济、文化、政治和个人因素，其原则是公正平等、持续、和睦、保护全球环境。公共卫生的公平性、可持续发展性、全球性等理念也被提出并受到了重视。

① 参见陶芳标、李十月主编：《公共卫生学概论》，科学出版社 2017 年版，第 40 页。

② 参见孙贵范主编：《预防医学》，人民卫生出版社 2010 年版，第 9 页。

③ 范春主编：《公共卫生学》，厦门大学出版社 2009 年版，第 5～6 页。

(四)公共卫生发展阶段的措施与手段

在公共卫生的发展阶段,公共卫生的理念、手段、措施、策略等都得到了全方位的发展。二战结束后,许多国家建立了卫生部门和现代化的疾病监控体系,各国公共卫生体系越来越完善,疾病的防控和治疗手段越来越科学,越来越多的疫苗被研发和使用,食品、药品、环境卫生的监督越来越法制化。更重要的是这几点:一是公共卫生作为政府责任的理念被广泛接受,公共卫生政策成了公共卫生活动的重要引导和保障,政府的干预在公共卫生工作中发挥了不可替代的作用。公共卫生也不再是卫生部门一家的事情了,而需要许多部门的共同参与和协作。二是开展健康教育和健康促进,倡导健康的行为方式,改善因不良生活方式和不良行为方式造成的健康问题。三是针对健康社会危险因素采取诸如健康公平、社会支持、医疗保障、心理疏导等措施和手段。四是重视生态环境和公共卫生的可持续发展,开展关于环境保护、传染性疾病预防和突发公共卫生事件应对的全球协作。在公共卫生发展阶段,流行病学和生物统计学发挥了巨大的作用,实验室研究和监测也为公共卫生提供了科学的数据和指标;社会医学的兴起和迅猛发展,为社会因素造成的健康问题提供了重要的研究结果和对策建议;公共卫生法为公共卫生活动保驾护航,公共卫生管理和政策研究对公共卫生的发展起着重大作用。

三、公共卫生的当下与未来

这里所说的"公共卫生的当下与未来",指人类进入21世纪之后的公共卫生情形。

进入21世纪后,科技更加发达,人类对自然界的改造和探索达到了新的高度;信息量爆炸式增长,且几乎能到达世界任何角落;国际交流与合作更加密切,当然冲突与摩擦也不曾间断。人类生活、人口结构、社会关系、国际关系、生态环境、全球气候等都随之发生了巨大变化,也都毫无疑问地影响着全球公共卫生。以往没有解决的公共卫生问题有的更加严重,新的公共卫生问题又不断出现。当下,公共卫生出现了一些新的变化和趋势,并且会在未来很长一段时间内存在。概括起来,表现在以下几个方面:

(一)全球气候变化已成为21世纪人类健康的重要威胁

环境污染、生态破坏造成了全球气候变化,由此引发的健康危害令人类自己都不敢相信。英国伦敦大学全球健康研究所于2015年6月23日在《柳叶刀》杂志上公布了他们的研究报告,称气候变化对人类健康的威胁相当大,以至于破坏了近50年来全球卫生事业发展的收益。该报告显示,极端气候事件,如热浪、洪水、干旱和风暴的发生频率增加,是气候变化对健康的直接影响;间接影响则来自感染疾病模式的变化、空气污染、食品安全和营养不良、非自愿移民和冲突等。① 极端天气事件发生的频率和受灾人数正在以惊人的速度增加，据统计，20 世纪80 年代初期，全球平均每年发生 120 起自然灾害，而现在已增至每年 500 起左右。受灾人数在过去 20 年内增加了68%；1985～1994 年，全球平均每年受灾人口为 1.74 亿，而 1995～2004 年，平均每年受灾人口增至 2.54 亿。②

全球气候变化严重威胁着 21 世纪人类的健康，气候与健康问题也成了公共卫生研究的热点。世界卫生组织的一次评估结论是：预计在 2030～2050 年，气候变化每年将多造成约 25 万人死亡，其中预计有 3.8 万老年人死于气温过高，4.8 万人死于腹泻，6 万人死于疟疾，9.5 万儿童死于营养不良。③ 2014 年 5 月 19～24日，第 67 届世界卫生组织大会在瑞士的日内瓦召开，大会的主题就是"气候变化与人类健康"。时任世卫组织总干事陈冯富珍在工作报告中指出：大量证据显示，人类活动正在影响全球气候，并对公共卫生造成了严重影响；人类活动对环境的影响正在变得越来越严重，我们的地球越来越难以维持人类的生命健康。

(二)全球人口老龄化带来的公共卫生问题

据联合国 2019 年 6 月 17 日发布的《2019 年世界人口展望》(*The 2019 Revision of World Population Prospects*)报告显示，到 2030 年，预计全球人口将达到 85 亿，2050 年全球人口有望达到 97 亿。④ 21 世纪是人口老龄化的时代。目前，世界上所有发达国家都已经进入老龄化社会，许多发展中国家正在或即将进入老龄化社会。

人口老龄化是指总人口中因年轻人口数量减少、年长人口数量增加而导致的老年人口比例相应增长的动态，有两层含义：一是指老年人口相对增多，在总人口中所占比例不断上升的过程；二是指社会人口结构呈现老年状态，进入老龄化社会。国际上通常的看法是，当一个国家或地区 60 岁以上老年人口占人口总数的10%，或65 岁以上老年人口占人口总数的 7%，即意味着这个国家或地区处

---

① 参见《气候变化对人类健康影响被低估》[EB/OL]，(2015-06-26)[2020-01-30]，http://www.rmzxb.com.cn/c/2015-06-26/523305.shtml

② 参见孙广勇：《极端天气是大自然向人类敲响的警钟》[EB/OL]，(2008-01-30)[2020-01-30]，http://scitech.people.com.cn/GB/6838652.html.

③ 参见 WHO：Quantitative risk assessment of the effects of climate change on selected causes of death，2030s and 2050s. Geneva：World Health Organization，2014.

④ 参见：《联合国〈2019 世界人口展望〉：未来十年人口增长减缓 老龄化加剧》[EB/OL]，(2019-07-03)[2020-01-30]，http://www.cssn.cn/hqxx/bwych/201907/t20190703_4929014.shtml.

于老龄化社会。① 由人口老龄化带来的一系列公共卫生问题有:社会人口结构变化,劳动力减少,养老负担加重;对医疗、保健、护理需求增多而形成巨大的社会压力;与老龄化相关的疾病与损伤增加,如慢性非传染性疾病、老年性精神障碍、意外跌倒等,使得疾病负担加重,疾病与损害也影响了老年人口的生活质量。

人口老龄化是全球不可逆转的趋势,是社会性的问题,需要全社会以积极的态度来应对。

(三)慢性非传染性疾病成为重大的公共卫生问题

慢性非传染性疾病(noninfectious chronic disease, NCD,简称"慢病")自1998年第一次超过传染病成为全球疾病负担大病之后,一直占据了疾病谱和死因谱的主要位置。进入21世纪,情况非但无缓解的迹象,反而有加剧的趋势。据估计,2001年,全球5650万总死亡人口中,约60%死于慢病,全球疾病总负担的46%由慢病所致。2017年5月17日,WHO发布的《2017年世界卫生统计报告》显示,2015年估计有4000万人死于非传染性疾病,占总死亡人数的70%,主要由四类疾病所致:心血管疾病造成1770万人死亡,占所有NCD的45%;癌症造成800万人死亡,占22%;慢性呼吸系统疾病造成390万人死亡,占10%;糖尿病造成160万人死亡,占4%。预计到2020年,全球总死亡人数的75%、全球疾病总负担的57%将由慢病所致。②

需要引起注意的是,慢病不是富裕国家才有的疾病,低收入和中等收入国家是全球慢病的最大负担者。以癌症和糖尿病为例,2018年9月12日,世卫组织国际癌症研究机构发布的最新《世界癌症报告》显示:2018年全球新增1810万例癌症病例,死亡人数达960万;2018年全球近一半的癌症新诊断病例和超过一半的癌症死亡病例发生在亚洲。③

2016年4月6日,世卫组织发布的首份《全球糖尿病报告》显示,截至2014年,全球共有4.22亿糖尿病患者,约占全球人口的8.5%,而1980年这一数字仅为1.08亿,约占全球人口的4.7%。报告说,没有任何国家的糖尿病患者比例有实质性降低,患者比例在中等和低收入国家中上升更为迅速。报告还警告,糖尿病严重影响着社会经济,全球用于应对糖尿病的年花费超过8270亿美元;至2030年,预计全球经济将因糖尿病损失高达1.7万亿美元,其中发达国家和发展

① 参见李鲁主编:《社会医学》,人民卫生出版社2013年版,第234页。

② 参见陶芳标、李十月主编:《公共卫生学概论》,科学出版社2017年版,第46页。

③ 参见王宁、刘硕、杨雷等:《2018全球癌症统计报告解读》,《肿瘤综合治疗电子杂志》2019年第1期。

中国家各占大约一半。[①] 从世界卫生组织的报告中,我们能看到糖尿病患者的增长速度以及防控形势的严峻。

心脑血管疾病、癌症、糖尿病、高血压和精神障碍等需要长期治疗的慢病不仅大幅度地增加了卫生费用负担和公共卫生服务需求,而且严重影响了患者的生命质量。世卫组织提出"21 世纪人人享有卫生保健",医疗目标开始从"以疾病为中心"向"以健康为中心"转变,医疗目的也从对抗疾病和死亡逐渐转变为对抗早死,维护和促进健康,提高生命质量。加强健康促进、推行健康生活方式是预防慢病的重要举措,提高慢病患者的生存质量也是公共卫生的重要任务之一。

(四)传染性疾病出现了新特点

尽管从技术层面上讲,人们预防、控制、消除传染病的能力已大大提高,但鼠疫、霍乱、艾滋病、肺结核等危害较大的传染病依然没有得到有效控制,新的传染病不断出现,传染病依然与战争、饥荒一起排在人类生存所面临的最大威胁前列,仍然是国际上的重大公共卫生问题。

随着生态环境的破坏,全球气候变化,城市化和人口流动加剧,抗生素、抗病毒药和杀虫剂的广泛使用甚至滥用等,传染病出现了一些新特点:一是某些病毒产生耐药变异,某些传染病的发病规律发生改变,原本被控制的传染病有重新抬头的趋势,传染病的防治更加艰难。例如,耐药性结核菌显性感染者数量持续增加,据 WHO 统计,全球每年新发耐多药结核病例约 50 万起,广泛耐药结核病例 4 万起。[②] 耐药性变异是多种传染病流行难以控制或复发的重要原因之一,业内人士更担忧针对耐药变异的病毒会出现无药可控的局面。二是全球不断出现新的传染病,危害性强。在过去的 30 多年,又发现了近 40 种新病原体,其中大部分是病毒。许多新发传染病既缺乏有效的疫苗,也无有效的治疗和控制手段,处于"失控"状态。一些原有传染病再次暴发时危害性增强。进入 21 世纪以来,新发和重新暴发的新疫情,如"非典"、高致病性禽流感、埃博拉病毒、寨卡病毒、中东呼吸综合征、新冠肺炎等,都显示了较强的危害性。三是传染病的全球传播速度前所未有地快,重大疫情增加,例如 2020 年 1 月 20 日,国家卫生健康委员会将 2019 年 12 月底在武汉发生的不明原因群体性疾病定名为"新型冠状病毒感染的肺炎"(简称"新冠肺炎"),并纳入乙类传染病;2020 年 1 月 30 日,世界卫生组织官方公布,将始于 2019 年的新冠肺炎疫情列为"国际关注的突发公共卫生事件",呼吁各国高度重视与防范。截至 2020 年 3 月 9 日,包括中国在内,已有 100

---

① 参见《世卫组织首次发布全球糖尿病报告 糖尿病或成第七大"杀手"》[EB/OL],(2016-04-08)[2020-01-30],http://health.people.com.cn/n1/2016/0408/c398004-28259943.html.

② 参见傅华主编:《预防医学》,人民卫生出版社 2013 年版,第 241 页。

个国家有确诊病例①，其传播速度之快，令人猝不及防。

(五)恐怖袭击和突发公共卫生事件频发

进入21世纪后，恐怖袭击在全球各地不断发生，直接造成公众伤亡和恐慌。从公共卫生的角度看，生化恐怖袭击对人类生命与健康所构成的威胁尤其令人担忧。化学毒剂和病原微生物用于恐怖袭击时，感染剂量低，毒性高，潜伏期短，发病率高，具有高传染性，有可能造成生态灾难，长期影响人及动物健康。生化恐怖袭击具有隐蔽性强、释放手段简单且多样的特点，令人防不胜防。

突发公共卫生事件发生的频次也明显高于以往，影响健康的生物和化学物质或核放射材料的自然发生、意外泄漏等国际关注的突发公共卫生事件严重影响着全球公共卫生，并危害着以往数十年取得的公共卫生成果。国际关注的突发公共卫生事件的发生与传播会构成对其他国家的公共卫生风险，需要采取协调一致的国际应对措施。为此，2005年世界卫生组织对《国际卫生条例》进行了修改，将其适用范围从对鼠疫、黄热病和霍乱三种传染病的国境卫生检疫，扩大为全球协调应对构成国际关注的突发公共卫生事件，并且要求各成员国提高和加强国家级、地方各级(包括基层)的突发公共卫生事件监测和应对能力，以及机场、港口和陆路口岸的相关能力建设，确保人民健康和公共卫生安全。这就足以说明，恐怖袭击和突发公共卫生事件已成为影响公共卫生的重要因素。

(六)公共卫生外交已成为一种新趋势

公共卫生的界限正变得越来越模糊，公共卫生几乎扩大到了影响健康的所有领域和事务中，难以划分某个公共卫生问题属于哪个国家，许多公共卫生问题本质上是全球性的事情，诸如前面提到的全球人口老龄化、环境污染和全球气候变化、全球范围内的慢病负担、传染性疾病的新特点、国际恐怖袭击和突发公共卫生事件全球化等问题，任何一个单独行动的国家都难以应对这些新增风险和挑战。因此，不断出现的全球公共卫生危机催生了公共卫生外交，公共卫生或全球健康内容成了外交政策的重要组成部分。公共卫生外交是实现良好的全球健康治理的重要手段和渠道之一，外交政策与健康的关系也将成为研究的热点。

全球范围内相互关联、相互影响的公共卫生问题需要全球共同约束、相互监督。然而，如何共同应对？怎样分担责任？怎样监督履行？这一切需要协商谈判，所以，无论是双边、多边还是全球合作与谈判，公共卫生政策都是外交策略、安全策略和贸易协定的重要部分。在当下与未来的时间里，任何一个国家要想

① 参见《世卫组织总干事2020年3月9日在2019冠状病毒病(COVID-19)疫情媒体通报会上的讲话》[EB/OL]，(2020-03-09)[2020-03-12]，https://www.who.int/zh/dg/speeches/detail/who-director-general-s-opening-remarks-at-the-media-briefing-on-covid-19-9-march-2020.

在全球有所担当，就应当将公共卫生作为外交策略和主要内容，这既是本国利益的需要，也是全球共同利益的需要。例如，2015 年 9 月，中国国家主席习近平在访美期间，就全球慢病管理、精准医疗、公共卫生及全球卫生安全、传染病防范与应对等医疗卫生领域的问题与美方达成了共识。所以，可以说 21 世纪是全球公共卫生的世纪。

（七）公共卫生问题需在“人类命运共同体”的理念下解决

“人类命运共同体”是中国政府反复强调的关于人类社会的新理念。2011 年《中国的和平发展》白皮书提出，要以“命运共同体”的新视角，寻求人类共同利益和共同价值的新内涵。2017 年 10 月，习近平主席在十九大报告中提出，要把“推进构建新型国际关系，推动构建人类命运共同体”作为中国特色大国外交的目标。

“人类命运共同体”是中国贡献给世界的解决纷争、共同发展的中国方法，它的基本内涵是：在追求本国利益时兼顾他国合理关切，在谋求本国发展中促进各国共同发展。这一全球价值观包含相互依存的国际权力观、共同利益观、可持续发展观和全球治理观。就公共卫生而言，各国都有义务在维护本国人民生命安全和身体健康的同时，维护他国人民的生命安全和身体健康，为全球公共卫生安全做出贡献。“山川异域，风月同天”，人类只有一个地球，各国共处一个世界，共同面对着诸如恐怖袭击、资源短缺、金融危机、网络攻击、人口爆炸、疾病传播、气候变化、生态破坏、食品安全等危机与挑战。智慧的人们应该清醒地认识到，不论身处何国，拥有怎样的文化，持何种信仰，实际上都处在一个命运共同体中，唯一可选择的，就是全人类作为一个命运共同体，共担共享。

2015 年 9 月，习近平主席访问联合国总部并出席联合国成立 70 周年系列峰会时，全面阐述了打造人类命运共同体的内涵。2017 年 1 月 17 日，习近平主席在世界经济论坛上作了题为《共担时代责任，共促全球发展》的主旨演讲，一天后，即 2017 年 1 月 18 日，习主席在联合国日内瓦总部又发表了题为《共同构建人类命运共同体》的主旨演讲，提出“五个坚持”以达到全人类共建、共享、共命运，即坚持对话协商，建设一个持久和平的世界；坚持共建共享，建设一个普遍安全的世界；坚持合作共赢，建设一个共同繁荣的世界；坚持交流互鉴，建设一个开放包容的世界；坚持绿色低碳，建设一个清洁美丽的世界。[①] “构建人类命运共同体”理念得到了国际社会的同声响应。2017 年 2 月 10 日，“构建人类命运共同

---

① 参见习近平主席：《共同构建人类命运共同体——在联合国日内瓦总部的演讲》[EB/OL]，（2018-01-19）[2020-03-12]，http://cpc.people.com.cn/n1/2017/0119/c64094-29034230.html.

体”被写入联合国决定①，同年 3 月 17 日，载入安理会决定②，3 月 23 日，载入联合国人权理事会决议③，11 月 2 日，写入联大两份安全决定④。2018 年 1 月召开的世界经济论坛把“在分化的世界中打造共同命运”作为年会主题，延续了习主席 2017 年在年会上论述的“构建人类命运共同体”的理念。

“人类命运共同体”这一理念同样适用于全球公共卫生治理。若把 2018 年世界经济论坛年会的主题“在分化的世界中打造共同命运”用于公共卫生领域，同样确切无比。公共卫生问题的全球化趋势已经形成，只有构建人类命运共同体，在人类命运共同体这一理念下处理公共卫生问题，才能实现共赢共享，提高全人类的健康水平。

第二节　公共卫生的概念和特点

一、公共卫生的概念

公共卫生实践一直处于动态的发展变化中。随着时代的变迁、社会政治和经济的发展、科学技术的提高、健康理念的改变等，公共卫生的内涵与外延也在不断发展变化。并且，由于各国医疗卫生体制、公共卫生服务体系、国家财政实力、政府对公共卫生的态度等不同，公共卫生在各国也具有不同的内涵与外延。因此，公共卫生至今在国际上仍缺少统一的概念。然而，要框定公共卫生法的合理范围，建立公共卫生法律体系以及对公共卫生法进行理论研究等，就必须首先对公共卫生有一个清晰的认识。本书选择了几个有代表性的公共卫生概念进行阐述，以窥其发展变化及不同的内涵和外延。

(一)国际上公共卫生的不同概念及描述

1. 温斯洛教授的公共卫生概念

较早也较有影响的公共卫生概念是美国公共卫生领域的著名学者，耶鲁大

---

① 参见《联合国决议首次写入“构建人类命运共同体”理念》[EB/OL]，(2017-02-11)[2020-03-12]，http://world.people.com.cn/n1/2017/0211/c1002-29074217.html.

② 参见《中国方案的世界回响——写在人类命运共同体理念首次载入安理会决议之际》[EB/OL]，(2017-03-23)[2020-03-12]，http://www.xinhuanet.com//2017-03/23/c_129516885.htm.

③ 参见《人类命运共同体重大理念首次载入联合国人权理事会决议》[EB/OL]，(2017-03-24)[2020-03-12]，http://www.xinhuanet.com/world/2017-03/24/c_129517029.htm.

④ 参见《“构建人类命运共同体”理念再次写入联合国决议》[EB/OL]，(2017-11-03)[2020-03-12]，http://world.people.com.cn/n1/2017/1103/c1002-29624208.html.

学公共卫生学院的温斯洛教授于1920年左右提出的。他对公共卫生和公共卫生应该怎么做进行了这样的描述:“通过有组织的社区努力来预防疾病,延长寿命,促进健康和工作效益的科学和艺术。这些有组织的社区努力包括改善环境卫生,控制传染病,教育每个人注意个人卫生,组织医护人员为疾病的早期诊断和预防性治疗提供服务,建立社会机制来确保社区中的每个人都能达到适于保持健康的生活标准。组织这些效益的目的是使每个公民都能实现其与生俱有的健康和长寿的权利。”①

温斯洛教授的上述观点被认为是全世界最著名、影响最广泛、引用最多的关于公共卫生的描述。该描述指出了公共卫生的范围、工作方式和目的,不仅提到了健康促进和社区卫生服务等如今依然被重视的措施和工作方式,而且将公共卫生称为“科学和艺术”,这说明温斯洛教授那时已经认识到改善环境卫生、控制疾病、健康促进等都需要科学地进行。上面描述中所提出的“社会机制”应该包括法律、政策、资源配置等能够保障公共卫生目标实现的基本准则和相应制度。从法律层面讲,与生俱有的权利属于人权。温斯洛教授在20世纪初就认识到健康和长寿是人权,这是件非常了不起的事情,足见他对公共卫生有着多么深刻的理解和远见。正是由于温斯洛教授对公共卫生的深刻理解,他提出的公共卫生概念于1952年左右被世界卫生组织所采纳。

这里需要补充说明一下什么是健康。世界卫生组织在1948年成立之初对健康下了如下定义:健康不仅是没有疾病和不虚弱,还包括身体、心理、社会功能三方面的完满状态。1989年WHO对健康作了新的阐述:健康不仅是没有疾病,而且包括躯体健康、心理健康、社会适应良好和道德健康。在原有健康的层面上加上了道德健康。身体、心理、社会适应、道德品质相互依存、相互促进、相互结合,在这几个方面同时健全时,才算真正健康。

2. 美国医学研究所的公共卫生概念

1988年,美国医学研究所发布的公共卫生研究报告《公共卫生的未来》(*The Future of the Public Health*)中提出了十分简练的公共卫生概念:“公共卫生就是我们作为一个社会为保障人人健康的各种条件所采取的集体行为。”②2003年,该研究所在另一份公共卫生研究报告《21世纪公共卫生的未来》(*The Future of the Public's Health in the 21 st Century*)中再次强调了上述概念。“保障人人健康的各种条件”意味着公共卫生与社会、经济、政治、文化、环境等不可分割的关系,也就意味着涉及的范围领域非常广泛。“社会为保障人人健康的各种条

① 桥本正已:《公共卫生现代史》,张肖敏译,世界医药出版社2000年版,第111页。

② 曾光、黄建始:《公共卫生的定义和宗旨》,《中国医学杂志》2010年第6期。

件所采取的集体行为"意味着全体社会成员的参与,人人健康是整个社会的利益所在。所以,尽管该定义只有一句话,其中却有既丰富又深刻的内涵。① 该概念的前提是确保每个社会成员的健康是整个社会的利益所在,这就意味着改善他人的健康环境和健康状况是我们自己的切身利益。这种"人人为我健康,我为人人健康"的主张正是公共卫生的核心价值。

3. 健康促进视角下的公共卫生概念

健康促进视角下的公共卫生概念也称为"新公共卫生概念"。1986 年,第一届国际健康促进大会在加拿大渥太华召开,会上通过的《渥太华健康促进宣言》提出,公共卫生是在政府领导下,在社会的水平上,保护人民远离疾病和促进人民健康的所有活动。宣言还提出,健康的基本条件是和平、住房、教育、食品、收入、稳定的生活环境、可持续的资源、社会的公正与平等。这次大会被认为是确立了新的公共卫生精神,"新"体现在两个方面:一是明确提出政府是公共卫生的领导者,和平、住房、教育、食品、收入、稳定的生活环境、可持续的资源、社会的公正与平等,这些健康的基本条件只能由政府来提供和保障,公共卫生的责任应由政府承担;二是更重视社会科学对健康促进的作用,健康促进被认为是提高社会成员健康水平的最经济手段,应通过健康教育和促进,提高个体对健康的认知,改善个体的生活方式和行为方式,养成个体健康行为,以最终达到提高整个社会人群健康的目的。

4. 英国人约翰·拉斯特的公共卫生概念

1995 年,英国人约翰·拉斯特(John Last)对公共卫生做了这样的描述:"公共卫生是为了保护、促进、恢复人们的健康,通过集体的或社会的行动,维持和促进公众健康的科学、技能和信仰的集合体。公共卫生项目、服务和机构强调整个人群的疾病预防和健康需求。尽管公共卫生活动会随着技术和社会价值等的改变而变化,但是其目标始终保持不变,即减少人群的疾病发生、早死、疾病导致的不适和伤残。因此,公共卫生是一项制度、一门学科、一种实践。"②约翰·拉斯特在前人公共卫生概念的基础上,提出公共卫生是"一项制度""一门学科",是"科学、技能和信仰(或翻译为'理念')"的集合体,这是很大的进步。"一门学科、一门实践"指出公共卫生既是理论又是实践,既需要理论研究也需要实际行动。从价值角度讲,将公共卫生作为一种信仰或理念看待时,公共卫生就具有了超越的价值指向。

5. 生态观下的公共卫生概念

随着全球土壤、空气、水污染等自然环境恶化的加重,生态环境发生了很大

---

① 参见曾光、黄建始:《公共卫生的定义和宗旨》,《中国医学杂志》2010 年第 6 期。

② 龚向光:《从公共卫生内涵看我国公共卫生走向》,《卫生经济研究》2003 年第 9 期。

程度的改变，不但影响了传染病病原体和寄生虫的繁殖及其传播疾病的能力和范围，而且产生了因生态破坏导致的种种健康危害因素。在这种全球面临生态破坏问题，以及与社会文化经济模式相关的种种新的危害健康因素存在的环境下，有人认识到，需要用生态学的思维来处理公共卫生危机，于是，生态公共卫生这一概念便被提出。这是基于了解生态系统间的一种复杂的、动态的、微妙的平衡，而采取的多部门和多学科合作、整体观念的公共卫生措施。

基克布施(Ilona Kickbusch)在任世界卫生组织健康促进与教育部部长时指出，公共卫生具有生态观、多学科的范围及跨部门合作的策略。它的目标在于通过群体组织共同努力以提高社会的健康水平。公共卫生的基本结构应反映跨学科的共同努力，并对公正、社会参与、持续发展及避免战争做出承诺。这也是全球性责任和策略的一部分。① 生态观下的公共卫生概念是对公共卫生的延伸，其不仅提出保护人类赖以生存的大气、土壤、水等自然资源和环境的持续发展，而且强调人的身心及社会的安好取决于环境、社会、政治、经济、文化及个人因素，认识到了公平性对于公共卫生的重要影响，提出政府应当对健康公正做出承诺。该概念还指出公共卫生是“全球性责任和策略”，这是全球经济一体化的结果，进一步说明现代公共卫生不仅需要多学科和跨部门的合作，而且需要全球的共同协作和努力。

此外，国际上还有一个最简单，也比较通用的公共卫生概念，简称“3P”，即疾病预防(prevention)、健康促进(promotion)、健康保护(protection)。②这主要是从公共卫生的措施角度谈的，也可以说是公共卫生最核心的三项功能。

从上述列举的具有典型意义的公共卫生定义看，公共卫生的含义在不断地发展变化，公共卫生已经不只限于卫生领域，而是涉及全社会的各领域。正如约翰·拉斯特所言，公共卫生活动随着技术和社会价值等的改变而变化，必须要用发展的眼光看待公共卫生。如今，公共卫生概念里至少包含这样一些基本信息或关键词：针对整个人群，提高全社会成员的健康，政府责任，通过组织社会力量，预防疾病和健康促进，科学和艺术。

(二)国内关于公共卫生的概念及其发展变化

1. 2003 年以前国内的公共卫生概念

在 20 世纪 90 年代以前，我国公共卫生的内涵是与消灭或者控制地方病、寄生虫病和传染病，以及改善环境卫生和饮用水安全紧密相关的。我国早期的高等院校教材中，如邓公平教授 1989 年主编的《医药卫生法学》中提道：“公共卫生

① 参见胡润华：《浅谈公共卫生的含义》，《中华医学科学管理杂志》2003 年第 3 期。

② 参见陶芳标、李十月主编：《公共卫生学概论》，科学出版社 2017 年版，第 5 页。

是指从社会群体出发，有组织、有计划地采取各项卫生和防疫措施，改善劳动条件，净化生产、生活环境，预防、治疗和控制各种危害人民健康的传染病；广泛地开展各项卫生防病的健康教育，动员和组织人民群众遵守公共卫生法规，自觉地起来与疾病作斗争，从而更好地保障社会群体以及每个成员的健康，增长人类寿命，促进社会生产力的发展。”[①]该公共卫生的概念把公共卫生的措施和要达到的目标都做了说明，应该说，这是当时国人对世界卫生组织关于公共卫生概念的认识与国情的结合。

2003年之前，我国公共卫生教育界的专家学者根据我国国情，认为公共卫生的概念应该是：“以社会为对象，以行政管理、监督执法、宣传教育和技术服务为手段，通过宏观调控协调社会力量，改善社会卫生条件，提高全民健康水平的社会实践活动。”[②]客观地讲，在2003年“非典”之前，国人对公共卫生的认识并不深刻，对于公共卫生的含义、体系、措施、存在的问题等缺乏深入讨论和统一认识。

2. 吴仪提出的公共卫生概念

国人真正广泛关注公共卫生问题并频繁使用“公共卫生”一词，始于2003年的“非典”。那场突如其来的疫情暴露了中国公共卫生存在的问题，让政府和公众看到了问题的严峻性，也充分认识到了公共卫生工作的重要性。此后，无论是政府文件还是公众言论，都不断地提到“公共卫生”，学术探讨也广泛而深入地开展了起来。

2003年7月，中国“非典”疫情结束后，时任中国副总理兼卫生部部长吴仪在全国卫生工作会议上对公共卫生作了这样的概括：“公共卫生就是组织社会共同努力，改善环境卫生条件，预防控制传染病和其他疾病流行，培养良好卫生习惯和文明生活方式，提供医疗服务，达到预防疾病，促进人民身体健康的目的。”[③]该定义的内涵和温斯洛教授的定义基本一致，这就从根本上解决了我国公共卫生体系建设与国际接轨的问题。但是，该定义也存在一定的缺憾，著名学者曾光、黄建始在其文章中探讨说：“像其他公共卫生的定义一样，由于受当时的历史水平和认识水平的限制，该定义也有可以改善的空间，如果能明确地将公共卫生定义为公共事业，则可以起到提纲挈领的效果。另外，该定义泛泛地提出公共卫生要‘提供医疗服务’，似乎超出了公共卫生的范围。公共卫生应该提供基本的医

---

① 邓公平主编：《医药卫生法学》，上海科学技术出版社1989年版，第90页。

② 傅建国：《21世纪公共卫生事业改革与发展初探》，《中国公共卫生管理》2006年第4期。

③ 吴仪：《加强公共卫生建设　开创我国卫生工作新局面——在全国卫生工作会议上的讲话》（2003年7月18日）》，《健康报》，2003年7月20日第1版。

疗卫生服务,但不能提供所有的医疗服务。”①

3. 中华预防医学会的公共卫生概念

“非典”之后,卫生领域的工作者和学者对公共卫生进行了广泛的研讨。2009 年 10 月,中华预防医学会首届全国公共卫生学术会议在北京召开,会议就中国公共卫生的定义进行了专门研讨,最后一致同意这样定义:公共卫生是以保障和促进公众健康为宗旨的公共事业,通过国家与社会的共同努力,防控疾病与伤残,改善与健康相关的自然和社会环境,提供基本医疗卫生服务,培养公众健康素养,实现全社会的健康促进,创建人人享有健康的社会。该定义在以往概念的基础上,明确将公共卫生认定为公共事业,指出了国家在公共卫生中的角色和作用。

此次研讨会提出的公共卫生概念得到了业内人士的一致认可。曾光、黄建始合著的《公共卫生的定义和宗旨》一文就采用了该定义,只是去掉了“实现全社会的健康促进”一句,因为全社会的健康促进不是用来“实现”的,而是通过全社会的健康促进,达到全社会健康的目标。曾光、黄建始、张胜年主编的《中国公共卫生》一书则采用了改后的概念,并指出新定义明确了公共卫生是以保障和促进公众健康为宗旨,强调保障每位公民的健康权,使社会中的每一个人,无论年龄、性别都能获得与生俱来的健康和长寿权。之后出版的高等教育教材中,如孙贵范主编的普通高校高等教育“十一五”国家级规划教材《预防医学》第 2 版中就采用了该概念。②

4. 本书采用的公共卫生概念

改后的中华预防医学会的公共卫生概念是得到大家认可的,本书原想直接引用这个概念,但是,2019 年 12 月 28 日出台的《中华人民共和国基本医疗卫生与健康促进法》第十五条明确规定:“基本医疗卫生服务包括基本公共卫生服务和基本医疗服务。基本公共卫生服务由国家免费提供。”这样一来,改后的中华预防医学会的公共卫生概念中“提供基本医疗卫生服务”一句就不恰当了,所以,本书将这一句改为“提供基本公共卫生服务”,即本书采用这样的定义:公共卫生是以保障和促进公众健康为宗旨的公共事业,通过国家与社会的共同努力,防控疾病与伤残,改善与健康相关的自然和社会环境,提供基本公共卫生服务,培养公众的健康素养,创建人人享有健康的社会。

关于公共卫生的概念、内涵、外延,专家学者们依然在不断地论证探讨。目前由上海复旦大学郝模教授带领的一大批专家学者就在讨论构建“适宜公共卫

① 曾光、黄建始:《公共卫生的定义和宗旨》,《中国医学杂志》2010 年第 6 期。

② 参见孙贵范主编:《预防医学》,人民卫生出版社 2010 年版,第 7 页。

生体系”，其中就涉及公共卫生的概念、内涵和外延的论证。我们期待着专家学者们早日提供一个为组织者、提供者和研究者所普遍接受的公共卫生概念。同时，我们也清楚地知道，公共卫生的概念不会一成不变，只是某个阶段相对适宜的概念罢了。

二、公共卫生的特点

所谓“公共卫生的特点”，是指与基础医学、临床医学、预防医学相比较而言的。尽管它们之间不能决然分开，但它们的服务对象、措施和目标是不同的。就公共卫生而言，不同时期、不同国家、不同公共卫生服务体系下的公共卫生概念不同，其内涵和外延也不断地发展变化。但无论怎么发展变化，公共卫生发展到今天，至少有如下几个基本特点：

（一）以全体社会成员为服务对象，旨在提高公众的整体健康水平

公共卫生的服务对象是全社会整个人群，是包括健康人群和患病人群在内的全部社会成员，这与临床医疗以患病的个体为服务对象不同，也与预防医学以个体及确定的群体为服务对象不同。[①] 社会中的每个成员，无论其年龄、性别、民族、受教育程度、职业、经济地位、身体状况如何，都是公共卫生的服务对象。习惯上人们多以主权国家为单位来探讨某国的公共卫生服务情况，所以，在一国范围内，其所有国民都是公共卫生的服务对象。

随着全球经济一体化及国际间人口流动的加快，公共卫生危机的影响日益全球化。公共卫生需要各国、各组织的共同合作与协作，一个全球公共卫生网络正在形成，以全人类为服务对象的全球公共卫生理念已经形成。所以，提到公共卫生以全体社会成员为服务对象时，要看具体语境或者具体的考量对象，有时指一国范围内的全体国民，有时指一个地区范围内的居民，有时指全球范围内的居民，但多数时候是指一国范围内的全体国民，尤其是探讨某国的公共卫生情况时，其服务对象一定是该国国民。

公共卫生的目的是寻求人口最大限度的生理和心理健康，提高公众的整体健康水平，创建人人享有健康的社会，这也是社会发展的终极目标之一，所以，公共卫生本身所具有的意义早已经超出了医学科学的范围，具有了极重要的社会学意义。公共卫生通过预防和控制疾病与伤残，降低和消除健康风险，改善和促进人群的生理、心理健康以及社会适应能力，从而提高社会整体人群的健康水平和生命质量。也就是说，公共卫生研究的是怎样才能最大限度地消除不健康的

---

① 参见傅华主编：《预防医学》，人民卫生出版社 2013 年版，第 1 页。

各种因素，它关注的是整个人群的健康状态，所以它的着眼点是社会整体。公共卫生政策是针对人群，分析问题的视角着眼于共性，解决问题的思路是统筹和整合。

(二)通过组织社会力量来进行，需多部门协作和全社会参与

公共卫生需要集体的、合作的、有组织的行动。无论是温斯洛教授的公共卫生定义中“通过有组织的社区努力”，约翰·拉斯特定义中的“通过集体的或社会的行动”，基克布施定义中“通过群体组织共同的努力”，还是中华预防医学会定义中的“通过国家和社会共同努力”，其含义基本相同，即公共卫生不是某个高明医生的妙手回春，也不是个人的自我保健，而是通过组织社会力量，整合公共资源来开展活动，是全体成员参与的、为全体成员健康而进行的活动。

世界卫生组织认为，公共卫生主题涵盖了交通安全、环境安全、疾病控制、产品安全、特定人群保护、预防保健、特殊物品管控等关乎人们衣、食、住、行各方面的问题。公共卫生是一个社会问题，而非单纯的技术问题。公众健康与社会风尚、经济水平、人口增长、人口结构、人口流动、自然环境、城镇化等都有着内在联系。公共卫生直接涉及卫生、财政、环保、商检、外贸、教育、公安等多个部门和行业。公共卫生措施宏观而宽泛，包括传统的疾病预防、职业卫生、环境卫生、妇幼保健、食品安全、药品安全，也包括健康促进、医疗保障、社会公平、法律保障等。所以，公共卫生需要国家行政权的主导，多部门和多学科的共同协作，公众的广泛参与和共同努力。公共卫生的专业队伍需由医学(大医学)、管理学、经济学、营养学、卫生工程学、法学、政治学、信息学、社会学、心理学、人类学、新闻传播学等诸多领域的人员构成。专业队伍的多学科性和学科交叉特点有利于公共卫生工作的开展。从全球范围看，公共卫生需要国际间的合作与协作。

需要特别说明的是，公共卫生工作绝不仅限于医疗卫生领域，而是已扩展到了更深层面、更多领域。但也不能抹杀社会分工，否则，公共卫生工作会责权不明、主次不清、混乱无章。我们需要改变的是以往单靠医疗卫生领域的观念和做法，而不是否定医疗卫生服务机构，更不是否定公共卫生机构在公共卫生项目的实施和目标实现上的组织和协调地位。

(三)所提供的是公共产品，公正性是公共卫生的灵魂

健康作为基本的人权，是社会所有成员均应得到和受保护的，国家和社会应尊重、保护公民的健康权。要达到“人人享有健康的社会”，就必须让全体社会成员有均等的机会获得公共卫生服务，即全体社会成员无论其经济状况和社会地位如何，都应该获得均等的公共卫生服务，这是公共卫生服务的核心价值。公正性是公共卫生的灵魂，社会公正(不仅仅是公平，还包括正义)可以保证社会责任、社会负担和社会福利公平、平等地在人群中进行分配。社会歧视、不公平待遇、特权等不公正情形，是做好公共卫生工作的巨大障碍。

公共产品主要包含三个方面的基本特征：一是时空性，任何公共产品都是在特定历史时期，在特定经济条件下，由特定部门向一定范围内的群体提供，不同时空下，公共产品的范围或内容不同；二是公共消费性，是以满足公共需要为目的的，面向全社会或某一特定群体提供的产品，在消费上具有共享性和非排他性；三是供给主体的特定性，主要由公共职能部门来提供。人人享有健康的本质，是政府有责任满足每个人的公共卫生服务需求，这就意味着公共卫生的消费和使用必须具有非竞争性以及受益上的非排他性。所以，各国政府将公共卫生定性为公共产品或准公共产品，由政府向社会提供，私人提供只是作为补充。公共卫生不能完全放任采取市场机制，否则会将公共卫生引向深渊。公共卫生消费的非排他性和非竞争性需要政府财政作支撑，需要政策和法律作保障。

（四）属于政府职责，公共卫生具有内在的政治属性

正因为公共卫生面向人群，以提高社会成员整体健康水平为宗旨，所以，该职责不是哪一个行政部门或者私营部门能够承担的，而只能是政府职责。公共产品的属性也决定了公共卫生必须是政府责任、政府行为、政府投入。尽管居民个人应对自己的健康负责，医疗机构也可以为患者提供医疗救治服务，然而，源于土壤、水、空气等自然环境的污染，不安全的食品和药品，突发公共卫生事件的危害，工作压力、经济负担、社会保障等原因所造成的健康危害因素，却不是个体自己所能消除的，也不是临床医疗能够解决的，必须依靠政府通过公共卫生政策的制定与实施、资金的投入和合理配置、公共卫生体系的建立与完善、法律保障等来解决。

公共卫生的许多问题并非仅靠科学技术就能解决，而是很大程度上取决于政府对公共卫生价值的认定和选择，具有较强的政策性。以我国为例，2016 年 8 月召开的全国卫生与健康大会上，明确提出“把人民健康放在优先发展的战略地位”“把健康融入所有政策”，这是中国政府对公众健康态度的明确表达。体现在法律上，就是“各级人民政府应当把人民健康放在优先发展的战略地位，将健康理念融入各项政策，建立健康影响评估制度，将公民主要健康指标的改善情况纳入政府目标责任考核。”①“国家采取措施，保障公民享有安全有效的基本公共卫生服务，控制影响健康的危险因素，提高疾病的预防控制水平。”②所以，不少学者认为“公共卫生的实质是公共政策，卫生是一个目的，而公共行为、公共政策才是

① 《中华人民共和国基本医疗卫生与健康促进法》第六条。

② 《中华人民共和国基本医疗卫生与健康促进法》第十六条。

这一目的得以实现的保障”[①]。对于国家而言，拥有健康的国民，意味着拥有更大的综合国力和可持续发展的能力。通常，公共卫生的政策与实践总是与政府有着紧密的联系，一国公共卫生情况的好坏，显现着政府对公共卫生的政治观点，也直接关系到政府的形象和社会稳定，从这个角度讲，公共卫生具有内在的政治属性。2016年11月，在中国上海召开的第九届健康促进大会上，把健康促进放到了可持续发展的议程中，将健康促进提升为各国政府的政治承诺。在大会的闭幕式上，时任世界卫生组织总干事陈冯富珍女士就称“健康是政治的选择”[②]，提醒与会者要抓住这次健康促进的政治时机。

（五）具有艺术性和科学性

公共卫生需要科学和艺术。科学，是关于自然界、社会和思维的知识体系，是人类对客观世界的认识，是理性思维的结果。从宏观角度讲，公共卫生的科学性体现在公共卫生体系的建立、规划编制、项目确定、财政投入、资源配置、组织实施、效果评价等上，需要科学地论证并遵循科学规律，符合社会经济发展情况，符合公众健康需求，符合社会文化与习俗。从具体的公共卫生实践角度讲，所有的公共卫生活动都离不开先进的科学技术的指导，诸如卫生检验检疫、疾病的预防与控制、流行病学调查、风险监测、突发公共卫生事件的应急处置、公共卫生信息系统的建立等，无不需要较强的专业技术和专业人员。2019年新冠肺炎重大疫情的应对与处置就充分显示了科学的重要性：病原体的快速甄别、病毒的基因测序、临床患者的救治、疑似患者的隔离与观察、接触者的流行病学调查等，没有一样离得开科学。生物科技、5G、大数据、人工智能、机器人等均在防疫环节扮演了不可或缺的角色。

艺术，是人的知识、情感、理想、意念等综合心理活动的有机产物，是一种欣赏、一种体验。公共卫生的服务对象是人群，对不同人群需要怎样做，令其达到怎样的理解和感受，这本身就需要艺术。艺术需借助人的灵感来构思和展现世界的美好，艺术也是一种情怀。公共卫生需要这样的灵感构思和展现，需要人文关怀与帮助，体现在方式方法上，就是表现出来的创造性、有效性、公平性和人性化。公共卫生的组织、动员、协调和管理，哪一样都离不开艺术，如何充分调动社会公共资源，组织社会成员参与、各学科共同协作等，需要相当的组织能力和组织艺术。

---

① [美]斯科特·佰里斯，申卫星主编：《中国卫生法前沿问题研究》，北京大学出版社2005年版，第4页。

② 《全球健康促进开启新时代》[EB/OL]，(2016-00-25)[2020-03-12]，http://www.rmzxb.com.cn/c/2016-11-25/1169660.shtml.

第三节 我国公共卫生服务体系和服务项目

由于各国社会经济发展所处的阶段不同，政府对公共卫生的关注程度不同，社会与人口状况存在较大差异，民众需求不同等原因，导致各国公共卫生的服务体系也有较大区别。鉴于笔者的知识、能力以及本书内容的需要，本章只对我国现行的公共卫生服务体系作粗浅的综述。通常，公共卫生服务体系中既包括服务的机构，又包括监测网络和信息系统等，如目前我们有公共卫生信息系统、突发公共卫生信息系统、公共卫生监测信息系统、社区卫生信息系统、妇幼保健信息系统、公共卫生监督信息系统等。然而，对于公共卫生法而言，服务体系中的服务机构涉及法律关系主体的相关问题，所以本书重点介绍体系中的服务机构。

一、我国的公共卫生服务体系

2003 年"非典"之后，我国的公共卫生发展进入了快车道。2009 年 3 月 17 日，中共中央国务院发布了《关于深化医药卫生体制改革的意见》，同年 3 月 18 日，国务院印发了《关于医药卫生体制改革近期重点实施方案（2009～2011 年）的通知》。2009 年 7 月 7 日，卫生部、财政部、国家人口和计划生育委员会联合下发了《关于促进基本公共卫生服务逐步均等化的意见》，同年卫生部制定了《国家基本公共卫生服务规范（2009 年版）》。2012 年 3 月 14 日，国务院印发了《"十二五"期间深化医药卫生体制改革规划暨实施方案》，同年 10 月 8 日，国务院印发了《卫生事业发展"十二五"规划》。2015 年 3 月，国务院办公厅印发了《全国医疗卫生服务体系规划纲要（2015～2020 年）》。这些文件都涉及我国公共卫生的服务体系、服务机构、服务项目、近期目标和未来设想等。

结合上述政府文件和实际情况，我国的公共卫生服务体系大致包括疾病预防控制体系、妇幼卫生服务体系、医疗救治体系、突发公共卫生事件应急体系、公共卫生监督执法体系、公共卫生科研体系等。

（一）疾病预防控制体系

1. 疾病预防控制体系的组成

疾病预防控制体系主要由疾病预防控制组织、疾病监测网络和信息体系构成。疾病预防控制组织包括疾病预防控制机构、各级各类医疗卫生机构、基层医疗保健组织等。

疾病预防控制机构是疾病预防控制体系中的主力军，分为国家级、省级、设区的市级、县级四个级别，分别承担着辖区范围内的疾病预防控制工作。各级各类医疗卫生机构在疾病预防控制工作中接受疾病预防控制机构的指导和考核，协助疾病预防控制人员开展流行病学调查和标本采集，依法承担职责范围内的传染病疫情和突发公共卫生事件报告、传染病隔离治疗、院内感染控制等疾病预防控制工作。包括乡(镇)卫生院、城市社区卫生服务中心、村卫生室在内的基层医疗保健组织接受疾病预防控制机构的指导，承担基层疾病预防控制的具体工作。目前，我国已基本构建起以疾病预防控制机构为主体，各级各类医疗卫生机构和城市社区卫生服务组织、农村乡镇卫生院、村卫生室共同构建的疾病预防控制工作体系。疾病监测网络和信息体系建设也已经建立完善，传染病疫情、疾病及公共卫生事件网络直报系统从中央、省、市、县一直辐射到各乡镇。疾病防控信息体系有 28 个业务应用系统在运行，涵盖公共卫生、免疫规划、救灾防病等大部分疾病预防控制领域。

2. 疾病预防控制体系的功能任务

疾病预防控制体系承担着各种疾病的预防控制和突发公共卫生事件的应急处置工作，概括起来说，主要任务包括负责传染病疫情与突发公共卫生事件的网络报告；对重大疾病进行预防控制和监测；应对暴发疫情、中毒以及生化恐怖袭击等突发公共卫生事件；艾滋病防治及检测，预防艾滋病的母婴传播；承担血吸虫病的防治工作；承担慢病预防控制网络建设、精神疾病防治网络建设及信息管理；开展健康促进与教育等。

(二)妇幼卫生服务体系

1. 妇幼卫生服务体系的组成

妇幼卫生服务体系主要由提供妇幼卫生服务的组织、妇幼保健信息网络和信息体系构成。提供妇幼卫生服务的组织主要包括从事妇幼保健服务的机构、计划生育服务机构、从事妇幼保健和计划生育服务的综合医院的妇产科室和儿科、基层妇幼保健科室等。

2013 年的国务院机构改革后，由原卫生部与国家人口和计划生育委员会合并成立了国家卫生和计划生育委员会(简称“国家卫计委”，现已改名为“国家卫生与健康委员会”)。2014 年 4 月，国家卫计委发布了《关于优化整合妇幼保健和计划生育技术服务资源的指导意见》，根据该指导意见，省级妇幼保健机构和省级计划生育科研院所原则上不予合并，各自在坚持原有职能和特色的基础上，继续做好妇幼保健和计划生育科学研究等工作。市级和县级妇幼保健机构与计划生育技术服务机构原则上予以合并，组建成立市级和县级妇幼保健计划生育服务中心。乡级计划生育技术服务机构与乡(镇)卫生院妇幼保健职能进行整合，整合后妇幼保健计划生育服务机构是从事公共卫生服务的公益性事业单位，受卫生行政部门委托承担对辖区内妇幼保健和计划生育技术服务业务的管理和技术支持。目前我国已建立起以妇幼保健专业机构为核心，以乡村、社区卫生服务机构为基础，以大中型综合医疗机构和相关科研教学机构为技术支撑的妇幼卫生服务网络体系。

妇幼保健信息系统是我国妇幼卫生服务体系的重要组成部分，包括妇女儿童基础档案管理系统、妇女保健信息系统、儿童保健信息系统、妇女卫生统计报表系统在内，目前已经有20余个子系统。该信息系统是妇幼保健机构对其服务对象进行长期、连续的追踪管理和开展优质服务的基础，对于提高妇幼保健业务效率，科学决策妇幼保健项目发挥着重大作用。

2. 妇幼卫生服务体系的功能任务

妇幼卫生服务体系主要为公民提供婚前保健、孕产期保健等服务，以促进生殖健康，预防出生缺陷。该体系以孕产保健、儿童保健、妇幼保健和计划生育技术服务为中心，以必要的临床诊疗技术为支撑，提供妇幼保健服务，并承担辖区内妇幼卫生和计划生育服务业务的管理和技术支持等。

从事妇幼保健和计划生育服务的机构按照《中华人民共和国母婴保健法》及其实施办法、《中华人民共和国人口与计划生育法》和《妇幼保健机构管理办法》的规定，以及《中国妇女发展纲要(2011～2020年)》《中国儿童发展纲要(2011～2020年)》的目标要求，履行相关的义务。

(三)医疗救治体系

1. 医疗救治体系的组成

医疗救治体系包括突发公共卫生事件医疗救治体系、传染病救治体系、院前医疗急救体系和其他涉及公共卫生救治的服务体系等，这些体系之间有交叉。突发公共卫生事件医疗救治体系由急救、传染病和职业中毒、核辐射救治及后备医院等医疗救治机构组成。传染病救治体系主要由急救中心、传染病医院、核准登记传染科的综合医院和其他承担传染病医疗救治服务的医疗机构组成。院前医疗急救主要由急救中心和承担院前医疗急救任务的网络医院构成，为急危重症患者提供及时、规范、有效的急救服务。卫生健康主管部门、红十字会等有关部门、组织应当积极开展急救培训，普及急救知识，鼓励医疗卫生人员、经过急救培训的人员积极参与公共场所的急救服务。

各级各类医疗机构是医疗救治体系的主要组成者，承担着公共卫生医疗救治工作。发生重大灾害、事故、疾病流行或者其他意外情况时，医疗机构及其卫生技术人员必须服从县级以上人民政府卫生行政部门的调遣，深入现场，承担紧急医疗救援任务。其他涉及公共卫生的救治服务体系由各级各类医疗机构组成，承担基本公共卫生服务和重大公共卫生服务项目中有关的疾病医疗救治工作。

2. 医疗救治体系的功能任务

医疗救治体系承担着与公共卫生有关的医疗救治服务任务，包括传染病暴发流行时对传染病患者、疑似患者的医疗救治；突发公共卫生事件中对患病、中毒人员及受伤人员的救治；平时居民需要急救时，在患者送达医疗机构救治前，在医疗机构外对患者开展现场抢救、转运途中紧急救治以及监护服务；开展其他涉及公共卫生服务的医疗救治工作等。公共场所应按规定配备必要的急救设备、设施，急救中心(站)不得以未付费为由拒绝或者拖延为急危重症患者提供急救服务。

(四)突发公共事件卫生应急体系

1. 突发公共卫生事件应急体系的组成

突发公共卫生事件应急体系由突发公共卫生事件应急指挥机构、医疗卫生救援应急组织、专家咨询机构、应急处理专业技术机构、监测和预警机构、卫生监督机构等组成。目前，我国已经建立了国家、省、地区三级突发公共卫生事件信息决策指挥系统，组建了国家卫生突发事件卫生应急专家咨询委员会和四大类、近30支国家级卫生应急队伍，各地方也组建了相应的专家咨询和卫生应急队伍。

2. 突发公共卫生事件应急体系的功能任务

突发公共卫生事件应急体系专门应对突发公共卫生事件的应急处置，并建立卫生应急组织协调、决策评估、信息报告、监测预警等工作机制，制定国家突发公共卫生事件应急预案，制定流感大流行、鼠疫、自然灾害、核与辐射事故等突发事件的卫生应急预案，对突发公共卫生事件进行统一指挥、专家评估和指导、监测、预警，对患者和受伤人员进行紧急救治，最大限度地减少突发公共卫生事件对公众健康造成的危害，保障公众的身心健康与生命安全。

(五)公共卫生监督执法体系

1. 公共卫生监督执法体系的组成

公共卫生监督体系由各级卫生行政部门、市场监督管理部门、出入境检验检疫部门、生态环境行政部门、农业农村行政部门等共同组成。

2. 公共卫生监督执法体系的功能任务

各公共卫生监督执法机构在各自的职责范围内依法履行公共卫生相关的监管职责：各级卫生行政部门是公共卫生服务最主要的监督管理机构，承担了绝大多数的公共卫生执法和监管责任，负责职业卫生、放射卫生、学校卫生、公共场所卫生、饮用水卫生、疾病防治、突发公共卫生事件应急处理、妇幼卫生和计划生育等方面的监督管理；市场监督管理部门负责食品、药品、化妆品、医疗器械等方面的监督管理；出入境检验检疫部门主要负责国境卫生检疫、传染病监测和卫生监督，以及进出口食品和化妆品的监督管理；生态环境行政部门负责对生态环境和城乡各类污染排放的监管与行政执法职责，包括对生态环境的监测与执法工作，监督管理污染防治、核与辐射安全，组织开展中央环境保护督察等；农业农村行政部门主要负责监督管理种植业、畜牧业、渔业、农产品质量安全，负责农业投资管理，对种子、化肥、生猪屠宰、农药、农机、农产品质量等实行统一执法。

（六）公共卫生教学科研体系

1. 公共卫生教学科研体系的组成

公共卫生教学科研体系主要由专门的科研机构、高等院校、相关学术团体及公共卫生机构中的科研部门等组成。

2. 公共卫生教学科研体系的功能任务

公共卫生教学科研体系是公共卫生服务体系的重要组成部分。公共卫生教学科研体系的主要功能任务有：为公共卫生队伍培养专业人才，承担公共卫生人员的继续教育和专业培训，提升公共卫生专业人员的理论水平和实践技能；进行公共卫生理论研究和实验室试验，转化技术成果，运用流行病学、生物统计学、卫生毒理学、卫生微生物检验学、理化检验学、职业卫生学、环境卫生学、妇幼卫生学、营养与食品卫生学、社会医学、卫生事业管理学、卫生法学和行政法学等知识与方法，进行理论研究、实地调查、实验室实验、大数据分析等，研究公共卫生领域存在的理论和实践问题，包括公共卫生理论、公共卫生政策、公共卫生技术、公共卫生措施和方法、公共卫生管理、公共卫生监督执法等，并进行科研成果转化。教学科研机构作为第三方，积极承担或参与对公共卫生服务单位和服务项目的绩效评价、效果评价、公共卫生技术/公共卫生措施评价，以及公共卫生政策实施效果评价等，为政府提交研究/咨询报告。积极参与公共卫生政策、公共卫生相关标准、公共卫生法律法规的制定，为政策、标准、法律法规的制定提供理论和数据支撑等。

二、我国主要的公共卫生服务机构

我国的公共卫生服务机构分为专业公共卫生机构和具有公共卫生服务功能的非专业公共卫生服务机构，既有政府承办的公共卫生机构，也有国有和集体企事业单位等承办的公共卫生机构。政府鼓励其他民间组织为社会提供公共卫生服务，并由政府购买其服务。本书重点介绍履行公共卫生服务职能的专业公共卫生机构和具有公共卫生服务功能的非专业公共卫生服务机构。

（一）专业公共卫生机构及其职责

专业公共卫生机构是指疾病预防控制中心、专科疾病防治机构、健康教育机构、急救中心（站）和血站等。

目前，我国开展的公共卫生服务项目分为国家基本公共卫生服务项目和重大公共卫生服务项目，其中重大公共卫生服务项目主要由专业公共卫生机构承担。专业公共卫生机构主要提供传染病、慢性非传染性疾病、职业病、地方病等疾病的预防控制和健康教育、妇幼保健、精神卫生、院前急救、采供血、食品安全风险监测评估、出生缺陷防治等公共卫生服务。同时，专业公共卫生机构还承担着公共卫生的相应管理工作，对公立医院、基层医疗卫生机构和社会上的医院开展公共卫生服务进行指导、培训和考核，建立信息共享与互联互通等协作机制。

1. 疾病预防控制机构及其职责

疾病预防控制机构是政府承办的实施疾病预防控制与公共卫生技术管理和服务的公益性事业单位，分为国家级、省级、设区的市级、县级四个级别，分别承担各自辖区范围内的公共卫生服务工作。

疾病预防控制机构是最重要的公共卫生服务机构之一，在同级卫生行政部门的领导下开展职能范围内的疾病预防控制工作，承担上级卫生行政部门和上级疾病预防控制机构下达的各项工作任务。2005 年，国务院发布的《关于疾病预防控制体系建设的若干规定》对国家、省、市、县级疾病预防控制机构的职责进行了明确的规定，规定其总体职能是发挥技术管理及技术服务职能，做好各类疾病预防控制工作规划的组织实施；开展食品安全、职业安全、健康相关产品安全、放射卫生、环境卫生、妇女儿童保健等各项公共卫生业务管理工作；负责公共卫生信息网络建设，加强健康危害因素监测与干预、实验室检测分析与评价，做好相关信息搜集、分析和预测预报工作；负责疫苗的采购和分发，开展与预防接种相关的宣传、培训、技术指导、监测、评价、流行病学调查、应急处置等工作；参与突发公共卫生事件应急处置、重大传染病疫情处理；开展健康教育与健康促进，开展技术管理与应用研究指导等。

2. 专科疾病防治机构

这里主要介绍妇幼保健计划生育技术服务机构、专业精神卫生机构及其职责。

(1)妇幼保健计划生育技术服务机构及其职责。妇幼保健机构是由政府承办，不以营利为目的，具有公共卫生性质的公益性事业单位，是为妇女和儿童提供公共卫生和基本医疗服务的专业机构。计划生育技术服务机构是指依法取得执业许可，隶属于同级计划生育行政部门，具有医疗保健性质，从事计划生育技术服务的、非营利的公益性全额拨款事业单位。前面说过，2013 年机构改革之后，妇幼保健机构和计划生育服务机构进行了资源整合，市级以下的妇幼保健机构和计划生育服务机构进行了整合，原妇幼保健机构及计划生育服务机构的职责由整合后的机构承担。

妇幼保健计划生育技术服务机构的主要职责是掌握本辖区妇女儿童的健康状况及影响因素；开展妇女保健服务和儿童保健服务；指导和开展本辖区妇幼保

健健康教育和健康促进工作；对基层妇幼保健机构进行业务指导，并提供技术支持；负责本辖区孕产妇死亡、婴儿及5岁以下儿童死亡、出生缺陷监测、妇幼卫生服务及技术管理等信息的收集、统计、分析、质量控制和汇总上报；针对育龄人群开展人口与计划生育基础知识的宣传教育，对已婚育龄妇女开展孕情检查、随访服务工作，承担计划生育、生殖保健的咨询、指导和技术服务等；完成各级政府和卫生行政部门下达的指令性任务等。

(2)专业精神卫生机构及其职责。专业精神卫生机构是指专门从事精神疾病、心理疾病、心理健康的治疗、咨询和康复的机构。我国精神卫生服务体系和网络是以专业精神卫生机构为主体，以综合性医院精神科为辅助，以基层医疗卫生机构和精神疾病社区康复机构为基础而建立的，专业精神卫生机构在该体系和网络中起着主导作用。

精神卫生专业机构的主要职责是对精神障碍患者提供诊断、治疗、康复、咨询；为社区康复机构提供康复技术指导和支持；履行精神卫生监测、信息收集和严重精神障碍登记和报告职责；开展精神卫生宣传、人员培训、技术指导和咨询服务等。

3. 健康教育机构及其职责

这里的健康教育机构泛指一切依法承担健康教育任务的机构。按照《中华人民共和国基本医疗卫生与健康促进法》的规定，医疗卫生、教育、体育、宣传等机构和基层群众性自治组织和社会组织等应当开展健康知识的宣传和普及。其他公共卫生法律法规，例如《中华人民共和国职业病防治法》《中华人民共和国传染病防治法》《中华人民共和国药品管理法》《中华人民共和国疫苗管理法》《中华人民共和国母婴保健法》等，都有关于健康教育、宣传的规定，要求医疗机构、疾病预防控制机构、卫生行政机关、卫生监督机构、基层群众组织、社会组织与团体、学校、新闻媒体等承担相应的健康教育与宣传义务。

4. 急救中心(站)及其职责

急救中心(站)是由卫生行政部门按照《医疗机构管理条例》设置、审批和登记的公益性医疗机构，包括急救中心、急救分中心和急救站。

急救中心(站)是国家公共卫生医疗救治体系的重要组成部分，除了承担日常为人民群众提供急救医疗服务外，还要承担各类突发公共事件、重要会议及活动的急救指挥和应急保障任务。

急救中心(站)也是院前医疗急救网络的主体机构，院前医疗急救是由政府主办的、非营利性的公益事业，是基本医疗服务和公共卫生服务的提供者。急救中心(站)与承担院前医疗急救任务的网络医院一起构成了院前医疗急救网，在患者送达医疗机构救治前，在医疗机构外对患者开展现场抢救、转运途中紧急救治以及监护活动。急救中心(站)负责院前医疗急救工作的指挥和调度,急救网络医院按照急救中心(站)的指挥和调度开展院前医疗急救工作。

5. 血站及其职责

血站是指不以营利为目的,采集、提供临床用血的公益性卫生机构,包括一般血站和特殊血站,一般血站包括血液中心、中心血站和中心血库;特殊血站包括脐带血造血干细胞库和根据医学发展需要批准、设立的其他类型血库。

按照《血站管理办法》的规定,血液中心的主要职责是开展区域内无偿献血者的招募、血液的采集与制备、临床用血供应以及医疗用血的业务指导;承担区域内血站的质量控制和评价、业务培训与技术指导;承担区域内血液的集中化检测任务;开展血液的相关科研工作。中心血站的主要职责是开展区域内无偿献血者的招募、血液的采集与制备、临床用血供应以及医疗用血的业务指导;承担区域范围内血液储存的质量控制和对中心血库进行质量控制。中心血库的主要职责是在规定范围内开展无偿献血者的招募、血液的采集与制备、临床用血供应以及医疗用血业务指导等。

此外,根据《中华人民共和国献血法》《中华人民共和国传染病防治法》等的规定,血站必须按照有关操作规程和制度采集血液,确保血液安全,预防和控制经血液途径传播的疾病,保护公众健康,履行《中华人民共和国传染病防治法》的相关规定,发现传染病疫情时依法报告。

(二)具有公共卫生服务功能的非专业公共卫生服务机构及其职责

具有公共卫生服务功能的非专业公共卫生服务机构主要指的是医疗机构,包括医院和基层医疗卫生机构。非专业公共卫生服务机构主要提供国家基本公共卫生服务项目。

1. 基层医疗卫生服务机构及其职责

基层医疗卫生机构主要包括乡镇卫生院、社区卫生服务中心(站)、村卫生室、医务室、门诊部(所)等,分为公立性质和社会力量承办的基层医疗卫生机构。

基层医疗卫生机构是基本公共卫生服务项目的主要提供者,向服务范围内的居民提供预防、保健、健康教育、疾病管理、建立健康档案等基本公共卫生服务,具体包括:

(1)乡镇卫生院和社区卫生服务中心负责提供基本公共卫生服务,并受县级卫生健康行政部门的委托,承担辖区内的公共卫生管理工作,负责对村卫生室、社区卫生服务站的综合管理、技术指导和乡村医生的培训等工作。

(2)村卫生室、社区卫生服务站在乡镇卫生院和社区卫生服务中心的统一管理和指导下,承担行政村、居委会范围内人群的基本公共卫生服务。

(3)单位内部的医务室和门诊部等基层医疗卫生机构负责本单位或本功能

社区的基本公共卫生服务。

(4)其他门诊部、诊所等基层医疗卫生机构根据居民的健康需求，提供相关的医疗卫生服务。

2.医院及其职责

我国医院分为公立医院和社会办医院。按照医院的分级管理标准，经过评审，将医院分为一、二、三级。

在公共卫生服务中，医院承担辖区范围内的相应公共卫生服务职能以及突发事件紧急医疗救援等工作，包括承担重大疾病和突发公共卫生事件监测、报告、救治，突发事件紧急医疗救援、援外，国防卫生动员、支农、支边和支援社区等任务。县办医院是政府向县级区域内居民提供基本医疗卫生服务的重要载体。

在提供公共卫生服务时，医院一方面接受专业公共卫生服务机关的指导、培训和监督，另一方面负责对基层医疗卫生机构的业务指导。

需要说明的是，尽管基本公共卫生服务和重大公共卫生服务分别由非公共卫生服务机构和专业公共卫生机构承担，但是，专业公共卫生机构、医院、基层医疗卫生机构在实际工作中需要形成预防与治疗、上级与下级、专业与非专业的分工协作机制，确保信息互通和资源共享，实现防治结合。

三、我国目前开展的公共卫生服务项目

我国目前开展的公共卫生服务项目分为国家基本公共卫生服务项目和重大公共卫生服务项目。

(一)国家基本公共卫生服务项目

国家基本公共卫生服务项目是针对一般人群的公共卫生服务，主要起疾病预防控制作用，分三大类：第一类是针对全体人群的公共卫生服务，如居民健康档案的建立，健康素养基本知识和技能，优生优育等健康教育宣传和咨询服务；第二类是针对重点人群的公共卫生服务，如对儿童、孕产妇和老年人的保健；第三类是针对疾病预防控制的公共卫生服务，如慢病管理、严重精神障碍患者的管理、预防接种等。服务项目是根据社会经济发展状况、主要公共卫生问题和干预措施效果而确定的。这些项目会随着社会经济发展、公共卫生服务需要和财政承受能力的改变进行适时调整。国家鼓励地方政府根据当地经济发展水平和突出的公共卫生问题，在中央规定服务项目的基础上增加公共卫生服务内容，所以，基本公共卫生服务项目可分为国家项目和地方项目。

2009 年，我国启动了国家基本公共卫生服务项目，卫生部在总结各地实施基本公共卫生服务项目经验的基础上，组织制定了《国家基本公共卫生服务规范》(2009 年版)，确定了多个类别的国家基本公共卫生服务项目，如建立居民健康档

案、健康教育、预防接种、传染病防治、儿童保健、孕产妇保健、老年人保健、慢性病管理和重性精神疾病管理等。2011年，卫生部在2009年版国家基本公共卫生服务规范的基础上进行了补充和完善，发布了《国家基本公共卫生服务规范》（2011年版），增加了传染病及突发公共卫生事件报告和处理、卫生监督协管服务。2013年又增加了中医药健康管理服务，2015年又增加了结核病患者的健康管理等。2017年国家卫计委在《国家基本公共卫生服务规范》（2011年版）的基础上组织专家对规范内容进行了修订和完善，形成了《国家基本公共卫生服务规范》（第3版），新版规范在巩固与提高原有的基本公共卫生服务的基础上，增加了免费提供避孕药具和健康素养促进两项服务。2019年，国家卫健委、财政部、国家中医药局发布了《关于做好2019年基本公共卫生服务项目工作的通知》，同时发布了《新划入基本公共卫生服务工作规范》（2019年版）。

按照通知要求，从2019年1月1日起，国家基本公共卫生服务的内容包括：一是原基本公共卫生服务内容，主要由基层医疗卫生机构承担的建立居民健康档案、健康教育、预防接种、儿童健康管理、孕产妇健康管理、老年人健康管理、高血压和2型糖尿病等慢性病患者健康管理、严重精神障碍患者管理、肺结核患者健康管理、中医药健康管理、传染病和突发公共卫生事件报告和处理、卫生监督协管共12类项目。其中，在开展儿童健康管理的过程中，要规范开展0～6岁儿童眼保健和视力检查的有关工作，加强儿童肥胖筛查和健康指导。

二是新划入基本公共卫生服务内容，主要包括地方病防治，职业病防治，重大疾病与健康危害因素监测，人禽流感、“非典”防控项目，鼠疫防治，国家卫生应急队伍运维保障管理，农村妇女“两癌”检查项目，基本避孕服务项目，贫困地区儿童营养改善项目，贫困地区新生儿疾病筛查项目，增补叶酸预防神经管缺陷项目，国家免费孕前优生健康检查项目，地中海贫血防控项目，食品安全标准跟踪评价项目，健康素养促进项目，国家随机监督抽查项目，老年健康与医养结合服务管理，人口监测项目，卫生健康项目监督管理等工作。其中，地方病防治、职业病防治和重大疾病及危害因素监测这3项工作为每年应确保完成的工作，其余各项工作由各省份结合本地实际实施。

（二）重大公共卫生服务项目

重大公共卫生服务项目主要是针对特定人群提供的公共卫生服务，项目的确定主要根据疾病的重大程度、威胁程度、重点人群等。国家和地方针对主要传染病、慢病、地方病、职业病等重大疾病和严重威胁妇女、儿童等重点人群的健康问题以及突发公共卫生事件预防与处置的需要，制定和实施重大公共卫生服务项目，并进行适时调整。重大公共卫生服务项目主要通过专业公共卫生机构实施。

从 2009 年开始实施或者继续实施的重大公共卫生服务项目包括结核病、艾滋病、血吸虫与包虫病、精神卫生与慢性病的防治防控，国家免疫规划，农村孕产妇住院分娩(2017 年调整为基本公共卫生项目)，贫困白内障患者复明，农村改水改厕，消除燃煤型氟中毒危害，15 岁以下人群补种乙肝疫苗，农村妇女孕前和孕早期增补叶酸以预防神经管缺陷，农村妇女乳腺癌、宫颈癌检查等。计划生育技术服务也是国家重大公共卫生服务项目，包括避孕节育、优生优育科普宣传，避孕方法咨询指导和发放避孕药具(2017 年调整为基本公共卫生项目)，实施避孕节育和恢复生育力技术，随访服务，开展计划生育手术并发症及避孕药具不良反应诊治等。从 2019 年起，原重大公共卫生服务和计划生育项目中的妇幼卫生、老年健康服务、医养结合、卫生应急、孕前检查等内容纳入基本公共卫生服务。

基本公共卫生服务项目和重大公共卫生服务项目会随着实际需要、干预效果和国家财政的变化而不断调整，相信在此基础上，人人健康的和谐社会一定能够实现。

第二章　公共卫生法概述

第一节　公共卫生法概念与调整对象

一、公共卫生法的概念

（一）卫生法的演变与学科分化

1. 卫生法的兴起

在中国，卫生法作为一个独立的学科兴起于 20 世纪 80 年代。卫生法也称“医学法”“医药卫生法”等，都是从“大卫生”的角度来谈的。由于“卫生”一词在我国历史上一直被广泛使用，如“国务院卫生行政部门”“卫生健康委员会”“中国卫生法学会”等，所以“卫生法”这一名称为多数人所接受。

卫生法调整的对象是人们在医疗卫生活动中所形成的社会关系。由于医疗卫生活动主要包括临床医疗服务和公共卫生服务，所以，从服务对象的角度分，卫生法所调整的法律关系包括临床医疗服务法律关系和公共卫生法律关系。所以，有学者认为，卫生法所调整的法律关系有两种：一种是规范个人健康权益维护中结成的法律关系，也就是一般的医疗关系；另一种是规范涉及大众健康利益的公共卫生法律关系，也可以称为“公共卫生法律关系”。无论是临床医疗服务还是公共卫生服务，都受到卫生行政部门的监督管理，因此，卫生行政部门会与被管理者形成行政法律关系。所以，从法律性质上分，人们在卫生活动中所形成的社会关系主要有卫生行政法律关系和卫生服务法律关系两大类。①

2. 卫生法的学科分化

随着卫生事业的发展和医疗、预防、保健服务范围的扩大，卫生法律法规越

① 参见汪建荣主编：《卫生法》，人民卫生出版社 2014 年版，第 15 页。

来越多，人们在卫生领域所形成的社会关系也越来越广泛，于是，学科就随着调整对象的特殊性、现实生活的需要以及理论研究的深入而发生了分化，主要分为三个方向：一是原本调整人们在医疗服务过程中所形成的卫生服务法律关系的法，逐渐称为“医学法”“医事法”或者“医疗服务法”，这里的“医学”“医事”或“医疗服务”指的是临床医疗，所以这里的“医学法”“医事法”或“医疗服务法”是以临床医疗服务过程中所形成的医患法律关系为主要调整对象的；二是原本调整涉及公众健康利益的公共卫生法律关系的法，逐渐被称为“公共卫生法”；三是原本调整人们在卫生行政管理过程中所形成的卫生行政法律关系的法，逐渐称为“卫生行政法”，也称“卫生监督法”，但笔者认为这不能成为一门独立的法，而是隶属于行政法。当然，这三者之间不能完全划分清晰，有许多难以严格区分的地方。

学科的分化在教学实践中体现得尤为明显：针对临床医学生，实践教学以讲授临床医疗法律法规内容为主，所编教材名称为《医学法学》《医事法学》，如姜柏生、田侃两位教授就主编了名为《医事法学》的教材；针对预防医学生和卫生管理专业的学生，实践教学则讲授有关行政执法和公共卫生法的内容，如由达庆东、戴金增两位教授专门为公共卫生硕士编写的教材《卫生监督》，从内容上看包括了行政法和公共卫生法的内容。笔者所在的山东大学自 2003 年起就为预防医学生开设了公共卫生法课程。

尽管到目前为止似乎还没有名为“公共卫生法”的教材和著作，但是，公共卫生法和公共卫生立法的提法经常出现在政府文件和专家学者的论述中。1997 年，中共中央、国务院发布了《关于卫生改革与发展的决定》，指出要推进卫生法制建设，加快公共卫生立法步伐，完善以公共卫生与健康相关产品、卫生机构和专业人员的监督管理为主要内容的公共卫生法律法规，建立健全相配套的各类卫生标准，并明确提出，要加快公共卫生立法步伐，表达了公共卫生法治化的政策取向。2003 年的“非典”推进了公共卫生的立法进程，专家、业内人士和公众纷纷呼吁国家制定公共卫生法，以明确界定公共卫生在经济和社会事业发展中的职能定位、任务及利益各方在其中的责任和义务。

从 2009 年起，国家制定了基本公共卫生服务项目和增加了部分重大公共卫生服务项目，并逐步向城乡居民提供。随着公共卫生活动的广泛和深入开展，公共卫生方面的法律法规越来越多，公共卫生法律关系也越来越广泛，并且人们在公共卫生领域里所形成的法律关系具有共性，所以，有必要对公共卫生法进行系统深入的研究。

（二）公共卫生法的概念

同公共卫生的定义一样，目前国内尚没有统一的公共卫生法定义。目前中国从事公共卫生法研究的学者也较少，现今能够查到的比较早的有“公共卫生法”概念的教材，是1989年邓公平教授主编的《医药卫生法学》，书中写道：“公共卫生法是我国法制体系的一个重要组成部分，是由国家权力机关依照立法程序制定或认可，并以国家强制力保证实施的，在防病治病、保障健康、开展公共卫生活动中所发生的各种社会关系的行为规则的总和。”①该定义中将“防病治病、保障健康、开展公共卫生活动”并列，指出调整在这些活动中所发生的各种社会关系的行为规范的总称为“公共卫生法”，似乎范围过大，包含了临床的医患关系。

山东政法学院的李燕教授给出的公共卫生法概念是：“为最大限度实现公众健康和社会正义，调整政府的公共健康权力、义务和权力限制，调整政府与非政府主体（如医疗保健机构、媒体、学术机构、教育机构、公益组织等）之间的相互协作，规范个体涉及公共健康领域行为的法律规范的总称。”②该概念与美国乔治敦大学法学院戈斯廷（Gostin）教授的公共卫生法概念基本一致，戈斯廷教授认为，公共卫生法是研究国家在公共健康领域中的合法权力与职责，讨论国家与其他部门（如医疗机构、商业机构、社区、媒体、学术团体）合作以确保人们享有健康的生活条件问题（识别、预防、减轻人口面临的健康风险），并限制政府权力以确保自治、隐私、自由、财产权等其他受法律保护的个人利益。公共卫生法的首要目标是寻求人口最大可能的生理和心理健康，以体现“社会公平”这一价值理念。③

董艳锋在其《中国公共卫生法现状及对策》一文中说：“公共卫生法就是指以调整保障人群健康权益的公共卫生事业中的社会关系之法律规范的总和。”④这个概念比较符合中国法学界对某法的定义惯例，即某法就是调整人们在某领域活动中所形成的社会关系的法律规范的总称。

本书按照我国法学概念定义的惯例，对公共卫生法作这样的定义：公共卫生法是由国家制定或认可的，调整人们在公共卫生活动中所形成的各种社会关系的法律规范的总称。需要指出的是，目前我国还没有一部公共卫生法法典，公共卫生法是由一系列不同效力的法律法规组成的。公共卫生法调整人们在公共卫生活动中形成的社会关系，这些社会关系都与公众健康权益相关。公共卫生法从法的层面上维护公共卫生事业的发展，保护公众健康权的实现。

---

① 邓公平主编：《医药卫生法学》，上海科学技术出版社1989年版，第90页。

② 李燕：《公共卫生法律体系之重构与完善》，中国卫生法学会2015年学术年会论文，收于中国卫生法学会2015年学术年会论文集。

③ GOSTIN L. Public Health Law[M]. Berkely: University of California Press, 2008: 4.

④ 董艳锋：《中国公共卫生法现状及对策》，《清华大学资料汇编》104～107页。

二、公共卫生法治建设及存在的问题

(一)我国公共卫生法治建设及相关立法

法律与国家经济社会发展的进程紧密相连,公共卫生法是我国法治建设的重要组成部分,与国家法治建设进程紧密相连。中华人民共和国成立以来,我国的公共卫生法治建设大体上经历了以下四个阶段:

1. 公共卫生法治建设的探索阶段

自中华人民共和国建立至“文革”开始,这是我国法治建设的探索阶段,也即第一阶段。中华人民共和国成立后,当时起临时宪法作用的《中国人民政治协商会议共同纲领》第四十八条规定:“提倡国民体育,推广医药卫生事业,并保护母亲、婴儿和儿童的健康。”1954 年颁布的第一部宪法也对卫生事业和人民健康作了明确规定。在“预防为主”“面向工农兵”“中西医结合”“卫生工作与群众运动相结合”的卫生工作方针的指导下,我国先后制定了《交通检疫暂行办法》(1950年)、《民用航空检疫暂行办法》(1951 年)、《种痘暂行办法》(1951 年)、《传染病管理办法》(1955 年)、《工厂安全卫生规程》(1956 年)、《职业病范围和职业病患者处理办法的规定》(1957 年)、《中华人民共和国国境卫生检疫条例》(1957 年)、《食品卫生管理试行条例》(1964 年)等相关公共卫生法规,为我国的公共卫生法治建设奠定了基础。

2. 公共卫生法治建设全面停滞阶段

“文化大革命”期间,我国法治建设全面停滞,公共卫生法治建设也不例外,此即第二阶段。这是一个特殊的年代,自 1966 年 5 月到 1976 年 10 月期间,整个国家法制惨遭严重的破坏、摧残和践踏,不但没有制定新的法律、法规,原有的法律、法规也无法执行,是个无法可依、有法不依的时期。所以,这一时期被称为“法治建设停滞阶段”。

3. 公共卫生法治建设进入快速发展阶段

第三阶段自 1978 年党的十一届三中全会召开至 1997 年党的十五大召开,我国法治建设进入快速发展的阶段。

1978 年 12 月 18～22 日,党的第十一届三中全会在北京举行,大会决定把全党工作的重点转移到社会主义现代化建设上来。这次大会被称为“实现了建国以来党的历史的重大转折”,中国从此进入了改革开放和社会主义现代化建设的历史新时期。会议提出了健全社会主义民主和加强社会主义法制的任务,明确指出为了保障人民民主,必须加强社会主义法制,使民主制度化、法律化,使这种制度和法律具有稳定性、连续性和极大的权威,做到有法可依,有法必依,执法必严,违法必究,自此,中国进入了法治建设的快速阶段。这一期间,国家先后颁布的公共卫生法律法规有《中华人民共和国食品卫生法(试行)》(1982年)、《中华人民共和国药品管理法》(1984年)、《中华人民共和国水污染防治法》(1984年)、《中华人民共和国国境卫生检疫法》(1986年)及《国境卫生检疫法实施细则》(1989年)、《公共场所卫生管理条例》(1987年)、《尘肺病防治条例》(1987年)、《放射性同位素和射线装置放射防护条例》(1989年)、《中华人民共和国传染病防治法》(1989年)、《中华人民共和国环境保护法》(1989年)、《化妆品卫生监督条例》(1989年)及《化妆品卫生监督条例实施细则》(1991年)、《学校卫生工作条例》(1990年)、《中华人民共和国红十字会法》(1993年)、《中华人民共和国母婴保健法》(1994年)、《中华人民共和国固体废物污染环境防治法》(1995年)、《中华人民共和国食品卫生法》(1995年)等,公共卫生真正走上了法治的轨道。

4. 全面推进依法治国阶段

第四阶段自1997年9月党的十五大召开至今,是全面推进依法治国阶段。

1997年9月召开的中共十五大是我国法治建设的又一个重要的里程碑,这次大会确立了“依法治国,建立社会主义法治国家”的基本方略。1999年,九届全国人大二次会议通过了宪法修正案,把“依法治国,建立社会主义法治国家”这一基本方略写进了宪法(第五条),从此我国进入了依法治国的新阶段。2014年10月,党的第十八届四中全会首次专题讨论依法治国问题,发布了《中共中央关于全面推进依法治国若干重大问题的决定》,进一步强调依法治国是实现国家治理体系和治理能力现代化的必然要求。

这一时期,我国制订了大量公共卫生法律法规,如《中华人民共和国献血法》(1997年)、《中华人民共和国人口与计划生育法》(2001年)、《计划生育技术服务管理条例》(2001年)、《母婴保健法实施办法》(2001年)、《中华人民共和国职业病防治法》(2001年)、《使用有毒物品作业场所劳动保护条例》(2002年)、《突发公共卫生事件应急条例》(2003年)、《突发公共卫生事件与传染病疫情监测信息报告管理办法》(2003年)、《医疗废物管理条例》(2003年)、《艾滋病防治条例》(2006年)、《中华人民共和国食品安全法》(2009年)、《食品安全法实施条例》(2009年)、《公共场所卫生管理条例实施细则》(2011年)、《中华人民共和国精神卫生法》(2012年)、《结核病防治管理办法》(2013年)、《医疗器械监督管理条例》(2014年)、《中华人民共和国中医药法》(2016年)、《保健食品注册与备案管理办法》(2016年)、《特殊医学用途配方食品注册管理办法》(2016年)、《婴幼儿配方乳粉产品配方注册管理办法》(2016年)、《网络食品安全违法行为查处办法》(2016年)、《残疾预防和残疾人康复条例》(2017年)、《中华人民共和国核安全法》(2018年)、《中华人民共和国土壤污染防治法》(2019年)、《中华人民共和国疫苗管理法》(2019年)、《中华人民共和国基本医疗卫生与健康促进法》(2019年)等。

为了适应社会的发展和全面依法治国的需要，使公共卫生立法更科学，体系更完善，我国在这一时期进行了大量的法律修订完善工作，如《中华人民共和国水污染防治法》(2008 年修订，2017 年修正)、《中华人民共和国药品管理法》(2001 年修订，2013 年修正，2015 年修正，2019 年修订)、《中华人民共和国传染病防治法》(2004 年修订，2013 年修改)、《中华人民共和国固体废物污染环境防治法》(2004 年修订，2013 年、2015 年两次修正)、《中华人民共和国职业病防治法》(2011 年、2016 年、2017 年、2018 年四次修正)、《中华人民共和国国境卫生检疫法》(2007 年、2009 年、2018 年三次修正)、《中华人民共和国环境保护法》(2014 年修订)、《中华人民共和国食品安全法》(2015 年修订，2018 年修正)、《中华人民共和国精神卫生法》(2018 年修正)等。

(二)我国公共卫生法治建设存在的问题

1. 缺少完备的公共卫生法律规范体系

2019 年 12 月 28 日，第十三届全国人民代表大会常务委员会第十五次会议通过的《中华人民共和国基本医疗卫生与健康促进法》被认为是我国卫生健康领域的基础性、综合性法律，它把卫生健康领域零散、分散、单行的立法整合成了一个系统化的法律体系，该法的制定实施对于卫生健康领域的法治建设将起到重大作用。然而，就公共卫生法而言，目前我们还缺少一部基础性的公共卫生法典，缺乏整体范畴下的公共卫生职能定位、公共卫生任务、公共卫生相关主体责任、公共卫生权益保障等规定。

正是由于在公共卫生法律体系中确少一部核心法律，所以，尽管我国已经制定了大量的公共卫生法律法规和规章，但是，这些法律规定仅限于某个领域或方面，某些领域和某些重大问题还缺少相应的法律规定。例如，有关慢病的防治与健康管理、老年人的健康管理、居民健康档案的管理与使用、意外伤害和自杀防范等均无相关立法，公共场所控烟缺少国家层面的立法，许多公共卫生标准缺乏，有些法律法规年代久远不适宜现时情形，等等。法在这些方面或问题上的缺位导致了该方面或该问题的无法可依，不符合全面依法治国的治理要求，也不利于公共卫生事业的发展。

1997 年，中共中央、国务院发布的《关于卫生改革与发展的决定》中就指出："要推进卫生法制建设，加快公共卫生立法步伐，完善以公共卫生与健康相关产品、卫生机构和专业人员的监督管理为主要内容的公共卫生法律法规，建立健全相配套的各类卫生标准。"针对 2019 年新冠肺炎疫情期间突显出来的问题，2020 年 2 月 14 日，习近平总书记在主持召开中央全面深化改革委员会第十二次会议上发表重要讲话，强调要强化公共卫生法治保障，全面加强和完善公共卫生领域相关法律法规建设，认真评估传染病防治法、野生动物保护法等法律法规的修改完善。要从保护人民健康、保障国家安全、维护国家长治久安的高度，把生物安全纳入国家安全体系，系统规划国家生物安全风险防控和治理体系建设，全面提高国家生物安全治理能力。要尽快推动出台生物安全法，加快构建国家生物安全法律法规体系和制度保障体系。① 这些都明确表达了党和政府对公共卫生立法、法治建设的政治取向。相信经历新冠肺炎疫情之后，我国的公共卫生相关法律法规会得到更进一步的修改完善，公共卫生法律规范体系也会很快完备起来。

2. 公共卫生法理论和实务研究缺乏

由于国人对公共卫生认知较晚，所以国内学者对于公共卫生相关立法、法律体系、相关法律问题的研究也较少。到目前为止，学界未能就公共卫生立法的框架、公共卫生法应当包含哪些方面的内容、公共卫生法的基本原则等进行深入的研究并达成一致意见，不能为公共卫生立法提供理论支撑和指导。公共卫生领域发生的重大实践问题也缺少相应的法理研究，难以为公共卫生实践作指导，这些都极不利于公共卫生的法治管理和建设。同样，2019 年年底的这场新冠肺炎疫情也会推动研究者对包括突发重大疫情应急在内的公共卫生法律问题进行研究。

3. 公共卫生监管和执法力度不够

关于公共卫生的监管和执法问题，本书通过列举婴儿奶粉和问题疫苗两个涉及公共卫生的典型例子来予以说明。

2003 年安徽阜阳发生了“大头娃娃”事件，市场上的一些婴儿奶粉因脂肪、蛋白质和糖类等基本营养物质不及国家标准的三分之一，造成食用婴儿患上“重度营养不良综合征”，在本是生长最快的时期停止生长，造成四肢短小，身体瘦弱，脑袋尤显偏大，严重的甚至越长越轻、越小，直至心、肝、肾等器官功能衰竭而死亡。这次奶粉事件震惊了全国，涉案奶粉生产企业 54 家，全国由此开展了围剿劣质奶粉的行动。然而，2008 年又发生了更为震惊的“三聚氰胺”奶粉事件，使得整个中国乳制品行业的信誉塌陷，民众对国产奶基本失去信心。2011 年中央电视台《每周质量报告》调查发现，七成的中国民众依然不敢再买国产奶。②

2010 年 3 月 17 日，《中国经济时报》刊发了“山西疫苗乱象调查”，报道了近百名儿童注射疫苗后或死或残，大量疫苗高温暴露的事件。③ 高温暴露疫苗的背

① 参见习近平主席 2020 年 2 月 14 日在中央全面深化改革委员会第十二次会议上的讲话[EB/OL]，(2020-02-14)[2020-03-12]，http://www.xinhuanet.com/politics/leaders/2020-02/14/c_1125575922.htm.

② 参见刘国信:《中国家禽业:走过“寒冬”是“春天”》，《河南畜牧兽医》2014 年第 3 期。

③ 参见《中国经济时报就山西疫苗乱象调查报道发声明》[EB/OL]，(2010-03-18)[2020-03-12]，http://news.sina.com.cn/c/2010-03-18/182219892634.shtml.

后，各种监管漏洞让国人震惊。2016 年，山东警方又破获了案值 5.7 亿元的非法经营疫苗案，疫苗未经严格冷链存储运输就销往 24 个省市。李克强总理对此次非法经营疫苗案作出了重要批示，指出："此次疫苗安全事件引发社会高度关注，暴露出监管方面存在诸多漏洞"，要求抓紧完善监管制度，落实疫苗生产、流通、接种等各环节的监管责任，堵塞漏洞，保障人民群众的生命健康。然而，2018 年 7 月又一重大疫苗案发生：7 月 15 日，国家药品监督管理局发布通告指出，长春长生生物科技有限公司冻干人用狂犬病疫苗生产存在记录造假等行为，这是长生生物自 2017 年 11 月被发现疫苗效价指标不符合规定后不到 1 年，再曝疫苗质量问题。其后，又发现长春长生生物公司生产的批号为 201605014-01、武汉生物制品研究所有限责任公司生产的批号为 201607050-2 的百白破疫苗效价指标不符合标准规定。长春长生生物公司生产的该批次疫苗共计252 600支，全部销往山东省疾病预防控制中心；武汉生物制品研究所有限责任公司生产的该批次疫苗共计400 520支，销往重庆市疾病预防控制中心190 520支，销往河北省疾病预防控制中心210 000支。①

山西疫苗事件暴露出了体制与监管问题，然而，却没能成为解决中国疫苗市场顽疾的机会。李克强总理对 2016 年济南非法疫苗案的批示中，明确指出监管方面存在诸多漏洞。习近平主席在对 2018 年长春长生疫苗案的批示中强调"要以猛药去疴、刮骨疗毒的决心，完善我国疫苗管理体制，坚决守住安全底线，全力保障群众切身利益和社会安全稳定大局"②。这再一次清楚地表明，我国相关的卫生管理体制不完善，监管存在漏洞。

监管漏洞为什么如此难以堵塞？除了管理体制存在问题外，处罚力度轻、违法成本低是重要原因之一。《人民日报》2018 年 7 月 22 日的评论是：政府机构在疫苗生产、使用上的监管，需要更有力，对非法的生产经营行为"重拳治乱"，如果处罚只是"雨过地皮湿"，就形不成教训，也构不成震慑……无论是生产企业还是监管部门，都必须以"敬畏生命"为信条，以更严格的生产标准、更严厉的常态监管、更严重的违法处罚规范行业发展，保住公众对疫苗的信任。③

新华社的评论是：针对企业故意造假的恶劣行为，要建立严格的惩戒体系，

---

① 参见《不合格百白破疫苗是如何发现的？控制情况如何？国家药监局回应》[EB/OL]，(2018-07-25)[2020-03-12]，http://www.bjnews.com.cn/news/2018/07/25/496738.html.

② 参见《习近平对吉林长春长生生物疫苗案件作出重要指示 强调要一查到底严肃问责 始终把人民群众的身体健康放在首位 坚决守住安全底线》[EB/OL]，(2018-07-24)[2020-03-12]，http://www.xinhuanet.com/video/2018-07/24/c_129919659.htm.

③ 参见《一查到底方可纾解疫苗焦虑》，《人民日报》2018 年 7 月 22 日第 1 版。

让企业为失信和违法违规行为付出沉重代价。涉事企业长生生物并非第一次出现问题。对疫苗这类全社会高度关注的行业，务必要建立行刑衔接制度，对违法违规企业“零容忍”，绝不姑息纵容，建立带电的“高压线”。这就要求有关部门及时完善相关法律法规制度，加大处罚力度，例如建立一次违法终生禁入行业等制度，让违法者倾家荡产，真正让制度发挥强大的震慑作用。①

无疑，媒体也看到了处罚力度太低，看到了问题的所在，可还是忽略了企业的民事责任问题；舆论上主要讨论的是违法者的行政责任和刑事责任，忽略了企业对疫苗受害人的民事责任。在以往的违法案件中，民事赔偿就经常被忽略，即使赔偿，申请的过程也非常艰辛，这也是违法成本低的一个重要表现。

三、公共卫生法的调整对象

法的调整对象是一定的社会关系，公共卫生法调整人们在公共卫生活动中所形成的各种社会关系。

从公共卫生法律关系参加者的角度看，公共卫生法调整下列主体相互之间的法律关系：政府与社会之间的法律关系，公共卫生服务机构与服务接受者之间的法律关系，社会不同部门之间的法律关系，公共卫生监督部门与被监督者之间的法律关系等。

（一）调整政府与社会之间的法律关系

公共卫生是政府责任，政府在公共卫生产品提供中扮演主导角色。从大的方面说，公共卫生筹资、公共卫生投入、公共卫生服务购买等都由政府承担。政府还承担着维护公共卫生公益性，促进公共卫生公平性，确保公众健康权实现的责任。所以，公共卫生法对政府责任作了具体规定，政府在承担上述职责以及履行法律责任时，会与社会部门和公众发生公共卫生法律关系，包括政府与公共卫生服务机构之间、政府与医疗保障机构、政府与公众之间、政府与其他机构和组织之间形成的法律关系。

（二）公共卫生服务机构与服务接受者之间的法律关系

公共卫生服务机构在提供公共卫生服务的过程中，会与接受服务的公众之间形成大量的法律关系。这里所说的“公共卫生服务机构”包括专业的公共卫生服务机构、具有公共卫生服务功能的非专业机构以及其他提供公共卫生服务的组织。它们在提供公共卫生服务时，必定与接受服务的公众发生相应的公共卫生权利义务关系，这是公共卫生法调整的主要法律关系。

---

① 参见《新华时评：保护疫苗安全的高压线一定要带高压电》[EB/OL]，(2018-07-23)[2020-03-12]，http://www.gov.cn/zhengce/2018-07/23/content_5308451.htm.

(三)调整社会不同部门之间的法律关系

公共卫生需要社会各部门的共同协作和参与,不同部门有不同的职责和分工。公共卫生法调整社会不同部门之间在公共卫生活动中所形成的法律关系,包括公共卫生服务机构相互之间形成的法律关系,公共卫生服务机构与其他部门(指公共卫生服务机构以外的其他部门,如医疗器械、药品、食品等健康相关产品的生产经营者)之间形成的法律关系,其他部门相互之间形成的法律关系等。

(四)调整公共卫生监督部门与被监督者之间的法律关系

公共卫生服务离不开监督管理,公共卫生监督部门依法在各自的职责范围内进行监督管理,对公共卫生服务机构、其他部门和社会组织、下级监督管理部门以及公民个人的公共卫生活动进行监督管理,对违法行为予以制止或制裁。公共卫生监督部门与被监督者之间形成广泛的监督管理关系。

四、公共卫生法的特征

事物的特征是指该事物区别于其他近似事物的征象的标志。公共卫生法的特征主要是与卫生法、医学法(医事法)、卫生监督法等相比较所具有的特征,主要体现在如下几个方面:

(一)公共卫生法调整人们在公共卫生领域所形成的社会关系

公共卫生法的首要特征就是它特定的调整对象,即在公共卫生活动中所形成的与公共卫生权利和义务相关的社会关系。公共卫生法特定的调整对象有两个基本含义,一是发生在公共卫生领域,或者说在公共卫生活动中发生的;二是涉及公共卫生权利和义务关系。

需要说明的是,公共卫生服务与基本医疗服务有时候难以绝对分开,并且会不断变化。公共卫生服务项目的确定主要取决于政府财政能力和项目的干预措施效果,按照新《医改意见》的规定,公共卫生服务主要通过政府筹资,向城乡居民均等化提供。基本医疗服务由政府、社会和个人三方合理分担费用。随着政府财政能力的增强,项目干预措施效果的提高,会有越来越多的现在属于基本医疗服务的项目纳入公共卫生服务中,原属于医疗法律关系的也转变成公共卫生法律关系。即使是同一时期,同样的服务内容既可能是公共卫生服务,也可能是临床医疗服务,例如白内障患者的复明手术,如果是按照现行政策开展的为贫困白内障患者免费复明手术项目,则属于公共卫生服务项目,所形成的关系为公共卫生法律关系,而非贫困白内障患者的复明手术则是基本医疗服务,所形成的关系属于医疗服务法律关系,区别主要取决于费用的承担者。

(二)公共卫生法以保护公众健康权益为主旨

公共卫生以提高公众整体健康水平为目标,公共卫生法以保护公众健康权益得以实现为根本宗旨。公共卫生法的着眼点是从社会整体利益的角度进行立法、执法以及法律问题研究。公共卫生法的目的是捍卫社会的整体健康安全,使整体成员都受益,或者说绝大多数人都受益。政府为了公共利益可以合法地限制人们的某项权利和自由,如传染病暴发流行时要求影剧院暂停营业。个体健康权益与公众健康权益冲突时,遵循公众利益至上原则。对于个体权益的损害,采用其他补偿办法。当然,政府的权力也必须受到必要的限制,不得任意侵犯个体的相关权利。

1978 年,国际初级卫生保健大会通过的《阿拉木图宣言》提出,健康是基本人权,达到尽可能高的健康水平是世界范围内的一项重要社会性目标。健康是人类一切活动中最重要的价值取向之一,是社会的共同利益所在,它既是个人需要,也是一种公共需要,这就决定了健康权的社会性。“健康是人类共同的愿望,而公共卫生是各国政府为保障人民健康应全力履行的重要职责,公共卫生法则是实现健康公平与正义的根本保障。”①公共卫生法通过设定权利和义务,确认公共卫生政策和目标,确保资金到位和人人获得公平的公共卫生服务,保障各部门责任的履行来达到公众健康权的实现。

(三)公共卫生法属于社会法

公共卫生的公益性特点决定了人人享有均等的公共卫生服务和平等的健康权。我国政府把公共卫生作为公共产品向全民提供,提出要尽快改变城乡和区域公共卫生发展的不平衡及资源配置的不合理,使基本公共卫生服务得到普及,并逐步实现均等化,以提高全民的健康水平。随着社会的进步与发展,公共卫生权益越来越受到人们的关注,该权益既非国家利益和国家权力所能代替,也不能与个体的个人利益和公民权利相混淆。传统的公法和私法均无法单独调整公共卫生法律问题,而是需由社会法来担当此任,因为社会法是“公法与私法相结合的法,其基本特征是以社会整体利益为本位……强调社会整体利益的福利性平衡”②。

社会法是调整有关劳动关系、社会保障和社会福利关系的法律规范的总称。③ 为进一步解释什么是社会法,在此引用中国社会科学院法律研究所余少祥先生的说法:“社会法是国家为解决各种社会问题形成的具有公法与私法融合特征的第三法域,是以维护弱者的权利和社会整体福祉为宗旨的一种新的法律体系,是劳动法、社会保障法、经济法、环境与自然资源法、教育法、公用卫生事业

① 汪建荣、沈洁、何昌岭主编:《用法律保护公众健康》,中国科学技术出版社 2008 年版,前言。

② 徐显明主编:《法理学教程》,中国政法大学出版社 1994 年版,第 68 页。

③ 参见张文显主编:《法理学》,法律出版社 2007 年版,第 157 页。

法、慈善与募捐法等部门法的总称。”①“随着社会的发展，社会法也不再仅仅满足于经济上的弱势群体的生存权保障，而是对人的发展权进行充分保障和对人的尊严的维护，例如，教育、医疗、住房保障显然超出了一般生存权的保障范围。”②也就是说，社会法从最初的保障社会弱者的生活开始，逐渐过渡到全民保障和社会整体福祉，从原来的民生经济转变为民生质量提升。公共卫生事业关系亿万人民的健康，关系千家万户的幸福，是重大民生问题，是社会福利与保障。而提高居民的整体健康水平，使居民共享社会发展成果，就是对民生质量的提升与促进。因此，笔者认为公共卫生法属于社会法。

第二节　公共卫生法的基本原则

公共卫生法的基本原则是指贯穿于公共卫生法始终，对调整因保护公众健康而发生的各种社会关系具有普遍指导意义的准则。

通常，一法的基本原则体现着该法的基本精神和价值取向。公共卫生法的基本原则反映了公共卫生法的目的或目标，是公共卫生法的灵魂。认识并把握这些基本原则，有利于领会公共卫生法的实质，进而自觉遵守法律，依法履行职责，提高依法办事的自觉性，使公共卫生法得以顺利贯彻实施。

一、预防为主，防治结合原则

成语“防患于未然”出自《周易·既济》“君子以思患而豫防之”，意思是说在祸患发生之前就加以预防。在医疗卫生方面，《黄帝内经》曰：“圣人不治已病治未病，不治已乱治未乱。夫病已成而后药之，乱已成而后治之，譬犹渴而穿井，斗而铸锥，不亦晚乎！”这就是“未病先防”的思想，同时也道尽了“治未病”的重要意义。预防为主是整个卫生工作的基本方针。然而，我们在相当长的一个时期内忽视了预防，“重治疗、轻预防”的错误做法使我们在 2003 年的“非典”中遭受了不小的损失。2019 年新冠肺炎疫情暴发，让我们再次看到预防工作不到位所带来的灾难与损失，以至于习总书记在 2020 年 2 月 14 日主持召开的中央全面深化改革委员会第十二次会议上强调，要改革完善疾病预防控制体系，改革完善重大疫情防控救治体系。在 2014 年 5 月 20 日召开的第六十七届世界卫生组织大会上，时任世界卫生组织总干事的陈冯富珍女士在报告中说：“在改善健康方面，上个世纪人类主要依赖于技术驱动的医疗模式来对抗传染病。随着非传染性疾病

① 余少祥：《社会法：锥系民生之法》，《今日中国论坛》2009 年第 1 期。
② 谢增毅：《社会法的概念、本质和定位》，《学习与探索》2006 年第 5 期。

成为全球最大的健康杀手,本世纪应该进入一个视预防与治疗同等重要的新世代。”搞好预防,让公众对公共卫生“没有感觉”,就是公共卫生的最好结果。

如何能够让“预防为主”的基本方针在公共卫生实际工作中得以贯彻落实呢?那就是通过立法,把预防为主作为一种基本精神和价值取向在公共卫生法中体现,作为法的基本原则贯彻始终。所以,在我国现行的公共卫生法律法规中,无不开宗明义地提出了“预防为主”的原则,不仅立法宗旨点明预防,而且有专章的预防相关规定,如《中华人民共和国传染病防治法》的第二章章名就是“传染病预防”,《中华人民共和国职业病防治法》中设有专章“前期预防”和“劳动过程中的防护与管理”,《突发公共卫生事件应急条例》的第二章也是“预防与应急准备”,等等。

公共卫生强调“预防为主”,但并非不重视治疗,而是强调“预防为主,防治结合”。公共卫生服务项目中包含了许多治疗,这就是为什么公共卫生项目主要由各级各类医院和基层医疗机构承担的原因所在。更何况,在传染病疫情、重大职业危害、食物中毒等事件发生时,人民群众的生命安全和身体健康高于一切,救治患者成为第一任务,体现了“以人为本,把人民群众的生命安全和身体健康放在第一位”的原则。所以,现行的公共卫生法律法规中,也将“防治结合”作为基本原则而贯彻始终。

二、全民健康原则

2016年10月25日,中共中央、国务院印发了《“健康中国2030”规划纲要》,提出要把健康融入所有的政策,要全方位、全周期地维护和保障人民健康,大幅提高全民健康水平。健康是促进人的全面发展的必然要求,是经济社会发展的基础条件。实现国民的健康长寿,是国家富强、民族振兴的重要标志,也是全国各族人民的共同愿望,全民健康是建设“健康中国”的根本目的,同时也是实现“两个一百年”奋斗目标和中华民族伟大复兴中国梦的坚实健康基础。

为此,公共卫生法更要以保障全民健康为己任。被称作我国卫生健康领域的“基础性、综合性法律”的《基本医疗卫生与健康促进法》明确规定“国家实施健康中国战略,普及健康生活,优化健康服务,完善健康保障,建设健康环境,发展健康产业,提升公民全生命周期健康水平”(第四条),“各级人民政府应当把人民健康放在优先发展的战略地位,将健康理念融入各项政策……国家建立健康影响评估制度,将公民主要健康指标改善情况纳入政府目标责任考核”(第六条)。公共卫生法把保护全民健康作为基本原则贯穿始终,不仅从立法层面强化了覆盖全民的公共卫生服务,完善全民医保体系,完善药品的供应保障,建设健康环境等,以确保全民健康的实现,而且通过法律手段调整了个人健康利益与公众健康利益的冲突，坚持“公众权益至上”的原则。当然，对个人权利的限制不是随意而为，而是依法进行，即在法律规定的情况下，依照特定的程序来平衡个体和社会的利益，弥补受损个体的权益，这正是法治管理的要义所在。

三、公共卫生公平性原则

公平是法的精髓，公平正义是社会主义法治的核心价值，而对于公共卫生法而言，公平具有更重要的意义，因为在影响健康的心理因素和社会因素中，不公平本身就是一个不容忽视的重要因素，它可以直接影响人的身心健康。该因素的消除必须仰仗法律，这跟一般意义上讲的“法的公平”不同。

“医疗卫生事业应当坚持公益性原则”①，公共卫生更是公益性事业。公共卫生必须是公平的；公共卫生作为一种二次分配，也必须是公平的。在公共卫生资源不能满足所有人的需求时，当人们的理念中还做不到平等对待和不歧视时，只能依靠法律的规定和法的实施，来保护公众平等的公共卫生权益。公共卫生法具有促进社会协调发展的作用，保证公共卫生投入，合理配置公共卫生资源，缩小贫富差距、城乡差距和地区间差距，让人人获得公平的公共卫生服务以法的形式体现出来，以法的手段保证其实现。所以，无论是从公共卫生的特殊性角度，还是从法治的核心价值角度，公平性原则都是公共卫生法的基本原则，是实现公共卫生目标的根本保障。

目前，我国政府提出“基本公共卫生服务逐步均等化”，国家鼓励地方政府根据当地经济发展水平和突出的公共卫生问题，在中央规定服务项目的基础上增加公共卫生服务内容。但同时，国家又努力创造各种条件（如加大对经济落后地区的公共卫生投入）来缩小地区间的差别，促进基本公共卫生服务均等化，这是现阶段要实现的目标。然而，这是远远不够的，不仅是基本公共卫生服务，也不仅仅是均等化，而应是所有的公共卫生权益要公平，均等化只代表了机会的均等，这是公平的部分内容而非全部内涵。法律上公平的含义是指人与人对等对待的社会关系，在其中包含着平等、公正、正义的含义。本书第三章中有对公共卫生公平性的专门论述。

四、依靠科学与健康教育原则

科学技术是推动社会生产力发展的决定性因素，也是促进社会进步的强大力量，公共卫生离不开科学技术的理论和实践。所以，要把依靠科学作为基本原

---

①《中华人民共和国基本医疗卫生与健康促进法》第三条。

则贯穿于公共卫生法中，从法的高度鼓励和支持开展相关的科学研究，采用先进技术、工艺、设备、材料，先进的管理规范等，来提高疾病防治的科技水平，防止职业危害，提高食品安全和药品安全，保护生态环境等，以法律手段规范公共卫生活动的科学开展，遵循科学规律。

公众有益的健康行为和生活方式、良好的健康素养是本源上的预防，这种内在的调整效果远好于外在的干预。而公众有益健康的行为和生活方式、良好健康素养的形成，需要通过动员全社会和多部门力量，传播健康相关信息，促进人们健康意识和自我保健能力的提高。所以，《中华人民共和国基本医疗卫生与健康促进法》明确规定："国家建立健康教育制度，保障公民获得健康教育的权利，提高公民的健康素养。"(第四条)"坚持预防为主，完善健康促进工作体系，组织实施健康促进的规划和行动，推进全民健身……"(第六条)。公共卫生法把健康教育与促进作为基本原则，规定或鼓励各级政府、各监督部门、新闻媒体、各级各类学校、各种社会团体、基层群众性自治组织等开展相关的健康教育和宣传，普及疾病防治知识、职业病防治知识、食品营养等相关知识，倡导健康的生活方式，增强公众的食品安全意识、职业安全意识，提高人们的自我防病能力、自我保护能力等。

五、分工负责、互相配合原则

公共卫生服务由不同的机构提供，各机构相互配合协作。各专业公共卫生机构在依法提供公共卫生服务的同时，还负责对医院和基层医疗卫生机构开展的基本公共卫生服务进行业务指导和技术支持。医院在依法承担公共卫生服务职责外，还负责对基层医疗卫生机构所提供的基本公共卫生服务进行指导。专业公共卫生机构、城乡基层医疗卫生机构和医院之间要建立分工明确、功能互补、信息互通、资源共享的工作机制，实现防治结合，以保证公共卫生服务高质量、全方位地提供。它们之间的权利义务需要法律来明确。

同样，公共卫生的监督管理也需要各监管部门分工进行。卫生健康行政部门、市场监督管理部门、国境卫生检验检疫部门、生态环境保护部门、农业行政部门等依据相关的公共卫生法律法规，在各自的职责范围内履行各自的监管责任，相互之间必须加强沟通与配合，实行同抓共管，做到不越位、不缺位。其他部门如政府财政、绩效考核部门、社会保障部门、检验机构、行业协会等之间也必须有明确的分工与合作。

正是因为公共卫生需要各部门的共同参与和协作，公共卫生法必须将"分工负责，相互配合"作为法的基本原则贯彻始终，以保证各机构各部门明确职责，并认真履行职责。

第三节　公共卫生法律关系

一、公共卫生法律关系的概念与种类

(一)公共卫生法律关系的概念

公共卫生法律关系是指由公共卫生法所调整的、人们在公共卫生活动中所形成的权利和义务关系。

人们按照公共卫生法律规范的要求行使权利,履行义务,并由此而形成特定的法律上的权利义务关系,这就是公共卫生法律关系。法律关系实质上是一种权利和义务关系,公共卫生法律关系是涉及公共卫生权利和义务的关系,这种权利义务关系受公共卫生法的保护。

(二)公共卫生法律关系的种类

从不同角度,法律关系可以分为许多种类。若按照法律关系主体在法律关系中的不同地位,公共卫生法律关系主要分为平权型法律关系和隶属型法律关系。

1. 平权型法律关系

平权型法律关系也称"平向法律关系"或"横向法律关系",是平等主体之间的权利义务关系。所谓"平等主体",是指形成法律关系的双方无论在现实生活中处于怎样的社会地位、政治地位或经济地位,在所形成的公共卫生法律关系中,双方的法律地位是平等的,双方的意思自治,即在法律允许的范围内按照自己的意愿行为。权利和义务可以由双方协商约定,具有一定程度的任意性,只要不违反法律规定即可。例如,公共卫生服务机构为公众提供公共卫生服务时,服务者和接受服务者所形成的法律关系就属于平权型法律关系。

平权型法律关系的主要特点是:主体双方的法律地位平等;法律关系主体意思自治,在国家规定的公共卫生项目内可以按照自己的真实意愿行为,一方不得强迫另一方违背自己的真实意思行为;双方的权利义务通常是按照法律规定或者是依法协商约定的,权利义务基本对等;通常情况下,行为或标的是等价有偿的,国家规定免费的项目按照国家规定执行。

2. 隶属型法律关系

隶属型法律关系又称"纵向法律关系",是指不平等法律关系主体之间所形成的权利义务关系。所谓"不平等法律关系主体",是指双方的法律地位不平等,通常一方代表国家进行监督管理,另一方是被管理者。管理者可以依据职权通过单方面的意思表示,直接要求被管理者为或不为一定行为,不需要双方协商一

致。双方的权利义务不对等，并且通常是法定的。行使职权的一方代表国家进行监督管理，其职权也是其职责，不可以放弃，并且一定要严格按照法律规定履行职责，否则被称为“不作为”或者“滥用职权”。在公共卫生法律关系中，公共卫生监管部门在监督管理过程中与被管理者之间所形成的法律关系就是典型的隶属型法律关系。

隶属型法律关系的主要特点是：双方法律地位不平等；双方的权利义务不对等；双方的权利义务具有法定性；代表国家进行监督管理一方的权利和义务具有重合性，即其职权往往就是其职责。

二、公共卫生法律关系的构成要素

任何法律关系都由主体、客体和内容三部分构成，这三者被称为“法律关系的构成要素”。

（一）公共卫生法律关系主体

公共卫生法律关系主体是指公共卫生法律关系的参加者，即法律关系中权利的享有者和义务的承担者。

本书从提供公共卫生服务和接受公共卫生服务的角度划分公共卫生法律关系主体，主要包括政府（国家）、公共卫生服务机构、其他机构和组织、公民（自然人）。

1. 政府（国家）

公共卫生是政府对其国民的责任，这个责任不光是从政治角度上说的，也体现为法律上的责任，如《中华人民共和国基本医疗卫生与健康促进法》第十八条就明确规定：“县级以上人民政府通过举办专业公共卫生机构、基层医疗卫生机构和医院，或者从其他医疗卫生机构购买服务的方式提供基本公共卫生服务。”第八十九条规定：“县级以上人民政府应当定期向本级人民代表大会或者其常务委员会报告基本医疗卫生与健康促进工作，依法接受监督。”第九十条规定：“地方人民政府未履行医疗卫生与健康促进工作相关职责的，上级人民政府应当对其主要负责人进行约谈。约谈情况和整改情况应当纳入有关部门和地方人民政府工作评议、考核记录。”

政府在公共卫生中处于主导地位，法律对各级政府的职责有明确规定，包括公共卫生服务体系建设、公共卫生政策制定和立法、生活环境改造、健康理念宣传、公共卫生服务经费投入和保障、公共卫生服务购买和经费补偿、对重点项目的支持、对困难地区专项转移支付、对公共卫生法律法规落实情况的监督检查，等等，都属于政府责任。政府在履行这些职责时，就会成为重要的法律关系主体。在法治的社会里，政府同样要依法行为，遵守法律规定，履行法定义务，承担法律责任。

在公共卫生法里，许多时候提到国家的责任。例如，国家实施“健康中国”战略，国家建立健康教育制度，保障公民获得健康教育的权利，提高公民的健康素养；国家合理规划和配置医疗卫生资源，加大对医疗卫生与健康事业的财政投入；国家采取措施，保障公民享有安全有效的基本公共卫生服务，控制影响健康的危险因素，提高疾病预防控制水平；国家完善药品供应保障制度，建立工作协调机制，保障药品的安全、有效、可及等。公共卫生法由国家制定并颁布，以国家的强制力保障实施。国家有责任满足公众的公共卫生服务需要，并保障每个人所享受的公共卫生服务权利得以实现。此外，在对外公共卫生交流与合作中，国家承担着相应的责任，也是国际公共卫生法律关系的主体。

2. 公共卫生服务机构

公共卫生服务机构主要是从事公共卫生服务的专业机构、具有公共卫生服务功能的非专业机构以及为社会提供公共卫生服务的社会组织。诸如各级疾病预防控制机构、健康促进机构、妇幼保健和计划生育技术机构、精神卫生专业机构、应急救治机构、采供血机构、公共卫生监督机关、社会保障机构、基层医疗卫生机构和各级各类医院、公共卫生科研机构和学术团体、红十字会等机构等，都是公共卫生法律关系的重要参加者。

这里要特别指出的一个机构是社会组织，也称作“非政府组织”(non-government organization, NGO)，它是相对于政府组织和经济组织而言的，也称为“第三部门”，是公共卫生领域里一支不可忽视的力量。近年来，越来越多的NGO参与公共卫生活动，为特殊人群提供公共卫生服务，并在国际合作、卫生技术交流和转让、卫生技术人员培训、资金物质援助等方面进行了广泛的合作与交流。NGO在公共卫生领域发挥了巨大的社会影响力，在一定程度上影响着政策的制定和执行，承接了政府放权后的大量公共管理和公共服务职能。

3. 其他机构和组织

这里所说的“其他机构和组织”是指除了上述公共卫生服务机构以外的其他参与公共卫生活动的机构和组织，如健康相关产品的生产经营者[包括食品、饮用水及涉水产品、化妆品、药品(包括疫苗)、医疗器械、消毒产品等的生产经营者]、公共场所的经营者等。

公共卫生需要全社会各领域的共同合作，所有的国家机关、企事业单位、社会团体等组织都必须遵守公共卫生法律的规定，履行其公共卫生义务。所以，凡是在公共卫生活动中形成权利义务关系的机构和组织，都是公共卫生法律关系主体。

4. 公民

公民是自己健康的第一责任人，是公共卫生法律关系中最广泛的主体，享有接受公共卫生服务的权利，同时也承担相应的公共卫生义务。公民要树立和践行对自己健康负责的健康管理理念，主动学习健康知识，提高健康素养，加强健康管理。要倡导家庭成员相互关爱，形成符合自身和家庭特点的健康生活方式。国家和社会也要尊重、保护公民的健康权。同时，公民要尊重他人的健康权力和利益，不得损害他人的健康和社会公共利益。

（二）公共卫生法律关系客体

公共卫生法律关系客体是指公共卫生法律关系主体之间权利和义务所指向的对象，或法律关系主体所要实现的目标性事物，也称“权利客体”和“义务客体”，由公共卫生法律关系主体所要追求和实现的目标所决定。公共卫生法律关系客体主要包括物、行为、身体权、健康权、信息、环境。

1. 物

法律关系客体中的物是指在法律关系中可以作为财产权利和义务对象的物品或物质财富。

并非所有物理意义上的物都能成为法律关系客体。法律意义上的物必须得到法律认可、有价值、能被认识和控制。所谓“得到法律认可”，是指法律允许其作为法律关系的客体，像假药、腐败变质的食品等禁止流通物就不能成为法律关系的客体；限制流通物允许在一定领域内成为某些特定法律关系的客体，如医用麻醉药品、精神药品、剧毒药品等。所谓“有价值”，是指能够满足人们的某种需要或者给人们带来某种利益。所谓“能被人类认识和控制”，是指人类对某物有认识并且能控制，宇宙中不被人类所认识和控制的自然之物不能成为客体，否则，法律关系主体的利益不能得到实现。

2. 行为

作为法律关系客体的行为，是指依照法律规定或者双方约定，义务人所要完成的、能满足权利人要求的结果，即法律关系主体的权利和义务所指向的对象是行为，如公共卫生服务行为、健康教育和健康促进行为、公共卫生监督行为等。行为是公共卫生法律关系常见的客体之一。

3. 身体权

身体权是指公民保持其身体组织完整并支配其肢体、器官、身体组织，以及保护自己的身体不受他人违法侵犯的权利。人身是由各个生理器官组成的生理整体，它是人的物质形态，也是人的精神利益的体现。①

身体权至少包含三个方面的权利，一是保持身体组织完整权；二是支配自己的肢体、器官和身体组织的权利，三是保护自己的身体不受他人非法侵犯的权

① 参见葛洪义主编：《法理学》，中国政法大学出版社 1999 年版，第 422 页。

利。身体权作为公共卫生法律关系客体时，必须遵守相关法律规定，无论是人体组织还是器官，都不得进行有偿交易，禁止任何形式的买卖，所以国家实行无偿献血制度，血站是不以营利为目的的公益性卫生机构。权利人对自己的人体行使自主权，可以依法自愿地捐献人体组织和器官，但不得滥用人身或者自贱人身和人格，不得进行违法或者有伤风化的活动。人体组织或器官捐献者必须符合法定条件，包括年龄、身体健康状况等，如 18～55 周岁的健康公民可以献血，身体状况不符合献血条件的人不得献血，等等。

4. 健康权

健康权是指人人享有能达到的最高体质和心理健康标准的权利，享受各种对于实现最高可能达到的健康标准所必需的设施、物品、服务和条件的权利。2010 年 7 月 1 日生效的《中华人民共和国侵权责任法》就将公民的“健康权”写进了法律，2020 年 6 月 1 日生效的《中华人民共和国基本医疗卫生与健康促进法》则首次将公民的“健康权”写进了卫生法律，并明确提出“国家和社会尊重、保护公民的健康权”（第四条），“公民依法享有从国家和社会获得基本医疗卫生服务的权利”（第五条）。国家实施“健康中国”战略，普及健康生活，优化健康服务，完善健康保障，建设健康环境，发展健康产业，提升公民全生命周期的健康水平，并且将公民主要健康指标改善情况纳入了政府目标责任考核。

5. 环境权

环境是指影响人类生存和发展的各种天然和经过人工改造的自然因素的总体。环境权是指保有和维护适宜人类生存繁衍的自然环境的人类权利。[①] 环境权作为公共卫生法律关系客体，是存在争议的，但笔者主张环境权是公共卫生法律关系客体。

徐显明教授早在 1994 年主编的《法理学教程》一书中就提出了“环境权”的概念，认为环境权是一项人类权利，是法律关系中的特殊客体，“环境、健康、和平是生存权的当代内容……创造良好的自然环境和保持身心的健康就成为替代人类对衣食住行要求的新要求。这种要求表现在生存权上就是环境权和健康权，诸如净气权、阳光权、稳静权、净水权、远眺权等都是它们的内容。”[②]笔者当年读到净气权、远眺权时不能理解。如今，许多城市雾霾笼罩，空气污染严重，生活在其中的人们盼望能够远眺，这才体会到净气权、远眺权是多么宝贵，才明白推进生态文明建设，保护人类赖以生存的生态环境是多么重要和迫切。总之，环境权

① 参见徐祥民：《环境权论——人权发展历史分期的视角》，《中国社会科学》2004 年第 4 期。

② 徐显明主编：《法理学教程》，中国政法大学出版社 1994 年版，第 282 页。

是个不能忽视的客体。

环境是个大概念,作为法律所保护的环境,除了必须对人类生存和发展发生影响以外,还必须是人类行为和活动所能影响、调节和支配的那些环境要素。环境权的一般定义是享受良好环境并进行支配的权利,包括健康、舒适、安全的环境保证。当代人负有保护资源和改善环境的庄严义务,当代人传给子孙后代的应是不被污染、未受破坏的自然资源要素等。①

6. 信息

信息是指能够反映客观事物内容的、可以传递和加工处理的文字、数据或符号。作为法律关系客体的信息,是指有价值的情况或资讯②,常见的形式有数据、资料、报表、指令、报告等。

2015年9月,国务院印发了《促进大数据发展行动纲要》,提出要建立医疗健康服务大数据,建设覆盖公共卫生、医疗服务、医疗保障、药品供应、计划生育和综合管理业务的医疗健康管理和服务大数据应用体系。《中华人民共和国基本医疗卫生与健康促进法》明确规定“国家推进全民健康信息化,推动健康医疗大数据、人工智能等的应用发展,加快医疗卫生信息基础设施建设,制定健康医疗数据采集、存储、分析和应用的技术标准,运用信息技术促进优质医疗卫生资源的普及与共享。……国家采取措施,推进医疗卫生机构建立健全医疗卫生信息交流和信息安全制度,应用信息技术开展远程医疗服务,构建线上线下一体化医疗服务模式”(第四十九条)。2020年5月28日通过的《中华人民共和国民法典》规定“自然人的个人信息受法律保护。任何组织或者个人需要获取他人个人信息的,应当依法取得并确保信息安全,不得非法收集、使用、加工、传输他人个人信息,不得非法买卖、提供或者公开他人个人信息”(第一百一十一条)。

关于法律关系客体,需要说明的是,在具体的法律关系中,客体有可能不是单一的,而是多个的,即在同一法律关系中可能存在两个或者两个以上的客体,例如,公共卫生服务机构为儿童进行免疫接种所形成的法律关系中,客体既包括行为(接种行为),又包括物(疫苗)。

(三)公共卫生法律关系的内容

公共卫生法律关系的内容是指公共卫生法律关系主体针对客体在一定条件下依法享有的权利和承担的义务。从某种意义上讲,法律关系归根到底是一种权利义务关系,人们建立某种法律关系是为了实现某种利益或者保护某种利益。怎样实现或保护该利益呢?是通过一方履行义务或者不妨碍权利人实现权利。

① 参见张文显主编:《法理学》,法律出版社2007年版,第449页。

② 参见李清伟主编:《法理学》,上海人民出版社2013年版,第133页。

人们结成一定的法律关系之后，就有了具体的法律关系客体，双方也就明了了自己的权利和义务，这些权利和义务就是法律关系的内容。

每一个具体的公共卫生法律关系中，都有具体的权利和具体的义务。

1. 权利

法律关系中的权利是指法律关系主体为实现某种利益而依法享有的某种权能或利益。

权利主要表现为权利人能够做出或不做出一定的行为；要求相对方做出或不做出一定行为；当权益受到侵犯或者义务主体不履行义务时，有权请求法律救助，以使自己的权益得以实现或者得到弥补。

2. 义务

法律关系的义务是指法律关系主体为满足对方的权益，依法必须要尽到的责任。

义务主要表现为义务人必须做出或者不做出一定行为。义务必须履行，否则义务人就要承担相应的法律责任。

第四节　公共卫生法律责任

本节所说的"法律责任"是指基于违法行为而产生的一种法律后果，是对违法行为的一种否定性认定和校正。法律责任是保障法律权益得以实现的重要措施，是保障法律规定得以贯彻落实的手段。公共卫生法律责任包括民事法律责任、行政法律责任和刑事法律责任。

一、公共卫生民事法律责任

(一)公共卫生民事法律责任的概念

公共卫生民事法律责任是指行为人违反法律规定或者合同约定的民事义务，侵害他人民事权益，依法应当承担的法律后果。

2020 年 5 月 28 日，第十三届全国人大三次会议表决通过了《中华人民共和国民法典》(以下简称《民法典》)，自 2021 年 1 月 1 日起施行。人们在公共卫生领域内所形成的平权型法律关系就是民事法律关系，要遵守《民法典》的规定。

公共卫生民事责任主要有侵权民事责任和违约民事责任。

(二)公共卫生侵权民事责任

1. 侵权民事责任的概念

侵权民事责任是指行为人侵犯他人民事权益后应承担的民事责任。

《民法典》第七编对侵权责任作了详细规定。自然人的人身自由、人格尊严受法律保护。自然人享有生命权、身体权、健康权、姓名权、肖像权、名誉权、荣誉权、隐私权等权利。自然人的个人信息受法律保护。民事主体的财产权受法律保护,任何组织和个人不得侵犯,否则要承担侵权责任。

2. 侵权民事责任的构成

(1)行为人实施了违法行为。违法行为是侵权责任构成的前提,若无违法行为,则不可能承担法律责任。违法行为可以是作为的违法,即行为人实施了法律禁止实施的行为;也可以是不作为的违法,即行为人未履行其应当履行的法定义务。

(2)行为人主观上有过错。所谓"过错",是指行为人行为时的一种应受谴责的心理状态,分为故意和过失。故意是行为人预见到自己的行为会导致某种损害后果而希望或者放任该后果发生的一种心理状态。过失是指行为人应当预见自己的行为会发生某种损害后果,因疏忽大意而未能预见,或者已经预见但轻信能够避免的一种心理状态。什么叫"应当预见"?就是多数人在这种情形下能够预见,那么行为人就应当预见。所以,这里有一个年龄、精神状况、专业等条件的对比。成年人能够预见的,未成年人未必能够预见;精神健康的人能够预见的,精神障碍患者不一定能够预见;高级专业水平的人能够预见的,初入职人员未必能够预见;专家能够预见的,普通公众不一定能够预见。侵权责任法上有一个"合理注意义务"概念,一个人尽到了"合理注意义务",主观上通常就没有过错。如果未尽到"合理注意义务",则被认为是主观上有过错。"专家注意义务"就是对专业能力的特别要求,要高于一般人的预见水平。

《民法典》第一千一百六十五条规定:"行为人因过错侵害他人民事权益造成损害的,应当承担侵权责任。"这被称为"过错责任原则",绝大多数的侵权责任要求行为人主观上要有过错。某种情形下,法律规定推定行为人有过错,行为人不能证明自己没有过错的,应当承担侵权责任,这在法律上称为"推定过错",但依然适用过错责任原则。推定过错的情形必须是法律法规上有规定,不允许随意推定。

特定情形下,无过错也承担法律责任,这被称为"无过错责任原则",也称"严格责任"。《民法典》第一千一百六十六条规定:"行为人造成他人民事权益损害,不论行为人主观上有无过错,法律规定应当承担侵权责任的,依照其规定。"适用无过错责任原则的情形比较少,并且需有法律明确的规定,法律未规定适用无过错原则的,均适用过错责任原则。

(3)受害人的民事权益受到损害。侵权人的违法行为给受害人的民事权益造成了实际的损害,也包括潜在的能够实现的损害。如果有违法行为但未造成实际的损害,也无潜在的能够实现的损害,那么不构成侵权责任。

(4)违法行为与受害人的损害之间有因果关系,导致损害产生的行为称为“原因”,行为引起的损害称为“结果”。行为人的违法行为导致了受害人的损害,行为人承担侵权责任,若行为与损害结果之间不存在因果关系,则行为人不承担侵权责任。简单的因果关系容易判定,而复杂的因果关系判定往往需要借助一定的技术手段来进行。行为的参与度不同,行为人所承担的责任也不同。

3. 承担侵权责任的方式

承担侵权责任的方式主要有停止侵害,排除妨碍,消除危险,返还财产,恢复原状,赔偿损失,赔礼道歉,消除影响,恢复名誉等。以上方式可以单独适用,也可以合并适用。

侵害他人造成人身损害的,应当赔偿医疗费、护理费、交通费、营养费、住院伙食补助费等为治疗和康复支出的合理费用,以及因误工减少的收入。造成残疾的,还应当赔偿辅助具费和残疾赔偿金。造成死亡的,还应当赔偿丧葬费和死亡赔偿金。侵害他人人身权益,造成他人严重精神损害的,被侵权人有权请求精神损害赔偿。因故意或重大过失侵害自然人具有人身意义的特定物造成严重精神损害的,被侵权人有权请求精神损害赔偿。侵害他人财产的,财产损失按照损失发生时的市场价格或者其他合理方式计算。

4. 不承担责任和减轻责任的情形

依照《民法典》的规定,出现下列法定情形时,行为人不承担法律责任或者可以减轻责任:

(1)损害是因受害人故意造成的,行为人不承担责任。

(2)损害是因第三人造成的,第三人应当承担侵权责任。

(3)因不可抗力不能履行民事义务的,不承担责任。法律另有规定的,依照其规定。

(4)因正当防卫造成损害的,不承担责任。正当防卫超过必要的限度,造成不应有的损害的,正当防卫人应当承担适当的民事责任。

(5)因紧急避险造成损害的,由引起险情发生的人承担民事责任。如果危险是由自然原因引起的,紧急避险人不承担责任,可以给予适当补偿。紧急避险采取措施不当或者超过必要的限度,造成不应有的损害的,紧急避险人应当承担适当的民事责任。

(6)因自愿实施紧急救助行为造成受助人损害的,救助人不承担民事责任。

(7)被侵权人对损害的发生也有过错的,可以减轻侵权人的责任。

(三)公共卫生违约民事责任

1. 违约民事责任的概念

违约责任是“违反合同的民事责任”的简称,指合同当事人一方不履行合同义务或履行合同义务不符合约定而应承担的民事责任。不履行合同义务是指合同当事人不能履行或者拒绝履行合同义务;履行合同义务不符合合同约定是指合同当事人不按合同约定的条款履行,也称“不适当履行”,如没有按照合同约定的质量、期限、数量、地点等履行义务。公共卫生服务中存在大量的合同关系。

依法成立的合同对当事人双方具有法律约束力,当事人应当按照约定履行自己的义务,不得擅自变更或者解除合同,否则要承担违约责任。当事人双方都违反合同的,应当各自承担相应的责任。因当事人一方的违约行为,损害对方人身权益、财产权益的,受损害方有权请求违约者承担违约责任,也可以请求其承担侵权责任。

2. 违约民事责任的构成

(1)行为人有违约行为。违约责任的承担是以合同当事人违反合同义务为前提的,没有违约行为则无违约责任可谈。当事人不履行合同义务或者履行合同义务不符合合同约定的,都属于违约行为。

(2)有违约责任的法律规定或事先约定。哪种情形下的违约需要承担法律责任,要有法律上的规定。除了法律规定外,双方当事人可以在合同的内容里约定违约责任,可以约定违约金金额或者损害赔偿的计算方式等。合同有约定的,按照约定执行。

注意,违约责任的归责原则是无过错原则。生效的合同具有法律约束力,当事人双方必须按合同的约定履行义务,这是现今社会成员都懂得的规则。本着诚实信用、完全自愿的原则,当事人根据自己的业务范围、技术能力、设备条件、实际需要等情况自愿订立合同,不得有欺诈行为,不得进行超出自己能力和业务范围的行为。既然合同的内容是根据自己的能力和条件订立的,就说明正常情况下当事人有履行合同的能力,那么合同订立后就必须履行,否则,无论主观上是否有过错,均需要承担违约责任,除非有法定的或约定的免责事由存在。

3. 承担违约责任的方式

违约责任的承担方式有继续履行合同、采取补救措施、赔偿损失、支付违约金等。

一方违约后,如果对方要求其继续履行,也能够继续履行时,义务人要继续履行合同。如果一方不适当履行合同,可以采取补救措施时,可以由违约人承担修理、更换、重做、退货、减少价款或报酬等违约责任。违约给对方造成损失的,应当赔偿。违约后继续履行或者采取补救措施后对方还有其他损失的,应当赔偿损失。当一方违约后,应依法或者按照合同的约定向对方支付违约金,也就是说,违约金有法定违约金和约定违约金两种。法定违约金是由法律法规直接规定的数额和支付条件,约定违约金是由当事人双方在合同中协商约定的支付数额和条件。

损失赔偿额应相当于因违约所造成的损失，包括合同履行后可以获得的利益，但不得超过违约方订立合同时预见到或应当预见到的因违约可能造成的损失。当事人可以约定一方违约时应当根据违约情况向对方支付一定数额的违约金，也可以约定因违约产生的损失赔偿额的计算方法，但不得违反相关法律规定。

4. 免除和减轻责任的情形

违约责任的免除主要是因为法律规定的不可抗力情形以及合同约定免责事由的出现。按照法律规定，因不可抗力不能履行合同的，根据不可抗力的影响，部分或全部免除责任，但法律另有规定的除外。

当事人双方可以在合同中事先约定，当出现何种事由可以免除违约方怎样的法律责任，当约定的事由出现时，违约人可以依据约定免除责任，但这种约定必须符合法律规定。例如，根据《民法典》第五百零六条的规定，合同中下列免责条款无效："造成对方人身伤害的；因故意或者重大过失造成对方财产损失的。"这两种情况下的行为具有一定的社会危害性和法律谴责性，免除责任与社会公德和法律精神相悖。

当事人一方违约后，对方应采取适当措施防止损失的扩大，没有采取适当措施致使损失扩大的，不得就扩大的损失要求赔偿。当事人因防止损失扩大而支出的合理费用由违约方承担。

二、公共卫生行政法律责任

（一）公共卫生行政法律责任的概念

公共卫生行政法律责任是指行为人因违反公共卫生行政管理法律、法规的规定，但尚未构成犯罪的行为，依法应当承担的法律后果。

行为人存在违反行政法律规定的行为是承担行政责任的前提，并且该违法行为尚未构成犯罪，如果构成犯罪，则必须依法追究其刑事责任，而不能以行政处罚代替刑事责任。行政责任的方式和责任内容必须为法律规范所确认。

（二）行政责任的种类与方式

行政责任的种类主要包括行政处分和行政处罚。

1. 行政处分

行政处分是指行政主体依照行政隶属关系给予有违法失职行为的国家机关公务人员的一种惩罚措施。行政处分属于内部行政行为，是对国家公务员的过错行为的一种否定和惩戒，处分由行政主体基于行政隶属关系依法作出，具有强烈的约束力，但不可诉。

行政处分的种类主要包括警告、记过、记大过、降级、撤职、开除。

2. 行政处罚

行政处罚是指行政主体依照法定职权和程序对违反行政法而尚未构成犯罪的行政相对人实施的一种行政制裁。行政相对人也称“行政相对方”,是指行政主体行使行政权所指向的另一方当事人,包括公民、法人和其他组织。通俗一点讲,行政相对人就是被管理的组织和个人。

行政处罚由具有行政处罚权的行政机关在法定职权范围内实施,行政处罚的性质是一种以惩戒违法为目的,具有制裁性的具体行政行为,行政相对人对行政处罚决定不服的,可以依法申请行政复议或者提起行政诉讼。

行政处罚的种类有警告、罚款、没收违法所得、没收非法财物、责令停产停业、暂扣或者吊销许可证、暂扣或者吊销执照、行政拘留等。

(三)减轻和不予行政处罚的情形

这里所介绍的减轻和不予行政处罚的情形仅相对于行政处罚而言,也就是相对人违法后可以得到减轻或者不予处罚的情形。

按照《中华人民共和国行政处罚法》的规定,相对人有下列情形之一的,应当依法从轻或者减轻行政处罚:主动消除或者减轻违法行为危害后果的;受他人胁迫,有违法行为的;配合行政机关查处违法行为,有立功表现的;违法行为人已满十四周岁但不满十八周岁;其他依法从轻或者减轻行政处罚的。

有下列情形的不予行政处罚:不满十四周岁的人有违法行为的,不予行政处罚,责令监护人加以管教;精神病患者在不能辨认或者不能控制自己的行为时有违法行为的,不予行政处罚,但应当责令其监护人严加看管和治疗;违法行为轻微并及时纠正,没有造成危害后果的,不予行政处罚;违法行为在两年内未被发现的,不再给予行政处罚,法律另有规定的除外。

三、公共卫生刑事法律责任

(一)公共卫生刑事法律责任的概念

刑事法律责任是指违反刑事法律规定,侵害了刑法所保护的社会关系构成犯罪所应承担的法律后果。简单地说,就是行为人犯罪之后承担的法律责任。

何谓犯罪?《中华人民共和国刑法》第十三条规定:“一切危害国家主权、领土完整和安全,分裂国家、颠覆人民民主专政的政权和推翻社会主义制度,破坏社会秩序和经济秩序,侵犯国有财产或者劳动群众集体所有的财产,侵犯公民私人所有的财产,侵犯公民的人身权利、民主权利和其他权利,以及其他危害社会的行为,依照法律应当受刑罚处罚的,都是犯罪,但是情节显著轻微危害不大的,不认为是犯罪。”

从该犯罪概念中，可以归纳出犯罪具有三个特征：一是犯罪是危害社会的行为，行为人通过作为或者不作为的行为对社会造成一定危害，即行为具有一定的社会危害性；二是犯罪是触犯刑律的行为，犯罪行为应当是刑法中禁止的行为，即行为具有刑事违法性；三是犯罪是应受刑罚处罚的行为，犯罪行为依照刑法规定应当受到刑事处罚，即行为具有应受刑罚惩罚性。

（二）犯罪的构成要件

所谓“犯罪构成”，是指依照我国刑法的规定，决定某一具体行为的社会危害性及其程度而为该行为构成犯罪所必需的一切主观要件和客观要件的有机统一。

我国刑法中列有400多种犯罪，每个具体罪的犯罪构成都不一样。但如果对各种犯罪的构成进行归纳，那么任何犯罪都具有四个共同要件，即犯罪主体、犯罪主观方面、犯罪客体、犯罪客观方面。缺少任何一个构成要件，都不构成犯罪。

1. 犯罪主体

犯罪主体是指实施了危害社会的行为，依法应当承担刑事责任的自然人和单位。

自然人犯罪主体要具备刑事责任能力，刑事责任能力包括年龄和精神状况。按照刑法规定，已满十六周岁的人犯罪，应当负刑事责任。已满十四周岁不满十六周岁的人，犯故意杀人、故意伤害致人重伤或者死亡、强奸、抢劫、贩卖毒品、放火、爆炸、投毒罪的，应当负刑事责任。精神病患者在不能辨认或者不能控制自己行为的时候造成危害性后果，经法定程序鉴定确认的，不负刑事责任。这就意味着未到法定年龄以及不具有完全辨认和控制自己能力的精神病患者不能成为犯罪主体。

单位犯罪是指国家机关、企业单位、事业单位、社会团体等组织实施了危害社会的行为，构成犯罪的。单位犯罪的，对单位判处罚金，并对其直接负责的主管人员和其他直接责任人员判处刑罚。

2. 犯罪的主观方面

犯罪的主观方面是指犯罪主体对其实施的行为及其结果所抱的心理态度，包括犯罪故意和过失。故意是指明知自己的行为会发生危害社会的结果，并且希望或者放任这种结果发生，因而构成犯罪的；过失是指应当预见自己的行为可能发生危害社会的结果，因为疏忽大意而没有预见，或者已经预见而轻信能够避免，以致发生这种结果的。故意犯罪应当负刑事责任；过失犯罪，法律有规定的才负刑事责任。通常情况下，行为人主观上无犯罪故意或过失的，不构成犯罪，这就是人们常说的“发生了意外”。行为人无法预见或者即使能够预见也难以防范时，发生了危害后果，一般不构成犯罪。

3. 犯罪的客观方面

犯罪的客观方面是指刑法规定的构成犯罪在客观活动方面所必须具备的条件，即犯罪活动的客观外在表现，可以归纳为危害行为、危害结果以及犯罪的时间、地点和方法等。其中，危害行为是一切犯罪构成所不可缺少的要件，危害结果是绝大多数犯罪构成所必需的要件，而犯罪的时间、地点、方法仅仅是某些犯罪构成所必需的要件。

4. 犯罪客体

犯罪客体是指我国刑罚所保护的而为犯罪行为所侵犯的社会关系，包括一般客体、同类客体和直接客体。一般客体是指我国刑法所保护的社会关系的整体，同类客体是指某一类犯罪行为所共同危害的我国刑法所保护的社会关系的某一部分或某一方面，直接客体是指某一犯罪行为所直接危害的我国刑法所保护的社会关系。

(三)刑罚的种类

犯罪之后要受到刑事处罚，简称“刑罚”。刑罚分主刑和附加刑，主刑有管制、拘役、有期徒刑、无期徒刑、死刑；附加刑有罚金、剥夺政治权利、没收财产。附加刑也可以独立适用。对于犯罪的外国人，可以独立适用或者附加适用驱逐出境。

(四)减、免除刑事处罚和不负刑事责任的情形

在下列情形下，可以依法从轻或减轻处罚、免除处罚或者不负刑事责任：

(1)已满十四周岁不满十八周岁的人犯罪，应当从轻或者减轻处罚。

(2)已满七十五周岁的人故意犯罪的，可以从轻或者减轻处罚；过失犯罪的，应当从轻或者减轻处罚。

(3)尚未完全丧失辨认或者控制自己行为能力的精神病患者犯罪的，应当负刑事责任，但是可以从轻或者减轻处罚。

(4)聋哑人或者盲人犯罪，可以从轻、减轻或者免除处罚。

(5)属于正当防卫的不负刑事责任。正当防卫明显超过必要限度造成重大损害的，应当负刑事责任，但是应当减轻或者免除处罚。对正在进行行凶、杀人、抢劫、强奸、绑架以及其他严重危及人身安全的暴力犯罪采取防卫行为，造成不法侵害人伤亡的，不属于防卫过当，不负刑事责任。

(6)紧急避险行为造成损害的，不负刑事责任。紧急避险超过必要限度造成不应有的损害的，应当负刑事责任，但是应当减轻或者免除处罚。

(7)刑法规定的其他可以减轻、免除刑事责任的情形。

第三章　公共卫生法治管理与理念

第一节　公共卫生法的基本价值

一、法的价值含义

(一)价值的含义

所谓"价值",是指客体对于主体——人的意义,对于人的需要的满足,是主体关于客体的超越的绝对指向。① 价值的主体是人或人之延伸与结合的社会。满足人或社会需要的客体可以是物、性能、品质、状态、规则、行为、信仰等。主体关于客体的超越的绝对指向是指对于主体而言,某种客体的价值超越了其本身的价值,升华为一种精神追求或崇高信仰。例如,许多人自豪地称自己为"公卫人",他们对自己所从事的公共卫生工作非常自豪,工作本身已经超出挣钱养家糊口的意义,在他们看来,能够为公众健康保驾护航是件非常荣耀的事情,工作成了一种神圣的事业,成了一种信仰和精神追求。可见,超越的绝对指向使价值具有了某种精神追求、崇高信仰的意义。

(二)法的价值含义

法的价值,顾名思义就是法作为客体对于主体——人以及社会的意义,是法作为客体对于人以及社会需要的满足,是人以及社会关于法的超越的绝对指向。价值之所以重要,是因为它揭示了实践活动的动机和目的。在法学的理论文献中,价值经常被定义为值得追求的美好事物。

价值的前提是人的需要。那么,人及社会是否需要法律?是否需要公共卫生法?需要的话,就意味着有价值,非常需要就意味着非常有价值。不同时代、

① 参见葛洪义主编:《法理学》,中国政法大学出版社 1999 年版,第 52 页。

不同社会对法的价值、公共卫生法的价值的认识有差异，即使同一时代同一社会中，不同的人也存在较大的认识差异。随着社会的发展，人们开始逐渐认识并重视法的价值，如今法治被认为是最有效的管理手段和治国方略，公共卫生的法治管理已成为必然，公共卫生法的价值也将因此得以彰显。

二、公共卫生法的基本价值

秩序、安全、生存、自由、文明、民主、平等、人权、法治、正义乃至人的自由发展等，被人们认为是法的最主要价值。在众多的价值中，谁为最高价值，谁为次要价值，以及在价值发生冲突时首先选择谁，谁应该服从谁等问题，都受到人们的主观影响。所以，不同领域的法律价值的层次性也不完全相同。在公共卫生资源和机会不能满足全体社会成员的需要、不足以支持所有价值目标同时实现时，人们需要通过公共卫生法获得哪些方面的满足，满足哪些方面的精神追求和崇高信仰呢？笔者认为，秩序、自由、公平、效率、生存、发展是公共卫生法尤为重要的价值，有着特殊的需要、意义和目标。这些价值相互之间存在一定的关联，任何一个价值得不到实现，都会影响其他价值的实现，从而影响公共卫生的最终目标。限于篇幅，本书只对公共卫生法的重要价值作探讨，并且从公众健康和公共卫生事业的角度进行。

（一）秩序

秩，常也；秩序，常度也，指人或事物所在的位置，含有整齐、守规则之意。秩序分自然秩序和社会秩序。自然秩序是指客观事物自律的状态，主要由自然规律所支配；社会秩序是指人们在长期社会交往过程中形成的相对稳定的关系模式、结构和状态，由社会规则所构建和维系。从社会秩序的角度讲，秩序是相对于无序而言的一种行为规则系统，这种规则的内容是广泛而全面的，包括道德规则、习惯规则和法律规则等。可见，秩序是人类社会生存与发展的必要前提，没有了秩序，人类生活将会陷入混乱，甚至产生灾难乃至灭亡。英国法学家约翰·奥斯丁(John Austin)对秩序有非常好的阐述：秩序就是有差异的各个部分得到最恰当的安排，每一部分都安置在最合适的地方；灾难的原因是失去秩序。[①] 承认事物之间的差异，关键看怎样安置，将有差异的各部分安置在最适合的地方，则能物(人)尽其用，相互之间产生和谐(即为秩序)；不在适合的地方就会出现混乱。无论是自然界还是人类社会，乃至人的身心本身，失去秩序都会产生灾难，严重的灾难甚至会导致死亡。

---

① 参见法学教材编辑部《西方法律思想史》编写组编：《西方法律思想史资料选编》，北京大学出版社1983年版，第91页。

从公共卫生的角度看，公共卫生法满足了人们对秩序的需要，主要体现在以下方面：

1. 良好的秩序是保障公共卫生事业发展的前提

“与法律永相伴随的基本价值，便是社会秩序。”①秩序是法治的最基本价值和要求，任何法律都首先追求并保持社会秩序的良好状态，在秩序的基础之上，人的生存、安全、健康、自由、发展等其他价值才能实现。所以，公共卫生管理的长效机制必须建立在法治的基础上，公共卫生法通过维护公共卫生权力的正常运作，对公共卫生主体资格加以必要的规范，确定主体权力（利）义务界限，制裁违法行为等，来调控公共卫生活动，以便建立良好的公共卫生秩序，保证公共卫生活动的正常开展和公共卫生目标的实现。

2. 公共卫生法协调人与自然的秩序关系，以保证人类的生存环境和条件

自然界有自己的发展规律，人们本应该敬畏自然，珍爱地球，保护我们赖以生存的家园。然而，人们在利用和改造自然的时候，经常忽视甚至违反自然规律，如过度开采矿产资源，滥伐树木破坏植被，违法排放废弃物，过量使用化肥和农药等，都会破坏自然秩序，造成环境污染和生态失衡，从而影响人类的生存环境和生存条件。失衡的生态和被污染的环境能引起公害病、地方病、职业病，造成急性或慢性中毒以及“三致”（致癌、致畸、致突变）作用。正如世卫组织前总干事陈冯富珍女士在第六十七届世界卫生组织大会上所做的工作报告中指出的那样：大量证据显示，人类活动正在影响全球气候，并对公共卫生造成严重影响，人类活动对环境的影响正在变得越来越严重，我们的地球越来越难以维持人类的生命健康。

对于人类破坏自然所带来的危害，恩格斯早在19世纪中期就指出：“我们不要过分陶醉于我们人类对自然界的胜利。对于每一次这样的胜利，自然界都报复了我们。”②公共卫生法通过许可、监督、制裁等手段，保证人与自然的秩序关系的协调发展。

3. 公共卫生法协调人与社会的秩序关系，以减少社会因素对健康的影响

人们在社会活动中必须遵守一定的行为规则，如道德规范、法律规范、风俗习惯等，才能保持社会的有序状态和动态平衡。从个体层面讲，道德修养、文化素养、行为方式、自律程度等都影响着个体与社会秩序的关系。如果个体能够调整自己的心态和行为，保持与他人、社会的和谐共处，就可获得良好的社会地位，

---

① [美]彼得·斯坦、[美]约翰·香德：《西方社会的法律价值》，王献平译，中国人民公安大学出版社1989年版，第38页。

② 《马克思恩格斯选集》，人民出版社1995年版，第383页。

建立良好的人际关系，获得良好的社会支持。在社会医学视角下，人际关系的好坏影响着人们在社会生活中获得社会支持的多寡，进而影响人的心理感受乃至心理健康。从社会层面讲，公共卫生法通过调整人们之间的权利义务关系，减少个体与社会的冲突，减少不良社会关系对个体的健康损害，来维护稳定的社会状态。

（二）自由

法律上的"自由"是指个人和组织在国家权力所允许的范围内活动的能力和状态。孟德斯鸠对于自由的解释是，在一个法治社会，"自由是做法律所许可的一切事情的权利；如果一个公民能够做法律所禁止的事情，他就不再有自由了，因为其他的人也同样会有这个权利。"①显然，法律上的自由并非随心所欲、为所欲为，而是有限制的，从这个意义上说，哪里没有法律，哪里就没有真正的自由。通常，自由在法律上表现为一系列的权利，如获得公共卫生服务权、医疗救治权、隐私权等。法律为自由确定范围、量度和边际，保护自由不被滥用，从而保障自由的实现。

自由具有社会性和条件性，这在公共卫生实践中体现得尤其突出，因此，公共卫生法在自由价值上有特殊表现。

1. 公共卫生法在保护个人自由的基础上，更注重保护群体的自由和利益

自由具有社会性，"个人自由与群体自由、社会自由紧密地联系在一起，每个人只有在充分尊重他人享有同等自由的前提下，他的自由才有可能受到类似的尊重。"②中国近代学者严复在翻译著名资产阶级政治思想家密尔的《自由论》时，将自由译成"群己权界"，非常准确地表达了个人权益与群体权益的关系含义。自由的社会性决定了只有每个个体的自由都不被滥用时，群体自由和社会自由才能得以实现。个体自由被滥用时，群体利益乃至国家的利益将无法实现。

在公共卫生领域，自由的社会性尤其明显，"我们认为，公共健康和公民自由的价值排序上，公共健康价值应处于公民自由之上。在公共卫生领域，公共健康常常是公民自由的保障，如果没有为公共健康而对公民自由施予合理干预，公民自由不会真正实现。"③所以，每个个体都应该懂得自由具有社会性，自觉约束自己的行为，或者自动履行自己的义务，不危害群体自由和社会自由，最终也使自己的自由得以实现。如果个体滥用自由，威胁到群体自由和利益时，法律会更注重保护群体自由和社会自由，公共场所内禁止吸烟就是最好的例子之一。

---

① ［法］孟德斯鸠：《论法的精神》（上册），张雁深译，商务印书馆1961年版，第154页。

② 徐显明主编：《法理学教程》，中国政法大学出版社1994年版，第334页。

③ 绪宗刚：《公共健康与公民自由：张力与平衡》，《昆明理工大学学报》（社会科学版）2010年第1期。

2. 公共卫生法对某些个体自由予以限制，以保障公众健康

在法律允许的范围内，公民的自由是绝对的，但自由会受到来自社会规范、公共利益（或团体利益）、认识水平、实现手段等条件的限制，也就是说，自由具有条件性。就目前国家财力情况而言，许多项目不能纳入公共卫生服务，各地区的公共卫生服务水平也不相同，公民不能完全自由地享受公共卫生服务，不能获得等质量的公共卫生服务。更何况，为了公共利益，个体自由会被限制或克减。"如果存在显见的危机或根据可靠的科学依据推测出来某些行为将会对公共健康造成某种危害，那么为了公共健康而干预公民自由不仅是合理的，而且是必须的。"①所以，体现在法律上，就是为了公众利益，个体自由不能实现，这就是自由的条件性。例如，甲类传染病患者不能自由地决定治疗还是不治疗，而是必须接受治疗，并且是隔离治疗，拒绝隔离治疗或者隔离期未满擅自脱离隔离治疗的，可以由公安机关协助医疗机构采取强制隔离治疗措施。当传染病暴发、流行时，可以采取扑杀染疫家畜家禽的紧急措施，私人财产权被克减；限制或者停止集市、影剧院演出，经营者的经营权被克减。

当然，也并非可以随便限制公民自由或者克减公民权利，而是依法进行。在价值冲突的时候，需要根据一定的社会标准进行利益评估和平衡，按照比例原则作出保护和舍弃，对于利益受到损害的予以合理补偿。这也是个体权益不被随意剥夺的法律保障。

秩序与自由是法理上的一对基本范畴，既对立又统一。一方面，自由的实现有赖于秩序的建立，混乱的秩序里无自由可谈；另一方面，秩序的形成取决于自由被规范的程度，自由被规范得越大，秩序越易形成，但过分规范又会削减自由，甚至侵犯自由。如何把握两者的度，需要科学地立法和严格地执法。

（三）公平

公平是指人与人的对等对待的社会关系，包含着平等、公正、正义的含义。公正、正义均带有明显的价值取向："正"就是不斜、不歪。"义"古写为"義"，本义是自己举着羔羊向上呈献。《管子·牧民》中曰："四维不张，国乃灭亡。"四维就是礼、义、廉、耻。可见，公正、正义所侧重的是社会的基本价值取向，并且强调这种价值取向的正当性。衡量公正、正义的客观标准是这种观点、行为、思想是否促进社会进步，是否符合社会发展的规律，是否满足社会中绝大多数人最大利益的需要。公平受制于社会的经济基础和人们的伦理观念。

公共卫生的公平至少应该体现为每位社会成员都有权获得均等的公共卫生

① 绪宗刚：《公共健康与公民自由：张力与平衡》，《昆明理工大学学报》（社会科学版）2010年第1期。

服务，包括均等的机会和均等的服务质量。均等的机会容易操作，而均等的服务质量就涉及公共卫生资源配置的问题。我国公共卫生公平性的突出问题是资源配置的不合理，城乡之间、地区之间存在较大差异。那么，公共卫生为什么需要公平？公共卫生法又能为公共卫生的公平性做什么？

1. 人人享有均等的公共卫生服务是应然

公共卫生的社会福利性和公益性特点决定了公共卫生服务应当无差别地向社会成员提供。何为社会福利？就是国家依法为所有公民普遍提供的，旨在保证一定生活水平和尽可能提高生活质量的资金、社会服务或者各种政策。作为社会福利的公共卫生，应该不以社会成员的性别、经济条件、文化程度、社会地位等而有所差异地提供，人人享有均等的公共卫生服务是一种应然，即原本就该如此。让所有社会成员分享社会发展成果，保障社会成员无差别地获得公共卫生服务是政府责任，公共卫生法为公共卫生的公平性作保障。

2. 公平是提高社会整体健康水平的根本保障

按照世界卫生组织的规定，衡量一个国家的国民健康水平有三项指标：人口平均期望寿命、孕产妇死亡率、婴儿死亡率。这三项指标均是针对整体，而非某个地区或者行政区划。根据“短板理论”（或称“木桶理论”），箍制的木桶的盛水量由木板共同决定，其中一块木板短的话，盛水量就被短板所限制。该理论用于公共卫生目标的管理，就是要纠正城乡之间、地区之间的不公平，提高落后地区的健康水平，以达到总体水平的提高。如果一味地增加城市和发达地区的投入，则收效甚微。所以，对于一些经济落后地区、健康水平低的地区、弱势群体、患严重疾病人群等，政府需要给予特别的支持和投入，防止他们因病致贫、因病返贫、因病致残或者丧失劳动能力和生活能力，提高其健康水平和生命质量。

自从19世纪中期恩格斯开始进行探索以来，社会阶层的不平等对于健康的影响就成了令人感兴趣的研究领域。英国的《布莱克报告》（Black Report）中的《英国政府健康不公平工作小组的报告》就给出了因各种不平等而造成的健康差异。[①] 从社会医学的角度看，不公平本身就是影响健康的社会因素之一。世界卫生组织于2005年设立了“健康社会决定因素委员会”（Commission on Social Determinate of Health，CSDH），旨在推动全球健康公平运动，并于2009年发布了报告《用一代人时间弥合差距：针对健康社会决定因素采用行为以实现健康公平》。该报告从社会因素分析出发，阐明了不同地域和人群健康差异的根本性原因，提出改善健康公平的行为策略。[②] 社会公平被法律人士称作“社会正义”，现

---

① 参见董维真主编：《公共健康学》，中国人民大学出版社2009年版，第7页。

② 参见孙贵范主编：《预防医学》，人民卫生出版社2010年版，第181页。

今被一致视为任何社会获得最大健康水平和分布的关键因素。

3. 公平是人类共同生存的保障

从传染病传播和突发公共卫生事件发生的特点看，公平是人类共同生存的保障。如今，快捷便利的交通真的使世界变成了“地球村”，发生在一个区域内的传染性疾病一夜之间就可能传播到几大洲，被污染的食品可能迅速流通到世界各地，让所有人都处在威胁之下。2009 年 3 月底发生在墨西哥和美国的甲型 H1N1 流感疫情，在短短的 3 个月内就传播到了 136 个国家和地区，确诊病例 94 512例，演变成了一场全球性的公共卫生危机。这就是为什么 2011 年发生在德国的“毒黄瓜事件”会令整个欧洲都陷入恐慌；2014 年发生在西非的埃博拉病毒疫情能引起世界各国的大力援助；2019 年新冠肺炎能快速引发世卫组织和世界的高度关注。原因很简单，病毒/污染不分国界、种族或民族，也不考虑一个国家的国内生产总值或发展水平。任何一个地方的塌陷都可能撕裂公共卫生的整个防线，整个世界都如此，更何况一国范围之内。所以，公共卫生的投入、配置、措施、服务都必须公平合理，尽量避免因存在薄弱环节而殃及整个人群。

4. 公平有利于社会的和谐与稳定

公平是个体把自己的待遇、报酬等与他人进行比较后得到的主观感受和评价。也就是说，公平是一种内心的感受，是一种比较，“各人得其应得”即为公平。当个体感觉自己受到不公平待遇时，会产生不满情绪，严重时会与他人发生冲突甚至出现反社会行为。公共卫生与健康有关，涉及个人的切身利益，不公平的待遇(尤其是受到严重歧视时)最能激化矛盾，甚至发生群体性暴力事件。公共卫生作为一种社会福利，本来是社会矛盾的调节器，具有缓和某些突出的社会矛盾的功能，然而，一旦不公平，不仅不能缓和矛盾，反而会直接引发社会矛盾。可见，公共卫生的公平性对稳定政治、构建社会安全网和提升社会公平性具有不可低估的作用。

公平性包含着平等、公正、正义的含义，但不是平均，要坚决反对特权和歧视。自古以来，法律都是以规定权利义务的方式确认和保障一定利益的工具，无论立法还是执法，均以体现和实现一定的平等价值为依归。公共卫生法通过对权利义务进行公平的分配，尽量减少因政策原因造成的不应有差别，让公众在制度的框架内平等地享受公共卫生服务，并对破坏公平的行为进行法律追究。

(四)效率(效益)

在经济学中，效率和效益是两个概念。效率一般指资源的配置和产出状态，多表现为数量或速度；效益一般指以最小的代价和资源消耗，获得最佳的社会效果和经济利益，表现为效果和利益。但在法学理论中，往往不对效率和效益作严格的区分。徐显明教授对效率的解释是：“效率是一种表征投入产出关系的概念，特指以促进个人财富和社会财富的积累为目的，用最小的投入得到最大产出的收益状态。”[①]葛洪义教授对效益价值的解释是：“效益是指有效产出减去投入后的结果……法律的效益价值是指法律能够使社会或人们以较少或较小的投入获得更大的产出，以满足人们对效益的需要的意义。”[②]

预防是最经济、最有效的健康策略。以预防为核心理念的公共卫生服务本身就是一种成本低、效果好的活动，较临床服务具有比较高的投入产出，效益惠及大众，更能提高群体的健康水平。胡润华在《浅谈公共卫生的涵义》一文中指出，公共卫生“简单说就是通过公平、效率、合理地配置卫生资源，保障人口健康”[③]。但由于公共卫生的效益非即时显现，其社会效益回报周期相对较长，并且评价较为复杂，故而容易被人们所轻视或忽视。尽管2003年的“非典”疫情使我国政府和公众认识到了公共卫生的重要性，但资源不足和资源配置不合理的现象至今依然存在。那么，怎样提高公共卫生效率，让有限的资源发挥更大的效益，就成了公共卫生法要解决的价值问题。

1. 公共卫生法为公共卫生资源投入和合理配置提供保障

公共卫生投入受制于国家财力，更受制于政府对公共卫生的态度，若政府对公共卫生认识不足，则势必会影响公共卫生投入，投入不足就难以谈产出。在“中美公共卫生管理高层学术论坛暨2003年中国高级公共卫生管理专家特训峰会”上，时任中国科学院副院长的陈竺先生谈到，在公共卫生领域的投资再也不能被认为是社会消费性负担，而应看作是国家和社会的战略性投资。对公共卫生的投入与修建高速公路、全国电网、教育一样重要，是重大的社会需求。我国2009年的新医改政策已经明确，公共卫生费用由政府承担，各级政府要根据实现基本公共卫生服务逐步均等化的目标，完善政府对公共卫生的投入机制，逐步增加公共卫生投入。体现在法律中，就是将公共卫生投入确定为政府责任，保障投入到位。

在投入一定的情况下，配置合理是提高效率的关键。目前，公共卫生存在的重大问题之一是基层医疗服务机构的基础设施差，公共卫生服务能力低。前面的“木桶理论”非常清楚地说明，提升短板高度是提高总量的最有效方法，如果不增加短板高度，而一味地增加长板，那么，投入越多，浪费就越多。如何保证合理配置、防止浪费呢？需要在政策和法律两方面加以确认和保障。例如，在政策方面，改变以往不同地方公共卫生服务人员不平等的待遇政策，引导技术人员充实

---

① 徐显明主编：《法理学教程》，中国政法大学出版社1994年版，第351页。
② 葛洪义主编：《法理学》，中国政法大学出版社1999年版，第61页。
③ 胡润华：《浅谈公共卫生的涵义》，《中华医学科研管理杂志》2003年第3期。

基层并提高现有基层人员的服务能力；科学地选择公共卫生工作的重点，合理安排重大公共卫生服务项目所需的资金，使有限的资源投入获得尽可能多的产出；实行对落后地区投入的倾斜等。在法律层面上，就是明确规定政府责任，建立有效的制度，通过行政许可和准入等相关规定避免服务机构和服务项目的重复设置和不合理配置，有效地防止资源浪费。

2. 公共卫生法从制度和管理方面为效率提供模式

除了投入，管理和制度也是制约效率的主要因素。管理是人们为了实现预定的组织目标，通过计划、组织、领导、控制和创新等职能，有效地整合和利用人力、财力、物力和信息资源等要素，以达到预期目标的活动过程。[①] 管理的目的就是设法使人、财、物等有限资源发挥最大的效益和效率。[②] 法治管理是众多管理方法和手段的一种，除了法律条文本身有许多关于鼓励公共卫生新技术、新工艺、新设备、新材料的开发研究与使用的条款之外，法治管理本身就为社会提供了良好的管理模式，减少了社会代价，最大限度地满足了人们的基本公共卫生需求。

公共卫生制度和体制与资金一样重要，资源水平相同的国家，其所达到的健康效果可能截然不同。为什么呢？因为公共卫生制度和体制存在差异。良好的公共卫生制度和体制有助于调动公众的积极性、主动性与创造性，有助于各部门的团结协作，这是获取最大和最优效益的关键。公共卫生制度和体制所涉及的权利、义务、政策、信息、机会等社会资源的分配需要法律的规定和维护。

3.公共卫生法更注重社会效益

同经济效益相比，公共卫生更注重社会效益。人们追求高效，但若不能产生良好的社会效益，那么速度越快、产出越多，越有可能造成浪费甚至是危害，这是值得高度重视的事情，千万不能让有限的资源耗散在粗制滥造中，更不能用宝贵的资源生产对人类有害的物质。法的社会效益是一个综合性指标，至少应该从以下几个方面去考量：公共卫生产出或服务对社会有益，能够提高公共卫生服务质量，满足人民的健康需求，改善和促进人民的健康水平；有利于自然资源的保护和生态环境平衡，有利于公共卫生事业的可持续发展，能够推动社会进步和发展；有利于调动人员的积极性，让公众感觉到良好的社会风气和精神文明，感觉到正义和公正，树立社会主义核心价值观等。

公平价值与效率价值是法理上的一对基本范畴，有时候两者存在冲突。就公共卫生而言，公平价值优先。党的十八大报告明确提出：“初次分配和再次分

---

① 参见胡志主编：《卫生管理学基础教程》，安徽科学技术出版社 2002 年版，第 2 页。

② 参见胡志主编：《卫生管理学基础教程》，安徽科学技术出版社 2002 年版，第 7 页。

配都要兼顾公平和效率,再次分配更加注重公平。"公共卫生是一种社会福利,属于二次分配,无论是社会福利还是二次分配,目的都是缩小差别,让所有社会成员能够公平地获得公共卫生服务,共同提高健康水平。笔者比较欣赏美国学者罗尔斯对社会公平与效率的观点:"一个社会无论效率多高,如果它缺乏公平,则就不能认为它比效率低但比较公平的社会更理想。"①对公共卫生而言,尤其如此。

(五)生存

生存是指人的生命存在状态,即活着。生存权是基于人类生存本能而产生的自然权利,是一项基本的人权,通常指人们应当享有的维持正常生活所必需的基本条件的权利。人的生存离不开衣食住行,也离不开社会的安全与稳定,所以生存权是一种概括性权利,包括生命权、财产权、劳动权、社会保障权、环境权、健康权、和平权、安全权等。1986 年第一届国际健康促进大会通过的《渥太华健康促进宣言》明确提出:健康的基本条件是和平、住房、教育、食品、收入、稳定的生活环境、可持续的资源、社会的公正与平等。可以清楚地看到,生存的基本条件也是健康的基本条件,所以生存价值在公共卫生法中主要体现为健康价值,公共卫生法能够为健康利益保驾护航,为公共卫生事业的生存和发展做出制度性的安排。

1. 公共卫生法为个体生存提供健康安全方面的法律保障

生存与健康的关系无须多谈,我们知道,健康与更好地生存、有尊严地活着密切相关,失去健康的后果之一就是死亡。为了预防、控制和消除传染病的发生与流行,保障人体健康,国家制定了《传染病防治法》;为了预防、控制和消除职业病危害,保护劳动者的健康及其相关权益,国家制定了《职业病防治法》;为保证食品安全,保障公众的身体健康和生命安全,国家制定了《食品安全法》;为保护和改善环境,防治污染和其他公害,保障公众健康,国家制定了《环境保护法》;为有效预防、及时控制和消除突发公共卫生事件的危害,保障公众的身体健康与生命安全,国家制定了《突发公共卫生事件应急条例》,等等。目前,我国正在实施"健康中国"战略,普及健康生活,优化健康服务,完善健康保障,建设健康环境,发展健康产业,提升公民全生命周期的健康水平。从法的层面上,为人的生存环境、职业安全、食品安全、传染病预防、防止公害等提供保障,满足个体在维持正常生活时所必需的有关健康方面的基本条件,从而使个体的生命权、健康权等得以实现。

① [美]约翰·罗尔斯:《正义论》,谢延光译,中国社会科学出版社 1989 年版,第 71～72 页。

2. 公共卫生法为集体生存权的实现提供保障

生存权包括个体生存权和集体生存权。国家、民族的生存权称为“集体生存权”。相对于个体生存权而言,集体生存权更为重要。若无集体生存权,个体生存权根本无法获得保障。公共卫生事业关系着国民健康,关系着千家万户的幸福,关系着民族的生存与兴旺。在全球化的今天,卫生政策已经由纯技术领域转变成外交策略、安全策略、贸易协定的重要组成部分,国家主权在保护集体生存权方面显得越发重要。

为发展医疗卫生与健康事业,保障公民享有基本医疗卫生服务,提高公民健康水平,推进健康中国建设,我国制定了《基本医疗卫生与健康促进法》;为促进家庭幸福、民族繁荣与社会进步,我国推行计划生育,制定了《人口与计划生育法》;为保障母亲和婴儿健康,提高出生人口素质,我国制定了《母婴保健法》;为了防治固体废弃物污染环境,保障人体健康,维护生态与安全,促进经济社会可持续发展,我国制定了《固体废弃物污染环境防治法》;我国制定与国际接轨的食品安全标准、食品监测和风险评估制度,规定进口食品必须符合我国的食品安全标准,保障公众的身体健康和生命安全,防止食源性疾病的发生,也为食品国际贸易争端提供依据;加强环境、公共场所、学校卫生、劳动卫生的监管与执法,确保人们拥有适宜的生活环境和劳动环境;制定应急预案,防止突发公共卫生事件和公害,以减少突发事件和公害对公众健康和生命的危害,等等。这些公共卫生法律法规更关注国家和民族的生存、国家利益和国家尊严,为集体生存权的实现提供保障。

(六)发展

发展是指主体持续不断的进步状态,包括个人的发展、社会的发展、国家的发展。社会与国家的发展也称“集体发展”。同生存权一样,发展权也是概括性权利,其中就包括健康发展权。健康既是人类社会赖以发展的基础,又是人类社会发展的目标。“健康是促进人的全面发展的必然要求,是经济社会发展的基础条件,是民族昌盛和国家富强的重要标志,也是广大人民群众的共同追求。”①没有健康就没有一切,健康应放在优先发展的战略地位。所以,发展价值在公共卫生法中也是从健康发展和公共卫生事业可持续发展的角度探讨的。

1. 公共卫生法为个体和集体的健康发展提供保障

“发展是所有人的权利,每个人都有生存的权利,并且每个人都有生活得更

① 参见习近平:《把人民健康放在优先发展战略地位》[EB/OL],(2016-08-26)[2020-03-12],http://politics.people.com.cn/n1/2016/0820/c1024-28651997.html? from=timeline&isappinstalled=0.

好的权利,这项权利就是发展权,发展权是一项人权。”[1]健康是个体发展的基础和必然要求,甚至是终极要求。发展自己是人的需要,保障人的发展是法的价值追求。集体发展包括提高公众健康水平以及公共卫生事业的发展。如今,国民健康水平是衡量一个社会发展的综合性指标,国家的责任是使每个个体不在发展中落伍,保障民族的发展。公共卫生法为集体发展提供保障,有关国际贸易中的公共卫生问题,如转基因食品、进口食品安全标准、废物倾倒等公约的签订,都是法律在公共卫生发展价值方面的具体体现。

2. 公共卫生法为公共卫生的可持续发展提供保障

联合国《经济、社会和文化权利国际公约》第十二条规定:“本公约缔约各国承认人人有权享有能达到的最高体质和心理健康的标准。”[2]联合国经济、社会与文化委员会在对此条款的解释中提出,不应将健康权理解为保持健康的权利,而应该理解为享受各种对于实现最高可能达到的健康标准所必需的设施、物品、服务和条件的权利。根据该委员会在健康权“一般评论第14号”中所提供的健康权概念框架,健康权是一种获得可用的、易用的、可以接受的和高品质的与健康有关的设施、物品和服务以及健康的内在决定因素的权利。[3] 可见,健康权不仅是保持健康,而且是享受可达到的最高生理和心理健康的权利。实现最高可能达到的健康所必需的设施、物品和服务等能够满足人类的需要,既能满足人类当前的健康利益追求,又要保持可持续发展,不损害后代健康利益,并保障后代健康发展权的实现,这是公共卫生法所追求的长远效益。

健康已经处于人类发展的突出位置,既是国家软实力的重要组成部分,也是全球可持续发展的核心与动力。公共卫生法通过立法的形式将公共卫生的可持续发展具体化、法制化,如优生优育及适度人口规模的保持,健康生活方式的倡导,适宜公共卫生服务项目的确定,环境保护和污染治理,公共卫生资源的合理配置和合理利用等,都是可持续发展在公共卫生法中的具体体现。中共十八届四中全会审议通过的《中共中央关于全面推进依法治国若干重大问题的决定》提道:“用严格的法律制度保护生态环境,加快建立有效约束开发行为和促进绿色发展、循环发展、低碳发展的生态文明法律制度,强化生产者环境保护的法律责任,强化食品生产经营者第一责任人,大幅度提高违法成本。建立健全自然资源产权法律制度,完善国土空间开发保护方面的法律制度,制定完善生态补偿和土

① 徐显明主编:《法理学教程》,中国政法大学出版社1994年版,第377页。

② 那力、何志鹏、王彦志编著:《WTO与公共健康》,清华大学出版社2005年版,第11页。

③ 参见余少祥:《健康权性质的法理论析》[EB/OL],(2004-06-03)[2020-03-12],http://www.iolaw.org.cn/showArticle.aspx?id=2376.

壤、水、大气污染防治及海洋生态环境保护等法律法规，促进生态文明建设。"①

生存价值与发展价值是法理上的一对基本范畴。发展权是生存权的延伸，只有真正地发展了，才能改善和提高生存质量，确保生存权的可持续性。然而，生存与发展有时候难以严格区分，一些开发、消费、建设到底是当下生存的需要还是为了发展？还是人们为了满足贪欲而过度消耗？所以，怎样才算发展是一个非常值得重视和讨论的问题。有些项目和活动的开展从当前的利益看也许成果丰硕，但从长远角度看，却未必有利于人类的生存和发展。人类在改造、征服自然创造财富的过程中，由于认识的局限性，有时会看不到未来的结果，看不到被改造的自然环境与周围其他事物的关联。所以，会对自然环境造成破坏。更何况随着科技的发展，人类总认为自己无所不能，总以"人定胜天"的姿态对待大自然，无情地搅乱自然秩序，打破自然平衡，破坏生态环境，结果导致大量物种灭绝，环境急剧恶化，资源日渐枯竭，最终可能导致整个生态系统崩溃。因此，对于一些开发建设项目，一定要充分地、科学地论证，谨慎而为，要敬畏自然，珍爱地球，保护环境；对于明知是不利于可持续发展的危害行为，要坚决杜绝，采用法律手段予以制裁。

在对待生存和发展的问题上，至少要特别警惕和反对下列三种做法：一是为了所谓的"发展"，采取高消耗、高污染的生产模式。这种生产模式不仅给经济发展的可持续性带来了问题，而且给人类健康带来了危险，甚至给子孙后代带来了无穷的后患。二是无限膨胀的欲望和过度消费的生活方式。过于外求的贪欲和不健康的生活方式会导致心理健康问题并引发许多慢性疾病，过度的开采利用也会造成资源枯竭和浪费，影响可持续发展。三是为了追求短期效应、局部利益而不考虑整体利益和人类社会的长远利益，甚至以牺牲生态环境和公众健康为代价。现实发生的一幕幕灾害事故已经提醒我们，可持续发展原则必须深入、切实、全面地贯彻到人类、国家社会和各国的发展中，否则，人类的命运将是悲剧性的，甚至是毁灭性的，因为生态环境恶化的最终结局都是以健康损害为代价的。所以，在生存与发展的问题上，必须牢固树立安全发展理念，坚持科学发展观，无论是经济发展还是公共卫生发展，都不能超越资源和环境的承载能力，更不能以危害生存环境和生存空间的方式来延续人类的生命，应牢牢树立创新、协调、绿色、开放、共享的发展理念。

综上，一个良好的社会必须是有秩序的社会、自由的社会、公正的社会、高效的社会、可持续发展的社会。每种价值的实现需要仰仗其他价值的支持，当价值

---

① 参见《中共中央关于全面推进依法治国若干重大问题的决定》[EB/OL]，(2014-10-28)[2020-03-12]，http://www.gov.cn/zhengce/2014-10/28/content_2771946.htm.

之间出现冲突时，要根据有利于公众健康的提高、有利于公共卫生事业发展的原则，来排定价值的大小和先后顺序。

第二节 公共卫生法治管理

一、法治管理的含义

（一）何为法？何为律？

在我国古代，法与律基本上是同义的。《唐律疏议》说："律之与法，文虽有殊，其义一也。"根据我国最早解释词义的《尔雅》记载："法，常也；律，常也。"何为常？常，尺度也，古代的长度单位名，八尺为寻，倍寻为常。对"律"字，东汉许慎所著《说文解字》注释说："律，均布也。"何为均布？古代用竹管或金属管制成的定音仪器。清人段玉裁在其所撰《说文解字注》中进一步解释说："律者，所以范天下不一而归与一，故曰均布也。"即天下应该一致遵循的格式、准则。

可见，法与律均是一种尺度、一种标准，要求人们按照统一的尺度行事，是一种行为规范。后来，人们逐渐将"法"和"律"两字连用，合成一个词"法律"，到清末民初，"法律"一词已被广泛使用。

（二）何为管？何为理？

作为名词的"管"指中空贯通的长条物。管以畅通为用，形象地说，管是一种约束，约束管内之物不溢出、不逆乱、不堵塞。名词"管"的引申含义就是规范、规制、准则、法规。"管"字动词化则含有"主宰""主管""包揽"等意思。

"理"字古时意为整活土地、雕琢玉器、治疗疾病等，以后又引申为处理事务。动词含义的"管"和"理"意思非常接近，逐渐地，人们将"管理"二字合在一起使用，有管辖、处理、管人、理事等含义，即对一定范围内的人员及事务进行安排和处理。

现代意义上的管理有许多定义，胡志教授主编的高等医药院校教材《卫生管理学基础教程》中，将管理的概念表述为"人们为了实现预定的组织目标，通过计划、组织、领导、控制和创新等职能，有效地整合和利用人力、财力、物力和信息资源等要素，以达到预期目的的活动过程"①。

对于国家事务和社会公共事务的管理、组织、执行，又被称为现代意义上的行政。"行政"一词的英文是"administration"，源自拉丁文"administrare"，原意是执行事务，通常是指政务的管理和领导。② 行政法理论上，行政是指国家行政

---

① 胡志主编：《卫生管理学基础教程》，安徽科学技术出版社 2002 年版，第 2 页。

② 参见罗豪才主编：《行政法学》，中国政法大学出版社 1999 年版，第 1 页。

机关和其他公共行政组织对国家与公共事务的决策、组织、管理和调控。[①] 可见，行政与管理之间有着密切联系，“行政管理”“行政执法”“行政监督”“监督管理”是行政法中涵义具有较多重合的词语。

由以上可以看出，法律与管理、管理与行政之间有许多相同的含义，无论是法律、行政还是管理，都是行为的规范、事务的处理，都要求人们按照一定的规则实施行为，从而达到一定的目的或者实现预期的目标。法只是众多管理手段的一种，近代以后的法律以权利为本位，依靠社会公共权力，建立法律至上的法治秩序，更多地涉及社会公共事务管理，其作用方式更侧重于法的引导、调节、预测、管理等，其作用也更侧重于保护人权、平等、自由，保障经济效益和秩序。“法治兴则国家兴”，法治已经成为国家治理体系和治理能力的重要依托。

（三）法治管理的基本含义

“法治”一词在汉语中使用悠久且有多角度的内涵。从法律角度讲，法治是一种治国方略，是一种理性的办事原则，是一种民主的法制模式，也是一种文明的法律精神，一种和谐的社会状态。[②]

法治是与人治相对应的一个概念，就是法律的治理。法治是指国家在多种社会控制手段里选择以法律为主要手段进行控制，包括对国家的治理和对社会各项事务的治理。随着社会的发展，法律在维护人类基本生活条件、确认技术规范等社会公共事务管理方面的作用越来越显著，法治已成为全球意识形态的重要内容，也是社会建设和管理的必要及最佳选择。

在我国，党的十五大确立了“依法治国，建设社会主义法治国家”的基本方略，并写进了宪法。这就要求广大人民群众在党的领导下，依照宪法和法律规定，通过各种途径和形式管理国家事务，管理经济文化事业，管理社会事务，保证国家各项工作都依法进行，逐步实现社会主义民主的制度化、法律化，使这种制度和法律不因领导人的改变而改变，不因领导人的看法和注意力的改变而改变。2014年10月，党的十八届四中全会通过了《中共中央关于全面推进依法治国若干重大问题的决定》，进一步强调依法治国是实现国家治理体系和治理能力现代化的必然要求，法治被确定为执政党的执政方式，依法治国是国家长治久安的重要保障。“科学立法，严格执法，公正司法，全民守法”的新十六字方针，标志着社会主义法治建设进入了新阶段。党的十八大以来，治国理政的一个鲜明特点就是更加注重发挥法治在国家治理和社会管理中的重要作用，把全面依法治国纳入“四个全面”战略布局，推动中国特色社会主义进入新境界。

---

① 参见罗豪才主编：《行政法学》，北京大学出版社2012年版，第2页。

② 参见张文显主编：《法理学》，法律出版社2007年版，第83～84页。

法治管理至少有两层含义：一是依据法律规定来管理，二是依靠法律手段进行管理。

1. 依据法律规定管理

所谓“依据法律规定管理”，是指以法律规定作为管理的依据，管理的过程和目标符合法律的规定。既然要求在国家的各项工作和全部的社会生活中必须依法办事，那么首先就必须做到有法可依，使政治、经济、文化、社会公共事务等的管理于法有据，人们在这些活动中所形成的社会关系用法律的形式加以确认，权益得到保护。有法可依的前提是需要科学地立法、全面地立法，形成完备的法律规范体系。

2. 依靠法律手段管理

所谓“依靠法律手段管理”，是指以法的强制力作为管理的手段，保证管理目标的实现。只有完备的法律规范体系还不能达到法治管理的目标，所有的法律规范都需要贯彻落实，否则法律就是一纸空文。法律手段主要指法的监督检查和法律制裁，诸如监督检查、强制措施和强制执行、行政处罚、行政复议和仲裁、法院审判等。对于不遵守法律规定，不自觉履行法定义务的违法者，给予法律的追究和制裁。法的强制性凭借的是国家的政权力量。

二、法治管理的好处

法律作为人的行为准则和社会规范，承担着越来越宽泛的社会事务管理职能，包括文化、科学技术、教育、人口、公共卫生、交通安全、环境保护、自然资源利用等。法的优势在于它的理性，具体表现为它是明确的、可预见的、普遍的、稳定的强制性规范，这为人们的行为提供了有效的指引，为社会秩序的稳定提供了保障。归纳起来，法治管理之所以被推崇，是因为它至少有如下几个方面的优点：

(一)法治管理能有效地防止管理者滥用职权

法治是与人治相对应的一个概念，人治的缺点是随意性太大，治理的好坏完全取决于领导者个人的品行、能力和意愿，权力容易被滥用，容易出现专制，并且管理的目标缺乏一贯性，普通公众容易跟随领导者的好恶喜厌而行为。

法治则不同，它是一种理性的办事原则。法治和人治的最大区别，不在于是否将法律作为社会治理工具，而在于法律和权力，尤其是作为社会最高权威的权力之间的关系。法治社会首先强调权力必须受到法律的控制和约束，宪法具有最高权威，一切权力(包括最高权力)都必须受制于宪法和法律。由于法律具有稳定性、连续性、普遍性和一致性的特点，所以法治要求有完备的法律体系，让权力和权利得以合理配置，任何组织和个人(包括政党和国家领导人)都必须依法办事，不受个人情感和意志所左右，最大限度地制约职权滥用。法律所确立的行为模式和行为方案可以反复适用，减少了人们的偶然性和随意性，使社会关系稳定，也有利于管理目标的实现。

(二)法律上的权利和义务具有确定性

通常，法律条文本身就给出了明确的规定，用“可”“可以”“有权”“享有”“应”“应当”“禁止”“严禁”“不得”等词，清楚明白地指引人们的行为，哪些是可以做的，哪些是应该做的，哪些是不能做的。人们之间一旦形成某种法律关系，那么法律关系的主体、客体、内容都是明确的。通俗地讲，谁与谁、形成怎样的法律关系，各自的权利是什么、义务是什么，行为人违法之后可能产生怎样的法律后果、承担怎样的法律责任等，都是非常明确、具体和清晰的。双方权利和义务的确定性会给人们的行为以明确的指示。法治管理可以很好地规范人们的行为，形成良好的社会秩序，使法律所保护的目标得以实现。

(三)法具有极好的规范作用和社会作用

法律是一种行为规范，通过法律规范的逻辑结构(行为模式、条件假设和法律后果)对人们的行为予以指引、评判和预测。

法作为调整社会生活的规范体系，从终极意义上讲，它的存在并不是目的，而是实现一定价值的手段。[①] 法律规范本身蕴藏着一定的价值观念，是社会道德和职业道德在法中的具体体现，人们可以从法律条文的字里行间看到这种价值指向，知道国家的提倡与反对。例如，我国《食品安全法》第八十五条规定：“食品检验由食品检验机构指定的检验人独立进行。检验人应当依照有关法律、法规的规定，并按照食品安全标准和检验规范对食品进行检验，尊重科学，恪守职业道德，保证出具的检验数据和结论客观、公正，不得出具虚假的检验报告。”条文之中蕴涵了“依法”“尊重科学”“恪守职业道德”“客观”“公正”“真实”等价值理念和评判标准。这些价值理念和评判标准能指引检验人的行为，人们(包括检验人自己)也凭此来评价和预测检验行为的后果。当该法律规定得以贯彻落实时，即检验人依照该规定履行了自己的义务时，法律条文中的价值也就得以实现。如果检验人违反该法律规定，就会被追究法律责任，也会对其他人起到警示和教育的作用。法治管理的目的不只是惩罚违法者，更是通过法的规范作用来指引、教育人们的行为，从而实现社会所倡导的价值。

公共卫生法通过确认、调节、组织、促进、制裁等方式或手段，对公共卫生法律关系发挥作用，保护人类赖以生存的生活环境和劳动环境，保护生态平衡，保障食品、饮用水的安全与卫生，保障公共卫生服务的可及性和公平性等。

---

① 参见张文显主编:《法理学》，法律出版社 2007 年版，第 19 页。

(四)法具有统一性的特点

法具有稳定性、连续性、普遍性和一致性的特点。法的普遍性和一致性也称为“法的统一性”。法的一致性包括法律体系的一致性、法律概念的一致性、法律规范的一致性、法律适用的一致性,从广义上说,也包含法的精神、法的原则、法的价值的一致性。法的一致性避免了法律规范之间的冲突,也避免了法在适用上的不一致,保证了法的公平和正义,为人们的行为给出了明确的依据和标准。

与道德规范相比较,法的统一性优点更加突显。道德是一个多层次的范畴,在同一个社会中,不同的阶级有不同的道德标准,即使是同一阶级的不同阶层也有不同的道德观,所以人们的行为和评价在不同道德观下会产生较大的差异,甚至完全相反。从这一点上说,法在作为管理手段时,就避免了让不同道德观、不同民族、不同信仰、不同文化者出现较大差异和相反的行为与评价。法律规定要求所有社会成员一律遵守,法的规范作用是其他任何社会规范所无法比拟的。

(五)法律具有强制性,由国家强制力保证实施

尽管其他社会规范的实施也具有一定的强制性,但只有法的实施是以国家强制力作为后盾的。人们之间所形成的法律关系受法律保护,法律关系主体之间的权利与义务具有强制性,不能随意转让与放弃。当法律关系主体不履行自己的义务,或者违反法律规定时,会受到法律的追究和制裁。所以,法治管理的好处就是,法的强制性能有效地迫使人们遵守法律规定,履行法律义务,从而维护社会基本秩序,使法律所体现的意志得以实现,达到立法的目的。

任何社会的法律都必须以国家强制力作为实施的最后保障。之所以说是“最后保障”,是因为法的实施是强制实施和自觉遵守的统一。法律的权威源自人民内心的拥护和真诚信仰,守法是法实施的最普遍的方式,只有出现不遵守法律的情形时,国家才动用强制力强迫违法者履行义务或者停止违法行为,构成犯罪的依法追究其刑事责任。

三、法治管理的局限

尽管法治管理具有许多优点,但并非十全十美。法治管理的局限性或者来自法作为社会规范本身的局限,或者来自立法技术,或者来自法的实施过程。概括起来,至少存在以下几个方面的局限:

(一)法的调整范围较窄

社会是一个复杂的系统,人们在社会中会形成各种各样的社会关系,需要相应的社会规范来调整,如道德规范、礼仪规范、宗教规范、风俗习惯等,这些规范从不同侧面调整着各种社会关系,它们之间相互联系、相互制约,共同发挥作用。法律是社会规范的一种,只能在自己的范围之内发挥功能与作用,而不能替代其他社会规范。也就是说，法的调整范围较窄，并且只针对人的外部行为而不能调整人的内心世界。人们常说“法是道德的最低底线”，违反了道德不一定违反法律。法不是万能的，对于人们的思想、认识、信仰、私生活等方面的问题，若采用法律手段进行强制干预、限制或禁止，往往收不到预期的效果，甚至会产生有害的结果。那种把法当作医治社会百病良方的想法是十分有害的。所以，无论是国家治理还是社会治理，都需要其他社会规范相辅佐，在法律规范至上的前提下，充分发挥各种社会规范的调整作用，以达到社会的稳定、和谐、公正、繁荣。

在其他社会规范中，尤其要重视道德规范的作用。在中国固有的法律文化原理中，道德原理是法的核心。人应该有道德而且必须有道德，否则人与禽兽无异。在没有道德或者缺乏道德的人之间，根本无法建立正常的社会关系，因此道德是人作为主体存在的正当性所在，亦即人之为人的理据。① 加强公民道德修养和中华优秀传统文化学习，能增强法治的道德底蕴和文化支撑。党的十八届四中全会将坚持依法治国和以德治国相结合作为推进依法治国的基本原则之一，提出“坚持依法治国和以德治国相结合。国家和社会治理需要法律和道德共同发挥作用。必须坚持一手抓法治、一手抓德治，大力弘扬社会主义核心价值观，弘扬中华传统美德，培育社会公德、职业道德、家庭美德、个人品德，既重视发挥法律的规范作用，又重视发挥道德的教化作用，以法治体现道德理念，强化法律对道德建设的促进作用，以道德滋养法治精神，强化道德对法治文化的支撑作用，实现法律和道德相辅相成、法治和德治相得益彰。”②

（二）法存在僵化与滞后的现象

任何事物总是一分为二的，法的局限性有时就源自法的优点，这就是人们常说的“换一个角度，优点可能就是缺点”。法具有稳定的特点，法律一经颁布，不能随意修改、中断和废弃，必须在一定时间内保持稳定，以保持法的严肃性和权威性。但是，过于稳定又容易造成法的僵化。当然，法的僵化也可能由于立法技术或立法原则没能做到立、改、废、释并举，在法律法规的及时性、系统性、针对性、有效性方面存在缺陷。修改之前的《传染病防治法》就是一例。1989 年 2 月通过的《传染病防治法》第三十七条规定：造成甲类传染病传播的，比照《刑法》第一百七十八条定罪。而《刑法》于 1997 年进行了修订，修订后的《刑法》第一百七十八条是“伪造、编造国库券或者国家发行的其他有价证券，数额较大的，处 3 年以下有期徒刑或者拘役，并处或者单处……”这两罪之间根本没有可比性，所以

① 参见张中秋：《中国社会转型与法的统一性》，《法制与社会发展》2010 年第 4 期。

② 参见《中共中央关于全面推进依法治国若干重大问题的决定》[EB/OL]，(2014-10-29)[2020-03-12]，http://cpc.people.com.cn/n/2014/1029/c64387_25927606.html.

直至2004年8月28日《传染病防治法》修改之前，原《传染病防治法》中的该规定无法适用。

法有物质制约性，法的内容由当时的社会物质生活条件所决定。社会物质生活条件很广泛，包括地理环境、人口状况、社会生产方式等。由于社会的快速发展，物质生活条件发生了变化，比如当前出现的人口老龄化、城镇化、极端天气等，一些法律内容明显滞后，那些没有及时修改的法条就可能成为无法适用的"僵尸法条"，即法条多年无法使用，严重时甚至会成为"恶法"，产生消极的作用，甚至会引发法律关系主体之间的矛盾。

(三)法律法规本身存在冲突或漏洞

前文提到过，法的统一性是法治管理的优点之一。统一性中包括法律规范的一致性，即立法的一致性。在我国，法的制定必须以宪法为依据，一切法律、行政法规和地方性法规都不得同宪法相抵触，同时，下位法不得与上位法相抵触，各个部门的规范性法律文件不得冲突、抵触或重复。然而现实中，法律法规本身依然会存在一定的冲突或漏洞。

这些冲突和漏洞一是来自立法技术本身，技术性的"硬伤"造成法律与法律之间的矛盾、中央和地方立法的矛盾。二是在立法时未能坚持总结实践经验和科学预见、超前立法相结合的原则；或者对以往的实践经验总结不够；或者对未来行为或事件预测不足，结果某些领域出现空白，缺少法律规定；或者某些规定不适合发展后的形势；或者法律法规未能全面反映客观规律和人民意愿，针对性、可操作性不强。这样，在法治管理过程中，尤其是重要领域缺少立法时，会出现无法可依的情形，或者因法律规范之间的冲突而造成执法或守法上的困惑，甚至错误适用法律，影响法的功能作用与权威。

(四)法的强制性容易带来过分强制并出现暴力执法

法的强制性通常与法的制裁、强制措施等相接连。法律制裁旨在强迫违法者承担法律责任，恢复被侵害的权利和法律秩序。强制措施是通过国家强制力对责任主体或者刑事违法者实施的，迫使其履行义务或者依法接受调查审判的法律方式包括对人身进行的强制和对财产进行的强制，如在行政执法中，为制止违法行为、防止证据损毁、避免危害发生或者控制危险扩大等所采取的临时强制措施，或者对不履行行政决定者所采取的强制执行。法律制裁、行政强制等都是由专门的国家机关实施的，实施人员的法律素质和道德素质决定了执法的文明程度。法的强制力能保证法的实施，也维护了法的权威和尊严。但是，法的强制力不等于纯粹的暴力，过分地强制容易产生暴力，甚至演变成压制。如果执法者缺少法治理念和人权思想，把法律只当作制裁的工具，把公民看作是监管对象，产生"宁枉勿纵"的极端思想，就容易出现暴力执法，出现伤害公民甚至致人死亡的恶性事件。

在公共卫生领域，过分强制现象主要发生在行政执法过程中。粗暴执法的原因之一是执法者未能领会"执法为民"的精神，忽视了立法目的，对行政合法性原则、合理性原则、比例原则、应急性原则等缺乏必要的理解和掌握，一味地强调法的权威和尊严，为了执法而执法，从而出现过分强制的行为，给管理相对方或公众造成不应有的损害；原因之二是执法者滥用权力，这是一种故意的行为，利用手中的权力践踏人权、欺压百姓，是对权力的渎职。

（五）法治管理受制于公众的法律意识和理念

法治理念是人们对法治的看法、思想、思维活动的结果。法律意识是法治理念的重要组成部分，是社会意识的一种形式，它是人们的法律观点和法律情感的总称，包括法律认知、法律情感与意志、法律价值观等。人们对法和法律现象的本质和作用的理论观点，对各种法律规范和人的行为从法律角度进行的理解、感觉、评价，以及人们的法律知识、愿望、情绪、观念、信仰、思维等，都对法的制定、适用、遵守产生着重要影响。具有良好法律意识和理念的人对法律制度和知识有足够的了解和掌握，对法律上的权利和义务有正确的认识，能够自觉遵守法律，履行义务，处处依法办事。否则，如果连基本的法律常识都不具备，或者持"法律无用论"的观点，就不可能做到自觉遵守法律和服从法治管理。所以，社会成员法律意识的高低直接影响着法治管理的成效。

目前，中国特色社会主义法律体系已经形成，全社会法治观念明显增强，但与"法治国家"的目标相比还相差很远。"部分社会成员尊法信法守法用法、依法维权意识不强，一些国家工作人员特别是领导干部依法办事观念不强、能力不足，知法犯法、以言代法、以权压法、徇私枉法现象依然存在。"[①]这势必影响法治管理，因此，需要通过大力的法律宣传和教育来提高公众的法律意识，通过长期的法治实践，使公众树立法律信仰并形成法治理念，让整个社会形成良好的法治环境。

综上，法治管理是时代的要求，依法治国作为治国方略必须坚持，同时需要重视其他手段的辅助作用。在法治管理过程中，要正确认识法的价值与作用，一要反对"法律无用论"，二要反对"法律万能论"，因为前者轻视了法的作用，后者则夸大了法的作用。

---

① 参见《中共中央关于全面推进依法治国若干重大问题的决定》[EB/OL].(2014-10-29)[2020-03-12]. http://cpc.people.com.cn/n/2014/1029/c64387_25927606.html.

第三节　公共卫生法治管理理念

我国社会主义法治理念的基本内涵包括依法治国、执法为民、公平正义、服务大局、党的领导。依法治国是实现国家长治久安的重要保障，执法为民是法治的本质要求，公平正义是法治的价值追求，服务大局是法治的重要使命，党的领导是法治的根本保证。在这样的法治理念下，管理者和被管理者都必须具备良好的法治管理理念，这样才能取得良好的管理效果。

限于篇幅，本节只探讨管理者应当具备的法治管理理念，毕竟，管理者的法律和管理方面的知识、理念、素养对法治管理的影响更直接、更关键。本书所称的“管理者”是个比较宽泛的概念，包括领导者、行政执法者、项目的组织实施者等。在公共卫生管理活动中，管理者至少应具备法律至上、尊重人权、慎独自律、责权统一、重视证据、重视程序、着重服务、法律救济等法治管理理念。

一、法律至上

法律至上理念是法治的必然要求，也是首先要具备的理念。法律在所有社会规范中居于最高权威地位，一切人和组织都要遵守，一切行为都要符合法律规定，而不像人治那样需要服从领导者的意愿，或者抱守“人情大于法”的观点。

法律至上的含义之一是指，在所有的社会规范中，法律规范具有至高无上的地位，人们的行为首先要考虑法律的规定，其他社会规范都不得影响法律的效力与实施。法律至上的含义之二是指，所有社会成员的行为都要符合法律规定，一切国家机关、各党派、武装力量、社会团体、企事业单位和全体公民都必须在宪法和法律的范围内活动，任何人、任何组织都不得凌驾于法律之上，不得有超越宪法和法律的特权。任何人、任何组织违法之后，都要依法承担法律责任。作为管理者，更要心悬法律明镜，牢固树立法治信仰，把法治理念、法治精神融入工作和生活，做到依法办事，不得以言代法、以权压法。

二、尊重人权

人权是作为人因其为人而应享有的权利，是基于生存和发展所必需的自由、平等权利。不侵犯他人人权是守法的基本要求，尊重和保障人权有益于管理目标的实现，也是构建和谐社会的前提。

人权是人的价值的社会承认，是区别人与动物在观念上、道德上、政治上、法律上的标准。人权包含着“人的权利”“人作为人的权利”“使人成为人的权利”“使人成为有尊严的人的权利”等多个层次。人权理念是人类文明进步的结晶，这已成为当代社会的普遍认识。

人权是对任何等级特权的否定，“历史经验表明，专横的和被滥用的公共权力是对人权最具有毁灭性的威胁。”[①]管理者具备人权理念时，就能很好地尊重他人、成全他人、使人成为人、使人成为有尊严的人，这是杜绝或减少滥用权力、暴力执法、践踏人权的根本。社会成员的人格、尊严和自由得到普遍而平等的保护后，社会成员才能真正以主人翁的姿态参与社会政治生活和公共事务的管理，共同实现管理目标。同时，如果管理者能以人权理念作指导，来处理纷争、化解矛盾和冲突，就能使各种分歧和冲突在理性和法律的基础上得到和平解决或缓和，构建和谐社会。中国人权研究会常务理事、北京大学陈志尚教授认为：“各级人民政府、各种集体和个人都必须学会正确处理人民内部矛盾。既要尊重和保障每个人的人权，又要维护和发展人民的集体人权，共同构建‘人人为我、我为人人’的社会主义和谐社会。”[②]“人人为我、我为人人”的主张正是公共卫生的核心价值。

三、慎独自律

“慎独”出自《礼记·大学》：“此谓诚于中，形于外，故君子必慎其独也。”《辞海》对“慎独”的解释是：在独处无人注意时，自己的行为也要谨慎不苟。慎独是一种修为境界，讲究个人道德水平的修养，看重个人品行的操守，是个人风范的最高境界。

自律是指人认同规范并自觉服从的状态，其含义之一是人对规范的认可态度，含义之二是规范对人的约束方式。法律意义上的自律是指人对法律规范的认同并服从，自觉接受法律的约束。

做人要谦冲自牧，退让温和。法治时代的管理者应该具备良好的道德修养和自我约束能力。慎独的境界高于自律，慎独作为一种理念，要求管理者时刻提醒自己，加强个人道德修养，让自己的行为符合道德和法律规范。退一步讲，至少要自觉遵守法律规定，做到自律。自律的过程是人权实现的过程，自律与人权的关系成正比，自律的程度越高，人权实现的范围就越宽；如果人人都能自律守法，他人权益就不会被侵犯。同样，人权意识水平越高，越能正确认识和对待自己，并能正确认识和对待他人，自律的水平也就越高。所以，法治社会要求管理者具备人权理念和慎独自律的理念，以身作则，起到垂范作用，以达到依法行政和管理的目的。

---

① 张文显主编：《法理学》，法律出版社 2007 年版，第 328 页。

② 陈志尚：《马克思的人权观在中国》，《北京大学学报》（哲学社会科学版）2012 年第 6 期。

四、责权统一

责权统一也称“责权一致”，是法律上的权利和义务对等原则的具体体现。对管理者而言，享有一定权利的同时必须承担相应的责任，不能只有权利没有责任，或者责权不明确，否则容易随意而为，助长官僚主义、瞎指挥、权力滥用。所以，法治管理要求“有权必有责，用权受监督”。

为加强对各级领导和行政执法人员的监督管理，促使其履行职责，防止“为官不为”，我国实行并逐步完善了问责制和行政执法责任制。问责制主要针对各级领导，行政执法责任制针对各级行政机关及其工作人员，广义上都可以称为“问责制”，这是现代政府强化和明确责任以及改善政府管理的一种有效制度。

早在2004年3月，国务院印发的《全面推进依法行政实施纲要》中就明确提出要做到权责统一，“行政机关违法或者不当行使职权，应当依法承担法律责任，做到执法有保障，有权必有责，用权受监督，违法受追究，侵权须赔偿。”①为推动建立权责明确、行为规范、监督有效、保障有力的行政执法体制，全面推进依法行政，2005年7月，国务院办公厅下发了《关于推行行政执法责任制的若干意见》，要求各级行政机关依据其职能和法律法规的规定，将本机关对外承担的行政职权以责任形式设定，将各项执法的职责和任务进行分解，明确相关执法机构、执法岗位和执法人员的执法责任，并进行考核，对有违法或者不当行政执法行为的予以问责，追究法律责任，做到“法定职责必须为，法无授权不可为”②。

2014年10月，《中共中央关于全面推进依法治国若干重大问题的决定》提出要完善纠错问责机制，“全面落实行政执法责任制，严格确定不同部门及机构、岗位执法人员执法责任和责任追究机制，加强执法监督，坚决排除对执法活动的干预，防止和克服地方和部门保护主义，惩治执法腐败现象。完善纠错问责机制，健全责令公开道歉、停职检查、引咎辞职、责令辞职、罢免等问责方式和程序……健全责令公开道歉等问责方式和程序。建立重大决策终身责任追究制度及责任倒查机制，对决策严重失误或者依法应该及时作出决策但久拖不决造成重大损失、恶劣影响的，严格追究行政首长、负有责任的其他领导人员和相关责任人员

① 参见《国务院关于印发全面推进依法行政实施纲要的通知》[EB/OL]，(2014-03-22)[2020-03-12]，http://www.gov.cn/gongbao/content/2004/content_70309.htm? gs_ws=tsina_636451536152493584.

② 参见《国务院办公厅关于推行行政执法责任制的若干意见》[EB/OL]，(2005-07-09)[2020-03-12]，http://www.gov.cn/gongbao/content/2005/content_64332.htm.

的法律责任。”[①]

五、重视证据

证据是能够证明案件真实情况的材料和事实。“以事实为根据，以法律为准绳”是我国法律适用的基本原则之一。事实是什么？许多时候需要用证据来证明，没有证据就难以证明案件的真实情况。著名的法学专家何家弘教授在《证据学论坛》中就建议在司法实践中应将“以证据为基础，以法律为准绳”作为原则。

以行政执法和行政诉讼为例，证据的收集、认定与运用也是行政执法的核心，只有正确把握证据收集、认定与运用的规律，才能正确执法，不至于因缺乏证据或者在证据不全面的情况下采取不适当的行政措施，或者作出错误的行政处罚决定，从而保证行政行为的合法性，也保护行政相对人的合法权益。一旦行政相对人对具体行政行为提起诉讼，那么行政执法证据就成为行政诉讼证据。行政诉讼的举证责任由被告承担，即行政机关对所作出的行政行为负有举证责任，不提供或者无正当理由逾期提供证据的，视为没有相应证据。而没有证据或者所举证不被采信的，则要承担不利的后果，因为那就意味着先前所作出的具体行政行为没有证据，违反了“行政有证在先原则”。若主要证据不足，也会败诉。

行政诉讼过程中，法庭对行政机关已经形成(已经使用)的证据进行审查，以查明是否存在不合理或不合法的情形。在整个诉讼期间，行政机关及其诉讼代理人不得自行向原告、第三人和证人收集证据，并且在法庭规定的质证期间无正当理由不能提供证据的，视为没有相应证据。所以，执法者应该有非常好的证据意识和调查取证能力，根据需要，客观、全面地收集证据，证据的收集、固定、保全、采信、排除、运用等过程都要依法进行，不损坏证据的证明力。行政执法案件结束后，做好卷宗归档工作，保存好证据，免得在诉讼中因无证据或者在指定时间内不能提供证据而败诉。当然，公共卫生服务过程中一样需要重视证据，如公共卫生服务纠纷的解决就离不开证据。

六、重视程序

重视程序是指重视法律程序。法律程序是人们进行法律行为所必须遵循的法定时间与空间上的步骤和方式，它是对人们行为的制约，也是实现实体权利和义务的合法方式和必要条件。然而，“重实体、轻程序”的错误观念在我国司法和行政执法实践中存在日久。导致这种现象产生的原因有很多，其中，我国传统文

---

① 参见《中共中央关于全面推进依法治国若干重大问题的决定》[EB/OL]，(2014-10-29)[2020-03-12]，http://cpc.people.com.cn/n/2014/1029/c64387-25927606.html.

化里缺少程序文化是重要原因之一。直到今日，人们在称道那些铁面无私、公正廉洁的执法者时，鲜有人对程序是否合法提出异议。京戏里有一出“夜审潘洪”，情节是潘洪狡诈不交代罪行，寇准与八贤王定计，将西台府改装成阴曹地府，八贤王假扮阎君，寇准假扮判官，众衙役扮鬼卒，将潘洪用酒灌醉后押上阎王殿受审。潘洪被阎罗殿阴森恐怖的气氛吓坏，产生了幻觉而招供，寇准以超人的智慧赢得了这场审判的胜利。观众看戏到此感觉很解气，觉得对付这种奸臣贼子就要用这样的法子，但很少去想法律程序的问题。法学家郝铁川先生曾说：“常为国人称道的包公，他掌握的铡刀，想切谁的头就切谁的头，既不需经死刑复核程序的审查，又没有其他的机构、团体的监督，这是不讲程序的典型，但自古很少受到批评。”①

在法治管理时代，“重实体、轻程序”的错误观念必须转变。为什么要重视程序？因为忽视程序也就忽视了法律实施的规范性、有序性、文明性，直至丧失依照法律判别是非善恶的标准和条件。以行政程序为例，首先，行政程序是提高行政效率的要求，法定时间内完成行政行为也是便民原则的体现；其次，行政程序是保证行政行为合法的前提，程序错了就难保实体内容正确，“先调查取证，后裁决”就是保证行政处罚决定正确的前提，所以“没有法定依据或者不遵守法定程序的，行政处罚无效”（《中华人民共和国行政处罚法》第三条）。在行政诉讼中，行政行为“违反法定程序”是法院判决撤销或者部分撤销行政行为的理由之一；再次，行政程序能够很好地保护公民权益，如法律规定行政机关要告知相对人等有申请回避权、申辩权、行政复议权、提起行政诉讼权等，这些告知程序能够依法保障行政管理相对人、利害关系人的知情权、参与权和法律救济权；最后，行政程序能规范执法人员依法行政，制约行政权力滥用，从而保证法的公正。

依法治国要求一切行为符合法律要求，法治的昌明取决于公众对程序意识的觉醒，而作为管理者必须率先具备程序理念。所以，《中共中央关于全面推进依法治国若干重大问题的决定》强调：“完善执法程序，明确具体操作流程，重点规范行政许可、行政处罚、行政强制、行政征收、行政收费、行政检查等执法行为”②，目的就是重视程序正义价值，以限制公权力的滥用。

七、着重服务

着重服务理念是现代法治的要求，也是现代行政的要求。现代行政认为，行政权本质上来源于公民权利，是公民权利的一种特殊转化形式，行政目的是实现

① 袁群、黎亚薇：《程序文化的意义》，《湖南警官学院学报》2011 年第 6 期。

② 参见《中共中央关于全面推进依法治国若干重大问题的决定》[EB/OL]，(2014-10-29)[2020-03-12]，http://cpc.people.com.cn/n/2014/1029/c64387-25927606.html.

对国家事务和公共事务的组织与管理。公民让渡自己的一部分权利给政府，并向政府纳税以保证政府有足够的经济实力实现其管理职能。在社会本位和公民本位理念的指导下，政府正由传统的管制型政府转变为服务型政府，服务型政府把为社会、为公众服务作为政府存在、运行和发展的基本宗旨，把为公众提供更好的服务作为服务宗旨。在“服务社会”的理念下，管理者必须具有公仆意识，而不是“官本位”价值观。

在“着重服务”的理念下，管理者应做好以下三个方面的工作：

一是转变作风，将以往的行政管制转变为行政服务。管理者要树立人权、平等的理念，尊重相对人，摒弃过去那种冷冰冰的强硬执法，转换成行政服务与帮助，帮助管理相对人改善薄弱环节，引导其自律守法，提高产品质量或服务质量以获得市场竞争力。例如，现实中行政机关采取“约谈”生产经营企业的方式，与其共同探讨存在的问题以及解决的方法，帮助企业“创建品牌”“保持品牌”等。这种服务企业的做法收到了很好的效果，使生产经营者认识到了良好法律环境对其发展的重要性，认识到了守法是提高自身效益、树立诚信形象的最好途径和措施。

二是给予更多更好的行政指导。行政指导也是现代行政理念下的产物，指为适应复杂多样的经济和社会管理需要，行政机关在其管理的事务范围内，基于国家的法律精神、原则或者政策，适时灵活地采取非国家强制性手段，取得相对人同意或协助，以有效实现一定行政目的的行为。由于行政机关及其工作人员在掌握政策、信息、知识等方面具有宏观性、全面性和优越性的优势，所以，若能给予管理相对人有效的引导、指导、鼓励、建议等非强制性的方法和手段，则能补充和替代法律的强制手段，更好地实现管理目标。公共卫生领域的行政指导更有现实性，因为该领域的行政管理和执法者多为本专业的科班出身，具有相当的专业水准，有的甚至达到了专家级水平，这样的行政指导可起到引导、影响相对人的行为选择，促进公共卫生健康发展的作用。

三是为公众提供更多更好的公共卫生产品和公共卫生服务。服务型政府以服务为宗旨，把人民的利益放在首位，以保障和改善民生为重点，为公众提供更多更好的公共卫生服务，并不断提高服务质量，推进公共卫生服务的均等化。

八、法律救济

法律救济是指权利人的权益遭受侵害后，有权依照法律向有关机关申请，有关机关在法律允许的范围内采取一定措施予以补救，消除侵害，以使权利人获得一定的补偿或赔偿。法律救济的过程也是正义恢复的过程。法律救济的主要途径包括仲裁、行政复议和诉讼等。

人们在合法权益受到侵犯时，会寻求法律帮助，法律救济的范围越来越广泛，这是法治建设的进步，也是公民法律意识提高的体现。与此相对应，管理者必须具备法律救济理念，该理念的重点在于，管理者必须尊重并保护相对方的法律救济权。在实际工作中，一是规范行政执法人员的行为，不得随意而为，不得侵犯相对方的权益，否则相对方有权申请行政复议或提起诉讼，有权依法提出赔偿要求，违法者要承担相应的法律责任，如国家赔偿；二要保护相对方的法律救济权，法律法规中规定相对方有法律救济权时，行政机关应当履行告知义务，不得以任何形式压制相对方进行法律救济。行政机关的告知往往需要以书面形式作出，如行政处罚决定书应当载明的事项中就包括“不服行政处罚决定，申请行政复议或者提起行政诉讼的途径和期限”(《中华人民共和国行政处罚法》第三十九条)。法律救济的目的在于通过某种积极的方式使受损权益得到恢复或者补救，保护公民的权益，恢复正义，也化解公民对政府或管理者的不满情绪，这是法治建设和人权保障中最为关键的问题之一。

第四章　健康促进法律制度

第一节　健康促进法理论及相关问题

一、何为健康促进

(一)健康促进的含义

健康促进是促使人们维护和改善他们自身健康的过程,是协调人类与环境的战略,它规定了个人与社会对健康分别所负的责任。① 以上是世卫组织 1986 年 11 月 21 日在加拿大渥太华召开的第一届国际健康促进大会上通过的《渥太华宪章》(也称《渥太华健康促进宣言》)中给出的“健康促进”定义。这次大会被认为确立了新的公共卫生精神,其“新”体现在健康促进上。健康促进被认为是提高社会成员健康水平的最经济手段,主张通过健康教育和促进,提高个体对健康的认知,改善个体的生活方式和行为方式,养成个体健康行为,以最终提高整个人群的健康水平。健康责任由个体和社会各自负责。世界卫生组织前总干事布伦特兰(Brundtland)在 2000 年的第五届全球健康促进大会上对健康促进作了更为清晰的解释:健康促进就是要使人们尽一切可能让自身的精神和身体保持在最优状态,宗旨是使人们知道如何保持健康,在健康的生活方式下生活,并有能力作出健康的选择。

(二)健康促进的重点领域

健康促进的重点在于促进,如何促进呢?在哪些领域进行促进呢?《渥太华健康促进宣言》给出了这几点:制定健康的公共政策,创造健康支持性环境,强化社区行动,发展个人技能,调整卫生服务方向,也称为“五个重点领域”。

---

① 参见孙贵范主编:《预防医学》,人民卫生出版社 2010 年版,第 261 页。

1. 制定健康的公共政策

制定健康的公共政策是政府的职能，第二届健康促进大会发表的《阿德莱德宣言》指出：所有的政策领域都必须考虑到健康和平等，并对健康负有责任。促进健康的公共政策包括法律、法规、规章、制度等，内容涉及所有与健康有关的方面，如健康服务、健康公平、健康教育、有益健康活动的开展、食物安全与营养、药品安全与药品可及、职业卫生、生活环境等。

2. 创造健康支持性环境

尽管个人对自己的健康负责，个人通过保持健康行为和消除危害健康行为的自我保健方式提高自身的健康水平，但仅仅如此还不足以达到和维持健康，还需要有健康支持环境。有益健康的环境包括社会环境、政治环境、经济保障和自然环境等，也包括政策、法律、财政、组织、社会动员等各种支持。

3. 强化社区行动

强化社区组织和功能是保证健康公共政策落地的根本。有益于健康的安全、舒适、满意、愉悦的生活和工作条件的创造，必须依赖社区的努力和公众的参与。通过具体、有效的社区行动，贯彻落实健康公共政策，建设好健康支持性环境，以达到促进健康的目标。

4. 发展个人技能

发展个人技能在健康促进中具有非常重要的作用，从哲学角度上，我们经常说发挥人的主观能动性。通过提供信息和健康教育，提高个人的健康素养，改善相关行为和生活方式，充分发挥个人在健康方面的能动性，有效地维护自身的健康和生存环境。

5. 调整卫生服务方向

调整卫生服务方向取决于政府对公共卫生价值的认知和态度。健康促进理念下，卫生服务的方向应该由被动地治疗疾病转为主动地预防，由关注疾病转为关注健康，坚持预防为主，以健康为中心，优化健康服务，完善健康保障，为公众提供更多更好的公共卫生服务。

二、何为健康教育

（一）健康教育的含义

健康教育是指通过有计划、有组织、有系统的社会教育活动，使人们自觉地采纳有益于健康的行为和生活方式，消除或减轻影响健康的危险因素，预防疾病，促进健康，提高生活质量，并对教育效果作出评价。

保障公众健康既需要政府有完善的公共卫生服务体系，提供必要的公共卫生服务，也需要个体具备保持健康的技能。通过健康教育，普及健康知识，使人们树立健康意识,养成良好的行为生活方式,具备必要的保健技能,以实现个体的最佳健康状况。《中华人民共和国基本医疗卫生与健康促进法》第四条规定:国家建立健康教育制度,保障公民获得健康教育的权利,提高公民的健康素养。为此,我国将健康教育纳入了国民教育体系。

健康教育由国家、社会和个人来承担。国家从宏观角度制定健康教育的制度和政策,提供必要的经费保障和支持;社会承担健康教育的具体落实,医疗卫生机构、教育部门、社区与基层组织、新闻媒体乃至所有的单位与组织均承担一定范围内的健康教育义务;个人也是健康教育的承担者,有义务接受健康教育,更应该主动学习健康知识。

(二)健康教育与健康促进的关系

健康教育是健康促进最主要的措施之一,是健康促进不可或缺的一部分。可以说,没有健康教育,健康促进就是句空话。这就是为什么人们常把"健康教育"与"健康促进"联在一起的原因。

政策、法规、组织以及其他环境支持都是健康促进的组成部分,但都需要与健康教育相结合,因为即使有再好的健康政策和健康支持环境,如果个体缺乏必要的健康知识和技能的话,也难以达到健康的最好状态。更何况,如果公民健康意识不强,健康公共政策和支持环境也不可能有多好,因为这两者是相关联的。要通过健康教育,提高公众健康意识和健康素养,让人们自觉地选择有益于健康的行为生活方式。更重要的是,要让公众能理解和支持健康公共政策,积极地参与到健康社区活动中来,参与到公共卫生活动中来。所以,我们说健康教育是培养良好健康行为,提高健康素养,促进健康的最佳方法和途径。

三、健康促进是重要的公共卫生措施

健康教育是健康促进的主要手段之一,而健康促进又是实现公共卫生目标的重要措施之一。

一般认为,公共卫生措施分为四大类:第一类是预防性卫生服务,如妇幼保健、免疫接种等;第二类是疾病预防与控制,如传染病防治、职业病防治、环境中有害因素的控制等;第三类是健康促进,如改变个人不良生活习惯和行为,促进合理饮食,适当体育锻炼,减少精神紧张和社会压力等;第四类是卫生服务研究,如合理使用卫生资源研究,改进公共卫生服务研究,流行病学调查研究,健康大数据的收集和分析研究,卫生政策和法律研究等。

2008 年,原卫生部提出将全民健康促进行动(包括健康教育、改善饮食等)作为"健康中国 2020"战略行动计划的一部分。2009 年开始启动的 10 个类别的国家基本公共卫生服务项目就包括了健康教育。2017 年修改完善的《国家基本公共卫生服务项目(第3版)》就明确要求,采用包括提供健康教育资料、设置健康教育宣传栏、开展公众健康咨询活动、举办健康知识讲座、开展个体化健康教育等形式,向辖区内常住居民提供如下的健康教育服务内容:

(1)宣传普及《中国公民健康素养——基本知识与技能(2015年版)》,配合有关部门开展公民健康素养促进行动。

(2)对青少年、妇女、老年人、残疾人、0～6岁儿童家长等重点人群进行健康教育。

(3)开展合理膳食、控制体重、适当运动、心理平衡、改善睡眠、限盐、控烟、限酒、科学就医、合理用药、戒毒等健康生活方式和可干预危险因素的健康教育。

(4)开展心脑血管、呼吸系统、内分泌系统、肿瘤、精神疾病等慢性非传染性疾病和结核病、肝炎、艾滋病等重点传染性疾病的健康教育。

(5)开展食品卫生、职业卫生、放射卫生、环境卫生、饮水卫生、学校卫生、计划生育等公共卫生问题的健康教育。

(6)开展突发公共卫生事件应急处置、减灾防灾、家庭急救等健康教育。

(7)宣传普及医疗卫生法律法规及相关政策。

通过上述内容可以清楚地看到,健康教育均涉及公共卫生的主要项目。健康促进是重要的公共卫生措施,对实现公共卫生目标具有重要作用。

四、我国现行有效的健康促进法律法规和规章

我国现行有效的健康促进法是2019年12月28日第十三届全国人民代表大会常务委员会第十五次会议通过的《中华人民共和国基本医疗卫生与健康促进法》(以下简称《基本医疗卫生与健康促进法》),自2020年6月1日起施行。《基本医疗卫生与健康促进法》包括了基本医疗卫生和健康促进两个方面的内容,该法第二条规定:"从事医疗卫生、健康促进及其监督管理活动,适用本法。"该法的第六章是"健康促进",对健康促进工作进行了法律规定。其他有关健康教育与促进的规定往往散落在各个具体的法律法规中,如《传染病防治法》《职业病防治法》《食品安全法》《药品管理法》《母婴保健法》《精神卫生法》《突发公共卫生事件应急条例》等均有关于健康教育与促进的规定。

五、健康教育与促进存在的问题

(一)健康促进方面的法律法规太少

《基本医疗卫生与健康促进法》是中华人民共和国首部健康促进法律,然而,本法中关于健康促进的内容主要在第六章,章名即为"健康促进",但规定的内容比较笼统。散落在其他法律法规中的健康教育与促进的规定也比较笼统,可操

作性差。例如,《基本医疗卫生与健康促进法》第七十六条规定:“建立健康知识和技能核心信息发布制度,普及健康科学知识,向公众提供科学、准确的健康信息。”具体怎么操作?谁有资格进行健康教育?教育的内容由谁来审核把关?错误教育和促进所带来的危害怎样处置?等等,均缺乏研究与规定。新冠肺炎疫情期间,普通公众就领教了不同媒体、不同机构、不同组织所给出的预防知识、消毒知识的混乱,以至于公众不知道哪些是正确的、哪些方法和措施是有效的,不利于传染病的预防控制。所以,这些规定还需要制定配套的法律法规,去规范、具体、细化、落实。

(二)国民健康素养有待提高

无论是“非典”时期还是新冠肺炎重大疫情期间,人们出现的恐慌或种种不理智的行为,暴露出公众缺乏基本的卫生知识和突发公卫事件应急能力,其实这都是健康素养不高的体现。

健康素养是指个人获取和理解基本健康信息和服务,并运用这些信息和服务作出正确判断,以维护和促进健康的能力。健康教育、健康促进、健康素养三者之间存在着相互关联的关系,相互促进亦相互制约。通常,较高的健康素养水平可以帮助人们利用可获得的健康信息保持自身及家人的身体健康;而健康素养低的人则难以作出正确的健康判断和行为。所以,健康教育与促进的目的之一就是提高公众健康素养。2008 年,我国首次进行了居民健康素养调查,包括基本知识和理念、健康生活方式与行为、基本技能三个方面的内容,一共有 66 条。关于公共卫生方面的素养,则从科学的健康观、传染病预防、慢性非传染性疾病预防、安全与急救、基本医疗五个方面进行了调查。结果表明,我国居民具备健康素养的总体水平为 6.48%。按照这个总体水平估计,在人群中,每 100 个人中具备健康素养的不到 7 人,其他各维度的占比人数也不高(详见表 4-1)。① 之后的十几年间,国家一直大力推进健康促进与健康教育工作,不断探索提高全民健康素养水平的新思路和新方法,并定期开展健康素养监测,及时发布监测结果。2018 年的健康素养监测显示:中国居民健康素养水平为 17.06%,其他各项素养(2008 年未做健康信息素养调查)均比 2008 年有较大幅度的提高,具体如表 4-1 所示。②

① 参见《卫生部举行〈首次中国居民健康素养调查〉发布会》[EB/OL],(2009-12-18)[2020-03-12],http://ww,gov.cn/xwfb/2009-12/18/content_1490659.htm.

② 参见《国家卫生健康委员会 2019 年 8 月 27 日例行新闻发布会文字实录》[EB/OL],(2019-08-27)[2020-03-12],http://www.nhc.gov.cn/xcs/s7847/201908/2a77e09aed9d427ab6d4e472095ba020.shtml.

表 4-1　2008 年、2018 年居民健康素养调查/监测情况

健康素养	2008 年占比/%	2018 年占比/%
居民健康素养	6.48	17.06
基本知识和理念	14.97	30.52
健康生活方式与行为	6.93	17.04
基本技能素养	20.39	18.68
科学健康观	29.97	44.48
传染病预防	15.86	17.05
慢病预防	4.66	18.96
安全与急救	18.70	50.18
基本医疗	9.43	17.38
健康信息	—	27.18

根据 2008 年和 2018 年的数据，我们至少可以得出两个结论：一是经过 10 年的大力推进，居民的健康素养明显提高，说明健康教育与促进是提高居民健康素养的有效手段；二是尽管 2018 年的居民健康素养各维度比以往均有提高，但总体来说，居民健康素养水平还有待提高，每 100 个人中有 17 人具备健康素养，这个比例并不高。《"健康中国 2030"规划纲要》对全民健康素养水平提出的要求是，到 2020 年居民健康素养水平达到 20%，2030 年达到 30%。① 从 2018 年的监测情况看，健康生活方式与行为素养、传染病预防素养、基本医疗素养等的占比都在 17%左右，均较低。

此外，根据 2018 年的监测数据，居民健康素养水平在城乡、地区、人群间的分布依然不均衡。例如，城市居民健康素养水平达 22.44%，农村水平为 13.72%；东部地区为 22.07%，中部地区为 13.51%，西部地区为 13.23%；老年人群等的健康素养水平相对仍较低。② 所以，健康促进工作还需继续加强，要充分发挥政府、社会、家庭和个人的健康责任，针对重点地区、重点人群、重点问题，

① 参见《中共中央 国务院印发〈"健康中国 2030"规划纲要〉》[EB/OL]，(2016-10-25)[2020-03-12]，http://www.gov.cn/zhengce/2016-10/25/content_5124174.htm.

② 参见《国家卫生健康委员会 2019 年 8 月 27 日例行新闻发布会文字实录》[EB/OL]，(2019-08-27)[2020-03-12]，http://www.nhc.gov.cn/xcs/s7847/201908/2a77e09aed9d427ab6d4e472095ba020.shtml.

加大工作力度，有效提升居民健康素养水平。

（三）健康教育工作存在的问题

健康教育需要专门的知识，健康教育也是一门学问。健康教育所给出的知识和信息必须是科学、准确的，否则是对公众的误导。目前健康教育工作存在的主要问题是：

(1)重视程度不够。无论是健康教育工作者还是接受者，对健康教育的认识不到位，这也是我国居民健康素养普遍偏低的一个主要原因。

(2)缺少规范、系列、科学的健康教育管理。对健康教育的内容、教育措施、实施过程以及教育结果的考核与评价缺乏规范与管理，往往只能量化而难以质化。

(3)缺少从事健康教育的专业人才。目前承担健康教育的人员主要来自医疗卫生、教育、体育、宣传等机构，以及基层群众性自治组织和社会组织、新闻媒体等。教育内容的科学性、准确性受到教育者的水平限制，许多工作人员自身健康知识缺乏，并且健康教育的队伍不稳定。所有这些问题都制约着健康教育工作的开展以及健康教育的效果。新出台的《基本医疗卫生与健康促进法》第六十七条明确规定：各级人民政府应加强健康教育工作及其专业人才培养，建立健康知识和技能核心信息发布制度，普及健康科学知识，向公众提供科学、准确的健康信息。希望这些规定尽快落实，使健康教育工作走上法治的轨道，让公民真正获得接受健康教育的权利，提高健康素养。

第二节 健康促进法律规定

本节所介绍的健康促进法律规定，主要是《基本医疗卫生与健康促进法》中有关健康促进部分的规定。至于散落在公共卫生其他法律法规中有关健康促进方面的内容，都在其他法律法规中作了介绍。

一、国家制定健康促进公共政策

国家制定健康促进的公共政策，各级人民政府领导健康促进工作，组织实施健康促进的规划和行动；卫生健康主管部门负责统筹协调健康促进工作。

（一）健康促进公共政策

国家实施“健康中国”战略，普及健康生活，优化健康服务，完善健康保障，建设健康环境，发展健康产业，提升公民全生命周期的健康水平。国家建立健康教育制度，保障公民获得健康教育的权利，提高公民的健康素养。

国务院和地方各级人民政府领导健康促进工作。各级人民政府应把人民健康放在优先发展的战略地位，将健康理念融入各项政策，坚持预防为主，完善健康促进工作体系，组织实施健康促进的规划和行动，推进全民健身，建立健康影响评估制度，将公民主要健康指标改善情况纳入政府目标责任考核。

（二）健康促进工作的统筹协调

健康促进工作需要政府、社会、家庭和个人的共同参与，但主管部门为卫生健康部门。按照法律规定，国务院卫生健康主管部门负责统筹协调全国的健康促进工作，国务院其他有关部门在各自职责范围内负责有关的健康促进工作。县级以上地方人民政府卫生健康主管部门负责统筹协调本行政区域的健康促进工作，县级以上地方人民政府其他有关部门在各自职责范围内负责有关的健康促进工作。

二、加强健康教育

（一）承担健康教育的机构和组织

目前承担公共卫生健康教育的机构和组织主要是医疗卫生、教育、体育、宣传等机构，以及基层群众性自治组织和社会组织，这些机构和组织的人员在工作中对服务对象进行健康教育与宣传，媒体对公众进行健康知识的宣传和普及。

按照《基本医疗卫生与健康促进法》的规定，医疗卫生、教育、体育、宣传等机构，以及基层群众性自治组织和社会组织应开展健康知识宣传和普及。医疗卫生人员在提供医疗卫生服务时，应对患者开展健康教育。新闻媒体应开展健康知识公益宣传，健康知识宣传应科学、准确。

（二）培养健康教育专业人才

为提高健康教育质量，保证健康知识的科学和信息的准确，法律规定，各级人民政府应加强健康教育工作及专业人才培养，建立健康知识和技能核心信息发布制度，普及健康科学知识，向公众提供科学、准确的健康信息。

（三）健康教育纳入国民教育体系

国家将健康教育纳入国民教育体系，学校应利用多种形式实施健康教育，普及健康知识、科学健身知识、急救知识和技能，提高学生主动防病的意识，培养学生良好的卫生习惯和健康的行为习惯，减少、改善学生的近视、肥胖等不良健康状况。

学校应按规定开设体育与健康课程，组织学生开展广播体操、眼保健操、体能锻炼等活动。教育主管部门应按规定将学生体质健康水平纳入学校考核体系。

（四）个人主动学习健康知识

公民是自己健康的第一责任人，应树立和践行对自己健康负责的健康管理理念，主动学习健康知识，提高健康素养，加强健康管理，倡导家庭成员相互关爱，形成符合自身和家庭特点的健康生活方式。

三、建立健康危险因素监测和风险评估制度

决定健康的因素有许多，健康促进就是要发现和利用有利于健康的因素，消除有损健康的因素。因此，维护和促进个体和群体健康不仅应坚持传统健康教育知识的传播和保健技能的培养，同时，国家还应将影响健康的社会、经济、政治等方面的因素加以系统分析，综合研究，并对这些因素进行监测，然后有针对性地制定防治措施。

根据我国《基本医疗卫生与健康促进法》第七十条和七十一条的规定，国家建立疾病和健康危险因素监测、调查和风险评估制度，县级以上人民政府及其有关部门针对影响健康的主要问题，组织开展健康危险因素研究，制定综合防治措施。国家组织居民健康状况调查和统计，开展体质监测，对健康绩效进行评估，并根据评估结果制定、完善与健康相关的法律、法规、政策和规划。

这是我国首次以立法的形式设立了健康影响评估制度，将公民主要健康指标的改善情况纳入政府目标责任考核。

四、创造健康支持环境

(一)加强对影响健康的环境问题的预防和治理

国家加强对影响健康的环境问题的预防和治理，组织开展环境质量对健康影响的研究，采取措施预防和控制与环境问题有关的疾病。关于环境保护法的内容，详见第十四章环境保护法律规定。

(二)开展爱国卫生运动

爱国卫生运动是中国共产党在领导人民进行革命实践中创造出来的，具有鲜明中国特色的卫生运动。通过政府领导，群众广泛参与卫生运动，以预防和减少疾病，保护人民健康。实践证明，这是一项行之有效的公共卫生预防工作，几十年来我们一直坚持开展爱国卫生运动这个优良传统。

2015 年 1 月 13 日，国务院印发了《关于进一步加强新时期爱国卫生工作的意见》，就做好新形势下的爱国卫生工作提出了明确要求：通过广泛开展爱国卫生运动，使城乡环境卫生条件明显改善，影响健康的主要环境危害因素得到有效治理，人民群众文明卫生素质显著提升，健康生活方式广泛普及，有利于健康的社会环境和政策环境进一步改善，重点公共卫生问题防控干预取得明显成效，城

乡居民健康水平得到明显提高。①

正因为是一项经实践证明行之有效的公共卫生活动，所以我国《基本医疗卫生与健康促进法》第七十二条规定：国家大力开展爱国卫生运动，鼓励和支持开展“爱国卫生月”等群众性卫生与健康活动，依靠和动员群众控制、消除健康危险因素，改善环境卫生状况，建设健康城市、健康村镇、健康社区。

（三）加强食品、饮用水安全监督管理

国家建立科学、严格的食品、饮用水安全监督管理制度，提高安全水平。关于食品安全本书有专门的章节介绍，限于篇幅，本书没用单独的章节对饮用水安全进行介绍。

我国现行的《生活饮用水卫生监督管理办法》是2016年4月修订的，自2016年6月1日起施行。按照该监督管理办法的规定，国家对供水单位和涉及饮用水卫生安全的产品实行卫生许可制度。供水单位供应的饮用水必须符合国家生活饮用水卫生标准，供水单位应建立饮用水卫生管理规章制度，配备专职或兼职人员，负责饮用水卫生管理工作。国家鼓励有益于饮用水卫生安全的新产品、新技术、新工艺的研究开发和推广应用。

（四）倡导健康饮食习惯

国家建立营养状况监测制度，实施经济欠发达地区、重点人群营养干预计划，开展未成年人和老年人营养改善行动，倡导健康的饮食习惯，减少不健康饮食引起疾病的风险。

健康饮食对于健康的重要意义无须多谈。国家委托中国营养协会根据我国居民的营养健康状况和基本需求，制定适合我国居民的膳食指南，旨在指导居民合理饮食，减少不健康饮食引起疾病的风险。现行的《中国居民膳食指南》是2016年新修订完善的，由一般人群膳食指南、特定人群膳食指南和中国居民平衡膳食实践三个部分组成，指导大众在日常生活中进行具体实践。针对2岁以上的所有健康人群，该指南提出了6条核心推荐，分别为：食物多样，谷类为主；吃动平衡，健康体重；多吃蔬果、奶类、大豆；适量吃鱼、禽、蛋、瘦肉；少盐少油，控糖限酒；杜绝浪费，兴新食尚。

（五）推进全民健身活动

国家发展全民健身事业，完善覆盖城乡的全民健身公共服务体系，加强公共体育设施建设，组织开展和支持全民健身活动，加强全民健身指导服务，普及科学健身知识和方法。国家鼓励单位的体育场地设施向公众开放。

① 参见《国务院关于进一步加强新时期爱国卫生工作的意见》[EB/OL]，(2015-01-13)[2020-03-12]，http://www.gov.cn/zhengce/content/2015-01/13/content_9388.htm.

（六）加强重点人群健康服务

国家制定并实施未成年人、妇女、老年人、残疾人等的健康工作计划，加强对重点人群的健康服务。国家推动长期护理保障工作，鼓励发展长期护理保险。

目前，我国有《未成年人权益保护法》《妇女权益保障法》《老年人权益保障法》《残疾人权益保障法》等，这些法律对未成年人、妇女、老年人、残疾人的健康权益和健康服务作了规定。同时，国家基本公共卫生服务项目中，有针对儿童、孕产妇、老年人、残疾人、慢性疾病患者等重点人群的服务。

对于需要长期护理的人员的费用，我国法律首次提出国家推动长期护理保障工作，鼓励发展长期护理保险。自 2016 年 7 月以来，承德市、长春市、青岛市等 15 个城市已经进行了为期 3 年的长期护理保险试点。2019 年政府工作报告指出，扩大长期护理保险制度试点，让老年人拥有幸福的晚年，后来人就有可期的未来。至于具体的做法，未来会有详细的规定。

（七）完善公共场所卫生管理

国家完善公共场所卫生管理制度，县级以上人民政府卫生健康等主管部门应加强对公共场所的卫生监督，公共场所卫生监督信息应依法向社会公开。

公共场所经营单位应建立健全并严格实施卫生管理制度，保证其经营活动持续符合国家对公共场所的卫生要求。公共场所的卫生管理法律规定详见第十四章的内容。

（八）加强减烟控烟活动

吸烟有害健康，吸烟是心血管疾病、癌症、慢性呼吸道疾病、糖尿病等的主要危险因素。2012 年，原卫生部首次发布《中国吸烟危害健康报告》，调查表明，我国吸烟人群逾 3 亿，另有约 7.4 亿不吸烟人群受二手烟的危害；每年因吸烟相关疾病所致死亡人数超过 100 万，如对吸烟流行状况不加以控制，至 2050 年每年死亡人数将突破 300 万，成为人民群众生命健康与社会经济发展的不堪承受之重。同时该报告认为，我国公众对吸烟和二手烟暴露危害的认识严重不足。根据中国疾控中心 2019 年 5 月 30 日发布的全国控烟调查报告称，2018 年我国 15 岁及以上人群吸烟率为 26.6%，与实现控烟目标“2030 年 15 岁及以上人群吸烟率下降至 20%”仍有较大差距。①

健康促进的重要内容之一就是宣传吸烟有害健康，劝导人们戒烟，禁止在公共场所吸烟。法律规定，国家采取措施，减少吸烟对公民健康的危害，在公共场所控制吸烟，强化监督执法。烟草制品包装上应当印制带有说明吸烟危害的

---

① 参见《中国吸烟总人数首次下降》[EB/OL]，(2019-05-30)[2020-03-12]，http://news.sina.com.cn/o/2019-05-30/doc-ihvhiews5659015.shtml.

警示。

酒精滥用也是造成上述慢病的主要风险因素，所以居民健康膳食指南倡导居民限酒。对于未成年人而言，饮酒是有害的，所以法律规定，禁止向未成年人出售烟酒。

（九）促进职工健康

用人单位应当为职工创造有益于健康的环境和条件，严格执行劳动安全卫生等相关规定，积极组织职工开展健身活动，保护职工健康。

国家鼓励用人单位开展职工健康指导工作。国家提倡用人单位为职工定期开展健康检查。法律、法规对健康检查有规定的，依照其规定。

五、监督管理

县级以上人民政府应定期向本级人民代表大会或者其常务委员会报告健康促进工作，依法接受监督。

县级以上人民政府有关部门未履行健康促进工作相关职责的，本级人民政府或者上级人民政府有关部门应当对其主要负责人进行约谈。地方人民政府未履行健康促进工作相关职责的，上级人民政府应当对其主要负责人进行约谈。被约谈的部门和地方人民政府应当立即采取措施，进行整改。约谈情况和整改情况应当纳入有关部门和地方人民政府工作评议、考核记录。国家鼓励公民、法人和其他组织对健康促进工作进行社会监督。

第五章 传染病防治法律制度

第一节 传染病防治法理论及相关问题

一、传染病概念和分类

传染病是指由病原性细菌、病毒、立克次体和原虫引起的,可以在人与人、动物与动物、人与动物之间相互传染的疾病。传染病具有传染性和流行性的特点,许多传染病具有较高的致死率和致残率,所以传染病防治一直是公共卫生工作的重点之一。

传染性疾病有许多种,根据传染病的传播方式、传播速度、流行强度、对人体健康和社会危害程度的不同,我国 2004 年修订的《中华人民共和国传染病防治法》将法定传染病分为甲、乙、丙三类,共 37 种。

(1)甲类传染病:鼠疫、霍乱。

(2)乙类传染病:传染性非典型肺炎、艾滋病、病毒性肝炎、脊髓灰质炎、人感染高致病性禽流感、麻疹、流行性出血热、狂犬病、流行性乙型脑炎、登革热、炭疽、细菌性和阿米巴性痢疾、肺结核、伤寒和副伤寒、流行性脑脊髓膜炎、百日咳、白喉、新生儿破伤风、猩红热、布鲁氏菌病、淋病、梅毒、钩端螺旋体病、血吸虫病、疟疾。

(3)丙类传染病:流行性感冒、流行性腮腺炎、风疹、急性出血性结膜炎、麻风病、流行性和地方性斑疹伤寒、黑热病、包虫病、丝虫病,除霍乱、细菌性和阿米巴性痢疾、伤寒和副伤寒以外的感染性腹泻病。

上述法定传染病的分类不是一成不变的,随着其流行强度、危害程度等的变化,会进行适当调整。对于法定传染病以外的其他传染病,根据其暴发、流行情况和危害程度,需要列入乙类、丙类传染病的,由国务院卫生行政部门决定并予以公布,如 2008 年 5 月 2 日,卫生部决定将手足口病列入丙类传染病进行管理;

2009年4月30日，卫生部决定将甲型H1N1流感纳入乙类传染病，并采取甲类传染病的预防、控制措施；2013年10月28日，国家卫计委根据甲型H1N1流感的实际情况，又将其从乙类调整为丙类，并纳入流行性感冒进行管理，同时将人感染H7N9禽流感纳入法定乙类传染病；2020年1月20日，国家卫生健康委员会又将新型冠状病毒肺炎（简称“新冠肺炎”，世界卫生组织将其命名为Corona Virus Disease 2019，简称COVID-19）纳入乙类传染病，并按甲类传染病进行预防、控制。我国目前法定传染病实际上是40种。

二、我国现行有效的传染病防治法律法规和规章

传染病防治工作历来是公共卫生工作的重点，所以传染病防治方面的规范性文件比较多，我国现行有效的法律、法规和规章主要有《中华人民共和国传染病防治法》（以下简称《传染病防治法》，2004年修订实施，2013年6月修正）、《医疗废物管理条例》（2003年施行，2011年1月修订）、《病原微生物实验室生物安全管理条例》（2004年施行，2018年3月19日修正）、《医疗机构传染病预检分诊管理办法》（2005年施行）、《传染病病人或疑似传染病病人尸体解剖查验规定》（2005年施行）、《艾滋病防治条例》（2006年施行，2019年修订）、《血吸虫病防治条例》（2006年施行）、《医院感染管理办法》（2006年施行）、《突发公共卫生事件与传染病疫情监测信息报告管理办法》（2003年制定，2006年修订）、《性病防治管理办法》（2013年实施）、《结核病防治管理办法》（2013年实施）、《消毒管理办法》（2016年修订实施）等。

三、传染病的防控策略

尽管随着人们生活方式的改变，慢性非传染性疾病已成为重大的公共卫生问题，但传染性疾病依然是威胁人类生命健康的重要杀手。尤其是烈性传染病暴发流行时，能在极短时间内使众多人员患病甚至死亡；许多传染病至今无根治手段，患者会终生携带病菌（毒），或终生丧失劳动能力。据世界卫生组织的统计分析，传染性疾病造成了51%的寿命损失，特别是在低收入国家，造成了68%的寿命损失。[①] 进入21世纪才短短20年，冠状病毒疫情就已经爆发了三次（SARS、MERS和COVID-19）。传染病防控依然是公共卫生工作的重点，一刻也不能忽视。

近几十年，传染病出现了一些新特点，如某些病毒产生耐药变异，某些传染

① WHO. World Health Statistics 2009. Genera World Health Organization，2009:47-48.

病的发病规律产生改变，原本被控制的传染病有重新抬头趋势；全球新出现的传染病不断增加且危害性强；传染病的全球传播速度快，重大疫情增加等。随着全球经济一体化的形成，传染病的全球传播速度加快，战争和难民潮也促进了传染病的跨国传播和蔓延，预防和控制传染病仅靠一国的疾病预防控制体系和能力远远不够。在“非典”、中东呼吸综合征、埃博拉病毒、疯牛病等新发传染病的控制和救援过程中，都显示需要多边合作甚至是各国协同应对。基于全球传染病防控的需要，世界卫生组织在1996年就启动了一个高效的全球治疗疫情警报和反应系统，称为“全球疫情警报和反应网络”，为合作伙伴系统提供了一个运作和协调框架。目前对传染病预防控制的基本策略是：坚持预防为主，加强监测与预警，建立全球监测和监控网，加强全球重点疾病防控及疫苗研发普及，实施全球化控制。

2019年12月28日，我国第十三届全国人大常委会第十五次会议审议通过了《中华人民共和国基本医疗卫生与健康促进法》，这是我国卫生与健康领域的第一部基础性、综合性的法律，该法第二十条规定：“国家建立传染病防控制度，制定传染病防治规划并组织实施，加强传染病监测预警，坚持预防为主、防治结合，联防联控、群防群控、源头防控、综合治理，阻断传播途径，保护易感人群，降低传染病的危害。任何组织和个人应当接受、配合医疗卫生机构为预防、控制、消除传染病危害依法采取的调查、检验、采集样本、隔离治疗、医学观察等措施。”这是《基本医疗卫生与健康促进法》对传染病防治的纲领性规定。

四、传染病防治及相关法律问题

从公共卫生的角度讲，在传染病的防治工作以及传染病防治的法律层面上，存在如下一些问题：

（一）必须引起国人高度重视的几种传染病情况

从近10年官方发布的甲、乙类传染病情况看，病毒性肝炎、肺结核、梅毒一直位居报告发病数的前三位。艾滋病、淋病、血吸虫病的排位也比较靠前。报告的死亡人数中，艾滋病、肺结核一直居前两位，病毒性肝炎始终居第四位。这些影响我国居民健康的重点传染病必须引起国人的高度重视。

1. 病毒性肝炎情况

病毒性肝炎（包含甲型HAV、乙型HBV、丙型HCV、戊型HEV及未分型）在我国报告的甲、乙类传染病的发病数中，至少自2008年以来一直连续居首位。2008～2018年，报告发病例数分别为140.8万人、142.5万人、131.8万人、137.2万人、138.1万人、125.2万人、122.3万人、139.8万人、122.1万人、128.4万人、154.1万人。病毒性肝炎的报告死亡人数在2008～2017年始终居第四位，2018

年上升到第三位。[①]

乙型和丙型肝炎(简称“乙肝”“丙肝”)主要通过血液传播,一旦感染难以治愈,部分感染者会转为慢性感染。丙肝尚无疫苗可供预防,且发病具有隐匿性,很多患者症状不明显,所以患者往往到疾病晚期才去就医,已错过最佳治疗时机,使得引起肝硬化、肝衰竭及肝细胞癌导致的死亡率大大增加。乙肝病毒感染是肝硬化和肝癌的主要原因,据测算,我国有2 800万慢性乙肝患者,每年新增近百万肝硬化患者和约 30 万肝癌患者,按照慢性肝炎患者年 5%的就诊率和肝硬化、肝癌患者 95%的就诊率推算,我国每年用于治疗乙肝相关的慢性肝炎、肝硬化和肝癌的直接医疗费用(含诊疗费用、住院费用、药费等)将达到 800 亿～1 200 亿元。[②] 有研究报道,乙型肝炎相关疾病患者年均总花费分别可占患者年收入、家庭年收入和人均 GDP 的 555.8%、151.6%和 157.4%。[③] 2016 年中国人群肝癌伤残调整生命年(DALY)负担占全球的一半以上,达1 153.9万人年;标化 DALY 率为 844.1/10 万,是全球平均水平的 3 倍;1990～2016 年,我国肝癌标化 DALY 率持续上升,其占比始终维持在 20%左右。[④]

2. 结核病情况

结核病是经呼吸道传播的慢性传染病,主要发生在肺部。结核病在全球广泛流行,已成为重大的公共卫生问题和社会问题。我国是全球 22 个结核病高负担国家之一,也是全球 27 个耐多药高负担国家之一,普通肺结核患者人数居全球第二位,耐多药肺结核患者人数居全球首位。[⑤] 2008～2018 年,全国报告结核发病人数分别为 117.0 万人、107.7 万人、99.1 万人、95.3 万人、95.2 万人、90.4 万人、88.9 万人、115.4 万人、83.6 万人、83.5 万人、111.1 万人,报告的发病人数和死亡人数一直居甲、乙类传染病的第二位。[⑥] 我国结核病患者不仅人数多,而且 75%的患者处于 15～54 岁年龄段。[⑦] 患病之后,有近一半的肺结核患者收入

① 参见原卫生部/国家卫生计生委每年发布的《全国法定传染病疫情概况》。

② 参见中国疾病预防控制中心:《千万肝炎患者,负担沉重》,《中国疾病预防控制中心两会特刊》2015 年 3 月 4 日第 4 版。

③ 参见蔡大川、任红:《40 年风雨兼程:中国乙型肝炎的负担和希望——谨以此献给中国改革开放 40 周年》,《中华肝脏病杂志》2019 年第 1 期。

④ 参见冉建朝、王乐、张玥等:《中国人群肝癌所致 DALYs 疾病负担:1991～2016 年长期分析及预测》,《中国循证医学杂志》2018 年第 5 期。

⑤ 参见翟玉安:《酶联免疫斑点试验与结核菌素纯蛋白衍生物试验对结核病患者诊断价值比较》,《实用医技杂志》2016 年第 7 期。

⑥ 参见卫生部/国家卫生计生委每年发布的《全国法定传染病疫情概况》。

⑦ 参见徐凌忠:《肺结核病人卫生服务利用》,山东大学出版社 2013 年版,第 2 页。

减少(平均比患病前减少约 50%),且近 90%的肺结核患者家庭经济状况在当地处于中低水平①,不少患者因病返贫。为做好结核病防治工作,1991 年卫生部发布了《结核病防治管理办法》,2013 年 2 月 20 日对其进行了修订,提出了加强宣传教育,实行"以及时发现患者、规范治疗管理和关怀救助为重点"的防治策略。各级各类医疗机构应当对肺结核可疑症状者及时进行检查,对发现的确诊和疑似肺结核患者按照有关规定进行疫情报告,并将其转诊到患者居住地或就诊医疗机构所在地的结核病定点医疗机构。定点医疗机构对肺结核患者进行管理登记,并对其进行规范化治疗和督导管理。目前,通过为普通肺结核患者免费提供筛查和一线抗结核药品,将耐多药肺结核纳入重大疾病保障范围,在一定程度上减轻了患者的经济负担,但防治工作依然艰难,要完成世界卫生组织提出的"2050 年消灭结核病"的终极目标,还任重而道远。

3. 艾滋病情况

我国艾滋病疫情总体保持低流行水平,但从官方公布的全国报告存活的感染者和患者人数看,呈逐年上升趋势。2008～2018 年,全国报告发病人数分别为 1.0 万人、1.3 万人、1.6 万人、2.0 万人、4.1 万人、4.2 万人、4.5 万人、5.0 万人、5.3 万人、5.7 万人、6.6 万人,死亡报告数一直居甲、乙类传染病的首位。②

在我国,性传播、血液传播和母婴传播是艾滋病的三种主要传播途径,所以艾滋病的防治工作必须与性病防治、戒毒、血液管理和母婴保健一起抓。2006 年 1 月,国务院颁布了《艾滋病防治条例》;2010 年 12 月,国务院发布了《关于进一步加强艾滋病防治工作的通知》;2012 年 2 月公布的《中国遏制与防治艾滋病"十二五"行动计划》提出了防治方针和目标。国家建立了艾滋病监测网络,实行艾滋病自愿咨询和自愿检测制度。自 2004 年起,国家"四免一关怀"政策实施,对艾滋病筛查、抗病毒治疗、母婴阻断、艾滋病遗孤的义务教育实现免费,将艾滋病家庭纳入社会救济。

尽管取得了一定成效,但我国艾滋病流行形势依然严峻,防治工作中新老问题和难点问题并存,防治任务更加艰巨。尚有一定数量的感染者和患者未被检测发现,性传播成为最主要传播途径,男性同性性行为人群感染率持续升高,青年学生感染人数增加较快,卖淫嫖娼等违法犯罪活动、合成毒品滥用及不安全性行为在一定范围内存在等诸多因素加大了艾滋病的传播风险,社交新媒体的普遍使用增强了易感染艾滋病行为的隐蔽性,人口频繁流动增加了预防干预难度。部分地区和部门对防治工作重视不足,政策落实不到位,防治技术手段有限,防

① 参见徐凌忠:《肺结核病人卫生服务利用》,山东大学出版社 2013 年版,第 152 页。

② 参见卫生部/国家卫生计生委每年发布的《全国法定传染病疫情概况》。

治能力尚不能满足工作需要，社会组织等社会力量参与防治的作用发挥还不够充分，仍需要长期不懈做好各项艾滋病防治工作。①

4. 性病（梅毒和淋病）情况

性病是以性接触为主要传播途径的疾病，主要包括乙类传染病中的梅毒和淋病，以及生殖道沙眼衣原体感染、尖锐湿疣、生殖器疱疹等，其中梅毒和淋病的危害尤重。曾经一度在新中国消失了的梅毒和淋病，自20世纪80年代末开始又逐渐多起来，并由沿海开放城市向内陆城市再向农村地区蔓延。在2008～2018年公布的报告发病人数中，梅毒持续居甲、乙类传染病的第三位，淋病则在第4～7位变动。若将梅毒和淋病合计起来，2008～2018年报告的发病人数分别为38.8万人、42.6万人、46.4万人、49.3万人、50.2万人、50.6万人、51.5万人、56.0万人、55.3万人、61.5万人、61.7万人②，基本呈上升趋势。

性病的传播途径主要是不良性行为。通常把有婚外性行为、多性伴、同性性行为的人群称为"有易感染性病危险行为"的人群。性病是可以预防的，只要改变不良性行为，性病就可以不发生。所以，有关部门要采取多种形式，在有易感染性病危险行为的人群集中的场所宣传性病防治知识，倡导安全性行为，鼓励有易感染性病危险行为的人群定期进行性病检查。由于艾滋病的主要传播途径之一是性传播，所以性病的防治工作要和艾滋病的防治工作相结合。2013年1月1日起施行的《性病防治管理办法》明确规定"将性病防治工作纳入各级艾滋病防治工作协调机制，整合防治资源，实行性病艾滋病综合防治"。性病患者应采取必要的防护措施，防止感染他人，不得以任何方式故意传播性病，否则会构成刑法上的故意传播性病罪。

由于性病会通过母婴传播造成婴幼儿的先天梅毒（胎传梅毒）和新生儿淋病性眼炎，所以性病（尤其是梅毒）的防治工作要同母婴保健工作结合起来。开展性病诊疗业务的医疗机构应为性病就诊者提供性病和生殖健康教育、咨询、检测服务；开展妇幼保健和助产服务的医疗机构应对孕产妇进行梅毒筛查检测、咨询、必要的诊疗或者转诊服务，预防先天梅毒的发生；开展性病诊疗业务并提供孕产期保健和助产服务的医疗机构应按国家推荐方案及时为感染梅毒的孕产妇提供治疗，并为婴幼儿提供必要的预防性治疗、随访、梅毒相关检测服务等，对确诊的先天梅毒患儿给予治疗或者转诊。

① 参见《国务院办公厅关于印发中国遏制与防治艾滋病"十三五"行动计划的通知》[EB/OL]，(2017-02-05)[2020-03-12]，http://www.gov.cn/zhengce/content/2017-02/05/content_5165514.htm.

② 参见卫生部/国家卫生计生委每年发布的《全国法定传染病疫情概况》。

5. 血吸虫病情况

血吸虫病是血吸虫寄生于人体或哺乳动物体内导致的一种寄生虫病。在我国历史上，这种人畜共患传染病曾使疫区内大量感染者死亡，造成十室九空、田园荒芜的悲惨景象。中华人民共和国成立后，党和政府组织力量消灭钉螺，积极防治血吸虫病，取得了很大成绩，但要达到彻底消灭血吸虫病的目的，还需要长期艰苦的努力。目前，我国湖南、湖北、江西、浙江、安徽、江苏等12个省（市、自治区）有血吸虫病，2008～2018年公布的报告发病人数分别为2 948、3 521、4 317、4 483、4 802、5 699、4 212、4 434、2 924、1 186、531。[①] 截至2018年年底，全国12个血吸虫病流行省（区、市）中，上海、浙江、福建、广东、广西继续巩固了血吸虫病消除成果，四川达到了传播阻断标准，云南、江苏、湖北、安徽、江西、湖南达到了传播控制标准，病原学阳性者从2004年的18 952人下降至2018年的8人，急性血吸虫病患者由2004年的816例下降为零，实现了血吸虫病传播控制目标。全国开展药物灭螺总面积141 660.87公顷，实际药物灭螺75 308.26公顷，环境改造灭螺4 738.37公顷。[②]

血吸虫病是严重危害人民身体健康和生命安全，阻碍疫区经济发展和社会进步的重大传染病。2004年5月，国务院发布了《关于进一步加强血吸虫病防治工作的通知》；2004年7月，国务院转发了《全国预防控制血吸虫病中长期规划纲要（2004～2015年）》；2006年4月1日，国务院发布了《血吸虫病防治条例》。对于血吸虫病的防治，必须坚持综合治理，实行联防联控，查螺灭螺，加强人畜同步查病治病和疫情监测，具体的措施有环境改造、杀灭钉螺、健康教育、加强对人畜粪便的管理等。国家对农民免费提供抗血吸虫基本预防药物，对经济困难农民的血吸虫病治疗费用予以减免。

6. 其他

除以上几种传染病外，狂犬病、手口足病也需要引起重视。

狂犬病是一种严重急性传染病，最终导致患者发生瘫痪而危及生命，病死率几乎是100％，儿童是受狂犬病危害最大的人群。随着人们生活水平的提高，饲养宠物狗的家庭越来越多，然而，养狗人忽视对宠物狗注射犬类防疫针，一旦人被犬类咬伤、抓伤后未注射狂犬疫苗时，容易引发狂犬病。根据我国官方公布的年度全国法定传染病疫情情况，2008～2018年，狂犬病的死亡人数一直居报告死亡人数的第三位。对于狂犬病，一旦发病，目前临床上缺乏有效的救治手段，但

① 参见卫生部/国家卫生计生委每年发布的《全国法定传染病疫情概况》。

② 参见《全国血吸虫病疫情整体下降》[EB/OL]，(2019-11-18)[2020-03-12]，http://zj.people.com.cn/n2/2019/1118/c186327-33551429.html.

狂犬疫苗却能有效地进行预防控制。所以，加强狂犬疫苗的质量管理，正确、及时地使用疫苗就能取得很好的预防效果。世界卫生组织提出倡议，到2020年消除人类的狂犬病。

手口足病虽然是丙类传染病，但由于多发于婴幼儿，并且近10年每年发病人数几乎都在一二百万，死亡人数也是丙类传染病报告中死亡人数最多的，所以必须引起高度重视。根据官方公布的年度全国法定传染病疫情情况，2008～2018年，手口足病的报告发病人数分别是48.9万、115.6万、177.4万、162.0万、216.9万、182.3万、277.9万、201.5万、244.2万、193.0万、237.6万。我国手口足病的报告死亡人数一直居丙类报告死亡人数的第一位，2018年居第二位。①

(二)传染病患者受到歧视和不公平待遇

尽管《传染病防治法》第十六条规定："国家和社会应当关心、帮助传染病病人、病原携带者和疑似传染病病人，使其得到及时救治。任何单位和个人不得歧视传染病病人、病原携带者和疑似传染病病人。"但在现实生活中，传染病患者、病毒携带者、疑似传染病患者均有可能受到不同程度的歧视和不公平待遇，尤其以艾滋病患者及感染者、肝炎病毒携带者为甚，主要体现在就医、升学、就业、居住、婚恋等方面。

据中国网新闻中心2009年9月12日报道的《2009中国乙肝歧视现状调查报告》，感染乙肝病毒后，近30%的人入学受到影响，24%的人会与乙肝病毒携带者减少接触，24%的乙肝病毒携带者因乙肝失去工作机会，24%的人选择与感染乙肝病毒的恋人分手，21%的人会因为对方患了乙肝而离婚。② 8年后，社会对乙肝患者的歧视依然没有什么大的改变：2017年，中国肝炎防治基金会启动了"乙肝患者社会歧视情况调查"，项目覆盖北京、河南、广东和陕西4个省(市)的797名慢性乙肝患者。结果显示，14.7%的人表示被拒绝购买健康/人身保险，4.5%的人表示医生不愿意给自己看病，20.0%的人表示找工作被拒或被辞退过，8.7%的人表示孩子上学受到刁难，3.9%的人称其子女由于家长的感染状况而被迫离开学校。在生殖健康权利方面，4.1%的已婚或有孩子的乙肝患者曾被医生建议不要生育。歧视主要来自同事/同学(42.8%)、领导/老板(42.6%)以及朋友/邻居(41.7%)。38.2%的教师和26.1%的医务工作者在得知患者身份

---

① 参见卫生部/国家卫生计生委每年发布的《全国法定传染病疫情概况》。

② 参见《2009年中国乙肝歧视现状调查报告》[EB/OL]，(2009-09-12)[2020-03-12]，http://www.china.com.cn/news/txt/2009-09/12/content_18512092.htm.

后表现出了“有点歧视”和“非常歧视”的态度。①

由中央党校社会发展研究所、玛丽斯特普“积极对话”项目和联合国艾滋病规划署共同完成的《中国艾滋病感染者歧视状况调查报告》显示：在对中国25个省、市、自治区的2 096名艾滋病感染者受歧视经历进行调查统计后发现，41.7%的受访者称曾受过至少一种与艾滋病相关的歧视，12.1%的受访者自感染以来至少一次被医疗机构拒绝就医过。在回答居住相关问题的1892名受访者中，7.1%的受访者自感染以来曾由于艾滋病至少一次被迫搬迁或找不到住房，超过76%的受访者表示其家人由于自己的感染情况而遭受歧视。有子女的受访者中，9.1%的人称其子女（不一定是感染者）由于家长的感染状况而被迫离开学校。在113名25岁以下的受访者中，6.2%的人称曾至少一次由于其感染状况而被迫离开学校，36.2%的受访者表示教师对其感染状况“歧视”或“非常歧视”。自从感染以来，14.8%的受访者曾由于艾滋病原因被拒绝雇佣或失业，16.7%的受访者曾被迫改变工作，3.8%的受访者曾由于艾滋病被拒绝提升。②

（三）患者权益被侵害后法律救济难

1. 典型的侵权案

伴随歧视而来的侵权案件频发，以下列举几个典型的情况及案例：

就医难，尤其是艾滋病患者/感染者就医非常难。早在2006年国务院颁布的《艾滋病防治条例》就规定：“艾滋病病毒感染者和艾滋病患者就医时，应将感染或发病的事实告知医生”（第三十一条）。“医疗机构不得因就诊的病人是艾滋病病毒感染者或者艾滋病病人，推诿或者拒绝对其其他疾病进行治疗”（第四十一条）。但现实生活中，艾滋病患者/感染者常常会遇到被拒绝收治住院、被拒绝手术治疗的侵权。全国各地艾滋病患者被拒绝治疗的报道很多，最典型的案例是2012年发生在天津的“晓峰案件”。艾滋病患者晓峰（化名）因肺癌入住天津肿瘤医院接受治疗，但在手术前夕被院方告知因携带艾滋病病毒不宜手术，被迫出院。无奈之下，他私改病历，转到另一家医院，并在手术前逃避了常规检查，才得以手术，却将巨大的风险推给了这家不知情的医院和医生。

乙肝病毒携带者在就业方面所受到的侵权比较突出，影响较大的案例是2003年浙江大学学生周一超，因体检查出乙肝未被录取为公务员，激愤之下将两名人事干部扎成一死一伤，周本人也被判处死刑。之后，“乙肝歧视”问题前所未

① 参见庄辉：《2017年中国慢性乙型肝炎患者歧视状况调查报告》[EB/OL]，(2017-07-27)[2020-03-12]，http://www.gjk.org.cn/xinwenzixun/6500.html.

② 参见《中国艾滋病感染者歧视状况调查报告》[EB/OL]，(2009-11-28)[2020-03-12]，http://www.gov.cn/jrzg/2009-11/28/content_1475056.htm.

有地进入了媒体和公众的视野。同年，安徽一名大学毕业生张杰（化名）在公务员招考中获得了第一名的好成绩，也因体检查出乙肝而被拒绝录用。2010 年，山西的李丰也因“被乙肝”而未被录取为公务员。

2. 法律救济难

患者/病毒携带者被侵权后，很难获得法律救济。轰动一时的天津晓峰案，患者事后以“平等就医权受到侵害”为由，把天津肿瘤医院告上法庭，结果一审法院以“诉讼请求的平等就医权不是相关法律规定的民事权利”为由，驳回起诉。几经周折，该案自 2013 年 2 月 21 日提起诉讼，直到 2015 年 3 月 25 日，在天津市第二中级人民法院的调解下，双方达成和解协议，天津肿瘤医院一次性给付晓峰人民币95 000元整。“乙肝歧视案”受害人张杰在多方交涉无效的情况下，向法院提起行政诉讼，状告当地人事局。该案被称为“中国乙肝歧视第一案”，四川大学法学院周伟教授为张杰提供了无偿的法律援助。尽管周教授表示将从“违反我国《宪法》赋予公民自由生活和工作的权利”角度来打这场官司，然而，案件未被法院受理。同样，山西李丰也于 2010 年 8 月起诉了西安公务员局，一审败诉后上诉到西安市中级人民法院，经过几个月的等待，收到了二审裁定书，法院驳回了他的起诉，理由是公务员考试纠纷不属于人民法院受案范围。

（四）法律本身存在的歧视条款和缺陷

1. 缺乏损害认定和立案的法律依据

中国政法大学宪政研究所负责人刘小楠认为：“就业歧视案之所以难以确认为歧视，是因为在法律上还没有专门的反歧视法，对于歧视的确认零散分布在各个法律中，有些干脆就没有法律依据可寻。”①就医权也是一个理论上的权利，一旦受到侵犯，难以作为民事诉讼的案由被法院受理。

从各地报道和司法实践看，传染病患者权益被侵犯的案例比较多，但法律救济途径艰难，胜诉的极少，其原因之一是法律本身存在漏洞，天津的晓峰案就很说明问题。晓峰以天津肿瘤医院侵犯其一般人格权为由，向法院提起民事诉讼。法院认为：“原告以一般人格权纠纷为案由提起诉讼，但其诉讼请求的主要理由是平等就医权受到侵害，而平等就医权不是《中华人民共和国民法通则》《中华人民共和国侵权责任法》规定的民事权利，原告基于该理由提起诉讼，经本院多次释明，原告坚持不变更其诉讼主张。因基于平等就医权不属于人民法院民事案

① 参见韩林君：《贵州艾滋病就业歧视案原告胜诉，为国内首次》[EB/OL]，(2016-05-12)[2020-03-12]，http://www.xinhuanet.com/local/2016-05/12/c_128977288.htm.

件的受案范围，故原告的起诉不符合法律规定，驳回起诉。”①在这里，理论上患者具有“平等就医权”，但该权被侵犯时，缺乏法律救济的程序规定。

天津晓峰案被新闻媒体报道后，卫生部发布了《关于加强艾滋病患者和病毒感染者医疗服务工作的通知》，重申了四点要求，其中第三点是“落实首诊(问)负责制，严禁推诿或者拒绝诊治”。对于艾滋病患者和病毒感染者，要求首诊的医疗机构不得以任何理由推诿或者拒绝诊治。具体要求是：“各省级卫生行政部门要加强监督检查力度，保证各项工作措施落实到位，对推诿或者拒绝为艾滋病患者和病毒感染者诊治的医疗机构和医务人员，要依法依规严肃处理。”②显然，对于侵权和赔偿问题，该通知是无法解决的。所以，建议出台具体保障艾滋病感染者和患者平等就医权相关法规的实施细则，并明确监督、投诉、处罚机制，以对现有法律法规进行有效补充。

2. 法律条款中存在歧视规定

2005 年之前，按照当时的公务员录用体检办法和标准，乙肝病毒携带者不能被录取为公务员，直到 2005 年 1 月国家人事部、卫生部推出了《公务员录用体检通用标准(试行)》，才正式取消对乙肝携带者的限制。2007 年 8 月出台的《中华人民共和国就业促进法》明确规定，用人单位招用人员，不得以是传染病病原携带者为由拒绝录用。同时规定用人单位不得强检乙肝，否则将被处以罚款，但 1 000元的罚款数额太低，无威慑力，加上歧视条款在社会上影响较为深远，以至于到了 2010 年依然发生了李丰因“被乙肝”而未被录取为公务员的案例。2011 年全国“两会”期间，全国政协委员、防艾大使濮存昕对《公务员录用体检通用标准(试行)》中排斥艾滋病病毒感染者的条款提出质疑，提交了“反歧视从几十万艾滋病或感染者就业权入手”的提案，倡导政府机关率先打开艾滋病患者的就业大门，并提出修改《公务员录用体检通用标准》中有关艾滋病患者不合格的规定。

(五)歧视与侵权对公共卫生的影响

“歧视”比病毒更可怕。对传染病患者/携带者的歧视和不公平待遇，不仅是造成个体的侵权损害，更重要的是对公众健康和公共卫生工作的开展造成恶劣影响。以艾滋病为例，艾滋病患者/感染者最大的恐惧是身份被暴露，因为暴露之后极易遭遇失业、失婚(恋)、被迫离校、被迫搬家、无法就医等不公平遭遇，面临更大的生存压力，基本权益得不到保障。为了生存，许多患者选择隐瞒身份，

① 参见《艾滋病病人平等就医案尘埃落定》[EB/OL]，(2015-04-17)[2020-03-12]，http://www.jkb.com.cn/news/publicHealth/2015/0417/366826.html.

② 参见《卫生部通知加强艾滋病患者和病毒感染者医疗服务》[EB/OL]，(2012-11-23)[2020-03-12]，http://www.gov.cn/gzdt/2012-11/23/content_2274236.htm.

有的甚至会对自己的亲人也隐瞒。这样的后果是大大增加了公共卫生工作的难度，无法准确地对患者/携带者进行健康教育和相应的管理，同时也大大增加了他人被感染的概率。

对医院和医生而言，这样的患者就如同"偷装"的"定时炸弹"，一旦出现血液污染，结果就是灾难性的。[①] 国外的统计表明，医务人员因职业暴露感染艾滋病的概率为万分之三，我国虽然没有类似的统计数字，但中国疾病预防控制中心公布的数字显示，2015 年，全国共报告艾滋病职业暴露1 617例，其中 86.9%(1 405/1 617)经评估后服用了抗病毒药物，未发现职业暴露后感染艾滋病的案例。尽管 2013 年 12 月新调整的《职业病分类和目录》中，把医疗卫生人员因为职业暴露感染艾滋病列为职业病，但这不足以解决问题，还需要探讨可靠的保护措施和机制。

世界卫生组织和其他国际组织早就发现，对于艾滋病患者的歧视和不公平待遇影响了艾滋病防治工作的成效。2001 年 6 月，联合国大会特别会议通过的《关于艾滋病病毒/艾滋病承诺宣言》指出，过去一些消极的法律因素一直在阻碍对艾滋病的认识、教育、预防、关爱、治疗及支持帮助等方面的努力，并号召所有国家都颁布、加强或执行立法、规章或其他措施，保护艾滋病病毒携带者/患者和弱势群体的人权及基本自由，消除一切形式的歧视。

第二节　传染病防治法律规定

本节所介绍的传染病防治法律规定，主要是《中华人民共和国传染病防治法》(以下简称《传染病防治法》)的内容。

一、传染病防治工作的方针与原则

为预防、控制和消除传染病的发生与流行，保障人群健康和公共卫生，我国《传染病防治法》对传染病防治工作确立了"预防为主"的方针和"防治结合、分类管理、依靠科学、依靠群众"的工作原则。

预防、控制、消除是传染病防治工作的三个重要组成部分。传染性疾病具有可防性，所以工作的重点应该是采取各种有效措施，防止传染病的发生，减少其发生与流行。一旦传染病发生，就必须对患者给予及时治疗，必要时应当予以隔离，这是控制传染病，防止其传播和流行的必要手段。对于甲、乙、丙三类传染

---

① 参见《解决艾滋患者就医难　科学防护是前提》[EB/OL]，(2015-05-06)[2020-03-12]，http://bjcb.morningpost.com.cn/html/2015-05/06/content_345512.htm.

病，按照其对人类健康和社会的危害程度，采取不同的预防、控制、报告及救治措施，做到原则性与灵活性相结合。无论是传染病的监测、预警、流行病学调查、控制措施、治疗方法，还是分类管理等，均须建立在科学的基础之上。此外，传染病的暴发、传播、流行具有群体性的特点，防治工作也需要群众的支持和配合，需要各部门的协助与配合。

二、政府及相关机构在传染病防治中的主要职责

（一）各级人民政府的职责

传染病防治工作由各级人民政府领导。传染病防治工作涉及卫生、农业、药监、交通、公安、财政等多个部门，是一项涉及大量人力、物力、财力的社会工作，只有各级人民政府领导传染病防治工作，才能有效地协调、调动各部门、各方面工作，保证传染病防治工作的开展。

县级以上人民政府制定传染病防治规划并组织实施，建立健全传染病防治的疾病预防控制、医疗救治和监督管理体系。传染病防治规划包括国家免疫规划、地方免疫规划、监测规划、预防控制规划等。

（二）卫生行政部门及其他政府部门的职责

国务院卫生行政部门主管全国传染病防治及其监督管理工作。县级以上地方人民政府卫生行政部门负责本行政区域内的传染病防治及其监督管理工作。2018年政府机构改革后，卫生行政部门指卫生与健康委员会（简称“卫健委”），即各级卫健委为传染病防治及监管的主管部门。

县级以上人民政府其他部门在各自的职责范围内负责传染病防治工作。军队的传染病防治工作依照《传染病防治法》和国家有关规定开展，由中国人民解放军卫生主管部门实施监督管理。

（三）疾病预防控制机构的职责

疾病预防控制机构是从事疾病预防控制活动的专业机构，各级疾病预防控制机构承担传染病监测、预测、流行病学调查、疫情报告以及其他预防、控制工作。

（四）医疗机构的职责

医疗机构承担与医疗救治有关的传染病防治工作和责任区域内的传染病预防工作。城市社区和农村基层医疗机构在疾病预防控制机构的指导下，承担城市社区、农村基层相应的传染病防治工作。

（五）居民/村民委员会、新闻媒体和学校的责任

国家支持和鼓励单位和个人参与传染病防治工作。传染病暴发、流行时，街道居民委员会、乡镇村民委员会应当组织居民、村民参与社区、农村的传染病预

防与控制活动，协助卫生行政主管部门和其他有关部门、医疗卫生机构做好疫情信息的收集和报告、人员的分散隔离、公共卫生措施的落实工作，向居民、村民宣传传染病防治的相关知识等。

新闻媒体应当无偿开展传染病防治和公共卫生教育的公益宣传，各级各类学校应当对学生进行健康知识和传染病预防知识的教育。

（六）公民个人和单位的责任

在传染病防治中，公民个人和单位必须遵守法律规定，接受疾病预防控制机构、医疗机构有关传染病的调查、检验、采集样本、隔离治疗等预防、控制措施，如实提供有关情况。任何单位和个人发现传染病患者或者疑似传染病疫情时，应当及时向附近的疾病预防控制机构或医疗机构报告。

三、传染病预防

传染病的预防措施有许多，这里主要从宏观角度讲，包括健康教育和宣传，预防接种，环境卫生和公共卫生设施建设，制定传染病预防控制预案，建立传染病监测和预警制度，防止医源性感染和医院感染，防止实验室感染，对血液、血液制品、消毒产品、饮用水及涉水用品进行安全管理，自然疫区重大项目卫生调查等。

（一）开展预防传染病的健康教育和宣传

国家开展预防传染病的健康教育，各级人民政府组织开展群众性卫生活动，进行预防传染病的健康教育，倡导文明健康的生活方式，提高公众对传染病的防治意识和应对能力。

新闻媒体应当无偿开展传染病防治和公共卫生教育的公益宣传。各级各类学校应当对学生进行健康知识和传染病预防知识的教育。医学院校应当加强预防医学教育和科学研究，对在校学生以及其他与传染病防治相关人员进行预防医学教育和培训。

（二）加强环境卫生建设和公共卫生设施改造

各级人民政府应加强环境卫生建设，消除鼠害和蚊、蝇等病媒生物的危害。各级人民政府的相关行政部门按照职责分工负责指导和组织消除农田、湖区、河流、牧场、林区的鼠害与血吸虫危害，以及其他传播传染病的动物和病媒生物的危害。铁路、交通、民用航空行政部门负责组织消除交通工具以及相关场所的鼠害和蚊、蝇等病媒生物的危害。

地方各级人民政府应当有计划地建设和改造公共卫生设施，改善饮用水卫生条件，对污水、污物、粪便进行无害化处置。

（三）做好有计划的预防接种工作

国家实行预防接种制度，加强免疫规划工作。居民有依法接种免疫规划疫苗的权利和义务。政府向居民免费提供免疫规划疫苗。国务院卫生行政部门和省级卫生行政部门应根据传染病预防、控制的需要，制定传染病预防接种规划并组织实施。

国家对儿童实行预防接种证制度。目前，国家免疫规划疫苗包括乙肝疫苗、卡介苗、脊灰疫苗、百白破疫苗、白破疫苗、麻疹疫苗、A 群流脑疫苗、乙脑疫苗、A 群流脑疫苗、A＋C 群流脑疫苗、甲肝疫苗。国家免疫规划项目的预防接种实行免费制度。

按照 2019 年新颁布的《疫苗管理法》的规定，在儿童出生后 1 个月内，其监护人到儿童居住地承担预防接种工作的接种单位或者出生医院为其办理预防接种证。预防接种实行居住地管理，儿童离开原居住地期间，由现居住地承担预防接种工作的接种单位负责对其实施接种。儿童入托、入学时，托幼机构、学校应当查验预防接种证，发现未按规定接种免疫规划疫苗的，应向儿童居住地或者托幼机构、学校所在地承担预防接种工作的接种单位报告，并配合接种单位督促其监护人按照规定补种。

（四）及时对传染病患者、病原携带者和疑似患者进行治疗和隔离观察

早发现、早诊断、早隔离，这是最古老，也是最有效的办法。国家和社会应关心、帮助传染病患者、病原携带者和疑似传染病患者，使其得到及时救治。对疑似传染病患者要予以必要的隔离观察，确实为传染病患者的，要及时治疗，未患病者则及时解除隔离。

传染病患者、病原携带者和疑似传染病患者在治愈前或者在排除传染病嫌疑前，不得从事法律、行政法规和国务院卫生行政部门规定禁止从事的易使该传染病扩散的工作。

（五）建立传染病监测制度和预警制度

传染病监测是指持续、系统地收集、分析、解释与传染病预防控制有关的资料，包括流行病学资料收集、信息确证、风险分析等。风险监测是风险预测和预警的前提，是早发现、早预警、早反应的预防措施。国家建立传染病监测制度，国务院卫生行政部门制定国家传染病监测规划和方案，省级卫生行政部门根据国家的监测规划和方案，制定本行政区域的计划和方案。

各级疾控机构对传染病的发生、流行以及影响其发生、流行的因素进行监测；对国外发生、国内尚未发生的传染病或者国内新发生的传染病进行监测。

《传染病防治法》第十八条对疾病预防控制机构在传染病预防控制过程中所应履行的职责做了详细规定，包括：实施传染病预防控制规划、计划和方案；收集、分析和报告传染病监测信息，预测传染病的发生、流行趋势；开展对传染病疫情和突发公共卫生事件的流行病学调查、现场处理及其效果评价；开展传染病实验室检测、诊断、病原学鉴定；实施免疫规划，负责预防性生物制品的使用管理；开展健康教育、咨询，普及传染病防治知识；指导、培训下级疾病预防控制机构及其工作人员开展传染病监测工作；开展传染病防治应用性研究和卫生评价，提供技术咨询。

国家、省级疾病预防控制机构负责对传染病的发生、流行以及分布进行监测，对重大传染病流行趋势进行预测，提出预防控制对策，参与并指导对暴发的疫情进行调查处理，开展传染病病原学鉴定，建立检测质量控制体系，开展应用性研究和卫生评价。设区的市和县级疾病预防控制机构负责传染病预防控制规划和方案的落实，组织实施免疫、消毒，控制病媒生物的危害，普及传染病防治知识，负责本地区疫情和突发公共卫生事件的监测、报告，开展流行病学调查和常见病原微生物检测。

传染病预警是在传染病监测的基础上，对传染病发生、发展和流行情况进行预测，对可能发生的传染病暴发或流行及其可能造成的危害进行科学评估，必要时由有关机构按照法定权限，在一定范围内发布危害警告，并启动相应级别的预警响应。国家建立传染病预警制度，国务院卫生行政部门和省级人民政府根据对传染病发生、流行趋势的预测，及时发出传染病预警，根据情况予以公布。地方人民政府和疾控机构接到国务院卫生行政部门或省级人民政府发出的传染病预警后，应当按照传染病预防、控制预案，采取相应的预防、控制措施。

（六）制定传染病预防控制预案

传染病预防控制预案是针对可能发生的传染病疫情预先制定的应对方案。县级以上地方人民政府依法制定传染病预防、控制预案，报上一级人民政府备案。

预案应包括以下主要内容：传染病预防控制指挥部的组成和相关部门的职责；传染病的监测、信息收集、分析、报告、通报制度；疾病预防控制机构、医疗机构在发生传染病疫情时的任务与职责；传染病暴发、流行情况的分级以及相应的应急工作方案；传染病预防、疫点疫区现场控制，应急设施、设备、救治药品和医疗器械以及其他物资和技术设备的储备与调用等。

（七）防止医源性感染和医院感染

医院应确定专门的部门或人员，承担传染病疫情报告，本单位的传染病预防、控制以及责任区域内的传染病预防工作，承担医疗活动中与医院感染有关的危险因素监测、安全防护、消毒、隔离和医疗废物处置工作。

为有效预防和控制医院感染，预防和控制疾病传播，国务院及国务院卫生行政部门先后发布和修订发布了《消毒管理办法》《医疗废物管理条例》《医疗卫生机构医疗废物管理办法》和《医院感染管理办法》。医疗机构要严格遵守这些规定，严格医疗废物的无害化处理，建立医院感染管理责任制，制定并落实医院感染管理的规章制度和工作规范，严格执行有关技术操作规范和工作标准，有效预防和控制医院感染，防止传染病病原体、耐药菌、条件致病菌及其他病原微生物的传播。

（八）严格传染病菌种、毒种及实验室管理

国家应建立传染病菌种、毒种库。对传染病菌种、毒种和传染病检测样本的采集、保存、携带、运输和使用等，实行分类管理，建立健全严格的管理制度。对可能导致甲类传染病传播的以及国务院卫生行政部门规定的菌种、毒种和传染病检测样本，确需采集、保存、携带、运输和使用的，须经省级以上卫生行政部门批准。

疾病预防控制机构、医疗机构的实验室和从事病原微生物实验的单位，应当符合国家规定的条件和技术标准，建立严格的监督管理制度。为加强病原微生物实验室生物安全管理，国务院发布了《病原微生物实验室生物安全管理条例》（2018 年 3 月 19 日修正），国家对病原微生物实行分类管理，对实验室实行分级管理，实行统一的实验室病原微生物安全标准。

（九）加强血液、血液制品的质量管理

采供血机构、生物制品生产单位必须严格执行国家有关规定，保证血液、血液制品的质量。禁止非法采集血液或组织他人出卖血液。疾控机构、医疗机构使用血液和血液制品必须遵守有关规定，防止因输入血液、使用血液制品引起经血液传播疾病的发生。

（十）对被传染病病原体污染的污物进行消毒处理

对被传染病病原体污染的污水、污物、场所和物品，有关单位和个人必须在疾控机构的指导下，或者按照其提出的卫生要求进行严格消毒处理；拒绝消毒处理的，由当地卫生行政部门或者疾控机构进行强制消毒处理。

（十一）对消毒产品、饮用水及涉水产品进行卫生安全管理

用于传染病防治的消毒产品、饮用水供水单位供应的饮用水和涉及饮用水卫生安全的产品，应当符合国家卫生标准和卫生规范。生产用于传染病防治的消毒产品的单位和生产用于传染病防治的消毒产品，应经省级以上卫生行政部门审批。为保障公众健康，规范消毒产品卫生监督工作，2014 年国家卫计委印发了《消毒产品卫生监督工作规范》。按照消毒产品的用途和使用对象的风险程度对消毒产品实行分类管理。

（十二）自然疫源地大型建设项目卫生调查

自然疫源地是指某些传染病的病原体在自然界的野生动物中长期存在和循环的地区。由于动物病有可能和人之间相互传播，即人畜共患，所以在自然疫源地兴建大型建设项目时，需要进行卫生调查，采取必要的预防、控制措施。

在国家确认的自然疫源地计划兴建水利、交通、旅游、能源等大型建设项目的，应当事先由省级以上疾病预防控制机构对施工环境进行卫生调查。建设单位应根据疾控机构的意见，采取必要的传染病预防、控制措施。施工期间，建设单位应当设专人负责工地上的卫生防疫工作。工程竣工后，疾控机构应对可能发生的传染病进行监测。

四、传染病疫情的报告、通报和公布

（一）传染病疫情的报告主体

传染病疫情报告的主体分为责任报告单位（人）和非责任报告单位（人）。按照《传染病防治法》和《突发公共卫生事件与传染病疫情监测信息报告管理办法》的规定，各级各类医疗机构、疾病预防控制机构、采供血机构均为责任报告单位，其执行职务的人员和乡村医生、个体开业医生均为责任疫情报告人。责任报告单位（人）在发现传染病疫情或发现其他传染病暴发、流行以及突发原因不明的传染病时，应当按照规定报告。

非责任报告单位（人）也称“非专业机构”和“非专业人员”的报告，指所有单位和公民。任何单位和个人发现传染病患者或疑似传染病患者时，均有义务及时向附近的疾病预防控制机构或医疗机构报告。

（二）传染病疫情的报告内容、程序、方式和时限

传染病疫情责任报告单位（人）应遵循疫情报告属地管理原则，按照国务院或国务院卫生行政部门规定的内容、程序、方式和时限报告。

(1)报告的内容：《传染病防治法》规定的传染病疫情，其他传染病暴发、流行情况，突发原因不明的传染病，传染病菌种、毒种丢失情况。

(2)报告程序与方式：传染病报告卡由首诊医生或其他执行职务的人员负责填写。现场调查时发现的传染病病例由属地疾控机构的现场调查人员填写报告卡，采供血机构发现艾滋病病毒两次初筛阳性检测结果也应填写报告卡。乡镇卫生院、城市社区卫生服务中心负责收集和报告责任范围内的传染病信息。

自 2004 年起，国家传染病与突发公共卫生事件的网络直报系统上线运行，传染病疫情信息实行网络直报，没有条件实行网络直报的医疗机构应在规定的时限内将传染病报告卡报告属地县级疾控机构。

(3)报告的时限：责任报告单位（人）发现甲类传染病和乙类传染病中的肺炭疽、传染性非典型肺炎、脊髓灰质炎、人感染高致病性禽流感以及新增加的新冠肺炎患者或疑似患者时，或发现其他传染病和不明原因疾病暴发时，应于 2 小时内将传染病报告卡通过网络报告；未实行网络直报的，应于 2 小时内以最快的通

信方式(电话、传真)向当地县级疾控机构报告,并于 2 小时内寄送出传染病报告卡。对其他乙、丙类传染病患者、疑似患者和规定报告的传染病病原携带者,在诊断后于 24 小时内进行网络报告,未实行网络直报的应于 24 小时内寄送出传染病报告卡。

县级疾控机构收到无网络直报条件责任报告单位报送的传染病报告卡后,应于 2 小时内通过网络直报。其他符合突发公共卫生事件报告标准的传染病暴发疫情,按《突发公共卫生事件与传染病疫情监测信息报告管理办法》的要求报告。

依法负有传染病疫情报告职责的人民政府有关部门、疾控机构、医疗机构、采供血机构及其工作人员,不得隐瞒、谎报、缓报传染病疫情,否则要承担相应的行政责任,构成犯罪的要依法追究刑事责任。

(三)传染病疫情及相关信息的通报

县级以上卫生行政部门应及时向本行政区域内的疾控机构和医疗机构通报传染病疫情以及监测、预警的相关信息。接到通报的疾控机构和医疗机构应及时告知本单位的有关人员。

国务院卫生行政部门应及时向国务院其他有关部门和各省级卫生行政部门通报全国传染病疫情以及监测、预警的相关信息。

县级以上人民政府有关部门发现传染病疫情时,应及时向同级卫生行政部门通报。毗邻的以及相关的地方卫生行政部门应及时互相通报本行政区域的传染病疫情以及监测、预警的相关信息。

港口、机场、铁路的疾控机构以及国境卫生检疫机关发现甲类传染病患者、病原携带者、疑似传染病患者时,除了立即向国境口岸所在地的疾控机构或所在地的县级以上卫生行政部门报告外,还应当互相通报。

人民解放军卫生主管部门发现传染病疫情时,应向国务院卫生行政部门通报。

动物防疫机构和疾控机构应及时互相通报动物间和人间发生的人畜共患传染病疫情以及相关信息。

(四)传染病疫情信息的公布

国家应建立传染病疫情信息公布制度。国务院卫生行政部门应定期公布全国传染病疫情信息,省级卫生行政部门应定期公布本行政区域的传染病疫情信息。传染病暴发、流行时,国务院卫生行政部门负责向社会公布传染病疫情信息,并可以授权省级卫生行政部门向社会公布本行政区域的传染病疫情信息。传染病疫情信息的公布应当及时、准确。

五、传染病疫情控制

传染病疫情控制是指发生传染病疫情之后，各相关部门所采取的控制措施和手段，包括医疗机构对患者的隔离治疗与控制传播措施，疾控机构对疫情进行流行病学调查和卫生处理等措施，各级人民政府宣布封锁疫区以及采用临时强制措施，对交通卫生的检疫，对尸体的卫生处理与解剖等。

（一）医疗机构采取的控制措施

医疗机构发现甲类传染病时，应及时采取下列措施，未依法履行法定义务的应承担相应的行政责任，构成犯罪的应承担刑事责任：对患者、病原携带者予以隔离治疗；对疑似患者，确诊前在指定场所单独隔离治疗；对医疗机构内的患者、病原携带者、疑似患者的密切接触者，在指定场所进行医学观察和采取其他必要的预防措施。对于拒绝隔离治疗或者隔离期未满擅自脱离隔离治疗的，可由公安机关协助医疗机构采取强制隔离治疗措施。

发现乙类或丙类传染病患者，应根据病情采取必要的治疗和控制传播措施。对本单位内被传染病病原体污染的场所、物品以及医疗废物，必须依照法律法规的规定实施消毒和无害化处置。

（二）疾病预防控制机构采取的措施

疾控机构发现传染病疫情或接到传染病疫情报告时，应及时采取下列措施：

(1)对传染病疫情进行流行病学调查，根据调查情况提出划定疫点、疫区的建议，对被污染的场所进行卫生处理，对密切接触者，在指定场所进行医学观察和采取其他必要的预防措施，并向卫生行政部门提出疫情控制方案。

(2)传染病暴发、流行时，对疫点、疫区进行卫生处理，向卫生行政部门提出疫情控制方案，并按卫生行政部门的要求采取措施。

(3)指导下级疾控机构实施传染病预防、控制措施，组织、指导有关单位对传染病疫情的处理。

疾控机构违反法律规定，未依法履行法定义务的，应承担相应的行政责任，构成犯罪的应承担刑事责任。

（三）对发生甲类传染病的场所及人员进行隔离

对已经发生甲类传染病病例的场所或该场所内特定区域的人员，当地政府可以实施隔离措施，并同时向上一级人民政府报告。在隔离期间，当地政府应对被隔离人员提供生活保障，被隔离人员有工作单位的，所在单位不得停止支付其隔离期间的工作报酬。隔离措施的解除由原决定机关决定并宣布。

（四）传染病暴发、流行时人民政府可采取紧急措施

传染病暴发、流行时，县级以上地方人民政府应立即组织力量，按照预防、控

制预案进行防治,切断传染病的传播途径,必要时报经上一级人民政府决定,可以采取下列紧急措施并予以公告:限制或停止集市、影剧院演出或其他人群聚集的活动;停工、停业、停课;封闭或封存被传染病病原体污染的公共饮用水源、食品以及相关物品;控制或扑杀染疫野生动物、家畜家禽;封闭可能造成传染病扩散的场所。

上级政府接到下级政府关于采取上述紧急措施的报告时,应及时作出决定。紧急措施的解除由原决定机关决定并宣布。

(五)疫区的宣布与封锁

疫区是指传染病在人群中暴发、流行,其病原体向周围播散时所能波及的地区。宣布疫区的目的在于对疫区实行特别的控制措施,如县级以上地方人民政府可以在疫区内采取相应的紧急措施,并可以对出入疫区的人员、物资和交通工具实施卫生检疫。对于重点疫区可以实行封锁,禁止或限制人员、物资、交通工具等的进出,以防止疫情的扩散和蔓延。

对于疫区的宣布和封锁决定,必须经过一定级别的政府决定并宣布。甲类、乙类传染病暴发、流行时,县级以上地方人民政府报经上一级人民政府决定,可以宣布本行政区域部分或全部为疫区;国务院可以决定并宣布跨省、自治区、直辖市的疫区。

省级人民政府可以决定对本行政区域内的甲类传染病疫区实施封锁,但封锁大、中城市的疫区或者封锁跨省、自治区、直辖市的疫区,以及封锁疫区导致中断干线交通或者封锁国境的,由国务院决定。疫区封锁的解除由原决定机关决定并宣布。

(六)交通卫生检疫

发生甲类传染病时,为了防止该传染病通过交通工具及其乘运的人员、物资传播,可以实施交通卫生检疫。

(七)紧急调集人员,征用物资

传染病暴发、流行时,根据传染病疫情控制的需要,国务院有权在全国范围或者跨省、自治区、直辖市的范围内,县级以上地方人民政府有权在本行政区域内,紧急调集人员或调用储备物资,临时征用房屋、交通工具以及相关的设施、设备。

紧急调集人员的,应按照规定给予合理报酬。临时征用房屋、交通工具以及相关设施、设备的,应依法给予补偿;能返还的,应及时返还。

(八)传染病患者死亡后的尸体处理和解剖

患甲类传染病、炭疽死亡的,应将尸体立即进行卫生处理,就近火化。患其他传染病死亡的,必要时应将尸体进行卫生处理后火化或按照规定深埋。

为查找传染病病因,医疗机构在必要时可以对传染病患者尸体或疑似传染病患者尸体进行解剖查验，并告知死者家属。2005 年 4 月 30 日，卫生部发布了《传染病病人或疑似传染病病人尸体解剖查验规定》，自 2005 年 9 月 1 日起施行。

（九）优先运送处理传染病疫情的人员及防治用药品和器械

传染病暴发、流行时，药品和医疗器械生产、供应单位应及时生产、供应防治的药品和医疗器械。发生传染病疫情时，疾控机构和卫生行政部门指派的其他与传染病有关的专业技术机构可以进入传染病疫点、疫区进行调查、采集样本、技术分析和检验。

铁路、交通、民用航空经营单位必须优先运送处理传染病疫情的人员以及防治传染病的药品和医疗器械。县级以上人民政府有关部门应做好组织协调工作。

六、传染病的医疗救治

（一）建立完善的医疗救治服务网络

传染病的医疗救治服务网络包括医疗救治机构、医疗救治信息网络和医疗救治专业技术人员。县级以上人民政府应指定具备传染病救治条件和能力的医疗机构承担传染病救治任务，或者根据传染病救治的需要设置传染病医院。

为预防和控制传染病在医院内的传播，医疗机构必须符合基本标准、建筑设计和服务流程，符合预防传染病医院感染的要求，按规定对医疗器械进行消毒，对按规定一次使用的医疗器具用后予以销毁，以防止传染病的医源性感染。医疗机构应按传染病诊断标准和治疗要求，采取相应措施，提高传染病医疗救治能力。

（二）对传染病患者进行医疗救治和现场救援

医疗机构应对传染病患者或疑似传染病患者提供医疗救护、现场救援和接诊治疗，书写病历记录以及其他有关资料，并妥善保管。医疗机构应实行传染病预检、分诊制度，对传染病患者、疑似传染病患者应引导至相对隔离的分诊点进行初诊。医疗机构不具备相应救治能力的，应将患者及其病历记录复印件一并转至具备相应救治能力的医疗机构。

2005 年 2 月 28 日，卫生部发布了《医疗机构传染病预检分诊管理办法》，其中明确规定，二级以上综合医院应设立感染性疾病科，没有设立的应设立传染病分诊点。感染性疾病科和分诊点应标记明确，相对独立，通风良好，流程合理，具有消毒隔离条件和必要的防护用品。

七、传染病防治保障措施

国家将传染病防治工作纳入国民经济和社会发展计划，县级以上地方人民政府应将传染病防治工作纳入本行政区域的国民经济和社会发展计划，保证财政投入到位，使各种传染病防治措施得以贯彻落实，保证传染病防治事业与社会经济发展同步增长。

(一)经费保障和物资储备

国务院卫生行政部门应会同国务院有关部门，根据传染病流行趋势，确定全国传染病预防、控制、救治、监测、预测、预警、监督、检查等项目。中央财政对困难地区实施重大传染病防治项目给予补助。省级政府根据本行政区域内传染病流行趋势，在国务院卫生行政部门确定的项目范围内，确定传染病预防、控制、监督等项目，并保障项目的实施经费。县级以上地方人民政府按照本级政府职责负责本行政区域内传染病预防、控制、监督工作的日常经费，保障城市社区、农村基层传染病预防工作的经费。

县级以上人民政府负责储备防治传染病的药品、医疗器械和其他物资，以备调用。其他物资主要指进行流行病学调查、监督检查、监测检验的设备，进行传染源隔离、卫生防护的用品和设施等。对于储备的物资，必须进行定期检查更新，确保质量、品种和数量，以保证在传染病暴发流行时能够满足需要，为疫情的及时阻断和传染病的救治提供充分的物资保障。

(二)加强基层传染病防治体系建设和对贫困地区的扶持

基层传染病防治体系建设包括建立基层疾病预防控制机构，改善疾病控制措施和手段，完善监测和预警机制，完善农村基础卫生设施，改善条件，配备相应的医疗救治药品、技术、设备和人员，提高医疗卫生机构应对突发事件的救治能力等。国家加强基层传染病防治体系建设，扶持贫困地区和少数民族地区的传染病防治工作，地方各级人民政府应当保障城市社区、农村基层传染病预防工作的经费。

(三)对特定传染病困难人群实施医疗救助

医疗救助是国家和社会针对那些因为贫困而没有经济能力进行治病的公民实施专门的帮助和支持。国家对患有某些特定传染病的困难人群实行医疗救助，减免医疗费用。这既是国家对传染病患者的关怀，也是控制传染病传播和流行的客观需要。

(四)传染病防治人员的卫生防护、医疗保健和津贴

按照《传染病防治法》的规定，对从事传染病预防、医疗、科研、教学、疫情现场处理的人员，以及在生产、工作中接触传染病病原体的其他人员，有关单位应按照国家规定，采取有效的卫生防护措施和医疗保健措施，并给予适当的津贴。卫生防护措施包括工作人员执行职务时要穿好防护服装，有关单位应建立实施操作时的隔离制度、安全操作制度、污染物的消毒制度等。医疗保健措施包括有针对性地预先接种有关疫苗，定期进行体格检查等。

八、传染病防治的监督管理

(一)卫生行政部门的监督检查职责

县级以上卫生行政部门对传染病防治工作履行下列监督检查职责:对下级卫生行政部门履行规定的传染病防治职责进行监督检查;对疾病预防控制机构、医疗机构的传染病防治工作进行监督检查;对采供血机构的采供血活动进行监督检查;对用于传染病防治的消毒产品及其生产单位进行监督检查,并对饮用水供水单位从事生产或者供应活动以及涉及饮用水卫生安全的产品进行监督检查;对传染病菌种、毒种和传染病检测样本的采集、保藏、携带、运输、使用进行监督检查;对公共场所和有关单位的卫生条件及传染病预防、控制措施进行监督检查。省级以上卫生行政部门负责组织对传染病防治重大事项的处理。

(二)现场检查及临时控制措施的采用

卫生行政部门在履行监督检查职责时,有权进入被检查单位和传染病疫情发生现场调查取证,查阅或复制有关的资料和采集样本。被检查单位应予以配合,不得拒绝、阻挠。

县级以上卫生行政部门在履行监督检查职责时,发现被传染病病原体污染的公共饮用水源、食品以及相关物品,如不及时采取控制措施可能导致传染病传播、流行的,可以采取封闭公共饮用水源、封存食品以及相关物品或者暂停销售的临时控制措施,并予以检验或进行消毒。经检验属于被污染的食品,应予以销毁;对未被污染的食品或经消毒后可以使用的物品,应解除控制措施。

(三)行政执法的内部监督管理与社会监督

卫生行政部门应依法建立健全内部监督制度,对其工作人员依据法定职权和程序履行职责的情况进行监督。上级部门发现下级部门不及时处理职责范围内的事项或不履行职责的,应责令纠正或直接予以处理。

卫生行政部门及其工作人员履行职责时,应自觉接受社会和公民的监督。任何单位和个人都有权向上级人民政府及其卫生行政部门举报违法行为。接到举报的单位应及时调查处理。

第六章　国境卫生检疫法律制度

第一节　国境卫生检疫法理论与相关问题

一、国境卫生检疫概念和目的

(一)国境卫生检疫

国境卫生检疫是指国境卫生检疫机关在国境口岸依法对出入境的人员、交通工具、集装箱、行李、货物、邮包等实施传染病检疫、监测和卫生监督的卫生行政执法行为。国境卫生检疫的目的是防止传染病由国外传入或者由国内传出,预防、抵御和控制疾病的国际传播,为公共卫生应对提供措施,保护本国公民和外国公民不受疾病国际传播之害。国境卫生检疫是国家行使主权的体现,也是国家承担国际卫生防护义务的方式之一,是世界卫生防护的重要屏障。

国境检疫分为两大类:一类是动植物检疫,是防止动物传染病、寄生虫病和植物危险性病/虫/杂草以及其他有害生物传入、传出国境,保护农、林、牧、渔业生产和人体健康;另一类是卫生检疫,是防止人类传染病传播,以及对有关的病媒昆虫、啮齿动物进行控制,防止传染病的国际传播,预防和应对突发公共卫生事件。尽管家禽、家畜疫情和植物病虫害的传播也可能危及人类,并且可能引起突发公共卫生事件,但是,动植物检疫不属于本章讨论的内容,本章只对国境卫生检疫进行探讨。

根据入境、出境的方向,国境卫生检疫可分为入境检疫和出境检疫;根据实施检疫的国境口岸的地理位置,可分为海港检疫、航空检疫和陆地边境检疫。

(二)国境卫生检疫的目的

国境卫生检疫的主要目的有二:一是防止传染病由国外传入或者由国内传出,防止传染病在国际间传播;二是预防和应对突发公共卫生事件,防控出入境口岸的公共卫生安全。

国境卫生检疫始于14世纪中期的欧洲。由于害怕鼠疫的传入，当时的欧洲各国采取了严格的海港检疫措施，这是海港检疫的初始。据史料记载，世界上第一个卫生检疫站是意大利政府在威尼斯港设立的，时间是1348年。当时的检疫规章规定：所有外来商船一律先在港口外海面上停泊40天，若不发生疫情，才允许船舶进港装卸货物；若发生疫情，则将患者送到附近的荒岛上隔离起来，船舶要重新停泊40天，观察有无疫情的发生。① 海港检疫在很大程度上限制了传染病的传播，被各国所效仿，纷纷成立检疫机构，制定检疫法规，并从地区性的协调逐渐发展到国际间的合作。

1851年，在巴黎召开的国际卫生会议制定了世界上第一个地区性的《国际卫生公约》，该公约之后经过不断发展，最终演变为《国际卫生条例》。1948年召开的第一届世界卫生大会在该条例的基础上起草了《国际公共卫生条例》，1951年召开的第四届世界卫生大会通过了该条例，条例的目的是最大限度地防止疾病在国际间的传播，同时又尽可能小地干扰世界的交通运输。1969年召开的第二十二届世界卫生大会对条例进行了修改、充实，并改称为《国际卫生条例》（*International Health Regulation*，IHR），2005年8月又对1969年版的《国际卫生条例》进行了修改，并于2007年6月15日生效。② 2005年版《国际卫生条例》是一个具有约束力的国际法律协议，对包括世卫组织所有会员国在内的全球196个国家适用，目的是帮助国际社会预防和应对有可能跨越国界，并威胁到世界各国人民的紧急公共卫生风险。

从国境卫生检疫的发展到《国际卫生条例》的演变，可以清楚地看到国境卫生检疫的目的已不仅限于防止传染性疾病的传出和输入，还扩展到了防止公共卫生风险跨国造成危害，国境卫生检疫成了公共卫生体系的重要一环。2005年版《国际卫生条例》的适用范围从鼠疫、霍乱和黄热病三种传染病的国境卫生检疫，扩大为全球协调应对构成国际关注的突发公共卫生事件，包括各种起源和来源的事件，实际上是指生物、化学和核辐射等各种因素所致的突发公共卫生事件。

二、现行有效的国境卫生检疫法律法规和规章

我国现行有效的国境卫生检疫法律，是1986年12月2日第六届全国人大常委会第十八次会议通过的《中华人民共和国国境卫生检疫法》（以下简称《国境卫生检疫法》，1987年5月1日起施行，2018年第三次修正）和《中华人民共和国国

① 参见陶芳标、李十月主编：《公共卫生学概论》，科学出版社2017年版，第11页。

② 参见陶芳标、李十月主编：《公共卫生学概论》，科学出版社2017年版，第12页。

境卫生检疫法实施细则》(以下简称《国境卫生检疫法实施细则》,1989 年 3 月 6 日发布,2016 年 2 月第二次修订)。此外,与国境卫生检疫相关的法规规章还有《国境口岸卫生监督办法》(1982 年实施,2011 年修订)、《国际航行船舶出入境检验检疫管理办法》(2003 年实施)、《国境口岸突发公共卫生事件出入境检验检疫应急处理规定》(2003 年实施)、《出入境检验检疫行政处罚程序规定》(2006 年实施)、《国境口岸卫生处理监督管理办法》(2013 年实施)、《外国人入境出境管理条例》(2013 年实施)、《出入境交通工具电讯卫生检疫管理办法》(2016 年实施)等。

1979 年 6 月 1 日,我国正式承认《国际卫生条例》,成为缔约国并承担义务。现行的《国际卫生条例》是 2005 年 8 月修订的,2007 年 6 月 15 日起生效。世界卫生组织希望各缔约国能够及时根据《国际卫生条例》修改各自的法律规定,我国政府已经正式宣布适用《国际卫生条例》,所以在实际操作上,要遵守国际惯例,遵从《国际卫生条例》的有关规定。

三、修订《国境卫生检疫法》刻不容缓

(一)现行《国境卫生检疫法》的某些规定已不适应现实发展的需要

我国的《国境卫生检疫法》颁布于 1986 年,距今已超过 30 年了。《国境卫生检疫法实施细则》颁布于 1989 年,也超过 30 年了。在这 30 年间,无论是国内还是国际上,传染病和公共卫生风险都发生了巨大变化,新发传染病有 40 余种,一些原本被控制的传染病死灰复燃,影响健康的生物和化学物质或核放射材料的自然发生、意外泄漏等突发公共卫生事件不断发生,均对人类健康造成了严重威胁。快速的交通运输和便捷的出入境手续,又增加了这些危害在国际间传播或发生的风险。尽管 2007 年、2009 年、2018 年我国对《国境卫生检疫法》进行了三次修正,但修改的内容很少。2007 年将第十四条第二款修改为:“入境、出境的尸体、骸骨的托运人或者其代理人,必须向国境卫生检疫机关申报,经卫生检查合格后,方准运进或者运出。”2009 年仅对第二十二条中的措辞进行了修改。2018 年,只是对监督主体进行了更改。由于《国境卫生检疫法》没有大的修改,所以 2010 年、2016 年对《国境卫生检疫法实施细则》所作的修订也不到位,无法满足现今的疾病预防控制和公共卫生工作的需要,亟须根据目前的新情况、新任务、新目标进行修订完善,增加其适用性和可操作性。

我国 1986 年颁布的《国境卫生检疫法》是以 1969 年版的《国际卫生条例》为蓝本制订的。2005 年版的《国际卫生条例》有较大改变,条例的目的和范围是以针对公共卫生风险,同时又避免对国际交通和贸易造成不必要干扰的适当方式,预防、抵御和控制疾病的国际传播,并提供公共卫生应对措施。新条例对成员国应对公共卫生事件的能力、承担的责任和义务提出了更高的要求。我国《国境卫

生检疫法》与2005年版《国际卫生条例》的要求存在较大差异。从2013年起,我国政府发起了“丝绸之路经济带”和“21世纪海上丝绸之路”倡议,“一带一路”倡议涉及旅客检疫等15项卫生检疫工作,沿线覆盖70余个境外国家和地区。随着贸易、旅游、留学、劳务等的大幅度增加,我国国境卫生检疫与境外国家和地区口岸检疫的沟通与合作更加频繁。所以,我国需要对照2005年版《国际卫生条例》,尽快修订《国境卫生检疫法》,承担相应的国际义务,支持丝路建设,造福各国人民。

(二)国境卫生检疫监管主体经历多次调整

自1986年《国境卫生检疫法》生效以来,国境卫生检疫机构也经历了几次大的调整。1988年,中华人民共和国卫生检疫总所成立,直属卫生部,管理全国卫生检疫机关在国境口岸依法实施传染病检疫、监测和卫生监督工作。1998年,按照国务院机构改革方案,卫生检疫总局从卫生部划出,与国家商检局和国家动植物检验局合并组建国家出入境检验检疫局。2001年,国家出入境检验检疫局与国家质量技术监督局合并,组建国家质量监督检验检疫总局。2018年,国家质量监督检验检疫总局的出入境检验检疫管理职责和队伍划入海关总署。这期间,我国的口岸管理模式和通关机制也有调整和变化,现实中所出现的新体制、新模式、新机制也与30年前大不相同。所有这些都表明,应当及时修订法律,使法律符合现实的需要。

(三)《国境卫生检疫法》应与其他法律相衔接

2018年3月20日,《中国国门时报》头版刊发了全国人大代表、广西中医药大学校长唐农的文章,建议加快推进《国境卫生检疫法》的修订工作,他建议:“《国境卫生检疫法》修订应与相关法律协调一致,构建公共卫生安全法律体系,进一步完善公共安全体系和口岸健康环境,保障口岸卫生安全和出入境人员健康。通过与《突发事件应对法》有效衔接,体现口岸所在地县级以上政府在口岸突发公共卫生事件应急管理和指挥体系中的主导作用,明确国境卫生检疫机关在口岸突发公共卫生事件应急管理和处置中的具体职责。通过与《传染病防治法》相衔接,明确口岸发现传染病的后续处置措施中各相关部门的具体职责和法律责任,细化违法行为种类,加大处罚力度。通过与食品安全法和国务院公共场所卫生监督管理条例衔接,明确国境卫生检疫机关在国境口岸实施食品安全监管和公共卫生监管的范围、职责和任务,做到职责法定、依法行政。”①

① 唐农:《加快修订国境卫生检疫法》,《中国国门时报》2018年3月20日第4版。

第二节　国境卫生检疫法律规定

本节介绍的国境卫生检疫法律规定，主要是《国境卫生检疫法》及《国境卫生检疫法实施细则》的具体规定，还涉及《国境口岸突发公共卫生事件出入境检验检疫应急处理规定》《出入境交通工具电讯卫生检疫管理办法》的相关规定。

一、国境卫生检疫机关及其职责

（一）国境卫生检疫机关

国境卫生检疫机关是指国家在国境口岸设立的，依法实施传染病检疫、监测和卫生监督活动的卫生执法机构。它代表国家在国境口岸行使检疫主权。

2018年3月国务院机构改革之前，国家质量监督检验检疫总局主管全国出入境卫生检疫工作。2018年3月国务院机构改革之后，出入境检验检疫管理职责和队伍划入海关总署。

（二）国境卫生检疫机关的职责

概括地讲，国境卫生检疫机关实施传染病检疫、监测和卫生监督工作。

国境卫生检疫法所称的“传染病”，是指检疫传染病和监测传染病。检疫传染病是指鼠疫、霍乱、黄热病以及国务院确定和公布的其他传染病。国境卫生检疫机关负责对这些传染病进行检疫。监测传染病由国务院卫生行政部门确定和公布。传染病监测是指国境卫生检疫机关负责对特定环境、人群进行流行病学、血清学、病原学、临床症状以及其他有关影响因素的调查研究，预测有关传染病的发生、发展和流行。卫生监督包括卫生检查、卫生鉴定、卫生评价和采样检验等工作。

根据《国境卫生检疫法实施细则》的规定，国境卫生检疫机关履行下列职责：

（1）执行《国境卫生检疫法》及其实施细则和国家有关卫生法规。

（2）收集、整理、报告国际和国境口岸传染病的发生、流行和终息情况。

（3）对国境口岸的卫生状况实施卫生监督，对入境、出境的交通工具、人员、集装箱、尸体、骸骨以及可能传播检疫传染病的行李、货物、邮包等实施检疫查验、传染病监测、卫生监督和卫生处理。

（4）对入境、出境的微生物、生物制品、人体组织、血液及其制品等特殊物品以及能传播人类传染病的动物实施卫生检疫。

（5）对入境、出境人员进行预防接种、健康检查、医疗服务、国际旅行健康咨询和卫生宣传。

（6）签发卫生检疫证件。

(7)进行流行病学调查研究，开展科学实验。

(8)执行国务院卫生行政部门指定的其他工作。

国境卫生检疫机关在国境口岸工作的范围内，包括为国境口岸服务的涉外宾馆、饭店、俱乐部，为入境、出境交通工具提供饮食、服务的单位和对入境、出境人员、交通工具、集装箱和货物实施检疫、监测、卫生监督的场所。

(三)国境口岸卫生检疫人员和卫生监督员的职责

国境卫生检疫人员是由国家出入境检验检疫主管部门任命，或经其他法定程序任职于国境卫生检疫机关，从事国境卫生检疫管理或检疫查验工作的人员。查验是指国境卫生检疫机关实施的医学检查和卫生检查。

国境口岸卫生检疫机关设国境口岸卫生监督员，执行卫生监督任务，由思想品质好、工作认真负责的国境口岸卫生检疫机关领导干部、检疫医师以上的业务人员兼任。国境口岸卫生监督员经卫生检疫机关推荐，省、市、自治区卫生行政主管部门审核，由国务院卫生行政部门委任，并配发“国境口岸卫生监督员证件”。其主要职责是：对国境口岸和停留在国境口岸的入境、出境交通工具进行卫生监督和卫生宣传；在消毒、除鼠、除虫等卫生处理方面进行技术指导；对造成传染病传播、啮齿动物和病媒昆虫扩散、食物中毒、食物污染等的事故进行调查，并提出控制措施。

二、国境卫生检疫对象和检疫监测的传染病种类

(一)国境卫生检疫对象

《国境卫生检疫法》规定的检疫对象包括入境和出境的人员、交通工具和集装箱，以及可能传播检疫传染病的行李、货物、邮包等。交通工具包括船舶、航空器、列车和其他车辆。

(二)检疫和监测的传染病种类

检疫传染病包括鼠疫、霍乱、黄热病以及国务院确定和公布的其他传染病。2020年1月20日，经国务院批准，国家卫健委将新型冠状病毒肺炎纳入了《国境卫生检疫法》规定的检疫传染源管理。

监测传染病由国务院卫生行政部门确定和公布，并根据实际情况增加监测传染病的种类。世界卫生组织规定的国际间监测传染病有流行性感冒、疟疾、脊髓灰质炎、流行性斑疹伤寒、流行性回归热。

三、国境卫生检疫与卫生处理

入境、出境的人员、交通工具和集装箱，以及可能传播检疫传染病的行李、货物、邮包等，均应依法接受检疫，经卫生检疫机关许可，方准入境或者出境。

入境的交通工具和人员必须在最先到达的国境口岸的指定地点接受检疫。除引航员外，未经国境卫生检疫机关许可，任何人不准上下交通工具，不准装卸行李、货物、邮包等物品。出境的交通工具和人员必须在最后离开的国境口岸接受检疫。

入境、出境的集装箱、行李、货物、邮包等物品需要卫生处理的，由卫生检疫机关实施。所谓“卫生处理”，是指采取隔离、留验和就地诊验等医学措施，以及消毒、除鼠、除虫等卫生措施。为规范国境口岸卫生处理工作，保障卫生处理工作依法、有效、安全实施，防止传染病、医学媒介生物和其他有毒有害物质的传入、传出，保护口岸卫生安全和公众生命健康，国家质检总局制订了《国境口岸卫生处理监督管理办法》，自2013年11月18日起施行。

卫生检疫机关的工作人员在实施卫生处理时，必须注意下列事项：防止对任何人的健康造成危害，防止对交通工具的结构和设备造成损害，防止发生火灾，防止对行李、货物造成损害。

(一)出入境人员的检疫与管理

出入境人员应当接受卫生检疫。卫生检疫机关发现染疫人时，必须立即将其隔离，隔离期限根据医学检查结果确定。发现染疫嫌疑人时，应将其留验，留验期限根据该传染病的潜伏期确定。

卫生检疫机关应阻止染疫人、染疫嫌疑人出境，但是对来自国外并且在到达时受就地诊验的人，本人要求出境的，可以准许出境。如果乘交通工具出境，检疫医师应当将这种情况在出境检疫证上签注，同时通知交通工具负责人采取必要的预防措施。

(二)尸体、骸骨的检疫与处理

在国境口岸以及停留在该场所的入境、出境交通工具上，所有非因意外伤害而死亡并死因不明的尸体，必须经卫生检疫机关查验，并签发尸体移运许可证后，方准移运。

入境、出境的尸体、骸骨托运人或者代理人应申请卫生检疫，并出示死亡证明或其他有关证件，对不符合卫生要求的，必须接受卫生检疫机关实施的卫生处理。经卫生检疫合格后，方准运进或者运出。

对因患检疫传染病而死亡的患者的尸体，必须就近火化，不准移运。

(三)交通工具的检疫与处理

出入境的交通工具应接受卫生检疫。船舶、航空器、列车和其他车辆分别要按照海港检疫、航空检疫、陆地边境检疫的具体规定接受检疫。

出入境的交通工具有下列情形之一的，应由卫生检疫机关实施消毒、除鼠、除虫或者其他卫生处理：来自检疫传染病疫区的，被检疫传染病污染的，发现有与人类健康有关的啮齿动物或者病媒昆虫，超过国家卫生标准的。对未染有检疫传染病或已实施卫生处理的交通工具，签发入境检疫证或出境检疫证。

如果外国交通工具的负责人拒绝接受卫生处理，除有特殊情况外，准许该交通工具在国境卫生检疫机关的监督下，立即离开中华人民共和国国境。

卫生检疫机关对已在到达本口岸前的其他口岸实施卫生处理的交通工具不再重复实施卫生处理，但有下列情形之一的，仍需实施卫生处理：在原实施卫生处理的口岸或该交通工具上发生流行病学上有重要意义的事件，需进一步实施卫生处理的；在到达本口岸前的其他口岸实施的卫生处理没有实际效果的。

（四）集装箱、货物、废旧物等物品的检疫与处理

出入境的集装箱、货物、废旧物等物品在到达口岸的时候，承运人、代理人或者货主必须向卫生检疫机关申报并接受卫生检疫。

对来自疫区的、被传染病污染的以及可能传播检疫传染病或者发现与人类健康有关的啮齿动物和病媒昆虫的集装箱、货物、废旧物等物品，应实施消毒、除鼠、除虫或者其他必要的卫生处理。对入境、出境的废旧物品和曾行驶于境外港口的废旧交通工具，卫生检疫机关根据污染程度，分别实施消毒、除鼠、除虫处理，对污染严重的实施销毁。

集装箱、货物、废旧物等物品的货主要求在其他地方实施卫生检疫、卫生处理的，卫生检疫机关可以给予方便，并按规定办理。海关凭卫生检疫机关签发的卫生处理证明放行。

（五）微生物、人体组织、生物制品、血液及其制品等的检疫与处理

出入境的微生物、人体组织、生物制品、血液及其制品等特殊物品的携带人、托运人或邮递人必须向卫生检疫机关申报并接受卫生检疫，未经卫生检疫机关许可，不准入境、出境。海关凭卫生检疫机关签发的特殊物品审批单放行。

（六）行李和物品的检疫与处理

出入境的旅客、员工个人携带或者托运可能传播传染病的行李和物品时，应接受卫生检查。卫生检疫机关对来自疫区或被传染病污染的各种食品、饮料、水产品等应当实施卫生处理或者销毁，并签发卫生处理证明。海关凭卫生检疫机关签发的卫生处理证明放行。

（七）临时检疫

在国境口岸发现检疫传染病、疑似检疫传染病，或者有人非因意外伤害而死亡并死因不明的，国境口岸有关单位和交通工具的负责人应立即向国境卫生检疫机关报告，并申请临时检疫。

来自国内疫区的交通工具，或者在国内航行中发现检疫传染病、疑似检疫传染病，或有人非因意外伤害而死亡并死因不明的，交通工具负责人应当向到达的国境口岸卫生检疫机关报告，接受临时检疫。

在国境口岸或者交通工具上发现啮齿动物有反常死亡或者死因不明的，国境口岸有关单位或者交通工具的负责人必须立即向卫生检疫机关报告，迅速查明原因，实施卫生处理。

(八)检疫传染病大流行时的检疫措施

在国内或者国外检疫传染病大流行的时候，国务院卫生行政部门应立即报请国务院决定采取下列检疫措施的一部或者全部：

(1)下令封锁陆地边境、国界江河的有关区域。

(2)指定某些物品必须经过消毒、除虫，方准由国外运进或者由国内运出。

(3)禁止某些物品由国外运进或由国内运出。

(4)指定第一入境港口、降落机场。对来自国外疫区的船舶、航空器，除因遇险或其他特殊原因外，没有经第一入境港口、机场检疫的，不准进入其他港口和机场。

四、出入境的电讯检疫

电讯检疫，是指出入境的交通工具通过无线通信或其他便捷通信方式，按要求向出入境检验检疫机构申报规定的内容，经检验检疫机构进行风险评估，认为其符合检疫要求，准予其无疫通行，不实施登交通工具检疫。

电讯检疫简化了传统卫生检疫繁琐的检疫查验手续，通过风险评估，科学有效地防止了疫情通过口岸传播和扩散，保护人体健康，维护国门安全，便利口岸通关。为规范全国口岸出入境交通工具的电讯卫生检疫管理工作，2016 年 8 月 15 日，国家质量监督检验检疫总局发布了《出入境交通工具电讯卫生检疫管理办法》，自 2016 年 9 月 1 日起实施，适用于出入我国国境的船舶、航空器、列车等交通工具的电讯检疫和管理。

(一)交通工具电讯检疫的申请

1. 电讯检疫的申请与评估

所有出入境交通工具应当实施卫生检疫。若想实施电讯检疫，交通工具的运营者或代理人应向检验检疫机构提出申请。经检验检疫机构进行风险评估，可以对符合条件的出入境交通工具实施电讯检疫。检验检疫机构根据所提供材料、诚信档案、既往卫生检疫和卫生监督结果开展风险评估。

2. 出入境交通工具申请电讯检疫的申报时间和方式

出入境船舶申请电讯检疫的，船舶运营者或其代理人应在船舶预计抵达或驶离口岸 24 小时前向检验检疫机构申报。入境船舶航程不足 24 小时的，在驶离上一口岸时申请入境电讯检疫。出境船舶在港时间不足 24 小时的，可在抵达本口岸时申请出境电讯检疫。

出入境航空器申请电讯检疫的，入境航空器在预计降落30分钟前，出境航空器在离境关闭舱门15分钟前向检验检疫机构申报。

出入境列车申请电讯检疫的，应在列车预计抵达或离开口岸30分钟前申报。

船舶、航空器、列车的运营者或其代理人可采用电子化、信息化及书面等方式申请电讯检疫。如船舶、航空器、列车动态或者申报内容有变化，应当及时向检验检疫机构更正。

（二）交通工具电讯检疫应申报的信息

国际航行船舶、航空器、列车申请出入境电讯检疫时，应申报以下信息：

(1)船号/航班号/车次，国籍，船舶的呼号，船舶的国际海事组织编号/航空器的机身识别号，航空器的机型，预定抵离时间。

(2)船舶的发航港、最后寄港、4周内寄港，航空器的始发机场、经停机场，本次列车起点站、停靠车站。

(3)船员和旅客人数，航空器/列车的总申报单、旅客名单、货物舱单。

(4)船舶的载货清单、船载主要物品清单。

(5)航海健康申报书、相关卫生证书等。

(6)必要时，航空器提交有效灭蚊证书等其他检疫有关证书、文件，列车的其他检疫有关证书、文件。

（三）不给予电讯检疫的情形

1. 入境交通工具不给予电讯检疫的情形

入境交通工具有以下情形之一的，检验检疫机构不给予电讯检疫：申报资料不全的；来自或经停受染地区的；本航次、本车次发现受染人或受染嫌疑人的；本航（车）次有人非因意外伤害而死亡并死因不明的；本航（车）次发现啮齿动物反常死亡或死因不明，或在船上发现活鼠、鼠迹、新鲜鼠粪的；本航（车）次发现可疑的核与辐射、生物、化学污染源或危害事实的；入境维修的航空器。未持有有效《船舶免予卫生控制措施证书/船舶卫生控制措施证书》的；船（列车）上载有散装废旧物品的；入境船舶为废旧船舶的；⑪船舶、列车来自动植物疫区，国家有明确要求的，或装载的货物为活动物的。

2. 出境交通工具不给予电讯检疫的情形

出境交通工具有以下情形之一的，检验检疫机构不给予电讯检疫：申报资料不全的；船舶国内航行或在港期间、航空器出境前、本次列车上发现受染人或受染嫌疑人的；船舶国内航行或在港期间、航空器出境前、本次列车上发现有人非因意外伤害而死亡并死因不明的；船舶国内航行或在港期间、航空器出境前、本次列车上发现交通工具上啮齿动物反常死亡或死因不明，或在交通工具上发现活鼠、鼠迹、新鲜鼠粪的；国内航行或在港期间、航空器出境前、本次列车上发现可疑的核与辐射、生物、化学污染源或危害事实的，船舶未持有有效《船舶免予卫生控制措施证书/船舶卫生控制措施证书》的。

对不予实施电讯检疫的出入境交通工具，检验检疫机构确定其他检疫方式，及时通知交通工具运营者或其代理人。

(四)电讯检疫后的离港

交通工具在收到检验检疫机构给予电讯检疫批准和回复后，入境的交通工具在抵达后可以直接上下人员、装卸货物。出境船舶可以直接离港，出境航空器可以直接起飞离港，出境列车可以直接离境。

船舶运营者或其代理人应在船舶抵达口岸 24 小时内，或离开口岸 1 小时前办理检验检疫手续。列车运营者或其代理人必须在列车抵达口岸 2 小时内，或离开口岸 30 分钟前办理检验检疫手续。

(五)日常管理

检验检疫机构对出入境交通工具的运营者及其代理人实施诚信管理，建立信息档案，内容包括营业执照、运营航线信息、运营交通工具信息。相关信息改变时，应及时变更。

检验检疫机构根据口岸抽查、卫生监督、诚信管理结果，对已实施电讯检疫的出入境交通工具实施监督抽查。对交通工具存在不符合电讯检疫要求情况的，停止受理该交通工具的电讯检疫申请 6 个月。

五、疫情通报

在国境口岸以及停留在国境口岸的交通工具上发现检疫传染病、疑似检疫传染病，或有人非因意外伤害而死亡并死因不明时，国境口岸有关单位以及交通工具的负责人应当立即向卫生检疫机关报告。

卫生检疫机关发现检疫传染病、监测传染病、疑似检疫传染病时，应当向当地卫生行政部门和卫生防疫机构通报；发现检疫传染病时，还应当用最快的办法向国务院卫生行政部门报告。当地卫生防疫机构发现检疫传染病、监测传染病时，应当向卫生检疫机关通报。

在国内或者国外某一地区发生检疫传染病流行时，国务院卫生行政部门可以宣布该地区为疫区。

六、传染病监测

传染病监测是指对特定环境、特定人群进行流行病学、血清学、病原学、临床症状以及其他有关影响因素的调查研究，预测有关传染病的发生、发展和流行。卫生检疫机关在国境口岸内设立传染病监测点时，有关单位应给予协助并提供方便。

(一)传染病监测的对象

入出境的交通工具、人员、食品、饮用水和其他物品以及病媒昆虫、动物均为传染病监测的对象。

(二)传染病监测内容

传染病监测的主要内容包括：首发病例的个案调查；暴发流行的流行病学调查；传染源调查；国境口岸内监测传染病的回顾性调查；病原体的分离、鉴定，人群、有关动物血清学调查以及流行病学调查；有关动物、病媒昆虫、食品、饮用水和环境因素的调查；消毒、除鼠、除虫的效果观察与评价；国境口岸以及国内外监测传染病疫情的收集、整理、分析和传递；对监测对象开展健康检查和对监测传染病患者、疑似患者、密切接触人员的管理。

(三)传染病监测措施

1. 禁止某些疾病患者入境

卫生检疫机关应阻止患有严重精神病、传染性肺结核病或者有可能对公共卫生造成重大危害的其他传染病的外国人入境。

2. 出入境人员的监测

受入境、出境检疫的人员，必须根据检疫医师的要求，如实填报健康申明卡，出示某种有效的传染病预防接种证书、健康证明或者其他有关证件。

凡申请出境居住 1 年以上的中国籍人员，必须持有卫生检疫机关签发的健康证明。中国公民出境、入境管理机关凭卫生检疫机关签发的健康证明办理出境手续。凡在境外居住 1 年以上的中国籍人员，入境时必须向卫生检疫机关申报健康情况，并在入境以后 1 个月内到就近的卫生检疫机关或者县级以上的医院进行健康检查。公安机关凭健康证明办理有关手续。

3. 对口岸宾馆、饭店内居住的出入境人员及工作人员的监测

卫生检疫机关对国境口岸的涉外宾馆、饭店内居住的入境、出境人员及工作人员实施传染病监测，并区别情况，分别采取必要的预防、控制措施。

对来自检疫传染病和监测传染病疫区的人员，检疫医师可以根据流行病学和医学检查结果，发给就诊方便卡。卫生检疫机关、医疗卫生单位遇到持有就诊方便卡的人员请求医学检查时，应当视同急诊给予医学检查；如果发现其患检疫传染病或监测传染病，疑似检疫传染病或疑似监测传染病，应立即实施必要的卫生措施，并且将情况报告当地卫生防疫机构和签发就诊方便卡的卫生检疫机关。

4. 对国际通行交通工具上的中国籍员工的监测

国际通行交通工具上的中国籍员工应持有卫生检疫机关或县级以上医院出

具的健康证明。健康证明的项目、格式由国务院卫生行政部门统一规定，有效期为12个月。

七、国境口岸突发公共卫生事件的应急处理

为有效预防并及时缓解、控制和消除突发公共卫生事件的危害，保障出入境人员和国境口岸公众身体健康，维护国境口岸正常的社会秩序，国家质量监督检验检疫总局依据《国境卫生检疫法》及其实施细则和《突发公共卫生事件应急条例》，制定了《国境口岸突发公共卫生事件出入境检验检疫应急处理规定》，于2003年11月7日发布实施。该规定适用于在涉及国境口岸和出入境人员、交通工具、货物、集装箱、行李、邮包等范围内对突发事件的应急处理。

2018年3月，国务院机构改革后，把原本属于国家质量监督检验检疫总局管理的出入境检验检疫工作划归国家海关总署，所以《国境口岸突发公共卫生事件出入境检验检疫应急处理规定》中涉及国家质量监督检验检疫总局职责的，一律改为国家海关总署。

（一）国境口岸突发公共卫生事件

国境口岸突发公共卫生事件是指突然发生，造成或可能造成出入境人员和国境口岸公众健康严重损害的重大传染病疫情、群体性不明原因疾病、重大食物中毒以及其他严重影响公众健康的事件，包括：发生鼠疫、霍乱、黄热病、肺炭疽、传染性非典型肺炎病例的；乙类、丙类传染病较大规模的暴发、流行或多人死亡的；发生罕见的或者国家已宣布消除的传染病等疫情的；传染病菌种、毒种丢失的；发生临床表现相似但致病原因不明且有蔓延趋势或可能蔓延趋势的群体性疾病的；中毒人数10人以上或者中毒死亡的；国内外发生突发事件，可能危及国境口岸的。

（二）应急准备

1. 制订应急预案

国家制订全国国境口岸突发事件出入境检验检疫应急预案，各级检验检疫机构根据全国应急预案，结合本地口岸实际情况，制订本地国境口岸突发事件出入境检验检疫应急预案，并报上一级机构和当地政府备案。

2. 技能培训和物资储备

各级检验检疫机构应当定期开展突发事件出入境检验检疫应急处理相关技能的培训，组织突发事件出入境检验检疫应急演练，推广先进技术。根据应急预案的要求，保证应急处理人员、设施、设备、防治药品和器械等资源的配备、储备，提高应对突发事件的处理能力。开展对突发事件应急处理知识的宣传教育，增强对突发事件的防范意识和应对能力。

(三)报告与通报

建立国境口岸突发公共卫生事件出入境检验检疫应急报告制度,建立重大、紧急疫情信息报告系统。

发生国境口岸突发公共卫生事件后,直属检验检疫局应在接到报告 1 小时内向海关总署报告,并同时向当地政府报告;海关总署对可能造成重大社会影响的突发事件应及时向国务院报告;出入境检验检疫分支机构应在 1 小时内向直属检验检疫局报告,并同时向当地政府报告;国境口岸有关单位和个人发现情况时应及时、如实地向所在口岸的检验检疫机构报告,不得隐瞒、缓报、谎报或者授意他人隐瞒、缓报、谎报。

海关总署应当将国境口岸突发公共卫生事件的进展情况及时向国务院有关部门和直属检验检疫局通报。接到通报的直属检验检疫局应当及时通知本局辖区内的有关分支机构。

海关总署应建立国境口岸突发公共卫生事件出入境检验检疫风险预警快速反应信息网络系统。各级检验检疫机构负责将发现的突发公共卫生事件通过网络系统及时向上级报告,海关总署通过网络系统及时通报。

(四)应急处理

1. 紧急措施

突发公共卫生事件发生后,发生地检验检疫机构经上一级机构批准,应当对突发公共卫生事件现场采取下列紧急控制措施:

(1)对现场进行临时控制,限制人员出入。

(2)对疑为人畜共患的重要疾病疫情,禁止患者或者疑似患者与易感动物接触。

(3)对现场有关人员进行医学观察,临时隔离留验。

(4)对出入境交通工具、货物、集装箱、行李、邮包等采取限制措施,禁止移运。

(5)封存可能导致突发事件发生或者蔓延的设备、材料、物品。

(6)实施紧急卫生处理措施。

2. 启动应急预案

检验检疫机构应当组织专家对突发公共卫生事件进行流行病学调查、现场监测、现场勘验,确定危害程度,初步判断突发公共卫生事件的类型,提出启动国境口岸突发公共卫生事件出入境检验检疫应急预案的建议。

国境口岸突发公共卫生事件出入境检验检疫应急预案应报国务院批准后实施;各级检验检疫机构的国境口岸突发公共卫生事件出入境检验检疫应急预案的启动应报上一级机构批准后实施,同时报告当地政府。

3. 调集检疫检疫人员和应急物资

根据突发公共卫生事件应急处理的需要，国境口岸突发公共卫生事件出入境检验检疫应急处理指挥体系有权调集出入境检验检疫人员、储备物资、交通工具以及相关设施、设备；必要时，海关总署可以依照《国境卫生检疫法》的规定，提请国务院下令封锁有关的国境或者采取其他紧急措施。

4. 对传染病患者和疑似传染病患者等的处理

出入境交通工具上发现传染病患者、疑似传染病患者后，其负责人应以最快的方式向当地口岸检验检疫机构报告，检验检疫机构接到报告后，应立即组织有关人员采取相应的卫生检疫处置措施。对出入境交通工具上的传染病患者密切接触者，应依法予以留验和医学观察；或依照卫生检疫法律、行政法规的规定，采取控制措施。

检验检疫机构应对临时留验、隔离人员进行必要的检查检验，并按规定作详细记录；对需要移送的患者，应按规定将患者及时移交有关部门或机构进行处理。被实施留验、就地诊验、隔离处置、卫生检疫观察的患者、疑似患者和传染病患者密切接触者，在检验检疫机构采取卫生检疫措施时应予以配合。

八、卫生监督

国境卫生检疫机关根据国家规定的卫生标准，对国境口岸的卫生状况和停留在国境口岸的入境、出境的交通工具的卫生状况实施卫生监督，监督和指导有关人员对啮齿动物、病媒昆虫的防除，检查和检验食品、饮用水及其储存、供应、运输设施，监督从事食品、饮用水供应的从业人员的健康状况，检查其健康证明书，监督和检查垃圾、废物、污水、粪便、压舱水的处理。

国境口岸卫生监督员在执行任务时，有权对国境口岸和入境、出境的交通工具进行卫生监督和技术指导，对卫生状况不良和可能引起传染病传播的因素提出改进意见，协同有关部门采取必要的措施，进行卫生处理。

（一）对国境口岸的卫生要求

对国境口岸的卫生要求是：国境口岸和国境口岸内涉外的宾馆、生活服务单位以及候船、候车、候机厅（室）应当有健全的卫生制度和必要的卫生设施，并保持室内外环境整洁、通风良好；国境口岸有关部门应当采取切实可行的措施，控制啮齿动物、病媒昆虫，使其数量降低到不足为害的程度，仓库、货场必须具有防鼠设施；国境口岸的垃圾、废物、污水、粪便必须进行无害化处理，保持国境口岸环境整洁卫生。

（二）对交通工具的卫生要求

对交通工具的卫生要求是：交通工具上的宿舱、车厢必须保持清洁卫生，通风良好;交通工具上必须备有足够的消毒、除鼠、除虫药物及器械,并备有防鼠装置;交通工具上的货舱、行李舱、货车车厢在装货前或者卸货后应当进行彻底清扫,有毒物品和食品不得混装,防止污染;对不符合卫生要求的入境、出境交通工具,必须接受卫生检疫机关的督导,立即进行改进。

(三)对饮用水、食品及从业人员的卫生要求

对饮用水、食品及从业人员的卫生要求是:国境口岸和交通工具上的食品、饮用水必须符合有关的卫生标准;国境口岸内的涉外宾馆,以及向入境、出境的交通工具提供饮食服务的部门必须取得卫生检疫机关发放的卫生许可证;国境口岸内涉外的宾馆和入境、出境交通工具上的食品、饮用水从业人员应当持有有效健康证明。

(四)对国境口岸有关单位和交通工具负责人的要求

国境口岸有关单位和交通工具负责人应遵守下列事项:遵守《国境卫生检疫法》和实施细则及有关卫生法规的规定;接受卫生监督员的监督和检查,并为其工作提供方便;按照卫生监督员的建议,对国境口岸和交通工具的卫生状况及时采取改进措施。

第七章　职业病防治法律制度

第一节　职业病防治法理论及相关问题

一、职业卫生与职业病的概念

(一)职业卫生

职业卫生,是以职业人群和作业环境为对象,通过识别、评价、预测和控制不良职业环境中有害因素对职业人群健康的影响,早期检测、诊断、治疗和康复处理职业性有害因素所致健康损害或潜在健康危险,创造安全、卫生和高效的作业环境,从而达到保护和促进职业人群的健康,提高职业生命质量的目的。[①] 职业环境中的有害因素也称为"职业性有害因素",可能产生于生产工艺过程中,也可能存在于劳动过程和生产环境中。这些有害因素在一定条件下,会对职业人群的健康和劳动能力产生不同程度的损害,称为"职业性损害"。

人的一生有相当长的一段时间要从事职业活动,职业环境、职业安全对每一位劳动者来说都非常重要。生产工作过程中产生的,或者生产工作环境中存在的可能对职业人群的健康、安全造成不良影响的一切要素或条件必须得到控制和改善。只有创造合理的生产工作条件,才能使所有职业人员在体格、精神、社会适应等方面都保持健康。只有防止职业病和与职业有关的疾病,才能降低病伤缺勤,提高劳动生产率。

(二)职业病

1. 职业病的概念

广义上的职业病,是指由于职业性有害因素引发的各种疾病。本书所探讨

① 参见孙贵范主编:《预防医学》,人民卫生出版社 2010 年版,第 63 页。

的是狭义的职业病，即法律意义上的职业病，是指企业、事业单位和个体经济组织的劳动者在职业活动中，因接触粉尘、放射性物质和其他有毒、有害物质等因素而引起的疾病。

该职业病的概念是我国现行《中华人民共和国职业病防治法》第二条的规定。考虑到目前我国的经济发展水平，《中华人民共和国职业病防治法》对职业病的范围作了限制性规定。根据法律规定，构成职业病必须符合下列条件，缺一不可：患病主体必须是企业、事业单位或者个体经济组织的劳动者；必须是在从事职业活动的过程中产生的；必须是因接触粉尘、放射性物质和其他有毒、有害物质等职业病危害因素而引起的；必须是国家公布的职业病分类和目录所列的职业病。这里的职业病危害因素包括职业活动中存在的各种有害的化学、物理、生物因素以及在作业过程中产生的其他职业有害因素。

2. 职业病的分类和目录

按照《中华人民共和国职业病防治法》的规定，职业病的分类和目录由国务院卫生行政部门会同国务院劳动保障行政部门制定、调整并公布。

根据职业活动中存在的各种有害的化学、物理、生物因素以及在作业过程中产生的其他有害因素，来划定职业病分类。1987 年我国颁布的法定职业病为九大类 99 种，2002 年 4 月调整为十大类 115 种，2013 年 12 月调整为十大类 132 种。目前，我国采用的就是 2013 年的分类和目录。这十大类职业病分别为：职业性尘肺病及其他呼吸系统疾病、职业性皮肤病、职业性眼病、职业性耳鼻喉口腔疾病、职业性化学中毒、物理因素所致职业病、职业性放射性疾病、职业性传染病、职业性肿瘤、其他职业病。2013 年调整的新目录中，将医疗卫生人员和人民警察在医疗活动或执行公务时感染的艾滋病纳入了职业性传染病中。

二、我国现行有效的职业病防治法律法规和规章

我国现行有效的职业病防治法律是 2001 年 10 月 27 日第九届全国人民代表大会常务委员会第二十四次会议通过的《中华人民共和国职业病防治法》（以下简称《职业病防治法》），2002 年 5 月 1 日起施行，2011 年第一次修正，2016 年第二次修正，2017 年第三次修正，2018 年第四次修正。其他配套实施的法规规章主要有《尘肺病防治条例》（1987 年施行）、《国家职业卫生标准管理办法》（2002 年施行）、《使用有毒物品作业场所劳动保护条例》（2002 年实施）、《工伤保险条例》（2004 年施行，2010 年 12 月修订）、《中华人民共和国国家职业卫生标准》（2007 年施行）、《核设施放射卫生防护管理规定》（1992 年施行）、《放射性同位素与射线装置放射安全和防护条例》（2005 年施行， 2014 年修订）、《放射诊疗管理规定》（2006 年发布，2016 年修改）、《放射工作人员职业健康管理办法》（2007 年实施)、《女职工劳动保护特别规定》(2012 年施行)、《职业病危害项目申报办法》(2012 年实施)、《职业卫生技术服务机构监督管理暂行办法》(2012 年实施,2015 年修正)、《用人单位职业健康监护监督管理办法》(2012 年实施)、《职业病诊断与鉴定管理办法》(2013 年施行)、《职业健康监护技术规范》(2014 年实施)、《建设项目职业病防护设施"三同时"监督管理办法》(2017 年实施)等。

这些法律法规和规章的实施,对预防、控制和消除职业危害,防治职业病,保护和增进劳动者健康,促进社会经济发展产生了积极的作用。为加强职业病防治工作,切实保障劳动者的职业健康权益,国务院于 2016 年发布了《国家职业病防治规划(2016～2020 年)》,提出了坚持依法防治的基本原则,推进职业病防治工作法治化建设,建立健全配套法律、法规和标准,依法依规开展工作。[①] 要求到 2020 年实现职业病防治法律、法规和标准体系基本完善的规划目标。

三、我国职业卫生相关法律问题

(一)我国职业病形势严峻

目前,我国职业病形势严峻。据原国家安监总局统计,中国接触职业危害的人数超过 2 亿,存在职业病危害企业 1600 万家。但这只是能统计出来的数据,还有很多存在职业病危害的用人单位、接触职业病危害的劳动者等未被统计在内。[②] 根据新华网 2015 年 6 月 19 日的报道,存在职业病危害的企业占全国企业总数的 30%以上,职业病危害接害人数逾 2 亿。[③] 职业病危害广泛分布于煤矿、非煤矿山、金属冶炼、建材、化工等 30 余个行业领域。目前,我国职业病危害正在由城市工业区向农村转移,由东部地区向中西部地区转移,由大中型企业向中小型企业转移,而我国基层和欠发达地区的职业卫生监督力量尤其薄弱。

据国际劳工组织报告,职业健康带来的损失占全球国民生产总值的 4%。按这个比例,以国家统计局发布的 2016 年我国国民总收入 742352 亿元计算,2016 年职业健康带来的损失约为 29694.08 亿元。[④] 据相关研究,职业病的间接经济

---

① 参见《国务院办公厅关于印发国家职业病防治规划(2016～2020 年)的通知》[EB/OL],(2017-01-04)[2020-03-15],http://www.gov.cn/zhengce/content/2017-01/04/content_5156356.htm.

② 参见《全球累计职业病 1.6 亿人患职业病,我国职业健康形势严峻日渐引起重视》[EB/OL],(2017-05-20)[2020-03-15],https://mini.eastday.com/a/170520012905350.html.

③ 参见《当前我国职业病危害接害人数逾 2 亿》[EB/OL],(2015-06-19)[2020-03-15],http://www.xinhuanet.com/politics/2015-06/19/c_127933401.htm.

④ 参见《全球累计 1.6 亿人患职业病,我国职业健康形势严峻日渐引起重视》[EB/OL],(2017-05-20)[2020-03-15],https://mini.eastday.com/a/170520012905350.html.

损失是直接经济损失的 6 倍。[①] 职业病所造成的直接和间接经济损失巨大，给社会、劳动者及其家庭造成了沉重的经济负担。职业危害严重妨害了公民享受宪法所规定的劳动权利和健康权利，影响着中国的社会稳定和发展，是制约社会经济可持续发展的重要因素，已逐渐成为我国主要的公共卫生问题之一。

（二）尘肺病是中国最主要的职业病

据每年的全国职业病报告情况显示，职业性尘肺病是全部报告职业病中发生最多的职业病。以 2013～2017 年为例，2013 年共报告职业病26 393例，其中尘肺病23 152例，占总例数的 87.72%；2014 年共报告职业病29 972例，尘肺病26 873例，占总例数的 89.66%；2015 年共报告职业病29 180例，尘肺病26 081例，占总例数的 89.38%；2016 年共报告职业病31 789例，尘肺病27 992例，占总例数的 88.06%；2017 年共报告职业病 26 756 例，尘肺病 22 701 例，占总例数的 84.84%。[②] 截至 2018 年年底，全国累计报告各类职业病 97 万余例，其中约 90% 是职业性尘肺病（87 万余例）。由于体检覆盖面不够、缺少证明资料难以诊断等原因，实际患病人数要高于报告人数。[③]

新华网 2015 年 6 月 19 日的报道称，近几年，国家安全监管总局对水泥生产、石材加工、石英砂加工、家具制造等职业病危害严重的行业领域进行了检测调研，检测数据可以在一定程度上反映企业的职业病危害状况。其中，检测的 55 家石英砂加工企业粉尘浓度全部超标，总粉尘浓度最高超标1 089倍，呼吸性粉尘浓度最高超标1 248倍；检测的 31 家水泥生产企业和 20 家石材加工企业的粉尘浓度全部超标，其中水泥生产企业总粉尘浓度最高超标 115 倍，呼吸性粉尘浓度最高超标 77 倍，石材加工企业总粉尘浓度最高超标 852 倍，呼吸性粉尘浓度最高超标 178 倍；检测的 85 家家具制造企业均存在 15 种以上化学毒物，苯、甲苯最高超标 121 倍。[④]

职业性尘肺病是由于在职业活动中长期吸入生产性粉尘并在肺内潴留而引起的，以肺组织弥漫性纤维化为主要表现的全身性疾病。尘肺病不可逆转，一旦发病，终生无法治愈。患者感觉胸闷，呼吸困难，肺里有咳不完的痰，随着病情的

---

① 参见《中国职业病高发，专家呼吁建全面的职业病危害预警体系》[EB/OL]，(2015-04-29)[2020-03-15]，http://finance.chinanews.com/jk/2015/04-29/7243574.shtml.

② 参见国家卫计委每年发布的《全国职业病报告情况》。

③ 参见《卫健委吴宗之司长：开展尘肺病防治攻坚 保障劳动者健康权益》[EB/OL]，(2019-09-17)[2020-03-15]，http://fangtan.china.com.cn/2019-09/18/content_75219052.htm.

④ 参见《当前我国职业病危害接害人数逾 2 亿》[EB/OL]，(2015-06-19)[2020-03-15]，http://www.xinhuanet.com/politics/2015-06/19/c_127933401.htm.

加重，患者的肺变得像石头一样坚硬，为了呼吸，他们只能坐着、跪着，直到生命的终结。据卫生行政部门的公开报告显示，尘肺病的死亡率高达22.04%。①

(三)农民工成为职业病最大受害群体

2009年，农民工职业病维权进入了公众视野。这一年的5月，100多名曾在深圳干过风钻爆破工作的湖南耒阳籍农民工向深圳市提出了维权索赔要求；同年12月，149名湖南张家界籍农民工也向深圳市提出了维权要求，后者被央视新闻报道后引起了强烈反响。同年，河南农民张海超为证明自己患了尘肺病，选择了一条非常极端的利益表达路径——“开胸验肺”，震撼了民众。

农民工已成为我国产业工人的主体，2017年全国农民工总量达到28 652万人，比上年增加481万人，增长1.7%，增速比2016年提高0.2个百分点。② 农民工是推动国家现代化建设的重要力量，为经济社会发展做出了巨大贡献③，同时农民工也成了职业病最大的受害群体，据中华社会救助基金会大爱清尘基金的保守估算，目前中国患尘肺病的农民工高达600多万人，占据了尘肺病患者总数的95%。④ 严峻的形势引起了政府的高度重视，2016年1月国家卫计委、国家发展改革委等10部委联合印发了《加强农民工尘肺病防治工作的意见》，旨在提升对农民工尘肺病问题的关注，共同维护农民工的健康权益。

(四)农民工职业危害防范意识和相关知识缺乏

农民工普遍缺乏职业危害防范和维权意识。2011年2月北京义联劳动法援助与研究中心发布的《2011年职业病调研报告》显示，在对1 026名患职业病的农民工进行调查后发现，在患病前不知道什么是职业病的占89%，在患病前未听说过自己得的这种职业病的占73.3%，在患病前没有听说过《职业病防治法》或《工伤保险条例》的比例高达92.3%。⑤ 吴彩云等对东莞市农民工1 953人进行的职业病危害知晓情况调查显示，在45个知识问答中，回答正确40个及以上的为“完全知晓”，仅占6.2%；回答正确27～40个的为“知晓”，占11.3%；回答正确

① 参见《600万尘肺农民工困境待解“最严重职业病终获正视”》[EB/OL]，(2016-11-06)[2020-03-15]，http://china.caixin.com/2016-01-22/100902858.html.

② 参见《2017年农民工监测调查报告》[EB/OL]，(2018-04-27)[2020-03-15]，http://www.stats.gov.cn/tjsj/zxfb/201804/t20180427_1596389.html.

③ 参见《关于加强农民工尘肺病防治工作的意见》[EB/OL]，(2016-01-20)[2020-03-15]，http://www.gov.cn/xinwen/2016-01/20/content_5034820.htm.

④ 参见《600万尘肺农民工困境待解“最严重职业病终获正视”》[EB/OL]，(2016-11-06)[2020-03-15]，http://china.caixin.com/2016-01-22/100902858.html.

⑤ 参见《职业病调研报告(2011年2月)》[EB/OL]，(2012-04-17)[2020-03-15]，http://www.yilianlabor.cn/yanjiu/2012/964.html.

15～26 个的为“部分知晓”，占17.0%；低于 15 个的为“不知晓”，占 65.4%。① 可见，农民工职业病防范意识较差，不知道如何保护自己的合法权益，一旦出现健康问题难以证明劳动关系，无法得到及时的诊断、治疗和赔偿。

农民工参加医疗保险的比例非常低，职业病患者的待遇落实情况也不好。杨乐华等对湖南省11 280名农民工职业病患者待遇落实情况的调查显示：用人单位为职业病责任主体的占 71.90%，有 27.25% 的人落实了工伤保险待遇，13.53%的人获得了一次性赔偿，38.38%的人获得了民政及其他社会救助，20.84%的人未获任何医疗和生活待遇补偿。② 2016 年 1 月，10 部委联合印发的《加强农民工尘肺病防治工作的意见》强调，要大力推进《劳动合同法》和《工伤保险条例》的贯彻落实，规范用人单位劳动用工管理，督促其依法与农民工签订劳动合同，按时足额为农民工缴纳工伤保险费。对于不依法签订劳动合同、不按规定缴纳工伤保险费的，各级人力资源社会保障行政部门要及时查处。然而，据国家统计局 2016 年农民工监测调查报告显示，2016 年与雇主或单位签订了劳动合同的农民工比重为 35.1%，比上年下降 1.1 个百分点。其中，外出农民工与雇主或单位签订劳动合同的比重为 38.2%，比上年下降 1.5 个百分点；本地农民工与雇主或单位签订劳动合同的比重为 31.4%，比上年下降 0.3 个百分点。③

(五)强化行业自律和加强监管是职业病防治工作的重点

现实中，部分用人单位主要负责人法治意识不强，对改善作业环境、提供防护用品、组织职业健康检查投入不足，农民工、劳务派遣人员等的职业病防护得不到有效保障。而要想真正预防、控制和消除职业病的危害，必须加强用人单位的自律意识，让用人单位真正成为职业病防治责任主体。要督促职业病危害严重的用人单位建立防治管理责任制，健全岗位责任体系，做到责任到位、投入到位、监管到位、防护到位、应急救援到位。要推动企业依法设立职业卫生管理机构，配备专(兼)职管理人员和技术人员。通过经验推广、示范创建等方式，引导用人单位发挥主体作用，自主履行法定义务。

我国职业卫生监管力量还较为薄弱。2018 年国务院机构改革之前，监管

---

① 参见吴彩云、吴建军、章晓峰：《东莞市工厂农民工职业病危害相关知识认知水平及防治策略》，《现代治疗与诊断》2016 年第 4 期。

② 参见杨乐华、肖云龙、陈伯良：《湖南省农民工职业病患病与待遇落实情况调查》，《中华劳动卫生职业病杂志》2016 年第 8 期。

③ 参见《2016 年农民工监测调查报告》[EB/OL]，(2017-04-28)[2020-03-15]，http://www.stats.gov.cn/tjsj/zxfb/201704/t20170428_1489334.html.

职责归各级安全生产监督管理局。2014 年,国家安全监管总局开展了“工作场所职业卫生监督执法年”活动,即使在这样的专项执法活动中,有 4 个省全年职业卫生监督执法为零罚款,部分地区执法工作存在畏难情绪,对一些严重违法违规行为不敢处罚、不愿处罚。① 职业卫生监管能力不足,部分地区基层监管力量薄弱,对危害信息掌握不全,对重点职业病及职业相关危害因素监测能力不足。

2018 年国务院机构改革后,职业卫生的监督管理由卫生行政部门承担,同样存在监管力量薄弱的问题。所以,要加强职业卫生监管网络建设,逐步健全监管执法队伍,大力提升基层监督管理水平,重点加强县、乡级职业卫生监督执法能力和装备建设。督促用人单位加强对农民工、劳务派遣人员等职业病危害高风险人群的职业健康管理。扩大监督检查覆盖范围,加大对重点行业、重点企业、存在职业病危害的建设项目以及职业卫生技术服务机构、职业病诊断机构和职业健康检查机构的监督检查力度,开展职业卫生服务监督检查行动,严肃查处违法违规行为,充分利用行政执法手段来推进企业做好职业病防治工作。

(六)加强职业病研究和科技成果转化

职业病的防治离不开科学研究和新技术的使用,要鼓励和支持研制、开发、推广、应用有利于职业病防治和保护劳动者健康的新技术、新工艺、新设备、新材料,依靠科技进步,减少有害物质的使用,提倡用无毒替代有毒、低毒替代高毒,有计划地限制使用或者淘汰危害严重的技术、工艺、设备及材料。《全国职业病防治规划(2016～2020 年)》要求:鼓励和支持职业病防治基础性科研工作,推进发病机理研究,在重点人群和重点行业开展流行病学调查,开展早期职业健康损害、新发职业病危害因素和疾病负担等研究,为制定防治政策提供依据。重点攻关职业性尘肺病、化学中毒、噪声聋、放射性疾病等防治技术,以及粉尘、化学因素等快速检测技术。加快科技成果转化应用工作,加强国际合作,吸收、借鉴和推广国际先进科学技术和成功经验,提高职业病防治科学技术水平。②

---

① 参见《安监总局 2014 年职业卫生监督执法情况通报》[EB/OL],(2015-03-27)[2020-03-15],http://www.zywsw.com/news/6153.html.

② 参见《国务院办公厅关于印发国家职业病防治规划(2016～2020 年)的通知》[EB/OL],(2017-01-04)[2020-03-15],http://www.gov.cn/zhengce/content/2017-01/04/content_5156356.htm.

第五节 职业病防治法律规定

本节重点介绍《职业病防治法》中的相关内容。

一、职业病防治的方针和机制

《基本医疗卫生与健康促进法》对职业病防治的总体纲领是:“国家加强职业健康保护。县级以上人民政府应当制定职业病防治规划,建立健全职业健康工作机制,加强职业健康监督管理,提高职业病综合防治能力和水平。用人单位应当控制职业病危害因素,采取工程技术、个体防护和健康管理等综合治理措施,改善工作环境和劳动条件”(第二十三条)。

有关职业病防治的方针和机制,我国《职业病防治法》第三条明确指出:“职业病防治工作坚持预防为主、防治结合的方针,建立用人单位负责、行政机关监管、行业自律、职工参与和社会监督的机制,实行分类管理、综合治理。”

职业病采用“三级预防”原则,其中,一级预防也称“病因预防”,主要是从源头上预防,如国家鼓励和支持研制、开发、推广、应用有利于职业病防治和保护劳动者健康的新技术、新工艺、新设备、新材料。依靠科技进步,减少有害物质的使用,提倡用无毒替代有毒、低毒替代高毒,有计划地限制使用或者淘汰危害严重的技术、工艺、设备及材料。《职业病防治法》要求,存在职业病危害因素的用人单位需要进行职业病危害项目申报,建设项目要进行职业病危害预评价、职业病防护设施验收及危害控制效果评价等。二级预防也称“临床前期预防”,是指当一级预防措施未能有效防止和控制有害因素对劳动者的损害时,对劳动者实施职业健康检查,早期发现职业损害,及时给予合理处置,并进行有效治疗,防止损害的进一步发展。三级预防也称“临床预防”,是对职业病患者进行救治康复。

职业病病因明确,大多数职业病目前尚无特效治疗方法,如果能早期发现并及时合理处理,则患者容易恢复,预后较好,发现越晚疗效越差。从病因学上看,职业病完全可以预防,所以做好一级、二级预防工作是关键。而一旦危害发生,就要积极地采取有效的控制措施,或者启动应急预案,尽可能地降低职业病危害的后果和损失,特别是发生急性职业病危害事故时,用人单位应立即采取应急救援和控制措施,立即对受害人员进行救治。对于已经诊断为职业病的患者,必须依法予以治疗,最大限度地恢复其健康水平,提高其生命质量。

职业病的防治需要共管共治的机制。劳动者依法享有职业卫生保护权,用人单位应为劳动者创造符合国家职业卫生标准和卫生要求的工作环境和条件,并采取措施保障劳动者获得职业卫生保护,对本单位产生的职业病危害承担责任。工会组织依法对职业病防治工作进行监督，维护劳动者的合法权益。各级监管部门要在各自的职责范围内，负责职业病防治的监督管理工作，并加强对职业病防治的宣传教育，普及职业病防治知识，增强用人单位的职业病防治观念，提高劳动者的职业健康意识、自我保护意识和行使职业卫生保护权利的能力。任何单位和个人有权对违反《职业病防治法》的行为进行检举和控告。

应根据不同职业病危害的致病性质、严重程度等，采取不同的管理措施，在职业病防治活动中采取一切有效的管理和技术措施，实行包括立法、行政、经济、科技、民主管理和社会监督等综合治理措施。

二、政府及职业卫生监管部门的职责

（一）政府职责

国务院和县级以上地方人民政府应当制定职业病防治规划，将规划纳入国民经济和社会发展计划，并组织实施。

县级以上地方人民政府统一负责领导、组织、协调本行政区域的职业病防治工作，建立健全职业病防治工作体制、机制，统一领导、指挥职业卫生突发事件应对工作，加强职业病防治能力建设和服务体系建设，完善、落实职业病防治工作责任制。乡、民族乡、镇的人民政府应支持职业卫生监督管理部门依法履行职责。

（二）职业卫生监管部门职责

国家实行职业卫生监督制度。国务院卫生行政部门、劳动保障行政部门依照职业病防治法和国务院确定的职责，负责全国职业病防治的监督管理工作。国务院其他有关部门在各自的职责范围内负责职业病防治的有关监督管理工作。

县级以上地方人民卫生行政部门、劳动保障行政部门依据各自职责，负责本行政区域内职业病防治的监督管理工作。县级以上地方人民政府有关部门在各自的职责范围内负责职业病防治的有关监督管理工作。

卫生行政部门与劳动保障行政部门职责的划分主要是：劳动保障行政部门主要负责对工伤保险的监督管理，确保劳动者依法享受工伤保险待遇；卫生行政部门承担其他包括职业卫生在内的监督检查、职业病诊断与鉴定等监督管理工作。

三、职业病的前期预防

前期预防主要是要求用人单位依法严格遵守国家职业卫生标准，落实职业病预防措施，从源头上控制和消除职业病的危害。目前实施的职业卫生标准是国务院卫生行政部门2007年组织制定的，分为强制性标准和推荐性标准。

(一)用人单位的工作场所要求

产生职业病危害的用人单位设立时除了应当符合法律法规规定的设立条件外，其工作场所还应符合下列要求：

(1)职业病危害因素的强度或浓度符合国家职业卫生标准。

(2)有与职业病危害防护相适应的设施。

(3)生产布局合理，符合有害与无害作业分开的原则。

(4)有配套的更衣间、洗浴间、孕妇休息间等卫生设施。

(5)设备、工具、用具等设施符合保护劳动者生理、心理健康的要求。

(6)符合法律、行政法规和国务院卫生行政部门关于保护劳动者健康的其他要求。

(二)职业病危害项目申报

国家建立职业病危害项目申报制度。用人单位工作场所存在职业病目录所列职业病的危害因素的，应及时、如实向所在地卫生行政部门申报危害项目，接受监督。未按规定及时、如实申报的，卫生行政部门依法予以警告，可以并处5万元以上10万元以下的罚款。

为加强对职业危害的监督管理，2012年4月27日，国务院安全生产监督管理部门公布了《职业病危害项目申报办法》，自2012年6月1日起实施。按照该申报办法的规定，申报时应同时采取电子数据和纸质文本两种方式，提交《职业病危害项目申报表》和下列文件、资料：用人单位的基本情况，工作场所职业病危害因素种类、分布情况以及接触人数，法律、法规和规章规定的其他文件、资料。

用人单位有下列情形之一的，应向原申报机关申报变更职业病危害项目内容：进行新建、改建、扩建、技术改造或者技术引进建设项目的，自建设项目竣工验收之日起30日内进行申报；因技术、工艺、设备或者材料等发生变化导致原申报的职业病危害因素及其相关内容发生重大变化的，自发生变化之日起15日内进行申报；用人单位工作场所、名称、法定代表人或者主要负责人发生变化的，自发生变化之日起15日内进行申报；经过职业病危害因素检测、评价，发现原申报内容发生变化的，自收到有关检测、评价结果之日起15日内进行申报。

监督管理部门应建立职业病危害项目管理档案，包括辖区内存在职业病危害因素的用人单位数量、职业病危害因素种类、行业及地区分布、接触人数等内容。

(三)建设项目职业病危害预评价

预评价，顾名思义就是预先评价。新建、扩建、改建建设项目和技术改造、技术引进项目可能产生职业病危害的，建设单位在可行性论证阶段应当进行职业病危害预评价。预评价报告应当对建设项目可能产生的职业病危害因素及其对工作场所和劳动者健康的影响作出评价,确定危害类别和职业病防护措施。

预评价报告由取得资质的职业卫生技术服务机构作出。职业卫生技术服务机构是指依法取得资质,为建设项目提供职业病危害预评价、职业病危害控制效果评价,为用人单位提供职业病危害因素检测、职业病危害现状评价、职业病防护设备设施与防护用品的效果评价等技术服务的机构。

医疗机构建设项目可能产生放射性职业病危害的,建设单位应向卫生行政部门提交放射性职业病危害预评价报告。卫生行政部门自收到报告之日起 30 日内,作出审核决定并书面通知建设单位。未提交预评价报告或者预评价报告未经卫生行政部门审核同意的,不得开工建设。

(四)职业病防护设施验收及危害控制效果评价

职业病防护设施是指用于消除或者降低工作场所的职业病危害因素的浓度或强度,预防和减少职业病危害因素对劳动者健康的损害或影响,保护劳动者健康的设备、设施、装置、构(建)筑物等的总称。2017 年 1 月,国家安全生产监督管理总局公布了《建设项目职业病防护设施"三同时"监督管理办法》,于 2017 年 5 月 1 日起实施。该监督管理办法对职业病防护设施设计、职业病危害控制效果评价与防护等作了详细的规定。

建设项目职业病防护设施必须与主体工程同时设计、同时施工、同时投入生产和使用,这被称为建设项目职业病防护设施的"三同时"管理制度。建设单位应优先采用有利于保护劳动者健康的新技术、新工艺、新设备和新材料,职业病防护设施所需费用应纳入建设项目工程预算。

职业病防护设施设计应符合国家职业卫生标准和卫生要求。医疗机构放射性职业病危害严重的建设项目的防护设施设计,应经卫生行政部门审查同意后,方可施工。

建设项目在竣工验收前,建设单位应进行职业病危害控制效果评价。医疗机构可能产生放射性职业病危害的建设项目竣工验收时,其放射性职业病防护设施经卫生行政部门验收合格后,方可投入使用。其他建设项目的职业病防护设施由建设单位负责依法组织验收,合格后方可投入生产和使用。

建设单位违反上述规定的,应依法承担相应的法律责任。

四、劳动过程中的防护与管理

劳动过程中的防护与管理是用人单位为保护劳动者职业卫生权利得以实现,在劳动过程中所应采取的相关防护措施、服务和管理等。用人单位应保障职业病防治所需的资金投入,不得挤占、挪用,并对因资金投入不足导致的后果承担责任。卫生行政部门应加强对用人单位落实职业病防护管理措施情况的监督检查,依法行使职权。

用人单位违反法律规定的,要依法承担法律责任;造成重大职业病危害事故或其他严重后果构成犯罪的,要对直接负责的主管人员和其他直接责任人员依法追究刑事责任。

(一)劳动者享有职业卫生保护权利

劳动者享有如下职业卫生保护权利:

(1)获得职业卫生教育、培训。

(2)获得职业健康检查、职业病诊疗、康复等职业病防治服务。

(3)了解工作场所产生或可能产生的职业病危害因素、危害后果和应当采取的职业病防护措施。

(4)要求用人单位提供符合防治职业病要求的职业病防护设施和个人使用的职业病防护用品,改善工作条件。

(5)对违反职业病防治法律、法规以及危及生命健康的行为提出批评、检举和控告。

(6)拒绝违章指挥和强令进行没有职业病防护措施的作业。

(7)参与用人单位职业卫生工作的民主管理,对职业病防治工作提出意见和建议。

用人单位应保障劳动者行使上述权利,不得因劳动者依法行使正当权利而降低其工资、福利等待遇或者解除、终止与其订立的劳动合同。

(二)用人单位采取必要的防治管理措施

在劳动过程中,用人单位应采取下列职业病防治管理措施:

(1)设置或指定职业卫生管理机构或组织,配备专(兼)职的职业卫生专业人员,负责本单位的职业病防治工作。

(2)制定职业病防治计划和实施方案。

(3)建立、健全职业卫生管理制度和操作规程。

(4)建立、健全职业卫生档案和劳动者健康监护档案。

(5)建立、健全工作场所职业病危害因素监测及评价制度。

(6)建立、健全职业病危害事故应急救援预案。

(三)采取有效的防护设施,配置急救用品

用人单位必须采用有效的职业病防护设施,并为劳动者提供个人使用的职业病防护用品。对可能发生急性职业损伤的有毒、有害工作场所,用人单位应设置报警装置,配置现场急救用品、冲洗设备、应急撤离通道和必要的泄险区。对放射工作场所和放射性同位素的运输、贮存,必须配置防护设备和报警装置,保证接触放射线的工作人员佩戴个人剂量计。

对职业病防护设备、应急救援设施和个人使用的职业病防护用品，用人单位应进行经常性的维护、检修，定期检测其性能和效果，确保其处于正常状态，不得擅自拆除或停止使用。

（四）禁止转移危害作业，鼓励技术工艺的更新换代

任何单位和个人不得将产生职业病危害的作业转移给不具备职业病防护条件的单位和个人。不具备职业病防护条件的单位和个人也不得接受产生职业病危害的作业。

随着科学技术的发展，技术工艺的更新换代很快，国家鼓励用人单位加快对生产技术、工艺、材料的改进，以减少职业病的发生和对劳动者的危害。用人单位应优先采用有利于防治职业病和保护劳动者健康的新技术、新工艺、新设备、新材料，逐步替代职业病危害严重的技术、工艺、设备、材料。

（五）告知职业危害和设置警示标识

职业危害告知义务由用人单位承担，包括在劳动场所设置公告栏告知和在劳动合同中告知。

产生职业病危害的用人单位应在醒目位置设置公告栏，公布有关职业病防治的规章制度、操作规程、职业病危害事故应急救援措施和工作场所职业病危害因素检测结果。对产生严重职业病危害的作业岗位，应在其醒目位置设置警示标志和中文警示说明，说明危害的种类、后果、预防以及应急救治措施等。

用人单位与劳动者订立劳动合同或聘用合同时，应将工作过程中可能产生的职业病危害及其后果、职业病防护措施和待遇等如实告知劳动者，并在劳动合同中写明，不得隐瞒或欺骗。因工作岗位或工作内容变更而使劳动者从事与所订立劳动合同中未告知的存在职业病危害的作业时，用人单位应向劳动者履行如实告知的义务，并协商变更原劳动合同相关条款。

（六）职业病危害因素的日常监测、检测和评价

用人单位应实施由专人负责的职业病危害因素日常监测，并确保监测系统处于正常运行状态；定期对工作场所进行职业病危害因素检测、评价，将结果存入职业卫生档案，定期向当地卫生行政部门报告并向劳动者公布。

发现工作场所职业病危害因素不符合国家职业卫生标准和卫生要求时，用人单位应立即采取相应治理措施，仍然达不到标准和要求的，必须停止该危害作业，治理达标后方可重新作业。

对职业病危害因素的检测、评价由取得资质的职业卫生技术服务机构作出，所作检测、评价应当客观、真实。

(七)供货商提供职业危害说明书和警示说明

供货商向用人单位提供可能产生职业病危害的设备时,应提供中文说明书,并在设备的醒目位置设置警示标志和中文警示说明,载明设备的性能、可能产生的职业病危害、安全操作和维护注意事项、职业病防护以及应急救治措施等内容。向用人单位提供可能产生职业病危害的化学品、放射性同位素和含有放射性物质的材料时,应提供中文说明书,载明产品特性、主要成分、存在的有害因素、可能产生的危害后果、安全使用注意事项、职业病防护以及应急救治措施等内容。产品包装上应当有醒目的警示标志和中文警示说明。贮存上述材料的场所应在规定的部位设置危险物品标志或者放射性警示标志。

国内首次使用或首次进口与职业病危害有关的化学材料时,使用单位或进口单位应按照国家规定,经国务院有关部门批准后,向国务院卫生行政部门报送该化学材料的毒性鉴定以及经有关部门登记注册或批准进口的文件等资料(进口放射性同位素、射线装置和含有放射性物质的物品的,按照国家有关规定办理)。任何单位和个人不得生产、经营、进口和使用国家明令禁止使用的可能产生职业病危害的设备或材料。

(八)加强职业卫生培训

用人单位的主要负责人和职业卫生管理人员应当接受职业卫生培训。用人单位应当对劳动者进行上岗前的职业卫生培训和在岗期间的定期培训,普及职业卫生知识,督促劳动者遵守职业病防治法律、法规、规章和操作规程,指导劳动者正确使用职业病防护设备和个人防护用品。作为义务,劳动者应学习并掌握相关的法律规定,遵守操作规程,正确使用职业病防护设备和防护用品,发现职业病危害事故隐患时及时报告。

(九)组织职业健康检查并建立职业健康监护档案

职业健康监护是以预防职业病为目的,根据劳动者的职业史,通过定期或不定期的健康检查和健康相关资料的收集,连续性地监测劳动者的健康状况,分析其健康变化与所接触的职业危害因素的关系,并及时将健康检查资料和分析结果报告给用人单位和劳动者本人,以便采取干预措施,保护劳动者的健康。

用人单位应建立健全劳动者职业健康监护制度,依法落实职业健康监护工作。对从事接触职业病危害作业的劳动者,用人单位应按规定组织上岗前、在岗期间和离岗时的职业健康检查,并将检查结果书面告知劳动者。不得安排未经上岗前健康检查的劳动者从事接触职业病危害的作业,不得安排有职业禁忌的劳动者从事其所禁忌的作业,不得安排未成年人从事接触职业病危害因素的作业,不得安排孕期、哺乳期的女职工从事对本人和胎儿、婴儿有危害的作业。对在职业健康检查中发现有与所从事的职业相关的健康损害的劳动者,应调离原工作岗位，并妥善安置。对未进行离岗前职业健康检查的劳动者，不得解除或终止与其订立的劳动合同。

这里所称的“职业禁忌”，是指劳动者从事特定职业或接触特定职业病危害因素时，比一般职业人群更易于遭受职业病危害和罹患职业病或可能导致原有自身疾病病情加重，或者在从事作业过程中诱发可能导致对他人生命健康构成危险的疾病的个人特殊生理或病理状态。

用人单位应为劳动者建立职业健康监护档案，档案中包括劳动者的职业史、职业病危害接触史、职业健康检查结果和职业病诊疗资料等个人健康资料。劳动者离开用人单位时，有权索取本人的职业健康监护档案复印件，用人单位应当如实、无偿提供，并在所提供的复印件上签章。

为规范用人单位的职业健康监护工作，加强对职业健康监护的监督管理，保护劳动者的健康及其相关权益，国家安全生产监督管理总局制定了《用人单位职业健康监护监督管理办法》和《职业健康监护技术规范》，分别于2012年6月1日和2014年10月1日起实施。

（十）职业危害事故的应急处置与报告

职业危害事故是指一次发生急性职业病人数多、危害严重的事故。一般事故是指发生急性职业病10人以下的事故；重大事故是指发生急性职业病10人以上50人以下或死亡5人以下，或者发生职业性炭疽5人以下的事故；特大事故是指发生急性职业病50人以上或死亡5人以上，或者发生职业性炭疽5人以上的事故。

发生或者可能发生急性职业病危害事故时，用人单位应立即采取应急救援和控制措施，并及时报告所在地的卫生行政部门。卫生行政部门应及时会同有关部门组织调查处理，必要时可采取临时控制措施，同时组织做好医疗救治工作。对遭受或可能遭受急性职业病危害的劳动者，用人单位应及时组织救治，进行健康检查和医学观察，最大限度地减轻人身伤害。

五、职业病诊断与职业病患者保障

（一）职业病诊断

1. 职业病诊断机构

取得“医疗机构执业许可证”并同时具备下列3个条件的医疗卫生机构，可依法向省级卫生行政部门提出申请，获得职业病诊断机构批准证书后开展职业病诊断工作。这3个条件是：具有与开展职业病诊断相适应的医疗卫生技术人员，具有与开展职业病诊断相适应的仪器、设备，具有健全的职业病诊断质量管理制度。

劳动者可以在用人单位所在地、本人户籍所在地或经常居住地的职业病诊断机构进行职业病诊断。承担职业病诊断的医疗卫生机构不得拒绝劳动者进行职业病诊断的要求。

2. 职业病诊断依据和原则

为规范职业病诊断与鉴定工作，加强职业病诊断与鉴定管理，国务院卫生行政部门制定了《职业病诊断与鉴定管理办法》，自 2013 年 4 月 10 日起施行。职业病诊断与鉴定工作应按照《职业病防治法》《职业病诊断与鉴定管理办法》的规定及国家职业病诊断标准进行，遵循科学、公正、及时、便民的原则。

职业病诊断应当综合分析下列因素：患者的职业史，职业病危害接触史和工作场所职业病危害因素情况，临床表现以及辅助检查结果等。没有证据否定职业病危害因素与患者临床表现之间的必然联系的，应当诊断为职业病。

职业病诊断证明书应当由参与诊断的取得职业病诊断资格的执业医师签署，并经承担职业病诊断职责的医疗卫生机构审核盖章。承担职业病诊断职责的医疗卫生机构和人员不得出具虚假证明文件，否则要承担相应的行政法律责任，情节严重的可被取消诊断资格，构成犯罪的要依法承担刑事责任。

3. 职业病诊断、鉴定资料的提供

职业病诊断、鉴定所需的劳动者职业史和职业病危害接触史、工作场所职业病危害因素检测结果等资料由用人单位如实提供。用人单位不提供工作场所职业病危害因素检测结果等资料的，诊断、鉴定机构应结合劳动者的临床表现、辅助检查结果和劳动者的职业史、职业病危害接触史，并参考劳动者的自述、卫生行政部门提供的日常监督检查信息等作出职业病诊断和鉴定结论。

劳动者和有关机构也应当提供与职业病诊断、鉴定有关的资料。职业病诊断、鉴定机构需要了解工作场所职业病危害因素的情况时，可以对工作场所进行现场调查，也可以向卫生行政部门提出，卫生行政部门应在 10 日内组织现场调查，用人单位不得拒绝、阻挠。

劳动者对用人单位提供的工作场所职业病危害因素检测结果等资料有异议，或用人单位解散、破产，无用人单位提供上述资料的，诊断、鉴定机构应提请卫生行政部门进行调查，卫生行政部门自接到申请之日起 30 日内对存在异议的资料或工作场所职业病危害因素情况作出判定，有关部门应当配合。

在确认劳动者职业史、职业病危害接触史时，当事人对劳动关系、工种、工作岗位或者在岗时间有争议的，可向当地劳动人事争议仲裁委员会申请仲裁，仲裁委员会应在 30 日内作出裁决。当事人在仲裁过程中对自己提出的主张有责任提供证据。劳动者无法提供由用人单位掌握管理的与仲裁主张有关的证据的，仲裁庭应要求用人单位在指定期限内提供。用人单位不提供的，应承担不利后果。

劳动者对仲裁裁决不服的，可依法向法院提起诉讼。用人单位对仲裁裁决不服的，可以在职业病诊断、鉴定程序结束之日起15日内依法向法院提起诉讼。诉讼期间，劳动者的治疗费用按照职业病待遇规定的途径支付。

4. 职业病诊断鉴定

当事人对职业病诊断有异议的，可以向作出诊断的医疗卫生机构所在地卫生行政部门申请鉴定。职业病诊断争议由设区的市级以上卫生行政部门根据当事人的申请，组织职业病诊断鉴定委员会进行鉴定，当事人对鉴定结论不服的，可以向省级卫生行政部门申请再鉴定。

诊断鉴定委员会应按职业病诊断标准和职业病诊断与鉴定办法进行诊断鉴定，向当事人出具职业病诊断鉴定书。鉴定委员会组成人员应遵守职业道德，客观、公正地进行诊断鉴定，并承担相应的责任。委员会组成人员不得私下接触当事人，不得收受当事人的财物或其他好处，与当事人有利害关系的应当回避。

5. 职业病报告和统计

用人单位和医疗卫生机构发现职业病患者或疑似职业病患者时，应及时向所在地的卫生行政部门报告。确诊为职业病的，用人单位还应向所在地的劳动保障部门报告。

县级以上地方人民政府卫生行政部门负责本行政区域内的职业病统计报告的管理工作，并按照规定上报。

（二）职业病患者保障

职业病患者保障包括患者获得及时确诊、治疗、康复和岗位津贴，获得工伤保险待遇、社会救济等。

1. 获得及时确诊

医疗卫生机构发现疑似职业病患者时，应告知劳动者本人并及时通知用人单位，用人单位应及时安排对疑似职业病患者进行诊断。在诊断或医学观察期间，不得解除或终止与其订立的劳动合同。疑似职业病患者在诊断、医学观察期间的费用由用人单位承担。

2. 获得治疗、康复和岗位津贴

用人单位要保障职业病患者依法享受国家规定的职业病待遇。按照国家有关规定，安排职业病患者进行治疗、康复和定期检查，对不适宜继续从事原工作的职业病患者，应调离原岗位并妥善安置。职业病患者变动工作单位后，其依法享有的待遇不变。用人单位在发生分立、合并、解散、破产等情形时，应对从事接触职业病危害因素作业的劳动者进行健康检查，并按有关规定妥善安置职业病患者。用人单位对从事接触职业病危害因素作业的劳动者应当给予适当的岗位津贴。

3. 获得工伤保险待遇

职工患职业病的，应认定为工伤。为保障因工作遭受事故伤害或患职业病的职工获得医疗救治和经济补偿，促进工伤预防和职业康复，分散用人单位的工伤风险，国家制定了《工伤保险条例》，于 2004 年 1 月 1 日起施行，2010 年 12 月进行了修订。

职工被诊断、鉴定为职业病的，所在单位应自被诊断、鉴定为职业病之日起 30 日内，向统筹地区社会保险行政部门提出工伤认定申请。用人单位未提出申请的，工伤职工或其直系亲属、工会组织在被诊断、鉴定为职业病之日起 1 年内，可直接向用人单位所在地统筹地区劳动保障行政部门提出工伤认定申请。

职业病患者的诊疗、康复费用，伤残以及丧失劳动能力的职业病患者的社会保障，按照国家有关工伤保险的规定执行。职业病患者除依法享有工伤保险外，依照有关民事法律，尚有获得赔偿的权利的，有权向用人单位提出赔偿要求。

劳动者被诊断患有职业病，但用人单位没有依法参加工伤保险的，其医疗和生活保障由该用人单位承担。

4. 获得社会救济

用人单位已经不存在或者无法确认劳动关系的职业病患者，可以向地方人民政府医疗保障、民政部门申请医疗救助和生活等方面的救助。地方各级人民政府应根据本地区的实际情况，采取其他措施，使这些职业病患者获得医疗救治。

六、监督检查

（一）监督部门及执法人员的执法要求

职业卫生监督管理部门应加强队伍建设，提高职业卫生监督执法人员的政治、业务素质，依法建立、健全内部监督制度，对其工作人员执行法律、法规和遵守纪律的情况进行监督检查。

职业卫生监督执法人员应依法经过资格认定。依法执行职务时，应当出示监督执法证件，忠于职守，秉公执法，严格遵守执法规范，涉及用人单位秘密的，应当为其保密。

卫生行政部门及其执法人员履行职责时，不得有下列行为：对不符合法定条件的，发给建设项目有关证明文件、资质证明文件或者予以批准；对已经取得有关证明文件的，不履行监督检查职责；发现用人单位存在职业病危害因素，可能造成职业病危害事故的，不及时依法采取控制措施；其他违反《职业病防治法》的行为。

（二）监督检查措施的采用

卫生行政部门履行监督检查职责时，有权采取下列措施：进入被检查单位和职业病危害现场，了解情况，调查取证；查阅或复制与违反职业病防治法律、法规的行为有关的资料和采集样品；责令违法单位和个人停止违法行为。

发生职业病危害事故，或者有证据证明危害状态可能导致职业病危害事故发生时，卫生行政部门可以采取下列临时控制措施：责令暂停导致职业病危害事故的作业，封存造成职业病危害事故或者可能导致职业病危害事故发生的材料和设备，组织控制职业病危害事故现场。在职业病危害事故或者危害状态得到有效控制后，卫生行政部门应当及时解除控制措施。

第八章　精神卫生法律制度

第一节　精神卫生法理论及相关问题

一、精神卫生与精神障碍的含义

（一）精神卫生

精神卫生也称“心理卫生”，是指精神健康状态以及一切旨在促进精神健康的政策、行动和措施。①

在中文的语境中，精神卫生和心理卫生基本是同义词，精神卫生和精神健康基本也是同义词，尤其是在表示健康状态时经常混用，但两者稍有差异。1986年，世界卫生组织将精神健康定义为“个体能够认识自身能力，能够应对正常的生活应激，能够有效地工作，以及能够对所在社区做出贡献的良好状态”；对精神卫生的解释是：直接或间接地与维护良好的精神状态相关的、范围广泛的活动，具体包括为精神障碍患者提供治疗和康复服务，预防精神障碍、促进精神健康。②从世界卫生组织对“精神健康”和“精神卫生”的解释可以看出，“精神健康”强调的是一种状态，“精神卫生”更侧重于为了健康而进行的活动。从活动角度讲，精神卫生有广义和狭义之分，狭义的精神卫生是指精神障碍的预防、医疗和康复工作，即对精神障碍患者早期发现，及时治疗，有效康复，最终令其回归社会。广义的精神卫生除了上述内容外，还包括促进全体公民心理健康的内容，即通过政府及有关部门、用人单位、学校、新闻媒体等的工作，促进公民了解精神卫生知识，提高社会公众的心理健康水平。③

---

① 参见陶芳标、李十月主编：《公共卫生学概论》，科学出版社2017年版，第296页。

② 参见陶芳标、李十月主编：《公共卫生学概论》，科学出版社2017年版，第296页。

③ 参见汪建荣主编：《卫生法》，人民卫生出版社2013年版，第291页。

世界卫生组织的精神健康定义与中文中所说的"心理健康"含义一致。我们所说的"心理健康",是指人在成长和发展过程中,认知合理、情绪稳定、行为适当、人际和谐、适应变化的一种完好状态。所以,在中国语境中,百姓们更多的是说"心理健康",指的是一种状态。

(二)精神障碍

精神障碍是指在各种生物学、心理学以及社会环境因素的影响下,人的中枢神经系统功能失调,进而出现以认知、情感、意志和行为等各种精神活动异常为主要临床表现的一类疾病的总称。在医学上,精神障碍和精神病是两个不同的概念。精神病特指具有幻觉、妄想或明显精神运动兴奋或抑制等精神病性症状的精神障碍,最典型的如精神分裂症、偏执性精神病、重性躁狂症等。精神障碍的含义较为宽泛,精神病只是其中的一小部分。

现行的国际疾病诊断分类《精神与行为障碍分类》(ICD-10)把精神障碍分为10大类72小类,近400种疾病。这10大类分别为:

(1)器质性精神障碍,如阿尔茨海默病。

(2)使用精神活性物质所致的精神和行为障碍,如酒精依赖综合征。

(3)精神分裂症、分裂型障碍和妄想性障碍。

(4)心境(情感)障碍,如抑郁症和躁狂症。

(5)神经症性、应激相关的及躯体形式障碍,如焦虑症。

(6)伴有生理紊乱及躯体因素的行为综合征,如失眠症。

(7)成人人格与行为障碍,如偏执型人格障碍。

(8)精神发育迟滞,即通常所说的"智力低下"。

(9)心理发育障碍,如儿童孤独症。

(10)通常起病于童年与少年期的行为和情绪障碍,如注意缺陷多动障碍。

按照病情的程度,分为严重精神障碍和常见精神障碍。严重精神障碍是指精神疾病症状严重,导致患者社会适应等功能严重损害,对自身健康状况或者客观现实不能完整认识,或者不能处理自身事务的精神障碍。我国目前将精神分裂症、持久的妄想性障碍(偏执性精神病)、分裂情感障碍、双相情感障碍、癫痫所致精神障碍、精神发育迟滞伴发精神障碍这6种精神疾病列为严重精神障碍,并且把这6种严重精神疾病纳入了公共卫生服务项目。

二、我国现行有效的精神卫生法律法规和规章

我国现行有效的精神卫生法律法规较少,2012年10月26日第十一届全国人大常委会第二十九次会议通过的《中华人民共和国精神卫生法》(以下简称《精神卫生法》)自2013年5月1日起实施,2018年4月27日修正。这部共七章八

十五条的《精神卫生法》对精神卫生工作的方针原则、管理机制、心理健康促进和精神障碍预防、精神障碍的诊断和治疗、精神障碍的康复、精神卫生工作的保障措施、精神障碍患者合法权益的维护等作了规定。该法的颁布实施填补了我国精神卫生领域的法律空白，使我国精神卫生工作走上了法治管理轨道。2020 年 6 月 1 日生效的《基本医疗卫生与健康促进法》第二十八条规定："国家发展精神卫生事业，建设完善精神卫生服务体系，维护和增进公民心理健康，预防、治疗精神障碍。国家采取措施，加强心理健康服务体系和人才队伍建设，促进心理健康教育、心理评估、心理咨询与心理治疗服务的有效衔接，设立为公众提供公益服务的心理援助热线，加强未成年人、残疾人和老年人等重点人群心理健康服务。"该条规定是医疗卫生基本法对精神卫生工作的指导性规定。

此外，2013 年 7 月 29 日，国家卫计委印发了《严重精神障碍发病报告管理办法(试行)》，自发布之日起实施。该试行的报告管理办法是为落实《精神卫生法》第二十四条"国家实行严重精神障碍发病报告制度"，做好严重精神障碍发病报告管理工作而制定的。2018 年 5 月 28 日，国家卫健委印发了《严重精神障碍管理治疗工作规范》(2018 年版)，详细规定了对严重精神障碍患者发现、治疗、管理、服务等工作的具体要求。

三、精神卫生被认为是重大公共卫生问题

1948 年，世界卫生组织对健康含义的阐述是：健康乃是一种生理、心理和社会适应都臻于完满的状态，而不仅仅是没有疾病和虚弱的状态。1989 年，世界卫生组织又对健康作了新的阐述：健康不仅是没有疾病，而且包括躯体健康、心理健康、社会适应良好和道德健康。作为构成健康的四大基石之一，心理健康越来越被重视。1992 年，由世界精神病学协会发起，把每年的 10 月 10 日定为世界心理健康日。

心理疾病危害巨大，有心理健康问题的个人及其家庭还蒙受耻辱、歧视和被人欺负，参加社会公共生活的能力受到限制，从而给个人、家庭、社会带来了严重的经济负担和其他各种问题。世界卫生组织在 2001 年的《世界卫生报告》中指出，目前全世界约有 4.5 亿各类精神和脑部疾病患者，每 4 个人中就有 1 人在其一生中的某个时段产生某种精神障碍。[①] 而公众对于精神卫生缺乏了解与关注，普通公众很少有人会意识到精神障碍是导致健康生命年损失的原因之一。据 2017 年 11 月 6 日在线发表于《柳叶刀·精神病学》的文章显示：相比于无精神障

① 参见陶芳标、李十月主编：《公共卫生学概论》，科学出版社 2017 年版，第 297 页。

碍个体，精神障碍男性及女性患者的生命年损失分别增加了 10.20 年及 7.34 年；精神障碍患者的死亡率为无精神障碍个体的 3～4 倍，而严重精神障碍患者的预期寿命较一般人群缩短了 10～20 年。① 更可怕的是，这些统计数据可能还未完全覆盖所有的精神类疾病造成的损失，如精神类疾病患者更容易罹患肥胖、酗酒等问题，死于其他躯体疾病未列入统计中，真实情况可能远高于上述数据。

中国的精神卫生问题与国际形势基本一致。当前，我国正处于经济社会快速转型期，人们的生活节奏明显加快，竞争压力不断加剧，个体的心理行为问题及其引发的社会问题日益凸显，心理行为异常和常见精神障碍人数逐年增多，个人极端情绪引发的恶性案（事）件时有发生，已经成为影响经济社会发展的重大公共卫生问题和社会问题。中国疾病预防控制中心曾对全国部分地区进行精神疾病流行病学调查，数据显示：我国 15 岁以上人口中，各类精神疾病患者人数超过 1 亿，严重精神障碍患者人数已超过1 600万。② 至少自 2005 年开始，精神疾病在我国疾病总负担中排名就居首位，约占疾病总负担的 20%。③ 经济学人智库 2016 年 10 月发布的《亚太地区精神卫生综合评价指数研究报告》中估计，2012～2030 年，精神疾病将导致中国的经济增长缩水超过 9 万亿美元。④

既然精神卫生已成为重大公共卫生问题，那么就需要采用公共卫生的方法进行解决。2013 年世界卫生组织指出，只有采取公共卫生方法，才有可能达到改善精神健康、减低精神障碍个人和社会代价的双重目标。⑤ 我国自 2009 年起将精神分裂症等 6 种重性精神疾病纳入公共卫生服务项目，国家向严重精神障碍患者提供基本公共卫生服务，包括建立居民健康档案、评估和定期随访、必要的药物剂量调整和对症处理、健康教育和生活技能训练等康复指导、心理支持，以及每年 1 次的健康体检。2016 年 12 月 30 日，国家卫计委、中宣部等 22 个部委联合印发了《关于加强心理健康服务的指导意见》，要求各地区、各部门从深化“健康中国”建设的战略高度，充分认识加强心理健康服务、健全社会心理服务体系的重要意义，要求“到 2020 年，全民心理健康意识明显提高。各领域各行业普

---

① Erlangsen A, et al. Cause-specific life-years lost in people with mental disorders: a nationwide, register-based cohort study. Lancet Psychiatry. Published online November 6, 2017 http://dx.doi.org/10.1016/S2215-0366(17)30429-7.

② 参见王君平、刘琛：《心理健康服务还需抓紧补短板》，《人民日报》，2017 年 12 月 22 日第19 版。

③ 参见《卫生部办公厅关于开展世界精神卫生日主题宣传活动的通知》（卫办新发〔2005〕206 号）。

④ 参见经济学人智库 2016 年 10 月发布的《亚太地区精神卫生综合评价指数研究报告》。

⑤ 参见陶芳标、李十月主编：《公共卫生学概论》，科学出版社 2017 年版，第 294 页。

遍开展心理健康教育及心理健康促进工作，加快建设心理健康服务网络，服务能力得到有效提升，心理健康服务纳入城乡基本公共服务体系，重点人群心理健康问题得到关注和及时疏导，社会心理服务体系初步建成。到2030年，全民心理健康素养普遍提升，符合国情的心理健康服务体系基本健全，心理健康服务网络覆盖城乡，心理健康服务能力和规范化水平进一步提高，常见精神障碍防治和心理行为问题识别、干预水平显著提高，心理相关疾病发生的上升势头得到缓解”。①

四、我国精神卫生及相关法律问题

本章探讨的精神卫生及相关法律问题主要是从公共卫生的角度进行的。从该角度看，我国目前的精神卫生存在如下几个问题：公众对精神卫生了解较少，忽视青少年的心理健康，忽视对普通公众的精神卫生教育与促进；突发公共事件发生后，对公众的心理危机干预处于初步阶段，未将心理救灾纳入救灾预警机制；精神卫生专业人员缺乏且水平有待提高，专业的精神卫生机构以及资源配置不合理，精神障碍患者就诊率低、治愈率低，精神卫生的社区康复能力有待加强；对严重精神障碍患者的监管不到位，肇事肇祸时有发生，危害公众也造成自身的伤害，自杀率高，严重精神障碍患者的权益难以得到保障；随着老龄化的加剧，老年精神卫生问题日益严重，尤其是老年痴呆和抑郁的患病率升高。总之，我国目前的精神卫生工作与法治工作都落后于现阶段经济发展水平，下面就几个主要问题进行探讨。

（一）精神卫生工作和立法未得到足够重视

1. 精神卫生工作起步晚

与国家经济建设和社会发展相比较，我国精神卫生工作发展滞后。在相当长的一段时间内，公众对精神卫生缺乏足够的认识，既对自己的精神健康缺乏关注，也对精神疾病患者存在严重偏见和歧视，整个社会对精神卫生工作重视不够，防治工作起步较晚。2008年，国家开始着手进行公共卫生精神卫生服务体系建设。2009年，严重精神障碍管理被正式纳入中国9大类公共卫生服务项目，标志着中国的精神卫生从单纯的临床精神病学服务进入了公共卫生时代。2012年10月《精神卫生法》出台后，精神卫生工作作为保障和改善民生以及加强和创新社会管理的重要举措，被列入国民经济和社会发展总体规划。围绕《精神卫生法》的贯彻落实，国家逐步安排资金改、扩、建精神卫生专业机构，改善精神障碍

① 国家卫生与计划生育委员会：《关于加强心理健康服务的指导意见》（国卫疾控发〔2016〕77号）。

患者的就医条件，通过基本公共卫生服务项目和重大公共卫生专项支持各地开展严重精神障碍患者管理服务，将严重精神障碍纳入城乡居民大病保险、重大疾病保障及城乡医疗救助制度，依法依规对不负刑事责任的精神障碍患者实施强制医疗，积极开展对复员退伍军人、流浪乞讨人员、"三无"（无劳动能力、无生活来源且无法定赡养、抚养、扶养义务人，或者其法定赡养、抚养、扶养义务人无赡养、抚养、扶养能力）人员中精神障碍患者的救治救助。

2. 精神卫生法治工作滞后

由于对精神卫生工作的重视程度不够，所以相关的立法工作也严重滞后。2012 年《精神卫生法》出台之前，国家层面上一直缺少精神卫生立法，反而是地方立法走在了前面。例如，2001 年 12 月 28 日，上海市人大常委会通过并颁布了我国第一部精神卫生的地方性法规《上海市精神卫生条例》，随后宁波、杭州、北京、无锡、武汉等地也制订了精神卫生地方性法规。但从总体上说，精神卫生立法较少。

国家层面的精神卫生立法经过了长期的酝酿和漫长的等待。自 1985 年卫生部委托四川省卫生厅和湖南省卫生厅起草《精神卫生法》开始，到 2012 年 10 月 26 日第十一届全国人大常委会第二十九次会议通过《精神卫生法》，用了将近 30 年的时间。进入 21 世纪以来，随着经济发展和社会转型，焦虑症、抑郁症等常见精神障碍及心理行为问题逐年增多，心理应激事件及严重精神障碍患者肇事肇祸案（事）件时有发生，对老年痴呆、儿童孤独症等特定人群的疾病干预亟须加强，而目前我们只有一部《精神卫生法》，这显然不够，需要配套的法律法规来细化和完善患者人身自由和自身健康需要方面的权益、公众不受患者危害的权益、公众精神健康权益等，精神卫生工作的法治化有待加强。

（二）精神卫生资源严重不足且分布不均

2015 年 6 月发布的《全国精神卫生工作规划（2015～2020 年）》中指出："目前，我国精神卫生服务资源十分短缺且分布不均……主要分布在省级和地市级，精神障碍社区康复体系尚未建立。"[①]2017 年 4 月 7 日，国家卫计委就我国心理健康工作有关情况举行的发布会上，国家卫计委疾控局副局长王斌公布了一组数据：截至 2015 年年底，全国共有精神卫生服务机构 2936 家，开设床位数 43.3

---

① 参见《国务院办公厅关于转发卫生计生委等部门全国精神卫生工作规划（2015～2020 年）的通知》[EB/OL]，(2015-06-18)[2020-03-20]，http://www.gov.cn/zhengce/content/2015-06/18/content_9860.htm.

万张。[①] 截至2016年年底，全国精神病科执业医师共有3.1万名。[②] 按照人均数字看，远远低于世界平均水平，并且专业服务人员的素质有待提高。据《亚太地区精神卫生综合评价指数研究报告》显示，中国的精神科医师质量存在严重问题，14%的注册精神专科医生没有接受过任何训练，另外有29%的人只有3年的大专教育证书，全科医生和社区护理人员也缺乏必需的精神疾病护理培训。[③]

《亚太地区精神卫生综合评价指数研究报告》指出，中国的精神卫生综合评价指数为45.5，在亚太15个地区中排名第9，与得分最高的新西兰(94.7)相比相差太大；治疗可及性得分为27.4，排名第10，得分最高的澳大利亚为96.9分。[④] 在精神卫生资源的配置上，各省也存在较大的差异，城乡差距尤为显著，北京大学精神卫生研究所教授、北京大学第六医院精神科主任医师马弘曾表示：约有三分之二的农村没有设立精神疾病床位，县一级的精神机构的设置较弱，至少三分之一的县完全没有精神治疗服务，不仅是缺乏相应的治疗机构，而且相关的医生"连一个都没有"。[⑤] 在管理水平上，各省相差也较大。例如，在以下几个方面将最高和最低的省份相比：管理率上海为97.96%，新疆为69.62%；规范管理率上海为87.48%，江苏为20.94%；服药率北京为96.09%，贵州为22.17%；规律服药率北京为60.48%，贵州为11.09%；稳定率上海为96.12%，西藏为25.42%。[⑥] 精神卫生资源的不足和分布不均的情况，势必会影响我国精神卫生服务的可及性和公平性，影响精神卫生服务的质量。

(三)我国精神障碍患者的医疗诊治率低

影响精神障碍患者就诊和治疗的因素很多，除了精神卫生服务的可及性外，还受精神疾病症状特点、患者意识能力、家属对疾病的认识、家庭经济状况、公众对精神障碍患者的态度等的影响。世界卫生组织对中国精神疾病治疗率所作的调查显示：精神分裂症患者就诊率仅为30%，住院治疗率不足1%，抑郁症及双

---

① 参见《全国精神卫生工作进展情况》[EB/OL]，(2017-04-20)[2020-03-20]，http://www.nhfpc.gov.cn/zhuz/xwfb/201704/20cf8768e05445a387a1c4bf1be9ec6d.shtml.

② 参见《我国在册严重精神障碍患者人数达581万》[EB/OL]，(2018-01-26)[2020-03-20]，http://www.xinhuanet.com/2018-01/26/c_1122323778.htm.

③ 参见经济学人智库2016年10月发布的《亚太地区精神卫生综合评价指数研究报告》。

④ 参见经济学人智库2016年10月发布的《亚太地区精神卫生综合评价指数研究报告》。

⑤ 参见《全球超3亿精神抑郁患者，近十年增速迅猛》[EB/OL]，(2017-04-05)[2020-03-20]，https://www.sohu.com/a/132040332_313392

⑥ 参见经济学人智库2016年10月发布的《亚太地区精神卫生综合评价指数研究报告》。

相情感障碍、惊恐障碍治疗比例仅为10%。① 在中国，精神疾病诊断和治疗的比例比较低，只有8%的患者得到了治疗，92%的患者从未接受过治疗，这与发达国家精神障碍患者的治疗率高于50%形成了巨大的反差。② 由北京大学精神卫生研究所、卫生部精神卫生重点实验室和国家卫计委疾病预防控制局的专家学者联合做的研究显示：截至2015年12月31日，我国登记的精神分裂症、偏执性精神疾病、分裂情感性精神病、双相情感障碍、癫痫所致精神障碍、精神发育迟滞伴发精神障碍患者的未治期分别为4.18年、5.18年、3.92年、3.55年、6.52年、16.88年。③

沉重的经济负担制约着严重精神障碍患者的治疗，也使许多家庭陷入了贫困。例如，有研究显示，截至2015年12月31日，全国累计登记建立的居民健康档案并且录入系统的重症精神疾病患者有4 921 505例，年龄在18～59岁的劳动年龄人口占75.61%，在岗患者占2.75%，贫困患者占56.86%。④ 由于无力支付沉重的医疗费用，许多重症精神障碍患者得不到系统、规范、有效的管理和治疗，病情反复发作，也增加了再次接受治疗的难度。以精神分裂症为例，中国精神分裂症患者出院后1年的复发率约为40%；首次发作的精神分裂症患者5年内的复发率超过80%，中断药物治疗是复发的重要原因；停药患者1年内的复发率高达77%，而坚持服药的患者1年内复发率为3%。所以，如何减轻精神障碍患者的经济负担，是提高患者诊治率，保障患者服药依从性，防止复发的关键措施。目前，针对精神分裂症的每月注射1次的长效抗精神病治疗药物已被纳入2017年版《国家医保目录》，自2017年9月1日起全国大部分地区开始执行，可有效减轻患者的经济负担。⑤ 然而，相对于沉重的治疗费用而言，这远远不够。并且，这只是针对重症精神障碍患者的经济支持，对于一般精神障碍患者的经济支持目前还缺乏相关的政策和行动。

---

① 参见栗克清、孙秀丽、张勇等：《中国精神卫生服务及其政策：对1948～2009年回顾与未来10年的展望》，《中国心理卫生杂志》2012年第5期。

② 参见潘锋：《建立精神疾病全程治疗和康复模式——访国家精神卫生项目办公室副主任、北京大学第六医院马弘教授》，《中国当代医药》2017年第33期。

③ 参见吴霞民、马宁、王立英等：《2015年全国严重精神障碍患者管理治疗现状分析》，《中华精神科杂志》2017年第4期。

④ 参见吴霞民、马宁、王立英等：《2015年全国严重精神障碍患者管理治疗现状分析》，《中华精神科杂志》2017年第4期。

⑤ 参见《让精神分裂症患者在社区“安家”不是梦》[EB/OL]，(2017-10-11)[2020-03-20]，http://www.jkb.com.cn/news/depth/2017/1011/419047.html.

(四)严重精神障碍患者的监管与强制治疗问题

1. 严重精神障碍患者的肇事肇祸问题

严重精神障碍患者常有自伤和伤人行为，例如，抑郁症患者中，15%的最终会自杀死亡，约70%的曾经出现过自杀想法；精神分裂症患者中，有近50%的患者曾试图自杀，其自杀危险性是无精神分裂症者的23.8倍，至少10%的患者最终死于自杀。①

严重精神障碍患者的伤人行为具有突发性和不确定性，伤害的对象均为不确定的无辜公众。据媒体报道，2015年4月5日和24日，深圳市分别有2名精神病患者持刀在街道上乱砍，各造成4名路人受伤。② 2015年4月28日，河南洛阳某县一村民精神病发作，手持菜刀连砍2人后，将前来协助的巡防队员头部砍了3刀。同年5月7日，四川成都一名精神病患者在家将丈夫砍伤后，把自家老人和孩子一同关在屋内，消防队员从窗户进入将患者控制后，被困家属才得以脱险。③ 短短1个月的时间内，仅报道的该4例案件就造成12人伤害。据推算，我国有严重精神障碍患者约1 600万，20%的患者可能造成他伤。④ 精神障碍患者的伤人行为已成为威胁公共安全的重大隐患。为加强对严重精神障碍患者的发现、治疗、管理、服务，促进患者康复、回归社会，国家卫计委、中宣部联合印发的《严重精神障碍管理治疗工作规范》(2018年版)要求各级卫生行政部门对辖区内发生的精神障碍患者肇事肇祸案(事)件组织开展相关调查，并上报调查结果，加强监管以减少因病导致暴力极端事件的发生。⑤

2. 对重症精神障碍患者的监管和强制治疗

对重症精神障碍患者的监管和强制治疗既涉及精神障碍患者的疾病救治，也涉及公众安全。然而，对其进行监护和监管的难度都相当大。就家庭而言，如果家有肇祸肇事精神障碍患者，其监护能力非常有限，长期的看护使得家庭成员非常疲惫，而且处于容易受到伤害的境地。2013年国务院办公厅转发了中央综

---

① 参见《专家：精神分裂症重在防复发》[EB/OL]，(2017-10-23)[2020-03-20]，http://health.people.com.cn/n1/2017/1023/c14739-29603094.html

② 参见《深圳上月出现多起精神病患者持刀伤人事件人》[EB/OL]，(2015-05-08)[2020-03-20]，http://sz.southcn.com/content/2015-05/08/content_123860826.html.

③ 参见小非：《"精神病患者伤人"后的监管困局》，《公民与法治》2015年第7期。

④ 参见潘锋：《建立精神疾病全程治疗和康复模式——访国家精神卫生项目办公室副主任、北京大学第六医院马弘教授》，《中国当代医药》2017年第33期。

⑤ 参见《卫生健康委关于印发〈严重精神障碍管理治疗工作规范(2018年版)〉的通知》[EB/OL]，(2018-05-28)[2020-03-20]，http://www.gov.cn/gongbao/content/2018/content_5338247.htm.

治办等部门出台的《关于加强肇事肇祸等严重障碍患者救治救助工作的通知》，要求对具有肇事肇祸危险的精神障碍患者进行监测、预警、救治和救助，确保"应治则治""应管则管""应收则收"。为了贯彻落实该文件精神，不少地方采用了多方面的联合监管，如对肇事肇祸等严重精神障碍患者按照"一名医生、一名民警、一名村(居)干部、一名监护人"的要求，依托村(居)委会等基层组织逐人建立管控小组，签订责任书，落实责任人，确保管控到位。

为了动态掌握患者的相关信息，提供有针对性的服务和监管，2011 年国家建成了严重精神障碍患者信息系统，将精神分裂症、分裂情感性障碍、偏执性精神病、双相情感障碍、癫痫所致精神障碍、精神发育迟滞伴发精神障碍 6 种严重精神障碍患者的信息录入系统，纳入重点管理，并开展患者信息登记、救治救助、随访管理等一系列服务。截至 2018 年年底，全国在册严重精神障碍患者 599.4 万例。① 然而，相对于1 600万严重精神障碍患者而言，登记在册又得到管理的患者仅占 37.5%，严重精神障碍患者的监管和救治工作仍然任重而道远。目前，各地政府已建立由政法、卫生健康、公安、民政、司法行政、残联等单位参与的精神卫生综合管理小组。2018 年版的《严重精神障碍患者管理规范》要求乡镇(街道)医疗卫生机构要主动配合当地政府建立精神卫生综合管理小组，指导村(居)民委员会建立由网格员、基层医疗卫生机构负责精神疾病防治的工作人员、派出所民警、民政干事、残疾人专职委员、家属、志愿者等组成的患者关爱帮扶小组，每季度至少召开一次例会，各部门根据工作实际通报重点工作情况。综合管理小组、关爱帮扶小组成员之间要加强协作，熟悉各自的联系方式，及时保持沟通，协同随访患者，共同开展对严重精神障碍患者的日常筛查和登记，交换患者信息，全面了解辖区内在册患者和家庭的基本情况，解决患者管理、治疗、康复和生活中的难题；工作中要注意保护患者的个人隐私，避免将信息泄露给无关人员。②

2004 年卫生部和财政部启动了严重精神障碍管理治疗项目。2009 年国家颁布了《关于促进基本公共卫生服务逐步均等化等意见》，将严重精神障碍管理纳入了基本公共卫生服务项目。精神障碍患者的住院治疗采取自愿方式，但是，根据《精神卫生法》第三十条的规定，严重精神障碍患者已经发生自伤或有伤人

① 参见《世界精神卫生日 全国登记在册的严重精神障碍患者 599.4 万人》[EB/OL]，(2019-10-10)[2020-03-20]，https://news.china.com/socialgd/10000169/20191010/37188759.html.

② 参见《卫生健康委关于印发〈严重精神障碍管理治疗工作规范(2018 年版)〉的通知》[EB/OL]，(2018-05-28)[2020-03-20]，http://www.gov.cn/gongbao/content/2018/content_5338247.htm.

行为,或者有自伤或伤人危险时,应当实施住院治疗,即采取非自愿方式的住院治疗。尤其是已经发生伤人行为或有伤人危险时,必须住院治疗,监护人阻碍或者患者擅自脱离住院治疗的,可以由公安机关协助医疗机构采取措施对患者实施住院治疗。这种规定是基于社会公共利益,旨在保障公众安全,维护公共利益。

总之,无论是加强对肇事肇祸等严重精神障碍患者的救治救助工作,还是对严重精神障碍患者的信息管理,目的都是确保严重精神障碍患者得到有效的治疗和监管,不使其因贫困而得不到救治,确保有肇事肇祸危险的患者不因疏于管理而伤害自身或者危害他人,确保无须住院治疗的公民不因制度、程序缺失而被强制收治。

(五)特殊人群的心理健康需要关注

一般说来,处于社会劣势的群体精神障碍患病率较高。由于年龄、性别、生理原因等,老年人、儿童青少年、妇女等人群的心理健康应给予特别的关注。

1. 老年人的精神卫生状况需要关注

我国于1999年进入人口老龄化社会,预计到2050年前后,老年人口数将达到峰值4.87亿,占总人口的34.9%。① 2018年年末,我国60周岁及以上人口共有24 949万,占总人口的17.9%。② 随着人口老龄化的加剧,老年精神卫生问题需要引起社会的高度注意,尤其是老年痴呆和抑郁症严重威胁着老年人的身心健康,对于失独和空巢老人要给予更多的关爱和关注。

据2017年的一项研究结果显示,在65岁及以上人群中,老年痴呆患病率为5.56%,高于中国1987年以来部分地区的调查结果③,说明老年痴呆患病率总体呈上升趋势。老年痴呆的发病率随年龄呈指数增长,年龄每增加5.9岁,老年痴呆发病率翻倍,从60~64岁的3.1/1 000人年到95岁以上的175/1 000人年。④

2009年对全国29个城市4 945名老人的调查研究表明,约40%的老人存在明显的抑郁情绪。⑤ 一项对全国2000~2012年发表的46篇社区老年期抑郁检出率研究进行的荟萃分析显示:60岁及以上人群抑郁障碍检出率约为22.4%,

① 参见《我国60岁及以上老年人口数量达2.41亿 占总人口17.3%》[EB/OL],(2018-02-26)[2020-03-20],http://www.gov.cn/xinwen/2018-02/26/content_5268992.htm

② 参见《国新办举行2018年国民经济运行情况发布会》[EB/OL],(2019-01-21)[2020-03-20],http://www.scio.gov.cn/xwfbh/xwbfbh/wqfbh/39595/39709/index.htm.

③ 参见《全国精神卫生工作进展情况》[EB/OL],(2017-04-20)[2020-03-20],http://www.nhfpc.gov.cn/zhuz/xwfb/201704/20cf8768e05445a387a1c4bf1be9ec6d.shtml.

④ WHO. Dementia:A public hea lth priority. Geneva,CH:WHO Press,2012.

⑤ Yu J, Li J, Cuijpers P, et a1. Prevalence and eoiTelates of depressive symptoms in Chinese older adults:a population-based study[J]. Inl J Geriatr Psychiatry,2012,27:305-312.

估计我国当前大约有4 356万例老年抑郁患者,北京市 65 岁及以上人群抑郁症患病率为 4.4%[①],提示我们老年人的精神健康问题需要特别关注。

2. 儿童青少年的心理健康问题需要关注

精神健康问题正威胁着越来越多的青少年。有研究显示,我国 17 岁以下的少年儿童中,有3 000万人受到各种情绪障碍和行为问题的困扰,必须采取综合措施予以干预,如行为异常、性格缺陷、情感障碍、社交不良、性角偏差等。[②] 如果不及时与他们沟通、化解、引导,随着年龄的增长,一些"障碍"会发展为比较严重的精神类疾病。全世界范围内,青少年过度依赖网络的发病率是 6%,我国偏高,在10%左右。过度依赖网络只是表象,有一半的孩子往往因为人际关系、注意缺陷障碍等而出现过度依赖网络的行为。[③] 有报告显示,中国有超过1 000万的自闭症患者,200 多万的自闭症儿童,并且以每年将近 20 万的速度增长。[④]

留守儿童的心理健康尤其需要关注。来自各方的调查数据都显示,留守儿童因为家庭关爱和教育的阶段性缺失带来的心理健康问题日益突出。例如,由湖南省妇联提供的数据显示,湖南省农村留守儿童留守比率为 44.13%,其中31.23%的农村留守儿童属于内倾性格群体,3%～10%的农村留守儿童有不良行为。[⑤] 2016 年 2 月,国务院印发了《关于加强农村留守儿童关爱保护工作的意见》。为摸清全国农村留守儿童底数,民政部会同有关部门,开发启用了全国信息系统,加强对农村留守儿童数据的动态管理。在 2016 年 11 月 9 日召开的第二次农村留守儿童部际联席会上,民政部首次对外发布了农村留守儿童摸底排查的数据:16 岁以下农村留守儿童有 902 万人,其中由祖父母、外祖父母监护的有805 万人,无人监护的有 36 万人。[⑥] 全国大概有 99 万留守儿童要么没有监护,

---

① 参见《我国 60 岁及以上人群老年期痴呆患病率为 4.2%》[EB/OL],(2012-10-10)[2020-03-20],http://politics. people. com. cn/n/2012/1010/c70731-19221276. html.

② 参见《中国 17 岁以下儿童青少年,约 3000 万人受到情绪障碍困扰》[EB/OL],(2018-10-10)[2020-03-20],https://china. huanqiu. com/article/9CaKrnKdsVL.

③ 参见《中国 17 岁以下儿童青少年,约 3000 万人受到情绪障碍困扰》[EB/OL],(2018-10-10)[2020-03-20],https://china. huanqiu. com/article/9CaKrnKdsVL.

④ 参见《〈中国自闭症教育康复行业发展状况报告Ⅲ〉发布》[EB/OL],(2019-04-12)[2020-03-20],http://www. china. org. cn/chinese/2019-04/12/content_74673984. htm.

⑤ 参见《让爱留守——全国妇联开展农村留守儿童关爱保护工作综述》[EB/OL],(2016-05-30)[2020-03-20],http://www. xinhuanet. com/2016-05/30/c_1118955790. htm.

⑥ 参见《民政部首次发布摸底数据:我国农村留守儿童达 902 万人》[EB/OL],(2016-11-10)[2020-03-20],http://news. cctv. com/2016/11/10/ARTI7724QHwMIys9qmKSSh71161110. shtml.

要么监护能力缺失，或者监护能力比较差，很可能导致这些留守儿童面临生存危险或者一些生命安全。①

未成年人是祖国的未来，需要高度重视他们的心理健康，这需要政府、学校、家庭、社会的共同参与。自2009年起，我国政府将儿童青少年精神疾病的防治纳入了国家基本公共卫生医疗服务，智障、听障、残障、孤独症已经纳入精神卫生项目。

3. 妇女的心理健康问题需要关注

女性情感较为丰富，个性较为敏感脆弱，同时更容易受内分泌和生理周期的影响，导致其抑郁症、神经症性障碍、阿尔茨海默病的发病率高于男性。② 这里特别提醒要关注女性的产后抑郁症、更年期女性心理健康以及留守妇女的心理健康问题。

产后抑郁症是指产妇在分娩后所产生的精神障碍，主要是抑郁情绪障碍，临床表现为持久的情绪低落，思维迟缓，甚至出现自杀行为，而且常常影响到新生儿的健康成长。产后抑郁症的发病时间多在孕妇分娩后2周，其病情达到高峰的时间多在分娩后4周。在我国，初产妇产后抑郁症的发病率为30%左右。③产后抑郁不仅影响产妇本人的健康，而且影响其对婴幼儿的照看和喂养。目前，我国产妇的产后抑郁症患病率呈上升趋势，所以更好地防治产后抑郁症势在必行。④

更年期女性生理变化大，心理敏感，容易出现焦虑、悲观、行为改变等精神卫生问题，需要家庭和社会的关注。

另外，近年来随着农民工进城打工数量的增多，出现了大量留守妇女。许多留守妇女缺乏安全感，出现了抑郁、焦虑等情况。大量研究显示，农村留守妇女的心理健康状况堪忧，例如，钟斌、姚树桥对近千名农村留守妇女进行了健康相关生活质量及心理社会因素、抑郁状况及相关心理社会因素调查⑤，顾红霞对

---

① 参见《民政部首次发布摸底数据：我国农村留守儿童达902万人》[EB/OL]，(2016-11-10)[2020-03-20]，http://news.cctv.com/2016/11/10/ARTI7724QHwMIys9qmKSSh71161110.shtml.

② 参见陶芳标、李十月主编：《公共卫生学概论》，科学出版社2017年版，第307页。

③ 参见谭红、胡晓芸、牛小群等：《产后抑郁患者健康教育和心理护理干预的效果评价》，《昆明大学学报》2019年第6期。

④ 参见沈玥赤：《防治产后抑郁症的新进展》，《世界最新医学信息文摘》(电子版)2019年第37期。

⑤ 参见钟斌、姚树桥：《农村留守妇女的抑郁症状及相关心理社会因素》，《中国临床心理学杂志》2012年第6期。

200 名农村留守妇女的健康和社会支持现状进行了调查[①]，高靖等对四川省某地区农村留守妇女的心理健康状况及归因方式进行了关系研究[②]，结果均显示留守妇女的心理健康状况较差，需要社会的关注。

（六）精神疾病的社区康复问题

精神障碍患者的真正治愈意味着能够回归社会，真正融入社会，能够在社区中过上自己认为有意义的生活。国际实践证明，单纯的药物治疗很难恢复精神障碍患者受损的社会功能，理想状态下的精神疾病治疗是医院治疗和社区康复有效地衔接起来，即“病重治疗在医院，康复管理在社区”的精神卫生服务模式。目前，世界各国都在提倡以患者为中心、基于社区的一体化医疗服务。以社区为单位，通过心理干预、行为科学和社会康复方法相结合，能明显减少复发，逐步提高和恢复患者的社会功能，促进患者回归社会。此外，社区精神卫生服务能够弥补专科医院的不足，使患者就近得到康复，大幅减少患者及其家庭经济负担，也能充分发挥社区资源，调动社会、家庭、志愿者等力量。

根据《2014 年中国残疾人事业发展统计公报》的资料，我国大力推广“社会化、综合性、开放式”精神病防治康复工作，已经在 2664 个市（县）开展精神病防治康复工作。[③] 按照《全国精神卫生工作规划（2015～2020 年）》的要求，探索建立精神卫生专业机构、社区康复机构及社会组织、家庭相互支持的精神障碍社区康复服务体系。各地正逐步建立健全精神障碍社区康复服务体系，大力推广社会化、综合性、开放式的精神障碍和精神残疾康复工作模式，建立完善医疗康复和社区康复相衔接的服务机制，加强精神卫生专业机构对社区康复机构的技术指导。[④] 近年来，北京、武汉、上海和杭州等地已开始积极尝试社区康复模式。

第二节　精神卫生法律规定

本节重点介绍《精神卫生法》的具体规定。

---

① 参见顾红霞：《农村留守妇女心理健康及社会支持现状》，《中国健康心理学杂志》2014 年第 1 期。

② 参见高靖、陈幼平、辛勇等：《四川省某地区农村留守妇女的心理健康状况及归因方式的关系》，《四川精神卫生》2014 年第 2 期。

③ 参见中国残联：《2014 年中国残疾人事业发展统计公报》[EB/OL]，(2015-04-01)[2020-03-20]，http://www.gov.cn/xinwen/2015-04/01/content_2841049.htm.

④ 参见《卫生计生委等部门全国精神卫生工作规划（2015～2020 年）》[EB/OL]，(2015-06-18)[2020-03-20]，http://www.gov.cn/zhengce/content/2015-06/18/content_9860.htm.

一、精神卫生工作的方针和原则

精神卫生工作实行预防为主的方针，坚持预防、治疗和康复相结合的原则。

精神卫生的预防既包括对精神障碍患者的预防，也包括对普通人群的预防。从公共卫生的角度讲，对普通人群的预防更为重要。相比于身体健康，我国公民对于精神健康的认知和重视不够，缺乏对精神卫生的预防理念。所以，需要加强宣传，提高公众的精神卫生知识和防范意识，促进全民的精神健康。针对精神疾病发生的原因，开展一级预防，通过消除或者减少致病因素来防止或减少精神障碍的发生。

对于已经患有精神障碍的患者，及时治疗和有效的康复就显得极为重要。精神疾病患者最终能够回归社会才算是真正治愈，所以康复应当坚持功能训练、全面康复、回归社会三项基本原则，运用一切可采取的手段，尽量纠正精神障碍的病态表现，最大限度地促进患者社会功能的恢复，提高患者的生活质量。

二、精神障碍患者的权益保护

精神障碍患者的人格尊严、人身和财产安全不受侵犯。精神障碍患者的教育、劳动、医疗以及从国家和社会获得物质帮助等方面的合法权益受法律保护。有关单位和个人应对精神障碍患者的姓名、肖像、住址、工作单位、病历资料以及其他可能推断出其身份的信息予以保密，但依法履行职责需要公开的除外。

全社会应尊重、理解、关爱精神障碍患者。任何组织或者个人不得歧视、侮辱、虐待精神障碍患者，不得非法限制精神障碍患者的人身自由。新闻报道和文学艺术作品等不得含有歧视、侮辱精神障碍患者的内容。

精神障碍患者或其监护人、近亲属认为行政机关、医疗机构或其他有关单位和个人违反法律规定，侵害患者合法权益的，可以依法提起诉讼。

三、政府及相关机构在精神卫生工作中的主要职责

《精神卫生法》规定，精神卫生工作实行政府组织领导、部门各负其责、家庭和单位尽力尽责、全社会共同参与的综合管理机制。

（一）政府的组织领导责任

县级以上人民政府领导精神卫生工作，将精神卫生纳入国民经济和社会发展规划，建设和完善精神障碍的预防、治疗和康复服务体系，建立健全精神卫生工作协调机制和工作责任制，对有关部门承担的精神卫生工作进行考核、监督。乡镇人民政府和街道办事处根据本地区的实际情况，组织开展预防精神障碍发生，促进精神障碍患者康复等工作。

各级人民政府和县级以上人民政府有关部门应采取措施，鼓励和支持组织、个人提供精神卫生志愿服务，捐助精神卫生事业，兴建精神卫生公益设施。对在精神卫生工作中做出突出贡献的组织、个人，按国家有关规定给予表彰、奖励。

（二）卫生行政部门和有关部门职责

国务院卫生行政部门主管全国的精神卫生工作，县级以上地方人民政府卫生行政部门主管本行政区域的精神卫生工作。县级以上人民政府的司法行政、公安、教育、社会保障等部门在各自职责范围内负责有关的精神卫生工作。

（三）基层组织的职责

村民委员会、居民委员会依法开展精神卫生工作，并对所在地人民政府开展的精神卫生工作予以协助。国家鼓励和支持工会、共产主义青年团、妇女联合会、红十字会、科学技术协会等团体依法开展精神卫生工作。

除了政府、政府有关部门、各基层组织履行精神卫生工作职责外，精神障碍患者的家庭成员以及残联等组织也要做好精神卫生相关工作。精神障碍患者的家庭成员是精神障碍患者的最主要保护人。精神障碍患者的监护人应履行监护责任，维护精神障碍患者的合法权益，禁止对精神障碍患者实施家庭暴力，禁止遗弃精神障碍患者。

中国残疾人联合会是国家法律确认、国务院批准的，由残疾人及其亲友和残疾人工作者组成的人民团体，是全国各类残疾人的统一组织。中国残联及其地方组织依照法律、法规或接受政府委托，动员社会力量，开展精神卫生工作。

四、心理健康促进和精神障碍预防

心理健康促进和精神障碍预防主要是指政府、用人单位、家庭成员、学校、医务人员、心理咨询人员、基层组织、新闻媒体等通过健康教育和宣传、心理健康指导和疏导、心理援助、人文关怀等措施，对公众和精神障碍患者进行的指导和帮助，旨在预防精神疾病的发生，促进心理健康。

国务院卫生行政部门应建立精神卫生监测网络，实行严重精神障碍发病报告制度，组织开展精神障碍发生状况、发展趋势等的监测和专题调查工作。国务院卫生行政部门应当会同有关部门、组织建立精神卫生工作信息共享机制，实现信息互联互通、交流共享。按照《严重精神障碍管理治疗工作规范》（2018 年版）的规定，县级及乡镇（街道）卫生健康部门要与政法、公安、民政、人力资源社会保障、残联等部门建立信息共享机制，定期交换患者的相关信息。

（一）各级政府及有关部门的责任

在心理健康促进和精神障碍预防工作中，各级人民政府和县级以上人民政府有关部门应当采取措施，加强心理健康促进和精神障碍预防工作，提高公众心理健康水平。各级政府和县级以上人民政府有关部门制定的突发事件应急预案应当包括心理援助的内容。发生突发事件后，根据事件的具体情况，按应急预案的规定组织开展心理援助工作。

（二）用人单位和家庭成员的义务

工作环境是影响职工心理健康的重要因素，所以用人单位应关注职工的心理健康，创造有益于职工身心健康的工作环境，对处于职业发展特定时期或在特殊岗位工作的职工，应有针对性地开展心理健康教育。

家庭因素对个人心理健康的影响十分明显，家庭成员之间应当相互关爱，创造良好、和睦的家庭环境，提高精神障碍预防意识。发现家庭成员可能患有精神障碍的，应帮助其及时就诊，照顾其生活，做好看护管理。

（三）学校和新闻媒体的义务

各级各类学校应对学生进行精神卫生知识教育，配备或聘请心理健康教育教师、辅导人员，并可以设立心理健康辅导室，对学生进行心理健康教育。学前教育机构应对幼儿开展符合其特点的心理健康教育。发生自然灾害、意外伤害、公共安全事件等可能影响学生心理健康事件时，学校应及时组织专业人员对学生进行心理援助。教师应学习和了解相关的精神卫生知识，关注学生的心理健康状况，正确引导、激励学生。地方各级人民政府教育行政部门和学校应当重视教师的心理健康。学校和教师应与学生父母或其他监护人、近亲属沟通学生的心理健康情况。

国家鼓励和支持新闻媒体、社会组织开展精神卫生公益性宣传，普及精神卫生知识，引导公众关注心理健康，预防精神障碍的发生。

（四）医务人员和心理咨询人员的义务

医务人员开展疾病诊疗服务，应按诊断标准和治疗规范的要求，对就诊者进行心理健康指导，发现就诊者可能患有精神障碍的，应建议其到符合法律规定的医疗机构就诊。

心理咨询人员应提高业务素质，遵守执业规范，为社会公众提供专业化的心理咨询服务。心理咨询人员不得从事心理治疗或精神障碍的诊断、治疗，咨询过程中发现接受咨询的人员可能患有精神障碍的，应建议其到符合法律规定的医疗机构就诊，并尊重接受咨询人员的隐私，为其保守秘密。

（五）监狱、看守所等特殊场所的义务

监狱、看守所、拘留所、强制隔离戒毒所等场所应对服刑人员，被依法拘留、逮捕、强制隔离戒毒的人员等开展精神卫生知识宣传，关注其心理健康状况，必要时提供心理咨询和心理辅导。

(六)基层组织和基层卫生机构的义务

村民委员会、居民委员会应协助当地政府及其有关部门开展社区心理健康指导、精神卫生知识宣传教育活动,创建有益于居民身心健康的社区环境。

乡镇卫生院或社区卫生服务机构应为村民委员会、居民委员会开展社区心理健康指导、精神卫生知识宣传教育活动提供技术指导。

五、精神障碍的诊断和治疗

(一)精神障碍诊断治疗机构与诊断要求

1. 精神障碍诊断治疗机构

不是任意一家医疗机构都可以开展精神障碍的诊断和治疗,开展精神障碍诊断、治疗活动的医疗机构应具备下列条件并依法办理有关手续:有与从事的精神障碍诊断、治疗相适应的精神科执业医师、护士,有满足开展精神障碍诊断、治疗所需要的设施和设备,有完善的精神障碍诊断、治疗管理制度和质量监控制度。从事精神障碍诊断、治疗的专科医疗机构还应配备从事心理治疗的人员。

医疗机构擅自从事精神障碍诊断、治疗的,要受到行政处罚,对有关医务人员应吊销其执业证书。

2. 诊断要求

诊断应以精神健康状况为依据,除法律另有规定外,不得违背本人意志进行确定其是否患有精神障碍的医学检查。精神障碍的分类、诊断标准和治疗规范由国务院卫生行政部门组织制定。

精神障碍的诊断由精神科执业医师作出。医疗机构接到由近亲属、所在单位、当地公安机关送诊的,发生伤害自身、危害他人安全行为的疑似精神障碍患者时,应当将其留院,并立即指派精神科执业医师进行诊断,并及时出具诊断结论。

精神障碍的诊断、治疗应遵循维护患者合法权益、尊重患者人格尊严的原则,保障患者在现有条件下获得良好的精神卫生服务。违反精神障碍诊断标准,将非精神障碍患者诊断为精神障碍患者的,应承担相应的法律责任,如对有关医务人员暂停6个月以上1年以下执业活动,情节严重的给予或责令给予开除的处分,并吊销其执业证书。当然,构成犯罪的要依法追究刑事责任。

(二)精神障碍患者的就诊

根据就诊人的精神健康状况,精神障碍患者的就诊分为四种情形:一是个人自行到医疗机构进行精神障碍诊断,即个人自愿就诊;二是疑似精神障碍患者的近亲属将其送往医疗机构进行精神障碍诊断;三是对查找不到近亲属的流浪乞讨疑似精神障碍患者,由当地民政等有关部门按照职责分工,帮助将其送往医疗机构进行精神障碍诊断；四是疑似精神障碍患者发生伤害自身、危害他人安全的行为，或者有伤害自身、危害他人安全危险的，其近亲属、所在单位、当地公安机关应立即采取措施予以制止，并将其送往医疗机构进行精神障碍诊断。

医疗机构接到送诊的疑似精神障碍患者后，不得拒绝为其作出诊断。

（三）精神障碍患者的住院治疗

1. 患者自愿住院治疗

精神障碍患者的住院治疗实行自愿原则。除了法律规定实施强制住院治疗的以外，其余一律采用患者自愿原则。患者不愿意住院治疗的，任何人不得强制其住院治疗，这是对患者住院治疗自主决定权的保护，也是有效防止“被精神病”、被强制住院治疗的具体规定。违反法律规定，将非精神障碍患者故意作为精神障碍患者送入医疗机构治疗，给非精神障碍患者或者其他公民造成人身、财产或者其他损害的，要依法承担赔偿责任，构成犯罪的要依法追究刑事责任。

2. 强制住院治疗

强制住院治疗是对严重精神障碍患者并且患者已经发生伤害自身或伤害他人行为时采取的措施，患者不自愿住院治疗的，需要依法实施强制住院治疗。严重精神障碍是指疾病症状严重导致患者社会适应等功能严重损害，对自身健康状况或者客观现实不能完整认识，或者不能处理自身事务的精神障碍。

诊断结论、病情评估表明，就诊者为严重精神障碍患者并有下列情形之一的，应对其实施强制住院治疗：已经发生伤害自身的行为，或者有伤害自身危险的；已经发生危害他人安全的行为，或有危害他人安全危险的。

对于已经发生伤害自身行为或者有伤害自身危险（以下简称有“自伤行为”或“自伤危险”）的严重精神障碍患者，经其监护人同意，医疗机构应当对患者实施强制住院治疗。若监护人不同意，医疗机构不得对患者实施强制住院治疗。监护人对在家居住的患者应做好看护管理。

已经发生危害他人行为或者有危害他人安全危险（以下简称有“伤人行为”或“伤人危险”）的严重精神障碍患者，应强制住院治疗。患者或其监护人对诊断结论有异议的，可以申请再次诊断和鉴定。若再次诊断结论或鉴定报告表明应当住院治疗的，监护人应当同意患者住院治疗。监护人阻碍或者患者擅自脱离住院治疗的，可以由公安机关协助医疗机构采取措施对患者实施强制住院治疗。

在相关机构出具再次诊断结论、鉴定报告前，收治精神障碍患者的医疗机构应按诊疗规范的要求对患者实施强制住院治疗。

（四）精神障碍患者的再次诊断和鉴定

1. 再次诊断

再次诊断主要是指严重精神障碍患者有伤人行为或伤人危险，应当住院治疗的，患者或其监护人对需要住院治疗的诊断结论有异议时，可以要求再次诊断。患者或其监护人应自收到诊断结论之日起 3 日内向原医疗机构或其他具有合法资质的医疗机构提出再次诊断要求。承担再次诊断工作的医疗机构应指派 2 名初次诊断医师以外的精神科执业医师进行诊断，并及时出具再次诊断结论。诊断医师应到收治患者的医疗机构面见、询问患者，该医疗机构应予以配合。

2. 精神障碍鉴定

患者或其监护人对再次诊断结论有异议的，可以自主委托依法取得执业资质的鉴定机构进行精神障碍医学鉴定。鉴定机构应指定本机构具有该鉴定事项执业资格的 2 名以上鉴定人共同进行鉴定，并及时出具鉴定报告。鉴定人应到收治患者的医疗机构面见、询问患者，该医疗机构应予以配合。鉴定人本人或其近亲属与鉴定事项有利害关系，可能影响其独立、客观、公正地进行鉴定的，应当回避。

鉴定机构、鉴定人应遵守有关法律、法规、规章的规定，尊重科学，恪守职业道德，按照精神障碍鉴定的实施程序、技术方法和操作规范，依法独立进行鉴定，出具客观、公正的鉴定报告。鉴定人对鉴定过程进行实时记录并签名。记录的内容应真实、客观、准确、完整，记录的文本或声像载体应妥善保存。

(五)住院精神障碍患者权益的保护

住院治疗的精神障碍患者在接受心理辅导和药物治疗时，其相关权益受法律保护。相关权益包括知情权、自决权、隐私权、医疗权等，医疗机构及其医务人员应将这些权益告知患者或其监护人。

1. 保护患者的人身安全和医疗权

医疗机构应配备适宜的设施、设备，保护就诊和住院治疗的精神障碍患者的人身安全，防止其受到伤害，并为住院患者创造尽可能接近正常生活的环境和条件。

精神障碍患者有同等的疾病救治权，医疗机构不得因其是精神障碍患者而推诿或者拒绝为其治疗属于本医疗机构诊疗范围的其他疾病。

2. 告知治疗方案、方法等相关情况

医疗机构及其医务人员应遵循精神障碍诊断标准和治疗规范，制定治疗方案，并向精神障碍患者或其监护人告知治疗方案和治疗方法、目的以及可能产生的后果。

医疗机构对精神障碍患者实施下列治疗措施时，应向患者或其监护人告知医疗风险、替代医疗方案等情况，并取得患者的书面同意；无法取得患者意见的，应取得其监护人的书面同意，并经本医疗机构伦理委员会批准：导致人体器官丧失功能的外科手术，与精神障碍治疗有关的实验性临床医疗。实施导致人体器官丧失功能的外科手术等治疗措施，因情况紧急查找不到监护人的，应取得本医疗机构负责人和伦理委员会的批准。

禁止对精神障碍患者实施与治疗其精神障碍无关的实验性临床医疗。违反法律规定对精神障碍患者实施外科手术或实验性临床医疗的，要承担相应的法律责任，构成犯罪的要依法追究刑事责任。

3. 对患者实施保护性医疗措施

精神障碍患者在医疗机构内发生或者将要发生伤害自身、危害他人安全、扰乱医疗秩序的行为时，医疗机构及其医务人员在没有其他可替代措施的情况下，可以实施约束、隔离等保护性医疗措施，目的是最大限度地减少其他意外因素对患者的伤害。实施时应遵循诊断标准和治疗规范，并在实施后告知患者的监护人。禁止利用约束、隔离等保护性医疗措施惩罚精神障碍患者。

4. 药物使用和外科手术规定

对精神障碍患者使用药物时，应以诊断和治疗为目的，使用安全、有效的药物，不得为诊断或治疗以外的目的使用药物。医疗机构不得强迫精神障碍患者从事生产劳动。

为保护患者的人身安全，禁止对下列住院精神障碍患者实施以治疗精神障碍为目的的外科手术：已经发生伤害自身的行为，或者有伤害自身的危险的；已经发生危害他人安全的行为，或者有危害他人安全的危险的。

5. 尊重住院患者的通信和会见探访者的权利

医疗机构及其医务人员应当尊重住院精神障碍患者的通信和会见探访者等权利。除在急性发病期或者为了避免妨碍治疗可以暂时性限制外，不得限制患者的通信和会见探访者等权利。

6. 精神障碍患者的病历记录

医疗机构及其医务人员应在病历资料中如实记录精神障碍患者的病情、治疗措施、用药情况、实施约束、隔离措施等内容，并如实告知患者或其监护人。患者及其监护人可以查阅、复制病历资料，但患者查阅、复制病历资料可能对其治疗产生不利影响的除外。病历资料保存期限不得少于30年。

（六）精神障碍患者的出院

1. 患者及监护人要求出院

自愿住院治疗的精神障碍患者可以随时要求出院，医疗机构应当同意。对有自伤行为或自伤危险的精神障碍患者实施住院治疗的，监护人可以随时要求患者出院，医疗机构应当同意。

医疗机构认为上述精神障碍患者不宜出院的，应告知其不宜出院的理由；患者或其监护人仍要求出院的，执业医师应在病历资料中详细记录告知的内容及告知的过程，同时提出出院后的医学建议，患者或其监护人应签字确认。

2. 医疗机构告知可以出院

对有伤人行为或伤人危险的精神障碍患者实施住院治疗，医疗机构认为患者可以出院的，应立即告知患者及其监护人。

对于有自伤行为或自伤可能的，以及有伤人行为或伤人危险的精神障碍住院患者，医疗机构应根据病情，及时组织精神科执业医师对其进行检查评估。评估结果表明不需要继续住院治疗的，应立即通知患者及其监护人。

（七）精神障碍患者的心理治疗

对精神障碍患者的心理治疗活动应在医疗机构内开展。专门从事心理治疗的人员不得从事精神障碍的诊断，不得为精神障碍患者开具处方或提供外科治疗。

（八）监护人、村（居）委会等对精神障碍患者的看护与帮助

精神障碍患者的监护人应妥善看护未住院治疗的患者，按照医嘱督促其按时服药、接受随访或者治疗。村民委员会、居民委员会、患者所在单位等应依患者或其监护人的请求，对监护人看护患者提供必要的帮助。监狱、强制隔离戒毒所等场所应采取措施，保证患有精神障碍的服刑人员、强制隔离戒毒人员等获得治疗。

（九）卫生行政部门对诊治机构的监管

县级以上地方人民政府卫生行政部门应定期就下列事项对本行政区域内从事精神障碍诊断、治疗的医疗机构进行检查：相关人员、设施、设备是否符合《精神卫生法》的要求；诊疗行为是否符合《精神卫生法》以及诊断标准、治疗规范的规定；对精神障碍患者实施住院治疗的程序是否符合规定；是否依法维护了精神障碍患者的合法权益。检查时，应听取精神障碍患者及其监护人的意见，发现存在违反《精神卫生法》行为的，应立即制止或责令改正，并依法作出处理。

六、精神障碍患者的康复

精神障碍患者的康复主要以社区康复为基础，在精神卫生专业机构的指导下，由社区卫生服务机构、农村医疗卫生机构等基层医疗卫生机构为精神障碍患者提供医疗康复服务。此外，精神障碍患者的监护人、所在村民委员会、所在居民委员会、用人单位等都承担着帮助患者康复的义务。

（一）社区康复机构和基层医疗卫生机构的义务

社区康复机构应为需要康复的精神障碍患者提供场所和条件，对患者进行生活自理能力和社会适应能力等方面的康复训练。医疗机构为社区康复机构提供有关精神障碍康复的技术指导和支持。

社区卫生服务机构、乡镇卫生院、村卫生室应建立严重精神障碍患者的健康档案，对在家居住的严重精神障碍患者进行定期随访，指导患者服药和开展康复训练，并对患者的监护人进行精神卫生知识和看护知识的培训。

县级卫生行政部门应为社区卫生服务机构、乡镇卫生院、村卫生室开展上述工作给予指导和培训。医疗机构应为在家居住的严重精神障碍患者提供精神科基本药物维持治疗。

（二）精神障碍患者监护人的责任

精神障碍患者的监护人应协助患者进行生活自理能力和社会适应能力等方面的康复训练。监护人在看护过程中需要技术指导的，社区卫生服务机构或乡镇卫生院、村卫生室、社区康复机构应当提供。

（三）村（居）民委员会和残疾人组织的义务

村民委员会、居民委员会应为生活困难的精神障碍患者家庭提供帮助，并向所在地乡镇人民政府或者街道办事处以及县级人民政府有关部门反映患者及其家庭的情况和要求，帮助其解决实际困难，为患者融入社会创造条件。残疾人组织或者残疾人康复机构应根据精神障碍患者康复的需要，组织患者参加康复活动。

（四）用人单位的义务

用人单位应根据精神障碍患者的实际情况，安排患者从事力所能及的工作，保障患者享有同等待遇，安排患者参加必要的职业技能培训，提高其就业能力，为患者创造适宜的工作环境，对患者在工作中取得的成绩予以鼓励。

七、保障措施

（一）制定精神卫生工作规划，建设和完善精神卫生服务体系

县级以上人民政府卫生行政部门会同有关部门，依据国民经济和社会发展规划的要求，制定精神卫生工作规划并组织实施。各级人民政府应根据精神卫生工作的需要，加大财政投入力度，保障精神卫生工作所需的经费，将精神卫生工作经费列入本级财政预算。

省级人民政府根据本行政区域的实际情况，统筹规划，整合资源，建设和完善精神卫生服务体系，加强精神障碍预防、治疗和康复服务能力建设。县级人民政府根据本行政区域的实际情况，统筹规划，建立精神障碍患者社区康复机构。国家加强基层精神卫生服务体系建设，扶持贫困地区、边远地区的精神卫生工作，保障城市社区、农村基层精神卫生工作所需的经费。

县级以上地方人民政府应采取措施，鼓励和支持社会力量举办从事精神障碍诊断、治疗的医疗机构和精神障碍患者康复机构。

（二）培养精神卫生专门人才，开展科学研究和国际交流

国家鼓励和支持开展精神卫生专门人才的培养，维护精神卫生工作人员的合法权益，加强精神卫生专业队伍建设。医学院校应加强精神医学的教学和研究，按照精神卫生工作的实际需要培养精神医学专门人才，为精神卫生工作提供人才保障。

国家鼓励和支持开展精神卫生科学技术研究，发展现代医学、祖国传统医学、心理学，提高精神障碍预防、诊断、治疗、康复的科学技术水平。国家鼓励和支持开展精神卫生领域的国际交流与合作。

(三)提高对精神障碍的预防、诊治能力

综合性医疗机构应当按照国务院卫生行政部门的规定开设精神科门诊或者心理治疗门诊，提高对精神障碍的预防、诊断、治疗能力。

从事精神障碍诊断、治疗、康复的机构应定期组织医务人员、工作人员进行在岗培训更新精神卫生知识，学习精神卫生知识和相关法律、法规、政策。县级以上人民政府卫生行政部门应组织医务人员进行精神卫生知识培训，提高其识别精神障碍的能力。

(四)提高教师、青年学生的精神卫生知识

师范院校应为学生开设精神卫生课程，医学院校应为非精神医学专业的学生开设精神卫生课程。县级以上教育行政部门对教师进行上岗前和在岗培训时应有精神卫生的内容，并定期组织心理健康教育教师、辅导人员进行专业培训。

(五)将精神障碍纳入基本医疗保险，严重精神障碍纳入基本公共卫生服务

精神障碍患者的医疗费用按照国家有关社会保险的规定，由基本医疗保险基金支付。县级人民政府应按照国家有关规定，对家庭经济困难的严重精神障碍患者参加基本医疗保险给予资助。精神障碍患者通过基本医疗保险支付医疗费用后仍有困难，或者不能通过基本医疗保险支付医疗费用的，医疗保障部门应优先给予医疗救助。

县级以上人民政府卫生行政部门应组织医疗机构为严重精神障碍患者免费提供基本公共卫生服务。目前已经纳入基本公共卫生服务项目的6种严重精神障碍患者的信息已经录入系统，纳入重点管理，并开展了患者信息登记、救治救助、随访管理等一系列服务。

(六)为严重精神障碍患者提供生活保障

对符合城乡最低生活保障条件的严重精神障碍患者，民政部门应会同有关部门及时将其纳入最低生活保障。对属于农村五保供养对象的严重精神障碍患者，以及城市中无劳动能力、无生活来源且无法定赡养、抚养、扶养义务人，或者其法定赡养、抚养、扶养义务人无赡养、抚养、扶养能力的严重精神障碍患者，民政部门应按照国家有关规定予以供养、救助。上述规定以外的严重精神障碍患者确有困难的，民政部门可以采取临时救助等措施，帮助其解决生活困难。

(七)保护精神障碍患者的受教育权和就业权利

县级以上地方人民政府及其有关部门应采取有效措施,保证患有精神障碍的适龄儿童、少年接受义务教育,扶持有劳动能力的精神障碍患者从事力所能及的劳动,并为已经康复的人员提供就业服务。

国家对安排精神障碍患者就业的用人单位依法给予税收优惠,并在生产、经营、技术、资金、物资、场地等方面给予扶持。

第九章　母婴保健法律制度

第一节　母婴保健法理论及相关问题

一、母婴保健与妇幼卫生保健的含义

（一）母婴保健

1. 母婴保健的含义

母婴保健是指医疗保健机构为孕产妇和婴儿提供医疗保健服务，以保障母亲和婴儿健康，提高出生人口素质的一种活动。母婴保健工作和人口与计划生育工作密不可分，母婴保健、优生优育都是保证母婴安全、提高人口健康素质的重要举措。

狭义的母婴保健服务是指《母婴保健法》及其实施办法规定的，针对准备孕育、已经怀孕和产后42天的妇女，以及胎儿和新生儿进行的系列保健服务活动。服务的对象主要是准备孕育、已经怀孕和产后42天的妇女，以及胎儿和新生儿。妇女在妊娠、分娩、人工流产等特殊生理时期，需要特别的保健和护理，以预防和减少其因生育、节育以及生殖功能紊乱而引起的身心疾病。同样，围生期保健也是对胎儿良好发育的保证，产前诊断、缺陷儿筛查可以有效地防止和减少缺陷儿出生。新生儿疾病筛查和疫苗接种、母乳喂养和科学育儿指导等为儿童健康成长打下了良好的基础，能有效地提高人口健康素质。

母婴保健服务主要包括婚前保健和孕产期保健，具体的技术服务事项包括：有关母婴保健的科普宣传、教育和咨询；婚前医学检查；产前诊断和遗传病诊断；助产技术；实施医学上需要的节育手术；新生儿疾病筛查；有关生育、节育、不育的其他生殖保健服务。

2. 母婴保健工作的重要意义

在国际上，衡量一个国家的居民健康水平，通常采用人均预期寿命、婴儿死

亡率和孕产妇死亡率这三大指标，5 岁以下儿童死亡率也是一个重要的表达指标。我国的《基本医疗卫生与健康促进法》中规定，将公民主要健康指标改善情况纳入政府目标责任考核，这里的公民主要健康指标也是包括人均预期寿命、孕产妇死亡率、婴儿死亡率、5 岁以下儿童死亡率等。显然，做好母婴保健服务是降低婴儿死亡率和孕产妇死亡率的关键。不仅如此，母婴保健工作是保障妇女健康和提高出生人口健康素质的重要举措，涉及亿万家庭的幸福安康，更关系到国家与民族的未来与繁荣。所以，国家发展母婴保健事业，提供必要的条件和物质帮助，使母亲和婴儿获得医疗保健服务。国家鼓励、支持母婴保健领域的教育和科学研究，推广先进、实用的母婴保健技术，普及母婴保健科学知识。

中华人民共和国成立后，母婴保健工作取得了巨大成就。据 2020 年 1 月 16 日在北京召开的中国妇幼健康工作会议上公布的数字，2019 年全国孕产妇死亡率下降到 17.8/10 万，婴儿死亡率下降到 5.6‰，5 岁以下儿童死亡率下降到 7.8‰①，人均预期寿命达到 77.0 岁，中国女性期望寿命 2015 年为 79.4 岁，优于中高收入国家平均水平。②

（二）妇幼保健

1.妇幼保健的含义

妇幼保健是指针对妇女和儿童的生理、心理特点而进行的医疗保健服务。不过，在实际工作中，妇幼保健中的"幼"并不只是幼儿，而是指儿童。所以，妇幼保健服务的对象不仅限于孕产妇和婴儿，而是更广泛的妇女和儿童。根据妇女一生各阶段的不同生理、心理特点及保健需求，妇女保健包括女童保健、青春期保健、孕产期保健、计划生育保健、职业妇女保健、更年期保健、老年妇女保健等。儿童保健则包括新生儿保健、婴儿保健、婴幼儿保健、学龄前期保健、学龄期保健等。

母婴保健是妇幼保健工作的重要一环，在实践中，我们很难把母婴保健和妇幼保健工作严格区分。母婴保健服务是妇幼保健服务的重要组成部分，妇幼保健服务是公共卫生服务的重要组成部分。《基本医疗卫生与健康促进法》第二十四条对妇幼保健工作作了纲领性规定："国家发展妇幼保健事业，建立健全妇幼健康服务体系，为妇女、儿童提供保健及常见病防治服务，保障妇女、儿童健康。国家采取措施，为公民提供婚前保健、孕产期保健等服务，促进生殖健康，预防出生缺陷。"

---

① 参见《妇幼健康核心指标持续向好》[EB/OL]，(2020-01-19)[2020-03-20]，http://www.rmzxb.com.cn/c/2020-01-19/2510058.shtml.

② 参见《中国妇幼健康事业发展报告(2019)》[EB/OL]，(2019-05-27)[2020-03-20]，http://www.nhc.gov.cn/fys/s7901/201905/bbd8e2134a7e47958c5c9ef032e1dfa2.shtml.

2.国家公共卫生服务项目中的妇幼保健项目

妇幼健康是全民健康的基石，是衡量社会文明进步的标尺，也是人类可持续发展的基础与前提，所以，政府把妇幼保健服务纳入了公共卫生服务项目之中。自2009年国家基本公共卫生服务项目启动以来，涉及妇幼保健的项目有：

(1)预防接种，服务对象为辖区内0～6岁儿童和其他重点人群，服务的项目和内容包括预防接种管理、预防接种、疑似预防接种异常反应处理。

(2)儿童健康管理，服务对象是辖区内居住的0～6岁儿童，服务的项目和内容包括新生儿家庭访视、新生儿满月健康管理、婴幼儿健康管理、学龄前儿童健康管理。

(3)孕产妇健康管理，服务对象是辖区内居住的孕产妇，服务的项目和内容包括孕早期健康管理、孕中期健康管理、孕晚期健康管理、产后访视、产后42天健康检查。

自2000年以来，国家开展的重大公共卫生项目中，涉及妇幼保健的项目主要是相继设立实施了降低孕产妇死亡率及消除新生儿破伤风项目、农村孕产妇住院分娩补助项目、预防艾滋病梅毒乙肝母婴传播项目、农村妇女“两癌”检查项目、增补叶酸预防神经管缺陷项目、免费孕前优生健康检查项目、贫困地区儿童营养改善项目、新生儿疾病筛查项目、地中海贫血防控项目等重大项目，对于降低孕产妇死亡率，防治妇女儿童重大疾病，提高出生人口素质发挥了重要作用。

国家卫健委发布的《中国妇幼健康事业发展报告(2019)》显示：2018年，国家免疫规划疫苗能够预防15种疾病，以乡镇为单位的国家免疫规划疫苗接种率维持在95%以上；新生儿访视率为93.7%；全国3岁以下儿童系统管理率和7岁以下儿童健康管理率分别为91.2%、92.7%；孕产妇系统管理率为89.9%；产前检查率为96.6%；产后访视率为93.8%。①

二、我国现行有效的母婴保健法律法规和规章

我国现行有效的母婴保健法是1994年10月27日第八届全国人民代表大会常务委员会第十次会议通过的《中华人民共和国母婴保健法》(以下简称《母婴保健法》)，自1995年6月1日起施行，2009年8月第一次修正，2017年11月第二次修正。2001年6月，国务院颁布了《中华人民共和国母婴保健法实施办法》(以下简称《母婴保健法实施办法》)，2017年11月17日进行了修改。对于妇幼保健方面则尚没有专门的法律法规。

① 参见《中国妇幼健康事业发展报告(2019)》[EB/OL]，(2019-05-27)[2020-03-20]，http://www.nhc.gov.cn/fys/s7901/201905/bbd8e2134a7e47958c5c9ef032e1dfa2.shtml.

此外,我国与母婴保健工作有关的法律法规和规章有《妇女权益保障法》(2005年通过,2018年第二次修正)、《人口与计划生育法》(2015年修订,2016年1月1日施行)、《未成年人保护法》(2006年修订,2007年6月1日施行)、《婚前保健工作规范》(2002年6月修订实施)、《孕前保健服务工作规范(试行)》(2007年2月实施)、《新生儿疾病筛查管理办法》(2009年6月1日实施)、《全国儿童保健工作规范(试行)》(2009年12月施行)、《孕产期保健工作管理办法》(2011年实施)、《孕产期保健工作规范》(2011年实施)、《女职工劳动保护特别规定》(2012年4月28日实施)、《关于加强辅助生殖技术服务机构和人员管理的若干规定》(2019年实施)、《开展产前筛查技术医疗机构基本标准》和《开展产前诊断技术医疗机构基本标准》(2019年实施)等,都是现行有效的规范性文件。上述法律法规等规范性文件的出台对于保障母婴安全,降低孕产妇和婴儿死亡率,减少先天残疾的发生,提高出生人口素质等,都发挥了重要作用。

三、我国妇幼保健工作的相关法律问题

(一)妇幼保健相关法律缺乏

在妇幼保健领域,除母婴保健有相关法律法规以外,儿童保健、青春期保健、更年期和老年期保健等都缺乏相应的法律规定,即使有,法的阶位也比较低,如2009年卫生部印发的《全国儿童保健工作规范(试行)》,阶位较低并且一直到现在依然是试行。为弥补缺少法律法规的缺陷,国家卫计委办公厅于2013年9月3日印发了《加强产科安全管理的十项规定》,2014年3月14日印发了《医疗机构新生儿安全管理制度(试行)》,2019年基本公共卫生服务项目中有关妇幼保健方面发布了诸如《农村妇女“两癌”检查项目管理工作规范》《基本避孕服务项目管理工作规范》《贫困地区儿童营养改善项目管理工作规范》《贫困地区新生儿疾病筛查项目管理工作规范》《增补叶酸预防神经管缺陷项目管理工作规范》《国家免费孕前优生健康检查项目管理工作规范》等规定。这些规定或制度在一定程度上起到了规范作用,但是,离具备完善的法律体系还相差甚远。政府有关文件常要求妇幼保健机构按照“两纲一法”(或称“一法两纲”)的要求做好妇幼保健工作,妇幼保健机构也经常表示要在“两纲一法”的指导下做好妇幼保健工作。“两纲”是指国务院颁发的《中国妇女发展纲要(2011～2020年)》和《中国儿童发展纲要(2011～2020年)》,“一法”是指《母婴保健法》及其实施办法。这从另一个角度说明妇幼保健领域法律法规尚不健全,其后果之一就是难以做到妇幼保健工作的法治化管理。

由于缺乏相应的法律规定,所以,更多的时候妇幼保健服务的要求、措施、目标等都是以政策和文件的形式出现的。除了上面提到的“两纲”和各种规范外,

《“健康中国 2030”规划纲要》对提高妇幼健康水平提出了如下要求：“实施母婴安全计划，倡导优生优育，继续实施住院分娩补助制度，向孕产妇免费提供生育全过程的基本医疗保健服务。加强出生缺陷综合防治，构建覆盖城乡居民，涵盖孕前、孕期、新生儿各阶段的出生缺陷防治体系。实施健康儿童计划，加强儿童早期发展，加强儿科建设，加大儿童重点疾病防治力度，扩大新生儿疾病筛查，继续开展重点地区儿童营养改善等项目。提高妇女常见病筛查率和早诊早治率。实施妇幼健康和计划生育服务保障工程，提升孕产妇和新生儿危急重症救治能力。”[①]这些都足以说明，目前我国妇幼保健相关法律缺乏。

(二)妇幼保健工作面临的问题和挑战

1. 高龄高危产妇比例增加

高龄高危产妇比例增加的原因主要有二：一是 2016 年全面两孩政策实施后，孕育二孩的妇女中有相当比例的高龄产妇，其中头胎为剖宫产的孕产妇也占相当比例，增加了二胎生产的危险；二是生育年龄后移，不少初产妇年龄超过 35 周岁。2016 年是落实全面两孩政策的第一年，据国家卫计委相关数据显示，2016 年全国住院分娩活产数达到 1846 万，较 2015 年增长 11.5%，二孩及以上占比逾 45%，高龄高危孕产妇比例明显增高。[②] 2017 年全年，二孩数量进一步上升至 883 万人，比 2016 年增加了 162 万人，二孩占全部出生人口的比重达到 51.2%。[③] 二孩政策之后，全国高龄产妇的比例从 24.5%上升到 31%，产妇的平均年龄从 27 岁攀升到 29 岁。[④] 据卫健委发布的数据，2016 年，全国孕产妇死亡率为 19.9/10 万，全年死亡率仅比 2015 年下降不足 1%。2017 年全国孕产妇死亡率为 19.6/10 万，2018 年为 18.3/10 万[⑤]，2019 年为 17.8/10 万。[⑥] 虽然已经

---

① 参见《中共中央 国务院印发〈“健康中国 2030”规划纲要〉》[EB/OL]，(2016-10-25)[2020-03-30]，http://www.gov.cn/zhengce/2016-10/25/content_5124174.htm.

② 参见《卫生计生委就 2017 年 1 月全面两孩政策工作进展答记者问》[EB/OL]，(2017-01-22)[2020-03-30]，http://www.gov.cn/xinwen/2017-01/22/content_5162305.htm.

③ 参见《2017 年我国二孩出生人数比 2016 年明显增加》[EB/OL]，(2018-01-21)[2020-03-30]，http://www.gov.cn/guowuyuan/2018-01/21/content_5258912.htm.

④ 参见邹宇春、茅倬彦：《构建人口计生领域多元共治体系》[EB/OL]，(2017-11-15)[2020-03-30]，http://www.cssn.cn/bk/bkpd_qkyw/bkpd_bjtj/201711/t 20171116_3745131.shtml.

⑤ 参见《中国妇幼健康事业发展报告(2019)》[EB/OL]，(2019-05-27)[2020-03-30]，http://www.nhc.gov.cn/fys/s7901/201905/bbd8e2134a7e47958c5c9ef032e1dfa2.shtml.

⑥ 参见《2020 年全国妇幼健康工作会议在北京召开》[EB/OL]，(2020-01-16)[2020-03-30]，http://health.people.com.cn/n1/2020/0116/c14739-31551873.html.

取得了很大成绩,但还需要更大的努力。2019年6月18日召开的上海市公共卫生工作联席会议上称,上海公共卫生核心指标稳步保持全国领先,已达到或接近发达国家和地区的水平,全市孕产妇死亡率为1.15/10万。[①] 全国要达到上海这个水平,还需要长期的努力。

高龄高危产妇带来的后果,就是发生孕产期合并症、并发症的风险增加,缺陷儿比例增长,危重孕产妇与新生儿管理救治任务进一步加重。为保障生育政策的落实,卫生健康部门在全国推行了母婴安全五项制度,即妊娠风险筛查与评估、高危孕产妇专案管理、危急重症救治、孕产妇死亡个案报告和约谈通报制度。

预见到全面两孩政策实施后高龄高危产妇会增加,2016年4月25日,国家卫计委印发了《关于切实做好高龄孕产妇管理服务和临床救治的意见》,以高龄产妇为重点,全面加强高龄、高危孕产妇的管理服务和临床救治。提出要广泛开展宣传和健康教育,加强生育前的咨询,为高龄妇女提供科学备孕指导、妊娠风险提示等服务。做好咨询评估和高危筛查,做好孕产妇的系统管理,对高危孕产妇严格实行专案管理,密切监视治疗妊娠的合并症和并发症。完善孕产妇和新生儿危急重症转诊救治网络,保证危重的孕产妇和新生儿能够得到及时转运、救治,确保有效衔接和绿色通道畅通。[②]

2. 妇幼健康服务能力亟待提高

全面二孩政策实施后,对我国现行的产科、儿科、妇幼保健服务等带来了巨大的压力和冲击。我国儿科医疗资源原本就严重不足,《2015年中国卫生统计年鉴》数据显示,我国平均每1千名儿童只有0.43位儿科医生,与全国平均每千人配备2.06名医生水平相比相去甚远。据谷丽紧等2013年开展的我国医疗机构儿科床位配置研究显示,我国平均每千人拥有儿科床位0.20张,儿科床位数仅占总床位数的9.3%,而我国0～14岁儿童为2.23亿,占全国总人口的16.6%。[③]

截至2018年,全国共有妇幼保健机构3 080家,妇产医院807家,儿童医院228家;从业人员近64万人,年门诊量4亿人次,年住院1 379万人次,床位33.8

① 参见《本市公共卫生指标继续领先》[EB/OL],[2019-06-19],http://www.shanghai.gov.cn/nw2/nw2314/nw2315/nw4411/u21aw1388609.html.

② 参见《国家卫生计生委关于切实做好高龄孕产妇管理服务和临床救治的意见(国卫妇幼发〔2016〕15号)》[EB/OL],(2016-04-26)[2020-03-30],http://news.hexun.com/2016-04-26/183538309.html.

③ 参见谷丽紧、罗荣、金曦等:《我国医疗机构儿科床位配置现状研究》,《中国卫生政策研究》2013年第6期。

万张；全国共有助产机构2.6万家，助产士18万人，产科医师近21万人。① 各类医疗机构中，妇产科和儿科床位数持续增加，保障妇女儿童健康的主阵地更加稳固。但是，从供给侧看，妇幼健康服务资源总量不足，基层服务能力薄弱，城乡和地区之间仍有较大差距。从需求侧看，高龄高危孕产妇比例持续处在高位，母婴安全面临长期挑战，产后保健、更年期保健等服务需求快速增长，儿童近视、孤独症等健康问题日益突出。②

为缓解我国儿童医疗卫生服务资源短缺的问题，促进儿童医疗卫生事业持续健康发展，2016年5月18日，国家卫计委等部门联合下发了《关于加强儿童医疗卫生服务改革和发展的意见》。③ 2017年1月20日，国家卫计委召开了全国妇幼健康工作会议，对做好妇幼健康工作，保障全面两孩政策的实施提出了明确要求：

(1)针对妇幼健康服务资源总体不足和结构性短缺问题，加快实施妇幼健康服务保障工程，加强省、地市、县三级妇幼保健机构建设，改善服务条件，提高服务能力。对助产服务供需矛盾突出的地区，加强针对性指导，引导医疗机构加大内部挖潜，扩增产科床位。通过妇幼健康服务联合体、远程医疗、对口支援等方式，积极推进优质服务资源下沉，提升基层服务能力。

(2)提升危重孕产妇和新生儿救治能力。依托产科儿科实力突出和综合救治能力较强的医疗机构，加快危重孕产妇和新生儿救治中心建设，健全危重孕产妇和新生儿转诊、会诊网络，提升救治能力和水平，确保急救"生命通道"畅通。

(3)推进妇幼健康优质服务。在试点的基础上，全面推广使用全国统一的母子健康手册，加强生育全程基本医疗保健服务。以母子健康手册为载体，整合孕前保健、孕期保健、住院分娩、儿童保健、预防接种等服务内容，为妇女儿童提供系统、规范的优生优育全程服务，打造生育全程服务链。

（三）妇幼健康服务和健康水平地区间存在较大差异

根据张涛等人利用中国卫生统计年鉴2010～2015年的数据进行的妇幼保健服务公平性研究结果，我国妇女保健服务利用集中分布于经济发达的省市，东中西地区横向比较，系统管理率的不公平性高于产前检查率和产后访视率；儿童保健服务中，新生儿访视率和3岁以下儿童系统管理率东部地区高于全国平均

① 参见《中国妇幼健康事业发展报告（2019）》[EB/OL]，(2019-05-27)[2020-03-30]，http://www.nhc.gov.cn/fys/s7901/201905/bbd8e2134a7e47958c5c9ef032e1dfa2.shtml.

② 参见《最新！全国孕产妇死亡率下降至17.8/10万》[EB/OL]，(2020-01-16)[2020-03-30]，https://www.cn-healthcare.com/article/20200116/content-528797.html.

③ 参见《国家卫计委发布〈关于加强儿童医疗卫生服务改革与发展的意见〉》[EB/OL]，(2016-05-19)[2020-03-30]，http://ccn.people.com.cn/n1/2016/0519/c366510-28362667.html.

水平，而中西部地区低于全国平均水平，其中中部地区最低；围产儿死亡率东部地区低于全国平均水平，而中西部地区则高于全国平均水平，其中西部地区的围产儿死亡率最高。① 刘欣宇等利用2013年全国妇幼卫生年报数据得到的分析结果②与张涛等的研究基本一致。

国家统计局发布的《中国儿童发展纲要(2011～2020年)》中期统计监测报告显示：2015年，婴儿死亡率为8.1‰，5岁以下儿童死亡率为10.7‰，两项指标已经实现纲要目标，但城乡差别较大。全国城市婴儿死亡率为4.7‰，农村为9.6‰，农村高于城市1倍多；全国城市5岁以下儿童死亡率为5.8‰，农村为12.9‰，农村高于城市1.2倍；婴儿死亡率和5岁以下儿童死亡率东西部区域间差距更大。③ 国家卫健委2019年5月27日发布的《中国妇幼健康事业发展报告(2019)》显示：2018年，全国5岁以下儿童死亡率下降为8.4‰，城市和农村分别为4.4‰和10.2‰，城乡差距缩小，但后者依然是前者的2.3倍。东、中、西部地区5岁以下儿童死亡率分别为4.2‰、7.2‰和12.7‰，地区差距持续缩小，但东、西部依然存在8.5‰的差值。④

2015年，我国孕产妇死亡率为20.1/10万，其中城市为19.8/10万，农村为20.2/10万。西部地区孕产妇死亡率为28/10万，是东部地区的2倍多。在31个省(市、区)中，最高水平与最低水平间相差近22倍。⑤ 2018年，全国孕产妇死亡率下降至18.3/10万，城市和农村孕产妇死亡率分别为15.5/10万和19.9/10万，相差了4.5个百分点；东、中、西部地区孕产妇死亡率分别为10.9/10万、20.0/10万、25.2/10万，西部地区孕产妇死亡率是东部地区孕产妇死亡率的2.3倍。⑥

流动人口中妇幼保健服务可及性也较差。以国家统计局发布的《中国妇女

---

① 参见张涛、孙立奇、任建平等：《2010～2014年我国妇幼保健服务的公平性研究》，《中国卫生事业管理》2017年第4期。

② 参见刘欣宇、张宜民、刘欣欣：《我国妇幼保健服务公平性现状研究》，《中国妇幼保健》2016年第12期。

③ 参见《全国儿童发展纲要(2011～2020年)中期统计监测报告》[EB/OL]，(2016-11-03)[2020-03-30]，http://www.stats.gov.cn/tjsj/zxfb/201611/t20161103_1423705.html.

④ 参见《中国妇幼健康事业发展报告(2019)》[EB/OL]，(2019-05-27)[2020-03-30]，http://www.nhc.gov.cn/fys/s7901/201905/bbd8e2134a7e47958c5c9ef032e1dfa2.shtml.

⑤ 参见《全国妇女发展纲要2011～2020年》中期统计监测报告[EB/OL]，(2016-11-03)[2020-03-30]，http://www.stats.gov.cn/tjsj/zxfb/201611/t20161103_1423701.html.

⑥ 参见《中国妇幼健康事业发展报告(2019)》[EB/OL]，(2019-05-27)[2020-03-30]，http://www.nhc.gov.cn/fys/s7901/201905/bbd8e2134a7e47958c5c9ef032e1dfa2.shtml.

发展纲要(2011～2020年)》中期统计监测报告为例,报告中指出的问题之一就是“部分省(市)的孕产妇死亡率城市高于农村,东部地区孕产妇死亡率2015年为13.1/10万,比上年有所反弹,流动人口中的孕产妇死亡率远高于流入地人口是一个重要的原因。改善西部地区、农村地区以及流动人口中的妇女儿童健康状况,防止孕产妇死亡率反弹是目前妇幼卫生保健工作的重点和难点”①。上述数据从不同角度反映出我国城乡地区间妇幼卫生保健服务存在不平衡性和不公平性。

第二节　母婴保健法律规定

本节所介绍的母婴保健法律规定主要是《母婴保健法》及其实施办法的内容。个别地方涉及相关的行政法规、规章的内容。

一、母婴保健服务机构和母婴保健技术服务项目

(一)母婴保健服务机构

1. 母婴保健服务机构

母婴保健服务机构是指具备法定条件,依法取得了从事母婴保健服务许可的医疗保健机构。

医疗保健机构承担母婴保健服务工作,但并非所有的医疗保健机构都能够自动从事母婴保健服务,而要依法取得许可。总体上说,医疗保健机构依照《母婴保健法》的规定开展婚前医学检查、遗传病诊断、产前诊断以及施行结扎手术和终止妊娠手术的,必须符合国务院卫生健康行政部门规定的条件和技术标准,并经县级以上卫生健康行政部门许可。

根据《开展产前筛查技术医疗机构基本标准》的规定,开展产前筛查机构的主要职责是:

(1)进行出生缺陷防治健康教育。

(2)开展与产前筛查相关的临床咨询。

(3)开展常见的胎儿染色体病、开放性神经管畸形、超声下常见严重的胎儿结构畸形等产前筛查工作。

(4)将拟进行产前诊断的孕妇转诊至与其合作的产前诊断机构。

(5)统计和分析产前筛查有关信息,按要求定期报送卫生健康行政部门。

---

① 参见《全国妇女发展纲要2011～2020年》中期统计监测报告[EB/OL],(2016-11-03)[2020-03-30],http://www.stats.gov.cn/tjsj/zxfb/201611/t20161103_1423701.html.

(6)建立追踪随访制度,对接受筛查的孕妇进行妊娠结局追踪随访。

(7)接受有合作关系产前诊断机构的人员培训、技术指导与质量控制。

(8)建立技术档案管理制度,对在本机构进行筛查的孕妇建立信息档案,档案资料保存期应为15年。

根据《开展产前诊断技术医疗机构基本标准》的规定,产前诊断机构的主要职责是:

(1)进行出生缺陷防治健康教育。

(2)接受产前筛查机构或其他医疗机构发现的拟进行产前诊断孕妇的转诊。

(3)开展与产前诊断相关的临床咨询。

(4)开展常见的胎儿染色体病、开放性神经管畸形、超声下常见严重的胎儿结构畸形等产前诊断工作。

(5)具有相应遗传咨询和实验室检测能力的,可开展常见单基因遗传性疾病的诊断。

(6)在征得家属同意后,对引产出的胎儿进行病理检查及相关遗传学检查。

(7)落实多学科转会诊、追踪随访、疑难病例讨论等各项规章制度。

(8)对有合作关系的产前筛查机构开展人员培训、技术指导和质量控制工作。

(9)对涉及医学伦理问题的病例应当及时经医学伦理委员会研究讨论。

(10)统计和分析产前诊断有关信息,尤其是确诊阳性病例的有关数据,按要求定期报送卫生健康行政部门。

(11)建立技术档案管理制度,对在本机构进行筛查或诊断的孕妇建立信息档案,档案资料保存期应为15年。

根据《新生儿疾病筛查管理办法》的规定,新生儿疾病筛查中心应开展以下工作:

(1)开展新生儿遗传代谢疾病筛查的实验室检测、阳性病例确诊和治疗或者听力筛查阳性病例确诊、治疗。

(2)掌握本地区新生儿疾病筛查、诊断、治疗、转诊情况。

(3)负责本地区新生儿疾病筛查人员培训、技术指导、质量管理和相关的健康宣传教育。

(4)承担本地区新生儿疾病筛查有关信息的收集、统计、分析、上报和反馈工作。

(5)开展新生儿疾病筛查的医疗机构应及时提供病例信息,协助新生儿疾病筛查中心做好上述工作。

根据《孕产期保健工作规范》的规定,各级妇幼保健机构受辖区卫生健康行政部门委托，负责孕产期保健技术管理的具体组织和信息处理工作，包括以下内容：

(1)定期组织孕产期保健技术指导组对各级各类医疗保健机构的孕产期保健工作进行技术指导及质量控制评价。

(2)组织孕产期保健技术指导组开展专业人员技术培训。

(3)具体实施孕产妇死亡、围产儿死亡评审工作，有条件的可开展孕产妇危重症评审工作。

(4)负责信息资料的收集、分析和上报。

2. 母婴保健服务人员

母婴保健服务人员是指经过考核或培训，具备相应的技术和能力，取得母婴保健服务证书或许可，从事母婴保健服务的专业人员。

从事产前诊断的卫生专业技术人员必须经过系统的产前诊断技术专业培训，通过省级卫生健康行政部门的考核获得母婴保健技术服务相应资格证明；从事辅助性产前诊断技术的人员应当在获得母婴保健技术服务相应资格证明人员的指导下开展工作；从事产前筛查的卫生专业技术人员必须经过省级卫生健康行政部门组织的产前筛查技术专业培训，并考试合格；从事婚前医学检查的人员须经设区的市级卫生健康行政部门许可；从事助产技术服务、结扎手术和终止妊娠手术的人员须经县级卫生健康行政部门许可，并取得相应的合格证书；从事家庭接生的人员需要经过培训，具备相应的接生能力。

(二)母婴保健技术服务项目

根据《母婴保健法实施办法》的规定，母婴保健技术服务主要包括有关母婴保健的科普宣传、教育和咨询，婚前医学检查，产前诊断和遗传病诊断，助产技术，实施医学上需要的节育手术，新生儿疾病筛查，有关生育、节育、不育的其他生殖保健服务。

二、母婴保健工作的领导和管理机构

(一)各级人民政府的职责

各级人民政府领导母婴保健工作。各级人民政府应将母婴保健工作纳入本级国民经济和社会发展规划，为母婴保健事业的发展提供必要的经济、技术和物质条件，并对少数民族地区、贫困地区的母婴保健事业给予特殊支持。县级以上地方人民政府根据本地区的实际情况和需要，可以设立母婴保健事业发展专项资金。

各级人民政府应当采取措施，加强母婴保健工作，提高医疗保健服务水平，积极防治由环境因素所致严重危害母亲和婴儿健康的地方性高发性疾病，促进母婴保健事业的发展。

(二)卫生健康行政部门的职责

国务院卫生健康行政部门主管全国的母婴保健工作,根据不同地区的情况提出分级分类指导原则,并对全国的母婴保健工作实施监督管理。

国务院卫生健康行政部门履行下列职责:制定《母婴保健法》及实施办法的配套规章和技术规范;按照分级分类指导的原则,制定全国母婴保健工作发展规划和实施步骤;组织推广母婴保健及其他生殖健康的适宜技术;对母婴保健工作实施监督。

县级以上卫生健康行政部门负责本行政区域内的母婴保健监督管理工作,履行下列监督管理职责:依照《母婴保健法》及其实施办法以及国务院卫生健康行政部门规定的条件和技术标准,对从事母婴保健工作的机构和人员实施许可,并核发相应的许可证书;对《母婴保健法》及其实施办法的执行情况进行监督检查;对违反《母婴保健法》及其实施办法的行为依法给予行政处罚;负责母婴保健工作监督管理的其他事项。

三、婚前保健服务

婚前保健服务是医疗保健机构对准备结婚的男女在结婚登记前所进行的婚前卫生指导、婚前卫生咨询和婚前医学检查服务。

(一)婚前医学检查

婚前医学检查是为准备结婚的男女双方可能患有影响结婚和生育的疾病进行医学检查。从公共卫生的角度讲,婚前医学检查具有非常重要的作用。例如,通过婚前医学检查,能够发现一些异常情况和疾病,提示患病者积极治疗,控制传染性疾病的传播,防止影响正常生活,有利于男女双方的健康。婚前医学检查也能及时发现男、女本人或双方家系中患遗传病的情况,通过测算遗传风险度和分析遗传方式,进行优生指导,控制遗传性疾病,避免缺陷儿的出生,提高人口素质。

1. 承担婚前医学检查的机构和人员

从事婚前医学检查的机构是取得“医疗机构执业许可证”的医疗保健机构,即具备如下三个条件,并经其所在地设区的地(市)级卫生行政部门审查,取得《母婴保健技术服务执业许可证》的医疗保健机构。这三个条件是:分别设置专用的男、女婚前医学检查室,配备常规检查和专科检查设备;设置婚前生殖健康宣传教育室;具有符合条件的,进行男、女婚前医学检查的执业医师。

从事婚前医学检查的人员须取得“执业医师证书”和“母婴保健技术考核合格证书”。主检医师必须取得主治医师以上技术职称。如果医疗保健机构或者人员未取得母婴保健技术许可而擅自从事婚前医学检查、遗传病诊断、产前诊断、终止妊娠手术和医学技术鉴定或者出具有关医学证明的，要受到行政处罚。从事母婴保健技术服务的人员出具虚假医学证明文件的，要受到行政处罚。有下列情形之一的，由原发证部门撤销相应的母婴保健技术执业资格或者医师执业证书：因延误诊治，造成严重后果的；给当事人身心健康造成严重后果的；造成其他严重后果的。

2. 婚前医学检查的项目和主要疾病

婚前医学检查的项目包括询问病史、体格检查、常规辅助检查和其他特殊检查。

婚前检查的主要疾病包括：严重遗传性疾病，是指由于遗传因素先天形成，导致患者全部或部分丧失自主生活能力，子代再现风险高，医学上认为不宜生育的疾病；指定传染病，是指《传染病防治法》中规定的艾滋病、淋病、梅毒以及医学上认为影响结婚和生育的其他传染病；有关精神病，包括精神分裂症、躁狂抑郁型精神病以及其他重症精神病；其他与婚育有关的疾病，如重要脏器疾病和生殖系统疾病等。

3. 提出医学建议

经婚前医学检查，医疗保健机构应向接受婚前医学检查的当事人出具婚前医学检查证明。发现在传染期内的指定传染病、在发病期内的有关精神病、不宜生育的严重遗传性疾病、医学上认为不宜结婚的其他疾病时，要在出具的婚前医学证明上写明，医师还应向当事人说明情况，提出预防、治疗以及采取相应医学措施的建议。当事人依据医生的意见，可以暂缓结婚，也可以自愿采用长效避孕措施或结扎手术。医疗保健机构应为其治疗提供医学咨询和医疗服务。

4. 婚前医学检查的转诊

婚前医学检查时，对不能确诊的疑难病症由原婚前医学检查单位填写统一的转诊单，转至卫生健康行政部门指定的医疗保健机构进行确诊，确诊后应将确诊结果和检测报告反馈给原婚前医学检查单位，原检查单位根据确诊结果填写《婚前医学检查证明》，并保留原始资料。

对婚前医学检查结果有异议的，可申请母婴保健技术鉴定。医学技术鉴定组织由县级以上地方人民政府设立，负责对婚前医学检查、遗传病诊断和产前诊断结果有异议的进行医学技术鉴定。

（二）婚前卫生指导

婚前卫生指导是医疗保健机构对准备结婚的男女双方进行的以生殖健康为核心，与结婚和生育有关的保健知识的宣传教育。

医疗保健机构应对准备结婚的男女双方进行如下内容的指导：有关性卫生

的保健和教育；新婚避孕知识及计划生育指导；受孕前的准备，环境和疾病对后代影响等孕前保健知识；遗传病的基本知识；影响婚育的有关疾病的基本知识；其他生殖健康知识。

省级妇幼保健机构要根据婚前卫生指导的内容，制定宣传教育材料。婚前保健机构通过多种方法系统地为服务对象进行婚前生殖健康教育，并向婚检对象提供婚前保健宣传资料。宣教时间不少于 40 分钟，并进行效果评估。

（三）婚前卫生咨询

婚前卫生咨询是指医疗保健机构对准备结婚的男女提供关于婚配、生育保健等问题的医学意见。医师进行婚前卫生咨询时，应为服务对象提供科学的信息，对可能产生的后果进行指导，并提出适当的建议。

婚检医师应针对医学检查结果发现的异常情况以及服务对象提出的具体问题进行解答、交换意见、提供信息，帮助受检对象在知情的基础上作出适宜的决定。医师在提出“不宜结婚”“不宜生育”和“暂缓结婚”等医学意见时，应充分尊重服务对象的意愿，耐心、细致地讲明科学道理，对可能产生的后果给予重点解释，并由受检双方在体检表上签署知情意见。

四、孕产期保健服务

孕产期保健服务是指医疗保健机构为准备妊娠至产后 42 天的妇女及胎/婴儿提供全程系列的医疗保健服务。

医疗保健机构应为育龄妇女提供有关避孕、节育、生育、不育和生殖健康的咨询和医疗保健服务，包括孕前、孕期、分娩期、产褥期的全程系列保健服务，服务的内容包括母婴保健指导，孕产妇保健，胎儿保健，新生儿保健。为适应新形势下孕产期保健管理的要求与工作需要，2011 年 6 月卫生部发布了《孕产期保健工作管理办法》和《孕产期保健工作规范》，详细具体地规定了孕产期的各项保健服务项目和内容。

（一）孕前保健

孕前保健是指为准备妊娠的夫妇提供以健康教育与咨询、孕前医学检查、健康状况评估和健康指导为主要内容的系列保健服务。

孕前保健一般在计划受孕前 6 个月进行。医师发现或怀疑育龄夫妻患有严重遗传性疾病的，应提出医学意见。限于现有医疗技术水平难以确诊的，应向当事人说明情况。育龄夫妻可以选择避孕、节育、不孕等相应的医学措施。生育过严重遗传性疾病或者严重缺陷患儿的，再次妊娠前夫妻双方应到医疗保健机构进行医学检查。医疗保健机构应向当事人介绍有关遗传性疾病的知识，给予咨询、指导。对诊断患有医学上认为不宜生育的严重遗传性疾病的，医师应向当事人说明情况，并提出医学意见。

(二)孕期保健

孕期保健是指从确定妊娠之日开始至临产前，为孕妇及胎儿提供的系列保健服务。对妊娠应做到早诊断、早检查、早保健，尽早发现妊娠合并症及并发症，及早干预，开展出生缺陷产前筛查和产前诊断。

1. 孕期保健的内容

孕期保健的内容包括健康教育与咨询指导、全身体格检查、产科检查及辅助检查。

医疗保健机构应为怀孕的妇女提供孕期保健，包括建立孕产期保健册(卡)，提供产前检查，筛查危险因素，诊治妊娠合并症和并发症，提供心理、营养和卫生指导等。在整个妊娠期间至少要提供5次产前检查，发现异常者应酌情增加检查次数。根据不同妊娠时期确定各期保健重点，对高危孕妇进行专案管理，密切观察并及时处理危险因素。

2. 医学检查和产前诊断

医学检查是指医疗保健机构发现孕妇患有严重的妊娠合并症或者并发症、严重的精神性疾病以及国务院卫生健康行政部门规定的严重影响生育的其他疾病或者接触物理、化学、生物等有毒、有害因素，可能危及孕妇生命安全或者可能严重影响孕妇健康和胎儿正常发育的，应对孕妇进行医学指导和必要的医学检查。

产前诊断是指通过遗传咨询、医学影像、细胞遗传和分子遗传等技术项目对胎儿进行先天性缺陷和遗传性疾病诊断。孕妇有下列情形之一的，医师应对其进行产前诊断：羊水过多或过少的；胎儿发育异常或胎儿有可疑畸形的；孕早期接触过可能导致胎儿先天缺陷的物质的；有遗传病家族史或曾经分娩过先天性严重缺陷婴儿的；初产妇年龄超过35周岁的。

严禁采用技术手段对胎儿进行性别鉴定。对怀疑胎儿可能为伴性遗传病，需要进行性别鉴定的，由省级卫生健康行政部门指定的医疗保健机构进行鉴定。违反规定进行胎儿性别鉴定的，要受到行政处罚和行政处分；进行胎儿性别鉴定2次以上的或者以营利为目的进行胎儿性别鉴定的，由原发证机关撤销相应的母婴保健技术执业资格或者医师执业证书。

3. 医学意见与指导

经产前诊断，有下列情形之一的，医师应向夫妻双方说明情况，并提出终止妊娠的医学意见：胎儿患严重遗传性疾病的；胎儿有严重缺陷的；因患严重疾病，继续妊娠可能危及孕妇生命安全或者严重危害孕妇健康的。

终止妊娠手术必须由取得相关合格证的医师实施。未取得国家颁发的有关合格证书，施行终止妊娠手术或者采取其他方法终止妊娠，致人死亡、残疾、丧失或者基本丧失劳动能力的，依照刑法第三百三十六条的规定追究刑事责任，造成就诊人死亡的，最高可判处10年以上有期徒刑，并处罚金。

（三）分娩期保健

分娩期保健是对孕产妇的健康情况进行全面了解和动态评估，加强对孕产妇与胎儿的全产程监护，积极预防和处理分娩期并发症，及时诊治妊娠合并症。

国家提倡住院分娩，没有条件住院分娩的，应当由经过培训、具备相应接生能力的家庭接生人员接生。高危孕妇应在医疗、保健机构住院分娩。医疗保健机构应按照技术操作规范，实施消毒接生和新生儿复苏，预防产伤及产后出血等产科并发症，降低孕产妇及围产儿的发病率、死亡率。

医疗保健机构为妇女提供分娩期保健，包括对产妇和胎儿进行全产程监护、安全助产，对新生儿进行评估及处理，具体提供以下服务：对产妇的健康情况及产科情况进行全面了解和动态评估；严密观察产程进展，正确绘制产程图，尽早发现产程异常，及时诊治或转诊；鼓励阴道分娩，在具备医学指征的情况下实施剖宫产；规范应用助产技术，正确使用缩宫素；加强分娩室的规范管理，严格无菌操作，预防和控制医源性感染；分娩后产妇需在分娩室内观察2小时，预防产后出血；预防新生儿窒息，对窒息新生儿及时进行复苏；对新生儿进行全面体检和评估，做好出生缺陷诊断与报告；按规定对新生儿进行预防接种。

在不具备住院分娩条件的地区，家庭接生人员应严格执行助产技术规范，实施消毒接生，对分娩后的产妇应观察2～4小时，发现异常情况及时与当地医疗保健机构联系并进行转诊。

（四）产褥期保健

产褥期保健是指对产妇及新生儿进行观察和健康评估，提供母乳喂养、产后营养、心理、卫生等指导服务。

产褥期是指产妇分娩后到产妇机体和生殖器官基本复原的一段时期，一般需要6～8周的时间。医疗保健机构应对产妇及新生儿提供产褥期保健，包括为产妇及新生儿进行健康评估，开展母乳喂养、产后营养、心理、卫生及避孕指导，为新生儿进行预防接种和疾病筛查等。新生儿疾病筛查是指在新生儿期对严重危害新生儿健康的先天性、遗传性疾病施行专项检查，提供早期诊断和治疗的母婴保健技术。全国新生儿疾病筛查病种包括先天性甲状腺功能减低症、苯丙酮尿症等新生儿遗传代谢病和听力障碍。

正常分娩的产妇及新生儿至少要住院观察24小时，及时发现产后出血，加强对孕产期合并症和并发症的产后病情监测；对新生儿进行全面体检和胎龄、生长发育评估，及时发现异常，及时处理，做好对出生缺陷的诊断与报告。产后3～

7天、第28天分别进行家庭访视一次，产后42天进行母婴健康检查。家庭访视发现异常情况时要及时处理，对有合并症及并发症的产妇以及有高危因素的新生儿应及时转交医疗保健机构实施高危管理。如发现出生缺陷，应做好登记、报告与管理，提供婴儿喂养和儿童早期发展及口腔保健等方面的指导。

（五）高危妊娠管理

在妊娠各期均应对孕产妇进行危险因素筛查，发现高危孕产妇及时纳入高危孕产妇管理系统。对每一例高危孕产妇均要进行专册登记和管理、随访。对本医疗保健机构不能处理的高危孕产妇，应转至上级医疗保健机构作进一步检查、确诊，对转回的孕产妇应按上级医疗保健机构的处理意见进行观察、治疗与随访。

危重孕产妇转诊前，转诊医疗机构应与接诊医疗保健机构联系，同时进行转诊前的初步处理，指派具备急救能力的医师护送孕产妇，并携带相关的病情资料。县（市、区）级以上医疗保健机构应开设高危门诊，指派具有较丰富临床经验的医生承担会诊、转诊工作，并作好记录，及时将转诊评价及治疗结果反馈至转诊单位。县（市、区）级以上医疗保健机构应成立多学科专家组成的抢救组，承担危重孕产妇的抢救工作。

各级妇幼保健机构应全面掌握辖区内高危孕产妇的诊治及抢救情况，对高危孕产妇的追踪、转诊工作进行监督管理，按照要求逐级上报。

五、婴儿保健服务

婴儿保健服务是医疗保健机构为不满周岁的儿童进行的系列保健服务，服务的主要内容包括：

（1）按照国家有关规定开展新生儿先天性、遗传性代谢病筛查、诊断、治疗和监测。

（2）按照规定进行新生儿访视，建立儿童保健手册（卡），定期对其进行健康检查，提供有关预防疾病、合理膳食、促进智力发育等的科学知识，做好婴儿多发病、常见的病防治等医疗保健服务。

（3）按照规定的程序和项目对婴儿进行预防接种。

（4）推行母乳喂养。医疗保健机构应为实施母乳喂养的产妇提供技术指导，为住院分娩的产妇提供必要的母乳喂养条件。医疗保健机构不得向孕产妇和婴儿家庭宣传、推荐母乳代用品。

第十章 人口和计划生育法律制度

第一节 人口与计划生育法理论及相关问题

一、人口与计划生育的概念

(一)人口

人口是指构成社会生活主体并具有一定数量和质量的人所组成的社会群体。人口是人类社会存在和发展的前提,对社会发展起着促进或延缓的作用。人口问题始终是人类社会共同面对的基础性、全局性和战略性问题。人口的数量、质量、结构及变动,都与社会发展、经济发展、环境、资源等密不可分。除人口数量外,人口的年龄结构和性别结构对社会发展的影响也很大,若年龄结构和性别结构失衡,就会直接影响就业、教育、医疗、婚配、养老等。人口爆炸、少子化、老龄化都是不好的趋势,一旦形成,难以在短时间内纠正过来。

(二)计划生育

计划生育是指依据人口与社会经济发展的客观要求,在全社会范围内实行人类自身生产的计划化,提高出生人口质量。通俗地说,就是国家通过抑制或鼓励生育,有计划地调节人口的增长速度,使之与经济和社会发展水平相适应。为了实现人口与经济、社会、资源、环境的协调发展,推行计划生育,维护公民的合法权益,促进家庭幸福、民族繁荣与社会进步,国家制定了《中华人民共和国人口与计划生育法》(以下简称《人口与计划生育法》),以法的形式保障基本国策的推行。

我国是一个人口大国,人口问题是关乎国家生存与发展的重大战略问题,必须坚持人口与发展综合决策,制定符合国情的人口发展规划,并将其纳入国民经济和社会发展的总体规划之中,采取有效措施,确保人口计划的实现。中华人民共和国成立后,根据国情需要,自 20 世纪 80 年代开始实行计划生育,国家依靠宣传教育、科学技术进步、综合服务、建立健全奖励和社会保障制度等,开展人口与计划生育工作。

人口与计划生育工作与母婴保健工作密不可分,计划生育并非简单地控制人口数量,也包括提高出生人口的素质,所以,计划生育与优生优育是联系在一起的,优生优育是每个家庭所追求的,也是提高人口素质的重要手段。政府开展人口与计划生育工作时,应当与增加妇女的受教育和就业机会、做好母婴保健工作、增进妇女健康、提高妇女地位相结合。

二、我国现行有效的人口与计划生育法律法规和规章

我国现行有效的人口与计划生育法律是2001年12月29日第九届全国人大常委会第二十五次会议通过的《人口与计划生育法》,自2002年9月1日起施行,2015年12月进行了修改,修改后的《人口与计划生育法》于2016年1月1日起施行。其他相关的法规和规章有《流动人口计划生育工作条例》(2009年10月1日起实施)、《计划生育技术服务管理条例》(2004年12月10日修改实施)、《计划生育技术服务机构执业管理办法》(2001年11月16日实施)。上述法律、法规和规章的制定实施,使人口与计生工作进入了依法管理、依法行政的阶段。

此外,我国已加入17个国际人权公约,其中涉及人口与计划生育的主要有《消除对妇女一切形式歧视公约》《儿童权利公约》《经济、社会和文化权利国际公约》等。这些国际公约对我国人口与计划生育工作也起到了非常重要的作用。

三、我国人口与计划生育相关问题

(一)我国目前的人口结构问题

我国目前的人口结构存在问题,突出表现在14岁以下人口比例偏低,出生人口性别比失衡,60岁以上老龄人口比例偏高,劳动力人口数量逐年减少。

1.14岁以下人口比例偏低

一般认为,0～14岁人口占总人口比例在20%～30%为正常,占18%～20%为少子化,占15%～18%为严重少子化,低于15%为超少子化。少子化代表着未来人口可能逐渐变少,对于社会结构、经济发展等方面都会产生重大影响。据2010年第六次人口普查数据显示,我国0～14岁人口占16.60%,同2000年第五次全国人口普查相比,0～14岁人口的比重下降了6.29个百分点。2018年年末,全国0～15岁人口为24 860万人,占总人口的17.8%。① 2019年年末,全国

① 参见中华人民共和国国家统计局:《2010年第六次全国人口普查主要数据公报》[EB/OL],(2012-04-20)[2020-03-30],http://www.gov.cn/test/2012-04/20/content_2118413.htm.

0～15岁人口为24 977万人，占总人口的17.8%。① 从年龄结构看，0～14岁人口比例偏少，已经到了严重少子化的程度。

2.60岁及以上老龄人口比例偏高

按照国际上通用的标准，当一个国家或地区60岁及以上人口占总人口的10%，或65岁及以上人口占总人口的7%以上，即意味着这个国家或地区的人口处于老龄化状态。我国于1999年就进入了老龄化社会，之后老龄化程度逐渐加剧，2010年第六次人口普查显示，我国60岁及以上人口占13.26%，其中65岁及以上人口占8.87%。② 据国家统计局统计，截至2019年年底，60岁及以上人口为25 388万人，占18.1%，其中65岁及以上人口为17 603万人，占12.6%③，比2010年分别上升了4.84和3.73个百分点。老龄化社会带来了医疗服务和养老的问题，按照全国老龄办2017年的统计，平均近4个劳动力抚养1位老人，养老压力非常大。近年来各地进行的机构养老、社区养老(包括医养结合)、居家养老等模式探讨与试点，就反映了问题的急迫性。

3.我国劳动力人口数量逐年减少

我国按性别把男16～59岁、女16～54岁划为劳动年龄人口。整体看来，我国劳动力人数持续减少，国家统计局的数据显示，16～59岁劳动年龄人口在2011年的时候达到峰值9.25亿人，2012年之后开始逐年下降，对比上一年度，2012年比2011年减少345万，2013年减少244万，2014年减少371万，2015年减少487万，2016年减少349万，2017年减少548万。2018年劳动力人口总数达8.97亿人，占总人口比重为64.3%。与2017年年末相比，劳动年龄人口减少了470万，比重下降0.6个百分点。④ 2019年劳动力人口89 640万人，占总人口的比重为64.0%⑤，比上年减少89万。中央财经大学中国人力资本与劳动经济研究中心发布的《中国人力资本报告2016》显示，1985～2015年，全国劳动力人

---

① 参见《中国大陆人口突破14亿》[EB/OL]，(2020-01-17)[2020-03-30]，http://www.xinhuanet.com/2020-01/17/c_1125474664.htm.

② 参见中华人民共和国国家统计局：《2010年第六次全国人口普查主要数据公报》[EB/OL]，(2012-04-20)[2020-03-30]，http://www.gov.cn/test/2012-04/20/content_2118413.htm.

③ 参见《中国大陆人口突破14亿》[EB/OL]，(2020-01-17)[2020-03-30]，http://www.xinhuanet.com/2020-01/17/c_1125474664.htm.

④ 参见国家统计局历年发布的数据。

⑤ 参见《中国大陆人口突破14亿》[EB/OL]，(2020-01-17)[2020-03-30]，http://www.xinhuanet.com/2020-01/17/c_1125474664.htm.

口的平均年龄从 31.9 岁上升到了 35.9 岁。[①]

4.我国出生人口性别比失衡

出生人口性别比一般用 100 名女婴所对应的男婴数来表示。联合国《用于总体估计的基本数据质量鉴定方法》表明，出生人口性别比略偏向男性，在 102～107 为正常。我国的人口性别比例长期失衡，根据 1982 年、1990 年、2000 年、2010 年全国人口普查的数据看，出生人口的性别比分别为 108.47、111.14、116.86、117.94。[②] 梁海艳、倪超对中国出生人口性别比例失衡问题进行研究后发现："出生人口性别比持续偏高与中国生育水平下降有着密切的关系，二者呈负相关关系，相互交叉时间大致在 1980 年前后。出生人口性别比变动具有以下特征：出生人口性别比失衡的时间持续较长；失衡的地理空间逐渐由局部省区向全国蔓延，出生人口性别比失衡程度越来越严重；农村地区的出生人口性别比明显比城市偏高，而且城乡出生人口性别比差异有逐渐扩大的趋势。"[③]

(二)我国"全面二孩"政策下的人口预测

我国是世界上人口最多的国家，又是一个发展中国家，人口问题始终是制约国家全面协调可持续发展的重大问题。20 世纪 70 年代后期，面对经济短缺、人口和劳动力过剩的严峻形势，政府把实行计划生育、控制人口增长、提高人口素质确定为一项基本国策，提出了"一对夫妇生育一个孩子"的政策，并将其写入了 1982 年宪法。经过 30 多年的推行，人口数量得到了有效控制，人口素质有了较大提高。然而，人口结构上老龄人口比例过大，劳动力人数持续减少，劳动力人口平均年龄逐渐上升。为此，国家对计划生育政策作了适当调整，2013 年"单独两孩"政策实施，2016 年 1 月 1 日"全面二孩"政策正式启动。

2016 年全国住院分娩活产数达到1 846万，较 2015 年增长 11.5%，二孩及以上占比逾 45%。[④] 2017 年，二孩数量进一步上升至883 万，比2016 年增加了 162 万，二孩占全部出生人口的比重达到 51.2%。2018 年我国全年出生人口1 523

---

① 参见《报告：中国劳动力人口平均年龄已达到 35.9 岁》[EB/OL]，(2018-12-11)[2020-03-30]，http://www.chinanews.com/cj/2018/12-11/8698771.shtml.

② 参见梁海艳、倪超：《对中国出生人口性别比例失衡问题的再认识》，《中国人力资源开发》2018 年第 1 期。

③ 梁海艳、倪超：《对中国出生人口性别比例失衡问题的再认识》，《中国人力资源开发》2018 年第 1 期。

④ 参见《卫生计生委就 2017 年 1 月全面两孩政策工作进展答记者问》[EB/OL]，(2017-01-22)[2020-03-30]，http://www.gov.cn/xinwen/2017-01/22/content_5162305.htm.

万，二孩占比保持在50%左右。[①] 2019年我国全年出生人口1 465万，二孩及以上孩次的比例达到了59.5%[②]，也就是说，在“全面二孩”政策实施后的4年里，“二孩”每年大约占到了50%。许姗姗等所著的《“二孩”政策下人口预测研究》显示：在全面“二孩”政策下，我国人口会持续增长到2030年，达到人口峰值14.8亿左右后保持稳定，老少比这一评价老龄化程度的参数指标在2035年达到峰值1.7后趋于稳定。[③]

关于“二孩”政策对人口的影响，我国著名经济学家马光远博士提出了个人观点：“绝不能根据2016年一年出生人口的增加，就轻言‘二孩政策’全面见效，更不可夸大生二孩的意愿。”[④]2017年全年，“二孩”数量进一步上升，但是，若看2017年的全部出生人口，情况却比较令人担忧。“2017年出生人口1 723万，比2016年减少了63万，人口出生率比2016年也下降了0.52‰，只有12.43‰，比日本的出生率还低，人口自然增长率下降到了5.32‰的惊人低生育水平。”[⑤]马光远博士指出：在放开“二孩政策”的效果，以及出生人口的预测上，中国的专家错得离谱。他甚至建议尽快彻底废除计划生育政策。马光远博士的预见也许更加符合实际，2018年我国全年出生人口1 523万，人口出生率为10.94‰，新出生人口比2017年减少了200万[⑥]，也创下了1961年之后的最低水平。2019年全年出生人口1 465万，人口出生率为10.48‰[⑦]，新出生人口比2018年减少58万，也为1952年以来的最低。2019年1月3日，中国社科院人口所与社会科学文献出版社共同发布了《人口与劳动绿皮书：中国人口与劳动问题报告No.19》，该报告称，根据联合国“中方案”预测，中国人口将在2029年达到峰值14.42亿，从2030

---

① 参见《2017年我国二孩出生人数比2016年明显增加》[EB/OL]，(2018-01-21)[2020-03-30]，http://www.gov.cn/guowuyuan/2018-01/21/content_5258912.htm.

② 参见《国家统计局：2019年二孩及以上孩次占出生人口59.5% 生育政策发挥了成效》[EB/OL]，(2020-01-17)[2020-03-30]，http://shanghai.xinmin.cn/xmsq/2020/01/17/31635990.html.

③ 参见许姗姗、颜雪、吴丹等：《二孩政策下的人口预测研究》，《现代贸易工业》2018年第3期。

④ 参见马光远：《计划生育该彻底废除了》[EB/OL]，(2018-01-23)[2020-03-30]，http://bbs1.people.com.cn/post/2/1/2/166110387.html.

⑤ 参见马光远：《计划生育该彻底废除了》[EB/OL]，(2018-01-23)[2020-03-30]，http://bbs1.people.com.cn/post/2/1/2/166110387.html.

⑥ 参见《去年我国出生人口数量继续下滑，二孩出生占比57%》[EB/OL]，(2020-01-17)[2020-03-30]，http://www.bjnews.com.cn/news/2020/01/17/675797.html.

⑦ 参见《中国大陆人口突破14亿》[EB/OL]，(2020-01-17)[2020-03-30]，http://www.xinhuanet.com/2020-01/17/c_1125474664.htm.

年开始进入持续的负增长，2050 年减少到 13.64 亿，2065 年减少到 12.48 亿，即缩减到 1996 年的规模。该文件还指出："长期的人口衰退，尤其是伴随着不断加剧的老龄化，势必会带来非常不利的社会经济后果。中国的人口负增长已经势不可当，从现在开始亟须开展研究和进行政策储备。"①

（三）"全面二孩"政策对公共卫生的影响

对于 2018 年新出生人口比 2017 年减少了 200 万，创下了 1961 年以来最低水平的情况，许多人质疑"二孩红利"已消退。国家统计局人口和就业统计司司长李希如在统计局官网撰文表示：首要原因是育龄妇女的持续减少，并不意味着"二孩红利"已消退。从育龄妇女的生育水平看，仍高于"单独两孩"和"全面二孩"政策实施前的水平；从生育孩次看，出生人口中二孩及以上出生人数和比重也明显高于一孩。"全面二孩"政策对促进生育水平起到了积极作用，二孩出生数量在很大程度上缓解了一孩出生数量减少的影响，有利于改善人口的年龄结构，促进人口均衡发展。② 2020 年 1 月 17 日，在国新办举行的新闻发布会上，国家统计局局长宁吉喆指出："尽管出生人口是在减少的……2019 年减少的人数还是下降的，'全面放开二孩'政策起到了重要的作用。2019 年出生的人口中，二孩及以上孩次的比例达到了 59.5%，连续几年都是提高的，所以生育政策发挥了成效。"③许姗姗等所著的《"二孩"政策下人口预测研究》指出，"全面二孩"政策能够缓解我国人口发展上的一些问题，诸如缓解老龄化程度，增加人口红利，稳定抚养率，改善人口结构层次等，但仍然不能从根本上解决我国的人口发展问题，相关部门仍然需要为未来我国面临的老龄化等社会问题做好准备。④

尽管专家们对于"二孩"政策下的人口预测持不同的见解，但有一点是共同的，即可以部分缓解老龄人口压力问题，但不能解决全部的问题。从公共卫生的角度看，"全面二孩"政策的实施有利于优化人口结构，增加劳动力的供给，减缓人口老龄化的压力，促进人口的均衡发展，促进经济的持续发展。另一方面，全面"二孩政策"实施后，也加大了妇幼保健服务和临床医疗需求，存在托育服务短

---

① 参见《人口与劳动绿皮书：中国人口与劳动问题报告 No. 19》[EB/OL]，(2019-01-04)[2020-03-30]，http://ex.cssn.cn/zx/bwyc/201901/t20190104_4806519_1.shtml.

② 参见李希如：《人口总量平稳增长，城镇化水平稳步提高》[EB/OL]，(2019-01-23)[2020-03-30]，http://www.stats.gov.cn/tjsj/sjjd/201901/t20190123_1646380.html.

③ 参见《国家统计局：2019 年二孩及以上孩次占出生人口 59.5%　生育政策发挥了成效》[EB/OL]，(2020-01-17)[2020-03-30]，http://shanghai.xinmin.cn/xmsq/2020/01/17/31635990.html.

④ 参见许姗姗、颜雪、吴丹等：《二孩政策下的人口预测研究》，《现代贸易工业》2018 年第 3 期。

缺、养育成本走高、女性职业发展压力大、相关政策措施不协调等问题和挑战。

(四)急需出台有关养育保障的政策与法律

我国出生人口总量减少的主要原因是育龄妇女人数持续减少，特别是生育旺盛期的育龄妇女人数减少。2018年，我国15～49岁育龄妇女人数比2017年减少700余万人，其中20～29岁生育旺盛期育龄妇女减少500余万人。① 2019年，15～49岁育龄妇女人数比2018年减少500多万人，其中20～29岁生育旺盛期育龄妇女人数减少600多万人。②

遏制生育率提升的背后原因更多，诸如房价过高、就业压力大、初婚年龄提高、初育年龄推迟、养育成本高、女性职业发展压力大、相关政策措施不协调等。实施人口的均衡发展，最佳方案依然是保障整体生育水平的平稳健康。然而，如何解决这些遏制生育的问题？这需要政府出台新的政策和法律，协调各方面利益，保护妇女、儿童的权益。近年来，国家已经出台了一些相关的政策和法律。例如，个税改革政策明确规定，子女从满3周岁至教育结束，不论处在什么教育阶段，不论是在中国境内还是境外接受教育，均可按照每个子女每月扣除1000元的标准享受个税专项附加扣除。针对“幼教贵、幼教难”问题，国务院办公厅于2018年1月22日公布了《关于开展城镇小区配套幼儿园治理工作的通知》，指出：对没有规划小区配套幼儿园或规划不足，或者有规划但建设不到位的，要求各地严格依标配建幼儿园，通过补建、改建或就近新建、置换、购置等方式予以解决。小区配套幼儿园必须办成公办园或委托办成普惠性民办园，不得办成营利性幼儿园。

总的来看，目前我国促进生育的保障措施和法律规定还远远不够，有关女性职业发展压力、养育成本高等问题还缺少相应的措施与规定，需要政府深刻地把握人口发展变化规律，科学制定应对措施，以保障国家与民族的繁荣昌盛。③

第二节 人口与计划生育法律规定

本节主要介绍我国《人口与计划生育法》的内容。

---

① 参见李希如:《人口总量平稳增长，城镇化水平稳步提高》[EB/OL]，(2019-01-23)[2020-03-30]，http://www.stats.gov.cn/tjsj/sjjd/201901/t20190123_1646380.html.

② 参见《独家！国家统计局10位司局长详解2019年中国经济“成绩单”》[EB/OL]，(2020-01-19)[2020-03-30]，http://www.ce.cn/xwzx/gnsz/gdxw/202001/19/t20200119_34154866.shtml.

③ 参见《国务院办公厅关于开展城镇小区配套幼儿园治理工作的通知》[EB/OL]，(2019-01-22)[2020-03-30]，http://www.gov.cn/zhengce/content/2019-01/22/content_5360002.htm.

一、人口与计划生育工作职责分工

(一)政府职责

1. 各级政府领导人口与计划生育工作

国务院领导全国的人口与计划生育工作。地方各级人民政府领导本行政区域内的人口与计划生育工作。村民委员会、居民委员会应依法做好计划生育工作。

流动人口计划生育工作由流动人口户籍所在地和现居住地的人民政府共同负责,以现居住地人民政府为主,户籍所在地人民政府予以配合。

各级人民政府及其工作人员在推行计划生育工作中应严格依法行政,文明执法,不得侵犯公民的合法权益。国家机关工作人员在计划生育工作中,有下列行为之一构成犯罪的,要依法追究刑事责任;尚不构成犯罪的,要依法给予行政处分;有违法所得的,没收违法所得:

(1)侵犯公民人身权、财产权和其他合法权益的。

(2)滥用职权、玩忽职守、徇私舞弊的。

(3)索取、收受贿赂的。

(4)截留、克扣、挪用、贪污计划生育经费或者社会抚养费的。

(5)虚报、瞒报、伪造、篡改或者拒报人口与计划生育统计数据的。

2. 编制人口发展规划并组织实施

国务院应编制人口发展规划,并将其纳入国民经济和社会发展计划。县级以上地方各级人民政府根据全国人口发展规划以及上一级人民政府人口发展规划,结合当地实际情况编制本行政区域的人口发展规划,并将其纳入国民经济和社会发展计划。县级以上各级人民政府根据人口发展规划,制定人口与计划生育实施方案并组织实施。

3. 保证经费投入

国家根据国民经济和社会发展状况,逐步提高人口与计划生育经费投入的总体水平。各级人民政府应当保障人口与计划生育工作必要的经费。

各级人民政府应对贫困地区、少数民族地区开展人口与计划生育工作给予重点扶持。国家鼓励社会团体、企事业组织和个人为人口与计划生育工作提供捐助。任何单位和个人不得截留、克扣、挪用人口与计划生育工作费用。

(二)卫生健康行政部门及其职责

按照《人口与计划生育法》的规定,国务院计划生育行政部门负责全国计划生育工作和与计划生育有关的人口工作。2018年3月,中共中央印发了《深化党和国家机构改革方案》,组建国家卫生健康委员会,不再保留卫生和计划生育委员会,也就是说,国务院卫生健康行政部门负责全国计划生育工作和与计划生育有关的人口工作。

县级以上卫生健康行政部门负责本行政区域内的计划生育工作和与计划生育有关的人口工作，负责开展人口与计划生育实施方案的日常工作。乡、民族乡、镇的人民政府和城市街道办事处负责本管辖区域内的人口与计划生育工作，贯彻落实人口与计划生育实施方案。

行政机关在实施计划生育管理的过程中，必须依法进行，不得侵犯公民的合法权益。公民、法人或其他组织认为行政机关在实施计划生育管理过程中侵犯其合法权益的，可以依法申请行政复议或提起行政诉讼。

(三)其他部门的职责

县级以上各级人民政府其他有关部门在各自的职责范围内，负责有关的人口与计划生育工作。机关、部队、社会团体、企事业组织应当做好本单位的计划生育工作。工会、共产主义青年团、妇女联合会及计划生育协会等社会团体、企事业组织和公民应协助人民政府开展人口与计划生育工作。

教育、科技、文化、卫生、民政、新闻出版、广播电视等部门应同计划生育部门一起，组织开展人口与计划生育宣传教育。大众传媒负有开展对人口与计划生育的社会公益性宣传的义务。学校应在学生中以符合受教育者特征的适当方式，有计划地开展生理卫生教育、青春期教育或者性健康教育。

二、生育调节

生育调节是指政府以经济、行政、法律、医学手段调整人类的生育行为。公民有生育的权利，也有依法实行计划生育的义务，夫妻双方在生育权问题上享有平等的权利，在实行计划生育中负有共同的责任。

(一)国家提倡“一对夫妻生育两个子女”

国家提倡“一对夫妻生育两个子女”。符合法律、法规规定条件的，可以要求再生育子女，具体办法由省、自治区、直辖市人民代表大会或者其常务委员会规定。夫妻双方户籍所在地的省、自治区、直辖市之间关于再生育子女的规定不一致的，按照有利于当事人的原则适用。

(二)公民自主选择避孕节育措施

公民有自由而负责任地决定生育子女的时间和间隔的权利。实行计划生育以避孕为主。国家应创造条件，保障公民知情选择安全、有效、适宜的避孕节育措施。育龄夫妻应自主选择计划生育避孕节育措施，预防和减少非意愿妊娠。实施避孕节育手术时，应保证受术者的安全。

实行计划生育的育龄夫妻免费享受国家规定的基本项目的计划生育技术服务，所需经费按国家有关规定列入财政预算或由社会保险予以保障。

(三)禁止歧视、虐待女婴和生育女婴的妇女

公民有生育的权利,也有不生育的权利。要注重保护女性权益,女性在社会中具有与男性平等的地位。禁止歧视、虐待生育女婴的妇女和不育的妇女,禁止歧视、虐待、遗弃女婴。

三、奖励与社会保障

(一)计划生育奖励

国家对实行计划生育的夫妻按照规定给予奖励。通过制定有利于实行计划生育的家庭和个人提高生产、生活水平的各种政策,运用奖励、优惠、优先、扶持、补偿等手段,对自觉实行计划生育、落实避孕节育措施的公民及其家庭给予基本的生活保障,以激励公民自觉自愿实行计划生育。

符合法律、法规规定生育子女的夫妻,可以获得延长生育假的奖励或其他福利待遇。妇女怀孕、生育和哺乳期间,按照国家有关规定享受特殊劳动保护,并可以获得帮助和补偿。例如,《妇女权益保障法》第二十六和二十七条规定:任何单位均应根据妇女的特点,依法保护妇女在工作和劳动时的安全和健康,不得安排不适合妇女从事的工作和劳动。妇女在经期、孕期、产期、哺乳期受特殊保护。任何单位不得因结婚、怀孕、产假、哺乳等情形,降低女职工的工资,辞退女职工,单方解除劳动(聘用)合同或服务协议。各单位在执行国家退休制度时,不得以性别为由歧视妇女。

公民实行计划生育手术时,享受国家规定的休假,地方人民政府可以给予奖励。在国家提倡"一对夫妻生育一个子女"期间,自愿终身只生育一个子女的夫妻,国家发给《独生子女父母光荣证》。获得《独生子女父母光荣证》的夫妻,按照国家和省、自治区、直辖市的有关规定享受独生子女父母奖励。独生子女发生意外伤残、死亡的,按照规定获得扶助。

(二)计划生育社会保障

计划生育社会保障是指国家为解除计划生育家庭的后顾之忧而建立的各种社会保障制度和措施。

国家应建立、健全基本养老保险、基本医疗保险、生育保险和社会福利等社会保障制度,促进计划生育。国家鼓励保险公司举办有利于计划生育的保险项目,有条件的地方可以根据政府引导、农民自愿的原则,在农村实行多种形式的养老保障办法。

在国家提倡"一对夫妻生育一个子女"期间,按照规定应当享受计划生育家庭老年人奖励扶助的,继续享受相关奖励扶助。

地方各级人民政府对农村实行计划生育的家庭发展经济给予资金、技术、培训等方面的支持、优惠。对实行计划生育的贫困家庭,在扶贫贷款、以工代赈、扶贫项目和社会救济等方面给予优先照顾。

四、计划生育技术服务

计划生育技术服务是指计划生育技术指导、咨询以及与计划生育有关的临床医疗服务。加强计划生育技术服务工作，对控制人口，实现计划生育工作目标，提高人口素质，保障公民的生殖健康权利，尤其是保护妇女的身体健康，都具有重要意义。为此，国务院制定了《计划生育技术服务管理条例》。

（一）计划生育技术服务的内容

按照《计划生育技术服务管理条例》的规定，计划生育技术服务包括计划生育技术指导、咨询以及与计划生育有关的临床医疗服务。

计划生育技术指导、咨询包括下列内容：生殖健康科普宣传、教育、咨询；提供避孕药具及相关的指导、咨询、随访；对已经施行避孕、节育手术和输卵（精）管复通手术的，提供相关的咨询、随访。

与计划生育有关的临床医疗服务包括下列内容：避孕和节育的医学检查；计划生育手术并发症和计划生育药具不良反应的诊断、治疗；施行避孕、节育手术和输卵（精）管复通手术；开展围绕生育、节育、不育的其他生殖保健项目。

计划生育技术服务人员要严格按照操作规程进行服务，如果违章操作或延误抢救、诊治，造成严重后果的，要依法承担相应的法律责任。

（二）计划生育技术服务技术保障

计划生育技术服务机构和从事计划生育技术服务的医疗、保健机构应当在各自的职责范围内，针对育龄人群开展人口与计划生育基础知识宣传教育，对已婚育龄妇女开展孕情检查、随访服务工作，承担计划生育、生殖保健的咨询、指导和技术服务工作。

计划生育技术服务人员应指导实行计划生育的公民选择安全、有效、适宜的避孕措施。已生育子女的夫妻提倡选择长效避孕措施。国家鼓励计划生育新技术、新药具的研究、应用和推广。

严禁利用超声技术和其他技术手段进行非医学需要的胎儿性别鉴定，严禁非医学需要的选择性别的人工终止妊娠。违反规定者要承担行政责任，情节严重的由原发证机关吊销执业证书，构成犯罪的要依法追究刑事责任。

（三）计划生育技术服务物质保障

各级人民政府应采取措施，保障公民享有计划生育技术服务，提高公民的生殖健康水平。地方各级人民政府应合理配置、综合利用卫生资源，建立、健全由计划生育技术服务机构和从事计划生育技术服务的医疗、保健机构组成的计划生育技术服务网络，改善技术服务设施和条件，提高服务水平。

第十一章　食品安全法律制度

第一节　食品安全法理论及相关问题

一、食品安全的含义

食品是各种供人食用或者饮用的成品和原料，以及按照传统既是食品又是药品的物品，但不包括以治疗为目的的物品。食品包括未经加工制作的食材，也包括经过加工制作的成品，囊括了从农田到餐桌的整个食物链中的产品。

食品是人类赖以生存、活动和繁衍的物质基础，是不可或缺的必需品。若无食品，人类将无法存活，若食品不卫生、不安全，则人类健康无保障，甚至会直接造成人员的死亡。所以，食品安全是各国政府关注的重点。

(一)联合国粮农组织的食品安全含义

"食品安全"一词最先由联合国粮农组织于1974年在世界粮食大会上提出，起初的含义是从食品数量角度要求各国能够给公众提供足够的食物，满足人们的基本需要，不受饥饿的困扰，即保证任何人在任何地方都能得到为了生存和健康所需要的足够食品。①

2003年，联合国粮农组织与世界卫生组织重新对食品安全作了解释："食品安全涉及那些可能使食品对消费者健康构成危害(无论是长期的还是马上出现的危害)的所有因素。这些因素是毫无商量余地，必须消除的。"②该解释强调食品对人的生命健康的质量保证，包括食品的成分安全、免疫安全、遗传安全和功能安全。具体地讲，食品不能含有危害人的身体健康的成分，不能带有导致人体

---

① 参见《中华人民共和国食品安全法》，中国法制出版社2015年版，第2页。

② 洪群联：《食品安全问题的原因审视和安全保障体系的构建》，《中国流通经济》2011年第9期。

发病的微生物和病毒，食用后不能影响人的生理代谢，不能改变人类的基因及遗传。

（二）世界卫生组织的食品安全含义

"食品安全"与"食品卫生"是两个有密切联系的概念。起初，世界卫生组织未对这两个概念作严格区分。例如，1984 年，世卫组织在其文件《食品安全在卫生和发展中的作用》中指出："食品卫生是指在生产、加工、储存、分配和制作食品过程中确保食品安全可靠，有益于健康并适合人消费的种种必要条件和措施。"①即食品卫生是确保食品安全所采取的一切必要措施和提供的条件。那一时期，人们多使用"食品卫生"的概念，例如我国 1982 年的《食品卫生法（试行）》及 1995 年的《食品卫生法》均采用了"食品卫生"的概念。

1996 年，世界卫生组织在其发表的《加强国家级食品安全性计划指南》中将"食品安全"与"食品卫生"作了区分，指出：食品安全是"对食品按其原定用途进行制作和食用时不会使消费者受害的一种担保"，食品卫生是"为确保食品安全性和适合性在食物链的所有阶段必须采取的一切条件和措施"。② 显然，食品卫生是要求国家对于食品安全予以的一种保证，强调食品生产、销售、贮藏、运输、消费各环节、全过程必须达到安全标准。

世界卫生组织对食品安全还有一个解释，即食品安全是指"食物中有毒、有害物质对人体健康影响的公共卫生问题"。③ 该概念要求食品不存在对人体健康造成急性或慢性损害的所有危险，并且明确指出食品安全是个公共卫生问题。

"食品安全"的概念提出之后，被经济学家、营养专家、卫生组织等从不同领域进行了阐述。经过几十年的研究讨论，对"食品安全"的理解，国际社会已达成基本共识，至少包括三个方面的含义：一是从数量上保证有足够的食品满足人们的生存需要；二是从营养角度保证食品含有人体所需要的成分；三是从安全角度保证食品符合安全标准和要求，不存在可能损害或威胁人体健康的有毒、有害物质，不危及人类后代的健康。这样说来，食品安全是个综合性概念，包括食品卫生、食品营养、食品数量等。

（三）我国食品安全法中食品安全之含义

按照我国现行《中华人民共和国食品安全法》的规定，食品安全是指食品无毒、无害，符合应当有的营养要求，对人体健康不造成任何急性、亚急性或者慢性危害。与联合国粮农组织和世界卫生组织的食品安全含义相比较，我国《食品安

---

① 信春鹰：《中华人民共和国食品安全法释义》，法律出版社 2009 年版，第 2 页。
② 张涛：《食品安全法律规制研究》，厦门大学出版社 2006 年版，第 21 页。
③ 信春鹰：《中华人民共和国食品安全法释义》，法律出版社 2009 年版，第 1 页。

全法》中的“食品安全”是个狭义的概念，只是从卫生、营养和安全角度上要求食品无毒、无害，具备应有的营养要求，不对人体健康造成损害，不涉及食品数量问题。该食品安全概念至少包含了如下几层含义：

1.食品应当无毒、无害

所谓“无毒、无害”，是指正常人在正常食用的情况下不会造成对人体的危害。无毒、无害是个相对的概念，是指不能超过国家规定的限量标准，强调食品不能含有危害人体健康的成分，不能带有导致人体发病的微生物和病毒，正常食用后不影响人的生理代谢，不改变人类的基因及遗传。

2.食品应当符合应有的营养要求

营养，是人体从外界环境中摄取食物，经过体内消化、吸收和代谢，以满足机体生理功能、生长发育和体力活动需要的生物学过程。食品应当符合应有的营养要求，是指食品所包含的人体代谢蛋白质、脂肪、维生素、矿物质、碳水化合物等营养物质，以及食品消化率等能够发挥维持人体正常生理功能的作用，不影响人体的正常代谢。

3.食品应当对人体健康不造成任何急性、亚急性或者慢性危害

食品不能含有导致食用者产生任何急性、亚急性、慢性毒害或者食源性疾病的感染性因素，也不能有危及人类后代的隐患。这里涉及两个概念：危害与风险，其中危害是食品中含有有毒物质，食用后肯定对健康有害，肯定会产生对人的生命和健康的负面影响；风险是可能发生的危害，有不确定性，可能是一种隐患。

二、我国现行有效的食品安全法律法规和规章

我国现行有效的食品安全法律法规和规章比较多。2009年2月28日第十一届全国人大常委会第七次会议通过的《中华人民共和国食品安全法》（以下简称《食品安全法》）自2009年6月1日起施行，2015年4月修订，2018年12月29日修正。2009年7月20日，国务院公布了《中华人民共和国食品安全法实施条例》（以下简称《食品安全法实施条例》），自公布之日起实施，2016年2月6日对该条例进行了修订。

此外，相关的法律法规规章还有《中华人民共和国农产品质量安全法》（2006年11月1日实施，2018年10月26日修正）、《农业转基因生物安全管理条例》（2001年5月发布，2017年10月修订）、《农业转基因生物标识管理办法》（2002年1月5日发布，2017年11月修订）、《新食品原料安全性审查管理办法》（2013年10月1日实施，2017年12月修改）、《食品安全抽样检验管理办法》（2015年2月1日施行）、《食品召回管理办法》（2015年9月1日施行）、《食品检验机构资质

认定管理办法》(2015 年 4 月修订,2015 年 10 月 1 日施行)、《食品生产许可管理办法》(2015 年 10 月 1 日施行,2017 年 11 月修改)、《食品经营许可管理办法》(2015 年 10 月 1 日施行,2017 年 11 月修改)、《食用农产品市场销售质量安全监督管理办法》(2016 年 3 月 1 日施行)、《食品生产经营日常监督检查管理办法》(2016 年 5 月 1 日施行)、《保健食品注册与备案管理办法》(2016 年 7 月 1 日起施行)、《特殊医学用途配方食品注册管理办法》(2016 年 7 月 1 日起施行)、《婴幼儿配方乳粉产品配方注册管理办法》(2016 年 10 月 1 日施行)、《网络食品安全违法行为查处办法》(2016 年 10 月 1 日施行)、《网络餐饮服务食品安全监督管理办法》(2018 年 1 月 1 日起施行)等。

三、影响食品安全的主要因素

食品从原料生产、加工、储运、销售到消费的整个过程都存在不安全因素,概括起来,这些不安全因素主要有生物性不安全因素、化学性不安全因素、物理性不安全因素、食品营养不均衡、新型食品、假冒伪劣食品等。

不同国家以及不同时期,食品安全所面临的突出问题和治理要求有所不同。比如,在发达国家,食品安全更多关注的是因科学技术发展所引发的问题,如转基因食品对人类健康的影响;在发展中国家,食品安全则侧重于市场经济发育不成熟所引发的诸如假冒伪劣、非法添加、非法生产经营等问题;而在较不发达国家,依然缺少足够的食品,不能解决饥饿和营养问题。我国目前所面临的食品安全问题既有新技术所引发的问题,也有市场经济发育不成熟所引发的问题。

(一)环境污染造成食物的源头污染

高速发展的工农业所产生的各种有毒有害物质污染了人类赖以生存的空气、土壤和水,人类对自然资源的破坏也使生态环境恶化。被污染的空气、土壤和水又直接或间接地让粮食、蔬菜、水果、水产品等食用农产品受到污染。要想改变农业种植业、养殖业的源头污染,必须从源头上治理,保护和改善农业生态环境,建立安全优质和无公害农产品基地,确保农产品在干净洁净的环境中生长。然而,该项工程非常艰难,因为被污染的空气、土壤和水等需要相当长时间的治理才可能好转,更何况尽管人们已经认识到环境污染和自然资源保护的问题,然而污染和破坏自然资源的行为和情形依然在继续。

(二)农耕和畜牧方式的改变增加了食品安全危害

为了满足人类对食物的需求量,也为了追求低成本,人类改变了以往的农耕方式和畜牧方式,采用机械化的种植方式和集中式养殖方式,这样一来,产量提高了,但农药、化肥、兽药等广泛使用而且量大,于是这些农用投入品在粮食、蔬菜、水果、茶叶、水产品和肉、蛋、奶中的残留量增大,对人类健康造成了直接威胁或者构成了潜在危害。例如,食品中农药超标可直接造成食用者死亡,动物饲养中使用抗生素引起人类对抗生素类药品的耐药性增强,各种激素、兴奋剂、化肥、重金属等在食品中的残留导致人体致癌或致畸,因饲养方式不当所造成的疯牛病和克雅氏病已经令世人恐慌。

(三)食品新技术、新资源的应用带来了新隐患

现代食品生产加工方式及新原料、新产品的使用,也给食品安全带来了巨大的挑战和隐患,如辐射食品、食品添加剂、新原料食品、反季节蔬菜、克隆动物、某些屠宰方法和步骤等。引起忧虑的原因是这些产品的新奇性,它们对公众健康的长期影响是未知的,许多消费者表示无法确信新技术食品的安全性,认为需要时间和经验来考验和证明。

转基因食品的安全问题尤其值得关注,基因工程技术的快速发展使转基因食品的品种及产量成倍增长,它丰富了食品的品种和产量,但人们对转基因食品的生产和消费争议最大、最激烈。到目前为止,没有人确切地知道这种"通过基因技术可将选定的个体基因由一个生物体转移到另一个生物体,也可在不相关的物种之间进行转移,从而获得转基因生物生产的食品"①到底是否有害,以及它会给人类带来什么。有专家怀疑转基因食品对食用者可能有致敏作用,或者对人体免疫系统有破坏作用,甚至改变人类的基因和遗传物质等。

(四)不法企业的不法生产经营

不法生产经营者为了追求非法利润,人为地非法添加、偷工减料、不规范操作而生产的假冒伪劣甚至是有毒有害食品,这是发展中国家普遍存在的影响食品安全的主要因素之一。加强监督管理和提高生产经营者的自律,这类问题还是有可能解决的。

(五)相关法律和标准存在缺陷

同其他领域相比,食品安全相关的法律法规比较完善,但还是存在一些缺陷,这些缺陷都会成为食品安全的隐患。例如,现行《农产品质量安全法》是2006年实施的,先于2009年的《食品安全法》,更何况《食品安全法》又于2015年作了修订。尽管2018年10月对《农产品质量安全法》进行了修正,但修改的内容主要是监管主体。这样一来,《农产品质量安全法》与当前农产品质量安全管理的要求出现了不适应的情况,如农畜产品未进入批发、零售或加工前的收购、储藏、运输等环节缺乏具体的法规标准,对农业投入品没有明确、严格的管理要求等。有专家呼吁应抓紧对《农产品质量安全法》进行修订。

① 王志振:《转基因食品——魔鬼抑或天使》,《食品与健康》2005年第2期。

四、食品安全所涉及的重大问题

(一)食品安全已成为重大公共卫生问题

食品中的有毒有害物质会导致身体患上急性、亚急性和慢性疾病，不仅对当代人的身体健康和生命安全产生了直接威胁，而且有可能改变人类的基因和遗传，影响后代。当食品安全事故频发，严重影响公众的生命与健康，威胁公共健康时，食品安全也就成了公共卫生问题，所以世界卫生组织称食品安全是“食物中有毒、有害物质对人体健康影响的公共卫生问题”。

随着便利的运输和国际贸易的深度开展，食品越来越大规模地在国与国之间流动，全球范围内的网上购物也方兴未艾，随之而来的是食品安全风险的增大。一国食品出现了安全问题会在极短时间内波及许多国家甚至全球，食品安全事故已成为公共健康面临的最主要威胁之一，影响人类的健康与生存，也大量增加了卫生费用与负担，食品安全问题正逐渐成为国际社会普遍关注的重大公共卫生问题。

(二)食品安全涉及国际贸易和国家经济

食品安全除了涉及公共卫生问题之外，还涉及国际贸易和国家经济，而国际贸易和国家经济又会反过来影响公共卫生。国际贸易中，食品安全标准往往会成为贸易竞争壁垒，成为压制别国进出口的理由。一个食品安全存在严重隐患的国家，其食品出口必定会受到更为严格的限制，进而影响国家的经济和贸易。

以我国 2008 年出现的“三聚氰胺”事件为例，截至 2009 年 1 月，中国政府公布的数据显示，中国因食用三聚氰胺严重超标的问题奶粉死亡的婴儿共 6 例，累计报告因食用“三聚氰胺问题奶粉”导致泌尿系统出现异常的患儿达 29.6 万人，住院治疗 52 898 人。[①] 该食品安全事件同时给我国的食品进出口带来了极大的负面影响，导致我国对外食品出口大幅度下滑。美国、德国、日本、马来西亚和坦桑尼亚等 20 多个国家和地区禁止进口中国的奶制品，许多国家出于安全考虑也纷纷取消订单。2010 年 2 月 27 日，时任国务院总理温家宝在接受中国政府网、新华网的联合专访时说：一个三鹿奶粉，让我们付出了很大的代价。我国普查的受到奶粉影响的儿童达 3 000 万名，国家为此花了 20 亿，同时给受到奶粉影响的儿童上了为期 20 年的保险。这个教训应该说是很深刻的，不是一个企业，也不是一个地方，是我们整个民族应该汲取的。[②]

---

① 参见陶芳标、李十月主编：《公共卫生学概论》，科学出版社 2017 年版，第 152 页。

② 参见《一个三鹿奶粉，我们付出了很大的代价》[EB/OL]，(2010-02-27)[2020-03-3]，http://tv.people.com.cn/GB/61600/11041140.html。

(三)食品安全关乎社会的稳定和国家的生存与发展

食品安全是个关乎社会公共利益的社会治理概念。食品安全问题是个社会问题,涉及企业道德、行政监管、社会稳定、市场规范、社会发展、民族生存与发展等问题。俗话说"民以食为天,食以安为先",如果食品安全事故频发,就会引发公众的一系列反应,如造成公众心理恐慌,对企业行为产生愤恨,质疑行政监督能力,对食品不信任,担心自身的健康,对社会道德乃至人性产生怀疑甚至失望等。这种愤恨、质疑、担心、怀疑、恐慌的心理会严重影响公众的正常生活,甚至会严重影响社会的稳定。如今互联网信息传递迅速,跨国销售普遍,发生在世界任何地方的重大事故都有可能造成全球公众的恐慌。

食品安全与民族的生存与发展密切相连,中国历史上曾发生过采用"假种子"战术使敌国灭亡的例子:春秋时期的越国国王勾践为了报仇,除了"卧薪尝胆"锻炼意志外,还制定了一系列的复仇计划,计划之一就是以发生大饥荒为由向吴国借粮,还粮时,故意挑选颗粒饱满的稻谷煮熟,晒干后归还吴国,吴国国王夫差看到这么饱满的稻谷,下令将越国归还的一万多石稻谷全部当作种子发到全国各地播种,结果这些"假种子"导致吴国全国颗粒无收,越国乘机攻打闹饥荒的吴国,将吴国灭亡。历史告诉我们,粮食安全关乎国势,关乎民族的生存与发展。

五、食品安全相关法律问题

(一)转基因食品安全问题

关于转基因食品,我国目前只有《农业转基因生物安全管理条例》对农业转基因生物作了详细规定。该条例所称的"农业转基因生物安全"是指防范农业转基因生物对人类、动植物、微生物和生态环境构成的危险或者潜在风险,该条例所称的"农业转基因生物"是指利用基因工程技术改变基因组构成,用于农业生产或者农产品加工的动植物、微生物及其产品,主要包括转基因动植物(含种子、种畜禽、水产苗种)和微生物,转基因动植物、微生物产品,转基因农产品的直接加工品,含有转基因动植物、微生物或者其产品成分的种子、种畜禽、水产苗种、农药、兽药、肥料和添加剂等产品。

国家已建立农业转基因生物安全评价制度,对农业转基因生物安全实行分级管理评价。按照农业转基因生物对人类、动植物、微生物和生态环境的危险程度,分为Ⅰ、Ⅱ、Ⅲ、Ⅳ四个等级。农业转基因生物安全评价的标准和技术规范由国务院农业行政主管部门制定。如前所述,目前对于转基因食品是否具有潜在的危害或者存在怎样的危害,专家们有不同的看法,现有技术尚无法作出确切的定论。除《农业转基因生物安全管理条例》外,尚缺乏转基因食品安全相关法律规定。

(二)"海淘"食品安全问题

便捷的网上购物以及优惠的价格,使得许多人(尤其是年轻人)纷纷从网上购买各国的风味食品,再加上国内食品安全问题尤其是婴幼儿奶粉安全事件的曝光,让国内许多消费者将目光投向了海外市场,通过登陆境外购物网站购买国外食品,这种购买方式被称为"海淘"。

我国是食品消费大国,即便是"海淘",也出现了浩浩荡荡的消费大军,海淘数量的剧增带动了线上市场规模的爆炸式增长。据海淘类导购网站提供的数据显示,国内海淘市场从2010年起开始猛增,到2015年,海淘规模增长了近40倍,2015年上半年保持着同比147%的高增长率,远高于国内电商46%的平均增长速度。①

海淘在给人们带来方便和满足的同时,也带来了其他一些法律问题,最主要的几个问题是:缺少"海淘"食品监管相关法律规定,监管难;"海淘"食品即时召回制度、追溯机制都缺失,消费者维权难;境外食品检验检疫系统存在漏洞,所购食品有可能未进行相关的检验检疫等。这些法律问题亟需研究解决。

(三)保健食品市场良莠不齐

随着人们生活水平、经济购买力和保健意识的提高,保健食品也日益受到公众的青睐,不单是老年消费者,购买保健食品的年轻人比例也逐年增加。随着我国保健食品产业的迅猛增长,问题也非常凸现,保健食品市场出现了良莠不齐、鱼龙混杂的现状,严重影响了公众的健康和利益。保健食品市场存在的主要问题是:

(1)保健食品的非法生产。保健食品的生产需要取得许可,并且要严格按照批准的产品配方组织生产。而一些企业在生产过程中偷工减料、掺杂掺假或者不按照批准内容生产,更有企业未经许可而生产保健食品等。

(2)保健食品的非法经营。保健食品的经营也需要取得许可,但未取得许可而经营保健食品的行为大量存在,也有企业或个人经营假冒保健食品文号、标志的"保健食品",或者以会议、讲座等形式违法销售保健食品等。

(3)保健食品非法添加。为追求短期效果,生产者违法添加违禁药品,尤其是在生产减肥、辅助降血糖、缓解体力疲劳、辅助降血压等保健食品中非法添加药物。

(4)保健食品的非法宣传。一些不法商家采用"专家义诊""权威证明""免费活动""健康讲座"等陷阱,进行虚假的宣传和促销活动。一些保健食品广告夸大

① 参见《中国海淘数据分析》[EB/OL],(2015-07-22)[2020-03-30],https://finance.huanqiu.com/article/9CaKrnJNE8F.

产品功效，含有绝对化用语和不实承诺，声称可以治疗某种疾病，或者以“无效退款”“无毒副作用”等承诺，严重欺骗、诱导消费者。被迷惑的消费者花费巨额金钱购买了大量的无用保健食品，有的老人甚至花光自己一生的积蓄，还欠债购买保健食品，也有因相信保健食品的治疗作用而耽误了疾病的治疗。国家曾经多次组织打击非法生产、非法经营、非法添加、非法宣传保健食品的专项行动，取得了一定的成效，但仍需要长期的整治和监管，人们对保健食品的正确认识还需要长期的引导和提高，其路漫漫也。

(四)食品安全违法及犯罪案件呈逐年增长趋势

自 2009 年《食品安全法》生效以来，国家对食品安全违法行为进行了严格查处，对涉及食品安全的犯罪行为予以了严厉的打击，但是，食品安全的形势依然严峻，食品安全事件逐年增加，涉及食品的犯罪行为也逐年增加。

2013 年 5 月 3 日，最高人民法院在京举行的“审理危害食品安全犯罪新闻发布会”披露：“2010 年至 2012 年，全国法院共审结生产、销售不符合安全(卫生)标准的食品刑事案件和生产、销售有毒、有害食品刑事案件1 533件……近几年来，法院受理的危害食品安全犯罪的案件节节上升，2011 年、2012 年审结生产、销售不符合安全(卫生)标准的食品刑事案件和生产、销售有毒、有害食品刑事案件同比增长分别为 179%、224%；生效判决人数同比增长分别为 159.88%、257.48%。”①

2013 年 1 月 25 日，公安部部署全国公安机关开展“打击食品犯罪，保卫餐桌”安全专项行动，在为期 1 年的专项行动中，挂牌督办重大案件1 100余起，各地共侦破各类食品安全犯罪案件 3.2 万起，捣毁“黑工厂”“黑作坊”“黑窝点”“黑市场”2.8 万余个，是 2012 年破案总量的 2.6 倍。②

2015 年 1 月底在京召开的全国食品经营监管工作会议上披露，2014 年全国食药监系统共查处不符合食品安全标准的案件 8.45 万件，查处食品 146.16 万千克，移送司法机关违法案件 738 件。③ 2019 年 3 月 29 日，市场监管总局在以“食品安全监管政策解读及信息发布”为主题召开的例行新闻发布会上宣布：2018 年，全国共查处食品违法案件 29.97 万件，货值金额 7.6 亿元，罚款 35.5 亿元，没收

① 参见《最高人民法院审理危害食品安全犯罪新闻发布会在京举行》[EB/OL]，(2013-05-03) [2020-03-30]，http://www.gov.cn/jrzg/2013-05/03/content_2395471.htm.

② 参见《中国去年侦破食品安全案件 3.2 万起 为 2012 年 2.6 倍》[EB/OL]，(2014-01-06)[2020-03-20]，https://www.chinacourt.org/article/detail/2014/01/id/1172420.shtml.

③ 参见《2014 年全国查处 8.45 万件食品安全案件》[EB/OL]，(2015-01-29)[2020-03-30]，http://news.xinhuanet.com/food/2015-01/29/c_127436791.htm.

违法所得1.67亿元，吊销许可证219件，捣毁违法生产经营窝点360个。案件数、货值金额、吊销许可证数同比增长均在15%以上，罚款数同比增长48.5%。①

2019年6月27日，公安部在京召开新闻发布会，通报了2019年1～5月全国公安机关打击危害食品安全的犯罪工作情况：全国共侦破食品安全的犯罪案件4 500余起，抓获犯罪嫌疑人8 500余名，捣毁黑工厂、黑作坊、黑窝点3 800余个。②

上述各部门的数字从不同角度显示出食品安全形势严峻，反映出食品安全事件逐年增加，犯罪率居高不下。这提示我们，只有监管和严打还不够，加强企业自律是解决问题的关键。2015年修订的《食品安全法》被称为"史上最严食品安全法"，旨在"用最严谨的标准、最严格的监管、最严厉的处罚、最严肃的问责，确保广大人民群众舌尖上的安全"。

（五）违反《食品安全法》法律责任的特别规定

违反《食品安全法》的法律责任包括行政责任、民事责任和刑事责任。关于具体的法律责任规定，法律条文具体明确，本书不作探讨。这里探讨的是修改后的《食品安全法》中对于法律责任的一些特别规定。

1.首负责任制

食品生产经营者违反食品安全法，造成消费者人身、财产或其他损害的，依法承担赔偿责任。为方便消费者索赔，防止生产者和经营者相互推诿，食品安全法规定食品损害赔偿实行首负责任制，接到消费者赔偿请求的生产经营者应当先行赔付，不得推诿。

2.惩罚性赔偿

惩罚性赔偿也称"惩戒性赔偿"，是指对受害人的实际损害予以补偿性赔偿之外的赔偿，目的是通过严厉的惩戒加大违法者的违法成本，使其不敢或不愿违法而遵守法律。我国《食品安全法》规定：生产不符合食品安全标准的食品或者经营明知是不符合食品安全标准的食品，消费者除要求赔偿损失外，还可以向生产者或者经营者要求支付价款10倍或者损失3倍的赔偿金。增加赔偿的金额不足1 000元的，为1 000元。

3.民事连带责任

我国法律规定，在某些情形下，非食品生产经营者未履行法定义务，使消费

---

① 参见《市场监管总局：去年全国共查处食品违法案件29.97万件》[EB/OL]，(2019-04-01)[2020-0-30]，http://www.samr.gov.cn/zfjcj/sjdt/gzdt/201904/t20190401_292478.html.

② 参见《前5月侦破食品安全犯罪案件4500余起》[EB/OL]，(2019-07-03)[2020-03-30]，http://qh.people.com.cn/n2/2019/0703/c182757-33103394.html.

者的合法权益受到损害的，应当与食品生产经营者承担连带责任，包括：

(1)明知食品生产经营者未取得许可证，仍为其提供生产经营场所或者其他条件的。

(2)集中交易市场的开办者、柜台出租者、展销会的举办者允许未依法取得许可的食品经营者进入市场销售食品，或者未履行检查、报告等义务的。

(3)网络食品交易第三方平台提供者未对入网食品经营者进行实名登记、审查许可证，或者未履行报告、停止提供网络交易平台服务等义务的。

(4)食品检验机构出具虚假检验报告、认证机构出具虚假认证结论的，应当与食品生产经营者承担连带责任。

(5)广告经营者、发布者设计、制作、发布虚假食品广告，社会团体或者其他组织、个人在虚假广告或者其他虚假宣传中向消费者推荐食品的。

4. 民事赔偿优先

企业违反《食品安全法》规定，造成人身、财产或者其他损害的，依法承担赔偿责任，生产经营者财产不足以同时承担民事赔偿责任和缴纳罚款、罚金时，先承担民事赔偿责任。

5. 惩罚严厉

2015 年修订后的《食品安全法》被称为“史上最严的食品安全法”，表现在如下几个方面：

(1)强化对刑事责任的追究。在对违法行为的查处上，首先要求执法部门对违法行为进行一个判断，如果构成犯罪，就直接由公安部门进行侦查，追究刑事责任；如果不构成犯罪，才由行政执法部门进行行政处罚。

(2)加大惩罚性赔偿额度和行政罚款额度。生产不符合食品安全标准的食品或者经营明知是不符合食品安全标准的食品，消费者除要求赔偿损失外，还可以向生产者或者经营者要求支付价款 10 倍或者损失 3 倍的赔偿金；对生产经营添加药品的食品，生产经营营养成分不符合国家标准的婴幼儿配方乳粉等性质恶劣的违法行为，规定最高可以处罚货值金额 30 倍的罚款。

(3)对重复违法行为加大处罚。行为人在 1 年内累计 3 次因违法受到罚款、警告等行政处罚的，给予责令停产停业直至吊销许可证的处罚。

(4)行为人因食品安全犯罪被判处有期徒刑以上刑罚的，终身不得从事食品生产经营管理工作，也不得担任食品生产经营企业的食品安全管理人员。食品检验人员违法受到开除处分的，10 年内不得从事食品检验工作，受到刑事处罚或因出具虚假检验报告导致发生重大食品安全事故受到开除处分的，终身不得从事食品检验工作，等等。

我国《刑法》对于食品安全犯罪有相关规定，如《刑法》第一百四十条的生产、销售伪劣产品罪,第一百四十三条的生产、销售不符合安全标准的食品罪,第一百四十四条的生产、销售有毒、有害食品罪,第一百五十条的单位犯上述规定之罪,第二百二十二条的虚假广告罪,第二百二十五条的非法经营罪等。针对一些地方危害食品安全犯罪突出的实际情况,《刑法修正案(八)》(2011 年5月 1 日实施)增加了食品安全监管滥用职权罪和食品安全监管玩忽职守罪两个罪名。2013 年5月 2 日,最高人民法院、最高人民检察院公布了《最高人民法院、最高人民检察院关于办理危害食品安全刑事案件适用法律若干问题的解释》(自 2013 年 5 月 4 日起施行),详细解释了定罪适用的具体情形。

第二节　食品安全法律规定

本节主要介绍我国《食品安全法》的有关内容。

一、食品安全工作的基本原则

根据我国食品安全的实际情况,《食品安全法》确定了食品安全工作的十六字基本原则:预防为主,风险管理,全程控制,社会共治。

预防为主是所有公共卫生工作应遵循的基本原则。《食品安全法》遵循从农田到餐桌整个食物链的客观规律,对食品生产、加工、包装、运输、贮藏、销售所有环节的控制管理作了规定,从农业投入品的使用、农产品的销售记录,到食品生产经营的查验制度和记录制度、不安全食品的召回规定等,实行最严格的全程控制管理。针对不同环节中可能出现的各种风险因素,建立良好的生产规范、危害分析和关键控制点等机制,建立食品风险监测、食品安全风险评估和食品安全标准等制度,并根据风险监测、风险评估结果和食品安全状况等,同时考虑社会、经济等方面的有关因素,对各种管理措施的方案进行权衡,最后确定监管重点、方式和频次,实施风险分级管理,尽可能地有效控制食品风险,从而保障公众健康。

食品安全是一项系统工程,要想保障公众舌尖上的安全,除了食品生产经营者加强自律、食品监督管理部门加强监管之外,还需要全社会的共同努力和参与。食品行业协会、新闻媒体、消费者协会、基层组织、消费者等的监督、引导、宣传、举报、投诉等,都对食品安全起着重要的作用,因此,社会共治是食品安全工作的基本原则之一。

二、政府与食品安全监管部门的职责

(一)政府的责任

政府在食品安全工作中的责任是将食品安全工作纳入国民经济和社会发展

规划，将食品安全工作经费列入政府财政预算，为食品安全工作提供保障；对食品安全进行监管负责；做好食品安全宣传教育和相关知识普及工作。具体来讲包括：

(1)负责本行政区域的食品安全监督管理工作。县级以上地方人民政府对本行政区域的食品安全监督管理工作负责，统一领导、组织、协调本行政区域的食品安全监督管理工作以及食品安全突发事件应对工作，建立健全食品安全全程监督管理工作机制和信息共享机制。

县级以上地方人民政府依照《食品安全法》和国务院的规定，确定本级食品监督管理、卫生行政部门和其他有关部门的职责。有关部门在各自的职责范围内负责本行政区域的食品安全监督管理工作。

(2)实行食品安全监督管理责任制。县级以上地方人民政府实行食品安全监督管理责任制，上级人民政府负责对下一级人民政府的食品安全监督管理工作进行评议、考核。县级以上地方人民政府负责对本级食品监督管理部门和其他有关部门的食品安全监督管理工作进行评议、考核。

(3)为食品安全工作提供财政保障。县级以上人民政府应将食品安全工作纳入本级国民经济和社会发展规划，将食品安全工作经费列入本级政府财政预算，加强食品安全监督管理能力建设，为食品安全工作提供保障。

(4)做好食品安全宣传教育和相关知识普及。各级人民政府应当加强对食品安全的宣传教育，普及食品安全知识，鼓励社会组织、基层群众性自治组织、食品生产经营者开展食品安全法律、法规以及食品安全标准和知识的普及工作，倡导健康的饮食方式，增强消费者的食品安全意识和自我保护能力。

(二)食品安全委员会的责任

为贯彻落实《食品安全法》，切实加强对食品安全工作的领导，2010年2月6日我国依法设立了国务院食品安全委员会，作为国务院食品安全工作的高层次议事协调机构，其主要职责是：分析食品安全形势，研究部署、统筹指导食品安全工作；提出食品安全监管的重大政策措施；督促落实食品安全监管责任。

2018年国务院机构改革后，国务院食品安全委员会的具体工作由国家市场监督管理总局承担。

(三)食品监督管理部门的职责

市场监督管理部门对食品的生产经营活动实施监督管理。国务院食品监督部门对食品生产经营活动实施监督管理，国务院其他有关部门依照食品安全法和国务院规定的职责承担有关食品安全工作。各级食品监督管理部门对本行政区域内的食品生产经营活动进行监管。为方便管理，县级人民政府食品安全监督管理部门可在乡镇或特定区域设立派出机构，协助监管。

(四)卫生健康行政部门的职责

国务院卫生健康行政部门组织开展食品安全风险监测和风险评估,会同国务院有关部门制定并公布食品安全国家标准,负责新食品原料安全性评估材料的审查和许可工作。

(五)其他相关部门的职责

其他监管部门主要指农业行政部门、出入境检验检疫部门、公安部门等,其职责包括:

(1)农业行政部门负责农业投入品使用的监督管理。国务院农业行政部门会同有关部门制定食品中农药残留、兽药残留的限量规定及其检验方法与规程,屠宰畜、禽的检验规程等。

(2)出入境检验检疫部门负责进出口食品的监督管理工作。

(3)公安部门主要对编造、散布虚假食品安全信息,违法使用剧毒、高毒农药等违反治安管理条例的行为进行监管处罚。

三、《食品安全法》的调整范围

《食品安全法》第二条规定,在我国境内从事下列活动,应当遵守本法:

(1)食品的生产和经营。食品生产包括食品的生产和加工,食品经营包括食品销售和餐饮服务。

(2)食品添加剂的生产经营。食品添加剂是指为改善食品品质和食品的色、香、味,以及为食品防腐、保鲜及加工工艺需要而加入食品中的人工合成或天然物质,包括营养强化剂。食品添加剂的生产、加工、贮存、运输、销售等活动必须遵守《食品安全法》的规定。

(3)食品相关产品的生产经营。食品相关产品是指用于食品的包装材料、容器、洗涤剂、消毒剂和用于食品生产经营的工具、设备等。

(4)食品生产经营者使用食品添加剂、食品相关产品。不仅食品添加剂、相关产品的生产经营适用《食品安全法》的规定,食品生产经营者在使用食品添加剂、食品相关产品时,也需要遵守《食品安全法》的规定。

(5)食品的贮存和运输。食品生产经营者在贮存和运输食品时,需要遵守《食品安全法》的规定;专门的仓储、物流企业在从事食品的贮藏、运输活动时,也必须遵守本法的规定。

(6)对食品、食品添加剂和食品相关产品的安全管理。安全管理主要包括食品安全风险的监测和评估、食品安全标准的制定和执行、食品检验、食品安全事故的预防和处置、食品的监督管理等各项安全管理活动。

此外,供食用的源于农业的初级产品(以下称"食用农产品")的质量安全管理应遵守《中华人民共和国农产品质量安全法》的规定，但食用农产品的市场销售、有关质量安全标准的制定、有关安全信息的公布和《食品安全法》对农业投入品作出规定的，遵守《食品安全法》的规定。

四、食品安全风险监测和评估

（一）食品安全风险监测

国家应建立食品安全风险监测制度。食品安全风险监测是指通过系统、持续地对食品污染、食品中有害因素以及影响食品安全的其他因素进行样品采集、检验、结果分析，及早发现食品安全问题，为食品安全风险研判和处置提供依据的活动。这是一种非常有效的事前预防手段，有利于及早发现食品安全风险，从而防范食品安全事故的发生，是开展食品安全风险评估的技术依据，也是食品安全监管的重要基础。

1.食品安全风险监测的对象

食品安全风险监测主要是对食源性疾病、食品污染以及食品中的有害因素进行监测。

(1)食源性疾病是指食品中致病因素进入人体引起的感染性、中毒性等疾病，包括食物中毒。

(2)食品污染是指根据国际食品安全管理的一般规则，在食品生产、加工或流通等过程中因非故意原因进入食品的外来污染物，如受到农药、废水、污水、各种添加剂、病虫害等引起的污染，或者由霉菌毒素引起食品霉变等。

(3)食品中的有害因素是指在食品生产、加工、贮存、运输、销售等过程中，除了食品污染以外的其他可能途径进入食品的有害因素，包括食品天然存在的有害物、违法添加的非食用物质以及被作为食品添加剂使用的对人体健康有害的物质。

2.食品安全风险监测计划的制定与实施

国家食品安全风险监测计划由国务院卫生健康行政部门会同国务院有关部门制定与实施。省级卫生健康行政部门会同省级人民政府有关部门，根据国家计划，结合本行政区域的具体情况，制定、调整本行政区域的食品安全风险监测方案，报国务院卫生健康行政部门备案并实施。

国务院食品监管部门和其他有关部门获知有关食品安全风险的信息后，应立即核实并向国务院卫生健康行政部门通报。卫生健康行政部门接到通报信息以及医疗机构报告的食源性疾病等有关疾病信息后，会同国务院有关部门分析研究，认为必要的，及时调整国家食品安全风险监测计划。

3.食品安全风险监测的机构及工作要求

由于食品安全风险监测工作需要专业技术人员和检验仪器设备条件，所以承担风险监测工作的机构应具备食品检验机构资质认定条件和按照规范进行检验的能力，原则上应按照国家有关认证认可的规定取得资质认定（非常规的风险监测项目除外）。

承担食品安全风险监测工作的技术机构根据食品安全风险监测计划和监测方案开展监测工作，保证监测数据真实、准确，并按照食品安全风险监测计划和方案的要求报送监测数据和分析结果。风险监测工作人员有权进入相关食用农产品种植养殖、食品生产经营场所采集样品、收集相关数据。

4.食品安全风险监测结果与信息的通报

食品安全风险监测结果表明可能存在食品安全隐患的，县级以上卫生健康行政部门应及时将相关信息通报同级食品监管等部门，并报告本级人民政府和上级卫生健康行政部门。食品监管等部门应组织开展进一步调查。省级以上卫生健康行政部门、农业行政部门应及时相互通报食品、食用农产品的安全风险监测信息。

(二)食品安全风险评估

食品安全风险评估是指对食品、食品添加剂以及食品中生物性、化学性和物理性危害因素对人体健康可能造成的不良影响所进行的科学评价和估算。食品安全风险评估是应对日益严峻的食品安全形势的重要举措，所以，国家建立了食品安全风险评估制度，运用科学方法，根据食品安全风险监测信息、科学数据以及有关信息，对食品、食品添加剂、食品相关产品中生物性、化学性和物理性危害因素进行风险评估。

1.食品安全风险评估的对象

食品安全风险评估的对象包括食品、食品添加剂和食品相关产品中的生物性、化学性和物理性危害。此处所称的“危害”是指食品中所含有的对健康有潜在不良影响的生物、化学、物理因素或食品存在状况。

2.食品安全风险评估专家委员会

国务院卫生健康行政部门负责组织食品安全风险评估工作，成立由医学、农业、食品、营养、生物、环境等方面的专家组成的食品安全风险评估专家委员会进行食品安全风险评估，评估结果由国务院卫生行政部门公布。

对农药、肥料、兽药、饲料和饲料添加剂等的安全性评估由农产品质量安全风险评估专家委员会进行，但应有食品安全风险评估专家委员会的专家参加。

3.食品安全风险评估的法定情形

有下列情形之一的，应进行食品安全风险评估：

(1)通过食品安全风险监测或接到举报发现食品、食品添加剂、食品相关产品可能存在安全隐患。

(2)为制定或修订食品安全国家标准提供科学依据需要进行风险评估的。

(3)为确定监督管理的重点领域、重点品种需要进行风险评估的。

(4)发现新的可能危害食品安全因素的。

(5)需要判断某一因素是否构成食品安全隐患的。

(6)国务院卫生健康行政部门认为需要进行风险评估的其他情形。

国务院食品监管部门、农业行政部门等在监管工作中发现需要进行食品安全风险评估的,应向国务院卫生健康行政部门提出评估建议,并提供风险来源、相关检验数据和结论等信息资料。属于需要评估法定情形的,卫生健康行政部门应及时进行评估。

4.风险评估结果与信息的通报和交流沟通

国务院卫生健康行政部门应及时向国务院有关部门通报食品安全风险评估结果。国务院卫生健康行政、农业行政部门应及时相互通报食品、食用农产品的安全风险评估信息。

县级以上食品监管部门和其他有关部门、食品安全风险评估专家委员会及其技术机构应当按照科学、客观、及时、公开的原则,组织食品生产经营者、食品检验机构、认证机构、食品行业协会、消费者协会以及新闻媒体等就食品安全风险评估信息和食品安全监管信息进行交流沟通。

5.食品安全风险评估结果的使用

食品安全风险评估结果是制定、修订食品安全标准和实施食品安全监督管理的科学依据。经食品安全风险评估,得出食品、食品添加剂、食品相关产品不安全结论的,国务院食品监管部门应立即向社会公告,告知消费者停止食用或使用,并采取相应措施,确保该食品、食品添加剂、食品相关产品停止生产经营。需要制定、修订相关食品安全国家标准的,由国务院卫生健康行政部门会同国务院有关部门立即制定、修订。

国务院食品监管部门应会同国务院有关部门,根据食品安全风险评估结果、食品安全监督管理信息,对食品安全状况进行综合分析。对分析表明可能具有较高程度安全风险的食品,应及时提出食品安全风险警示,并向社会公布。

五、食品安全标准

食品安全标准是国家为保证食品质量安全,保障公众身体健康和生命安全,防止食源性疾病的发生,对食品、食品相关产品、食品添加剂的卫生要求及其在生产、加工、贮存和销售等方面所规定的技术要求和措施。

制定食品安全标准时,应以保障公众身体健康为宗旨,以科学合理、安全可靠为原则,依据食品安全风险评估结果,并充分考虑食用农产品的质量安全风险评估结果，参照相关的国际标准和国际食品安全风险评估结果，将食品安全国家标准草案向社会公布，广泛听取食品生产经营者、消费者、有关部门等方面的意见。

(一)食品安全标准的制定

食品安全国家标准由国务院卫生健康行政部门会同国务院食品监管部门制定、公布，由医学、农业、食品、营养、生物、环境等方面的专家以及国务院有关部门、食品行业协会、消费者协会的代表组成食品安全国家标准评审委员会对食品安全国家标准草案的科学性和实用性等进行审查。

食品中农药残留、兽药残留的限量规定及其检验方法与规程由国务院卫生健康行政部门、国务院农业行政部门会同国务院食品安全监管部门制定。屠宰畜、禽的检验规程由国务院农业行政部门会同国务院卫生健康行政部门制定。

(二)食品安全标准的性质、种类和内容

1.食品安全标准的性质

我国食品安全标准实行的是强制性标准，除食品安全标准外，不得制定其他食品强制性标准。从事科研、生产、经营的单位和个人必须严格执行强制性标准，不符合强制性标准的产品禁止生产、销售和进口。

2.食品安全标准的种类

我国食品安全标准分为国家标准、地方标准和企业标准。对需要在全国范围内统一的技术要求，应制定国家标准。对地方特色食品，没有国家标准的，可以制定地方标准，由省级卫生健康行政部门制定并公布，报国务院卫生健康行政部门备案。食品安全国家标准制定后，该地方标准即行废止。国家鼓励食品生产企业制定严于国家标准或地方标准的企业标准，在本企业适用，该企业标准须报省级卫生健康行政部门备案。

公众可以在省级以上卫生健康行政部门的网站上免费查阅、下载食品安全标准。

3.食品安全标准的内容

食品安全标准应包括下列内容：

(1)食品、食品添加剂、食品相关产品中的致病性微生物、农药残留、兽药残留、生物毒素、重金属等污染物质以及其他危害人体健康物质的限量规定。

(2)食品添加剂的品种、使用范围、用量。

(3)专供婴幼儿和其他特定人群食用的主辅食品的营养成分要求。

(4)对与卫生、营养等食品安全有关的标签、标志、说明书的要求。

(5)食品生产经营过程的卫生要求。

(6)与食品安全有关的质量要求。

(7)与食品安全有关的食品检验方法与规程。

(8)其他需要制定为食品安全标准的内容。

(三)食品安全标准的跟踪评价与信息通报

省级以上卫生健康行政部门会同同级食品监督管理、农业行政等部门,分别对食品安全国家标准和地方标准的执行情况进行跟踪评价,并根据评价结果及时修订食品安全标准。

省级以上食品监督管理、农业行政等部门应对食品安全标准执行中存在的问题进行收集、汇总,并及时向同级卫生健康行政部门通报。食品生产经营者、食品行业协会发现食品安全标准在执行中存在问题的,应立即向卫生健康行政部门报告。

六、食品生产经营

食品生产经营是指一切食品的生产、采集、收购、加工、贮存、运输、陈列、供应、销售等活动。食品生产经营者对其生产经营食品的安全负责,应严格依照法律、法规和食品安全标准从事生产经营活动,保证食品安全,诚信自律,对社会和公众负责,接受社会监督,并承担社会责任。国家鼓励食品生产经营企业参加食品安全责任保险。

(一)一般规定

1.食品生产经营的要求

按照法律规定,食品生产经营应符合食品安全标准,并符合下列要求:

(1)具有与生产经营的食品品种、数量相适应的食品原料处理和食品加工、包装、贮存等场所,保持该场所环境整洁,并与有毒、有害场所以及其他污染源保持规定的距离。

(2)具有与生产经营的食品品种、数量相适应的生产经营设备或设施,有相应的消毒、更衣、盥洗、采光、照明、通风、防腐、防尘、防蝇、防鼠、防虫、洗涤以及处理废水、存放垃圾和废弃物的设备或设施。

(3)有专职或兼职的食品安全专业技术人员、食品安全管理人员和保证食品安全的规章制度。

(4)具有合理的设备布局和工艺流程,防止待加工食品与直接入口食品、原料与成品交叉污染,避免食品接触有毒物、不洁物。

(5)餐具、饮具和盛放直接入口食品的容器在使用前应当洗净、消毒,炊具、用具用后应当洗净,保持清洁。

(6)贮存、运输和装卸食品的容器、工具和设备应当安全、无害,保持清洁,防止食品污染,并符合保证食品安全所需的温度、湿度等特殊要求,不得将食品与有毒、有害物品一同贮存、运输。非食品生产经营者从事食品贮存、运输和装卸时，应当遵守该项规定。

(7)直接入口的食品应当使用无毒、清洁的包装材料、餐具、饮具和容器。

(8)食品生产经营人员应保持个人卫生，生产经营食品时，应将手洗净，穿戴清洁的工作衣、帽等；销售无包装的直接入口食品时，应使用无毒、清洁的容器、售货工具和设备。

(9)用水应符合国家规定的生活饮用水卫生标准。

(10)使用的洗涤剂、消毒剂应当对人体安全、无害。

(11)法律、法规规定的其他要求。

2.禁止生产经营的食品、食品添加剂和食品相关产品

食品安全要求食品无毒、无害，符合应当有的营养要求，对人体健康不造成任何急性、亚急性或者慢性危害。按照《食品安全法》第三十四条的规定，禁止生产经营下列食品、食品添加剂、食品相关产品：

(1)用非食品原料生产的食品或添加食品添加剂以外的化学物质和其他可能危害人体健康物质的食品，或者用回收食品作为原料生产的食品。

(2)致病性微生物、农药残留、兽药残留、生物毒素、重金属、污染物质以及其他危害人体健康的物质含量超过食品安全标准限量的食品、食品添加剂、食品相关产品。

(3)用超过保质期的食品原料、食品添加剂生产的食品、食品添加剂。

(4)超范围、超限量使用食品添加剂的食品。

(5)营养成分不符合食品安全标准的专供婴幼儿和其他特定人群食用的主辅食品。

(6)腐败变质、油脂酸败、霉变生虫、污秽不洁、混有异物、掺假掺杂或者感官性状异常的食品、食品添加剂、食品相关产品。

(7)病死、毒死或者死因不明的禽、畜、兽、水产动物肉类及其制品。

(8)未按规定检疫或检疫不合格的肉类，或者未经检验或检验不合格的肉类制品。

(9)被包装材料、容器、运输工具等污染的食品、食品添加剂。

(10)标注虚假生产日期、保质期或超过保质期的食品、食品添加剂。

(11)无标签的预包装食品、食品添加剂。

(12)国家为防病等特殊需要明令禁止生产经营的食品。

(13)其他不符合法律、法规或食品安全标准及要求的食品、食品添加剂、食品相关产品。

3.食品生产经营许可制度

按照我国《行政许可法》的规定，直接关系人身健康、生命财产安全等特定活动，需要按照法定条件予以批准的事项，需要设定行政许可。食品的生产经营、食品添加剂的生产、有关食品相关产品的生产等均需取得许可。申请人应如实向审批部门提交有关材料和反映真实情况，并对申请材料的真实性负责。依照《食品安全法》的规定，下列事项需要向相关部门申请取得许可：

(1)从事食品生产、食品流通、餐饮服务应依法取得许可，但销售食用农产品不需要取得许可。县级以上食品监管部门负责食品生产经营的许可审查工作，食品生产和经营许可证的有效期均为 5 年。保健食品、特殊医学用途配方食品、婴幼儿配方食品的生产许可由省级食品监管部门负责。

为规范食品、食品添加剂的生产许可活动和食品经营许可活动，加强食品生产和经营监督管理，保障食品安全，根据《食品安全法》《行政许可法》等法律法规，国家食品药品监督管理总局制定了《食品生产许可管理办法》和《食品经营许可管理办法》，自 2015 年 10 月 1 日起施行，2017 年 11 月对部分条款进行了修改。这两个办法详细规范了许可的申请、受理、审查、批准等程序。

(2)生产食品添加剂应取得许可。从事食品添加剂生产应具有与所生产食品添加剂品种相适应的场所、生产设备或设施、专业技术人员和管理制度，向县级以上食品监管部门提出申请，取得食品添加剂生产许可。许可证的有效期为5年。

(3)对直接接触食品的包装材料等具有较高风险的食品相关产品，按照国家有关工业产品生产许可证管理的规定实施生产许可。

(4)利用新的食品原料生产食品，或者生产食品添加剂新品种、食品相关产品新品种，向国务院卫生健康行政部门提交相关产品的安全性评估材料。对符合食品安全要求的，准予许可并公布。

为规范新食品原料安全性评估材料审查工作，原国家卫生和计划生育委员会于 2013 年 2 月 5 日公布了《新食品原料安全性审查管理办法》，2017 年 12 月进行了修改。

4.对食品生产加工小作坊和食品摊贩的管理

食品生产加工小作坊和食品摊贩等从事食品生产经营活动时，应符合《食品安全法》规定的与其生产经营规模、条件相适应的食品安全要求，保证所生产经营的食品卫生、无毒、无害。

我国食品生产加工小作坊和食品摊贩数量众多，通常规模较小，生产条件简单，从事传统、低风险食品的生产加工，所以对于这些小作坊和食品摊贩的管理不能与大型食品生产经营企业同等要求。地方人民政府应对小作坊和食品摊贩进行综合治理，加强服务和统一规划，改善其生产经营环境，鼓励和支持其改进生产条件，进入集中交易市场、店铺等固定场所经营，或者在指定的临时经营区域、时段经营。为方便管理，各省、自治区、直辖市可以根据本行政区域的特点，制定食品生产加工小作坊和食品摊贩等的具体管理办法。

5. 实行食品安全全程追溯制度

国家应建立食品安全全程追溯制度，国务院食品监督管理部门会同国务院农业行政等有关部门建立食品安全全程追溯协作机制。

食品生产经营者应依法建立食品安全追溯体系，保证食品可追溯。国家鼓励食品生产经营者采用信息化手段采集、留存生产经营信息，建立食品安全追溯体系。

（二）生产经营过程控制

1. 食品安全管理制度和食品安全自查制度

为强化食品生产经营者的主体责任，法律规定食品生产经营企业应建立健全食品安全管理制度和食品安全自查制度，以确保食品安全和减少食品安全事故的发生。

食品生产经营企业应对职工进行食品安全知识培训，加强食品检验工作，依法从事生产经营活动，并配备食品安全管理人员，加强对其的培训和考核。经考核不具备食品安全管理能力的，不得上岗。企业的主要负责人应落实企业食品安全管理制度，对本企业的食品安全工作全面负责。

食品生产经营者应定期对食品安全状况进行检查评价。生产经营条件发生变化，不再符合食品安全要求的，应立即采取整改措施；有发生食品安全事故潜在风险的，应立即停止食品生产经营活动，并向所在地县级食品监管部门报告。

2. 食品生产经营企业从业人员的健康管理

食品生产经营者应建立并执行从业人员健康管理制度。患有痢疾、伤寒、甲型病毒性肝炎、戊型病毒性肝炎等消化道疾病，以及患有活动性肺结核、化脓性或者渗出性皮肤病等有碍食品安全疾病的，不得从事接触直接入口食品的工作。相关人员应每年进行健康检查，取得健康证明后方可上岗工作。

3. 食品安全控制和良好生产规范

为强化食品生产经营过程的风险控制，法律要求食品生产企业建立并实施原辅料、关键环节、检验检测、运输等风险控制体系，对下列事项制定并实施控制要求，保证所生产的食品符合食品安全标准：原料采购、原料验收、投料等原料控制；生产工序、设备、贮存、包装等生产关键环节控制；原料检验、半成品检验、成品出厂检验等检验控制；运输和交付控制。

国家鼓励食品生产经营企业符合良好生产规范（GMP）的要求，实施危害分析与关键控制点体系，提高食品安全管理水平。对通过良好生产规范、危害分析与关键控制点体系认证的食品生产经营企业，认证机构应依法实施跟踪调查，督促企业保持良好生产。若跟踪调查发现不符合认证要求时，应依法撤销认证，及时向食品监督管理部门通报，并向社会公布。

4.农业投入品使用管理

供食用的源于农业的初级产品的生产、养殖等，离不开农药、肥料、兽药、饲料和饲料添加剂等农业投入品，这些投入品是否符合安全标准以及使用是否规范，都将影响餐桌安全。因此，法律要求食用农产品的生产者要按食品安全标准和有关规定使用投入品，严格执行使用安全间隔期或休药期的规定，不得使用国家明令禁止的农业投入品。生产企业和农民专业合作经济组织应建立农业投入品使用记录制度。县级以上农业行政部门应加强对农业投入品使用的监督管理和指导，建立健全农业投入品安全使用制度。

国家对农药的使用实行严格管理制度，加快淘汰剧毒、高毒、高残留农药，推动替代产品的研发和应用，鼓励使用高效、低毒、低残留农药，禁止将剧毒、高毒农药用于蔬菜、瓜果、茶叶和中草药材等国家规定的农作物。

5.食品生产经营查验和信息记录制度

食品生产和经营者必须依法对所购进产品的许可证、产品合格证等进行查验，并对产品相关信息、生产经营者相关信息进行记录，保存相关的凭证。所有记录和凭证的保存期限不得少于产品保质期满后6个月。没有明确保质期的，保存期限不得少于2年。具体要求是：

(1)食品生产企业的进货查验和出厂检验。食品生产者采购食品原料、食品添加剂、食品相关产品时，应查验供货者的许可证和产品合格证明。对无法提供合格证明的食品原料，应按食品安全标准进行检验，不合格者不得采购和使用。企业在进货查验之后，应如实记录食品原料、食品添加剂、食品相关产品的名称、规格、数量、生产日期或生产批号、保质期、进货日期以及供货者的名称、地址、联系方式等内容，并保存相关凭证。

食品生产企业应建立食品出厂检验记录制度，查验出厂食品的检验合格证和安全状况，如实记录食品的名称、规格等食品有关信息以及购货者的有关信息，并保存相关凭证。食品、食品添加剂、食品相关产品的生产者均应按照食品安全标准对所生产的产品进行检验，合格后方可出厂或销售。

(2)食品经营企业进货查验记录。食品经营者采购食品、食品添加剂时应查验供货者的许可证和食品出厂检验合格证或其他合格证明，如实记录所进产品的有关信息以及供货者的有关信息，并保存相关凭证。实行统一配送经营方式的食品经营企业可由企业总部统一查验供货者的许可证和食品合格证明文件并记录。

从事食品批发业务的经营企业应建立食品销售记录制度，如实记录批发食品的名称、规格、数量、生产日期或生产批号、保质期、销售日期以及购货者的名称、地址、联系方式等，并保存相关凭证。食品添加剂经营者采购食品添加剂时，也应遵守该查验记录规定。

6.食品贮藏要求

食品经营者应按照保证食品安全的要求贮存食品，定期检查库存食品，及时清理变质或超过保质期的食品。贮存散装食品应在贮存位置标明食品的名称、生产日期或生产批号、保质期、生产者名称及联系方式等内容。

7.餐饮服务安全管理

餐饮服务提供者应制定并实施原料控制要求，不得采购不符合食品安全标准的食品原料。加工过程中应检查待加工的食品及原料，发现腐败变质、油脂酸败、霉变生虫、污秽不洁、混有异物、掺假掺杂或者感官性状异常的食品、食品添加剂时，不得加工或使用。

餐饮服务提供者应定期维护食品加工、贮存、陈列等设施、设备，定期清洗、校验保温设施及冷藏、冷冻设施，按照要求对餐具、饮具进行清洗消毒，未经清洗消毒的不得使用。委托清洗消毒餐具、饮具时，应委托符合《食品安全法》规定条件的餐具、饮具集中消毒服务单位。

集中用餐单位的主管部门应加强对学校、托幼机构、养老机构、建筑工地等集中用餐单位的食品安全教育和日常管理，降低食品安全风险，及时消除食品安全隐患。集中用餐单位的食堂应严格遵守法律规定和食品安全标准。从供餐单位订餐的，应从取得食品生产经营许可的企业订购，并按要求对订购的食品进行查验。供餐单位应严格遵守法律和食品安全标准，确保食品安全。

8.餐具、饮具的集中消毒服务管理

从事餐具、饮具集中消毒服务的单位应具备相应的作业场所、清洗消毒设备或设施，用水和使用的洗涤剂、消毒剂应符合相关食品安全国家标准和其他国家标准、卫生规范。

餐具、饮具集中消毒服务单位应对消毒餐具、饮具进行逐批检验，检验合格后方可出厂，并随附消毒合格证明。消毒后的餐具、饮具应在独立包装上标注单位名称、地址、联系方式、消毒日期以及使用期限等内容。

9.集中交易、柜台出租、展销会和网络食品交易管理

集中交易市场的开办者、柜台出租者和展销会举办者应依法审查入场食品经营者的许可证，明确其食品安全管理责任，定期对其经营环境和条件进行检查，发现有违法行为的，应及时制止并立即报告食品监管部门。

随着网络食品交易的普及，纳入法治管理已成为必然。为交易双方或者多方提供网页空间、虚拟经营场所、交易规则、交易撮合、信息发布等服务，供交易

双方或多方独立开展交易活动的，为网络交易第三方平台提供者。平台提供者应对入网食品经营者进行实名登记，明确其食品安全管理责任。对于依法应取得许可证的，须审查其许可证。平台提供者发现入网食品经营者有违法行为的应及时制止并立即报告食品监管部门，发现严重违法行为的应立即停止提供网络交易平台服务。为加强对网络食品的安全监管，2016 年 7 月 13 日，原国家食品药品监督管理总局公布了《网络食品安全违法行为查处办法》，自 2016 年 10 月 1 日起施行。

10. 食品召回制度

食品召回是指食品生产者按照规定程序，对由其生产原因造成的某一批次或类别的不安全食品通过换货、退货、补充或修正消费说明等方式，减少和避免不安全食品危害的蔓延和扩大，保障公众身体健康和生命安全的活动。所谓“不安全食品”，是指法律、法规禁止生产经营的食品以及其他有证据证明可能危害人体健康的食品。国家应建立食品召回制度，食品生产经营者应依法承担食品安全第一责任人的义务，建立健全相关管理制度，收集、分析食品安全信息，依法履行停止生产经营、召回和处置不安全食品的义务。

2015 年 3 月 11 日，原国家食品药品监督管理总局公布了《食品召回管理办法》，自 2015 年 9 月 1 日起施行。

(1)食品召回的情形。食品生产者发现其生产的食品不符合食品安全标准或有证据证明可能危害人体健康的，应立即停止生产，召回已上市销售的食品，通知相关生产经营者和消费者，并记录召回和通知情况。经营者发现其经营的食品属于不安全食品的，应立即停止经营，通知相关生产经营者和消费者，并记录停止经营和通知情况。食品生产者认为应当召回的，应立即召回。由于经营者原因造成其经营的食品需要召回的，食品经营者应当召回。食品生产经营者未依规定召回或停止经营的，县级以上食品督管部门可以责令其召回或停止经营。

(2)召回食品的处理。食品生产经营者对召回的食品应采取无害化处理、销毁等措施，防止其再次流入市场。但是，对因标签、标志或说明书不符合食品安全标准而被召回的食品，生产者在采取补救措施且能保证食品安全的情况下可以继续销售，销售时向消费者明示补救措施。

食品生产经营者应将食品召回和处理情况向所在地县级食品监管部门报告。需要对召回的食品进行无害化处理、销毁的，应提前报告时间、地点。食品监管部门认为有必要监督的，可以实施现场监督。

11. 食用农产品的销售管理

食用农产品销售者应建立进货查验记录制度，如实记录食用农产品的名称、数量、进货日期以及供货者名称、地址、联系方式等内容，并保存相关凭证。记录和凭证保存期限不少于6个月。

进入市场销售的食用农产品在包装、保鲜、贮存、运输中使用保鲜剂、防腐剂等食品添加剂和包装材料等食品相关产品时，应符合食品安全国家标准。食用农产品批发市场应配备检验设备和检验人员，或者委托符合《食品安全法》规定的食品检验机构对进入该批发市场销售的食用农产品进行抽样检验。发现不符合食品安全标准的，应要求销售者立即停止销售，并向食品监管部门报告。

为规范食用农产品市场销售行为，原国家食品药品监督管理总局公布了《食用农产品市场销售质量安全监督管理办法》，自 2016 年 3 月 1 日起施行。

（三）食品标签、说明书和广告管理

食品标签是指在食品包装容器或附于食品包装容器上的一切附签、吊牌、文字、图形、符号说明物，其基本功能是方便消费者了解产品相关信息，以便确定是否购买和如何使用等。所以，标签、说明书等必须清楚、明显，生产日期、保质期等事项应当显著标注，容易辨识。标签和说明书中不得含有虚假内容，不得涉及疾病预防、治疗功能。生产经营者对其提供的标签、说明书的内容负责。食品和食品添加剂与其标签、说明书的内容不符的，不得上市销售。

食品经营者应按食品标签标示的警示标志、警示说明或注意事项的要求销售食品，生产经营转基因食品的应当按照规定显著标示。

1. 预包装食品的标签

预包装食品是指预先定量包装或者制作在包装材料和容器中的食品。预包装食品的包装上应当有标签，标签上标明下列事项：名称、规格、净含量、生产日期；成分或配料表；生产者的名称、地址、联系方式；保质期；产品标准代号；贮存条件；所使用的食品添加剂在国家标准中的通用名称；生产许可证编号；法律、法规或食品安全标准规定应当标明的其他事项。

专供婴幼儿和其他特定人群食用的主辅食品，其标签上还应当标明主要营养成分及其含量。食品安全国家标准对标签标注事项另有规定的，从其规定。

2. 散装食品的标签

散装食品是指无预包装的食品、食品原料及加工半成品，但不包括新鲜果蔬以及需清洗后加工的原粮、鲜冻畜禽产品和水产品等。食品经营者销售散装食品时，应在散装食品的容器、外包装上标明食品的名称、生产日期或生产批号、保质期以及生产经营者的名称、地址、联系方式等内容。

3. 食品添加剂的标签与说明书

食品添加剂的标签、说明书上应当载明以下内容：名称、规格、净含量、生产日期；成分或配料表；生产者的名称、地址、联系方式；保质期；产品标准代号；贮存条件；生产许可证编号；法律、法规或食品安全标准规定应标明的其他事项，以

及食品添加剂的使用范围、用量、使用方法,并在标签上载明“食品添加剂”字样。

4.食品广告管理

食品广告的内容应当真实合法,不得含有虚假内容,不得涉及疾病预防、治疗功能。食品生产经营者对食品广告内容的真实性、合法性负责。

食品监管部门和其他有关部门以及食品检验机构、食品行业协会不得以广告或其他形式向消费者推荐食品。消费者组织不得以收取费用或其他牟取利益的方式向消费者推荐食品。

(四)特殊食品管理

特殊食品主要指保健食品、特殊医学用途配方食品和婴幼儿配方食品等。国家对特殊食品实行严格的监督管理,生产者应按照良好生产规范的要求建立与所生产食品相适应的生产质量管理体系,定期对该体系的运行情况进行自查,保证其有效运行,并向所在地县级食品监管部门提交自查报告。

特殊食品有相关的注册和备案要求。注册人和备案人对其提交材料的真实性负责,生产企业应按注册或备案的产品配方、生产工艺等技术要求组织生产。2016年2月26日,国家食品药品监督管理总局公布了《保健食品注册与备案管理办法》,自2016年7月1日起施行;2016年3月7日公布了《特殊医学用途配方食品注册管理办法》,自2016年7月1日起施行;2016年6月6日公布了《婴幼儿配方乳粉产品配方注册管理办法》,自2016年10月1日起施行。

1.保健食品管理

(1)保健食品是指声称具有特定保健功能或者以补充维生素、矿物质为目的的食品。保健食品声称具有的保健功能应当具有科学依据,不得对人体产生急性、亚急性或者慢性危害。

声称具有保健功能的食品,其原料必须是国家允许用于保健食品的物质,并符合规定的配伍和用量。所声称的保健功能必须是国家允许声称的保健功能、功效成分等。该保健食品原料目录和允许声称的保健功能目录由国务院食品监督管理部门会同国务院卫生健康行政等部门制定、调整并公布。

(2)保健食品的注册和备案。使用保健食品原料目录以外原料的保健食品和首次进口的保健食品应经国务院食品监督管理部门注册。注册时应提交保健食品的研发报告、产品配方、生产工艺、安全性和保健功能评价、标签、说明书等材料及样品,并提供相关证明文件。准予注册的,发给保健食品注册证书,注册证书的有效期为5年。

首次进口的保健食品中,属于补充维生素、矿物质等营养物质的,应报国务院食品监督管理部门备案,其他保健食品报省级食品监管部门备案。备案时提交产品配方、生产工艺、标签、说明书以及表明产品安全性和保健功能的材料。

(3)保健食品的标签、说明书不得涉及疾病预防、治疗功能,内容应当真实,与注册或备案的内容相一致,载明适宜人群、不适宜人群、功效成分或者标志性成分及其含量等,并声明"本品不能代替药物"。保健食品的功能和成分应与标签、说明书相一致。

(4)保健食品的广告内容应真实合法,不得含有虚假内容,不得涉及疾病预防、治疗功能,应当声明"本品不能代替药物"。食品生产经营者对食品广告内容的真实性、合法性负责。广告内容应经生产企业所在地的省级食品监管部门审查批准,取得保健食品广告批准文件,审批部门公布并及时更新已经批准的保健食品广告目录以及批准的广告内容。

2. 特殊医学用途配方食品的管理

特殊医学用途配方食品是指为满足进食受限、消化吸收障碍、代谢紊乱或特定疾病状态人群对营养素或膳食的特殊需要,专门加工配制而成的配方食品。由于该类食品适用于特定的目标人群,所以在技术、原料、感官、营养、卫生、管理等方面都有特别的要求。

(1)特殊医学用途配方食品应经国务院食品监督管理部门注册。注册时应提交产品配方、生产工艺、标签、说明书以及表明产品安全性、营养充足性和特殊医学用途临床效果的材料。准予注册的,发给特殊医学用途配方食品注册证书,证书的有效期为5年。

特殊医学用途配方食品生产企业应按批准注册的产品配方、生产工艺等技术要求组织生产,保证特殊医学用途配方食品的安全。

(2)特殊医学用途配方食品的标签、说明书要求。特殊医学用途配方食品的标签和说明书的内容应当一致,涉及注册证书内容的,应与注册证书内容一致,并标明注册号。标签已经涵盖说明书全部内容的,可以不另附说明书。

特殊医学用途配方食品的标签、说明书应当真实准确、清晰持久、醒目易读,不得含有虚假内容,不得涉及疾病预防、治疗功能。生产企业对其提供的标签、说明书的内容负责。

3. 婴幼儿配方食品管理

婴幼儿配方食品有许多,包括婴幼儿配方乳粉、婴幼儿配方米粉、营养面条、肉酥、果泥、磨牙饼干、宝宝专用水等。由于乳粉是婴幼儿的主要食品,也因为国内曾多次出现问题乳粉,所以国家对婴幼儿配方乳粉的管理尤其重视。

(1)婴幼儿配方食品的注册与备案。我国境内生产销售和进口的婴幼儿配方乳粉产品配方均实行注册管理。只有具备相应的研发能力、生产能力、检验能力,符合粉状婴幼儿配方食品良好生产规范要求,实施危害分析与关键控制点体系,对出厂产品按照有关法律法规和婴幼儿配方乳粉食品安全国家标准规定的项目实施逐批检验的婴幼儿配方乳粉生产企业才能申请产品配方注册。注册时,应提交配方研发报告和其他表明配方科学性、安全性的材料。国家食品监督管理部门负责对申请注册的配方进行审评,并决定是否准予注册。

婴幼儿配方食品生产企业应将食品原料、食品添加剂、产品配方及标签等事项向省级食品监管部门备案。

(2)婴幼儿配方食品的安全与营养要求。婴幼儿配方食品生产企业应实施从原料进厂到成品出厂的全过程质量控制,对出厂的婴幼儿配方食品实施逐批检验。所使用的生鲜乳、辅料等食品原料、食品添加剂等应符合法律、行政法规的规定和食品安全国家标准,保证婴幼儿生长发育所需的营养成分。

为避免分装过程的污染和人为掺假,也防止以委托、贴牌方式生产婴幼儿配方乳粉,法律规定不得以分装方式生产婴幼儿配方乳粉,同一企业不得用同一配方生产不同品牌的婴幼儿配方乳粉。

七、食品检验规定

食品检验是指食品检验机构根据有关国家标准,对食品的质量和安全性所进行的检验,包括对食品的检验和对食品添加剂的检验。

(一)食品检验机构

食品检验机构必须按照国家有关认证认可的规定取得资质认定后,方可从事食品检验活动(法律另有规定的除外);未取得资质认定的食品检验机构不得向社会出具具有证明作用的检验数据和结果。

(二)检验要求及责任

食品检验由食品检验机构指定的检验人独立进行。检验人应依照有关法律规定,并按照食品安全标准和检验规范对食品进行检验,尊重科学,恪守职业道德,保证出具的检验数据和结论客观、公正,不得出具虚假检验报告。检验报告应加盖食品检验机构公章,并有检验人的签名或盖章。食品检验机构和检验人对出具的食品检验报告负责。

食品检验机构人员出具虚假检验报告要承担法律责任,例如,因出具虚假检验报告受到开除处分的,10 年内不得从事食品检验工作;因食品安全违法行为受到刑事处罚或者因出具虚假检验报告导致发生重大食品安全事故受到开除处分的,终身不得从事食品检验工作。

(三)食品检验的分类

食品检验分为食品出厂检验、监督机构抽样检验和其他组织或个人的委托检验。

(1)食品生产者必须对其所生产的食品进行检验,合格后方可出厂或销售。

有食品检验机构的生产企业可以自行对所生产的食品进行检验，也可以委托有资质的食品检验机构进行检验。

(2)县级以上食品监管部门在日常的监督检查过程中，应对食品进行定期或不定期的抽样检验，并依据有关规定公布检验结果，不得免检。

(3)食品行业协会和消费者协会等组织及消费者需要委托食品检验机构对食品进行检验的，应委托有资质的食品检验机构进行检验。

(四)检验结论异议的提出和复检

食品生产经营者对检验结论有异议的，可以自收到检验结论之日起 7 个工作日内向实施抽样检验的食品监管部门或其上一级食品监管部门提出复检申请，由受理复检申请的食品监管部门在公布的复检机构名录中随机确定复检机构进行复检。复检机构出具的复检结论为最终检验结论。复检机构与初检机构不得为同一机构。

采用国家规定的快速检测方法对食用农产品进行抽查检测，被抽查人对检测结果有异议的，可以自收到检测结果时起 4 小时内申请复检。复检不得采用快速检测方法。

八、食品进出口管理

(一)进口食品的安全标准和新品种的安全性评估

国家出入境检验检疫部门对进出口的食品安全实施监督管理。

1. 进口食品应符合我国的食品安全标准

进口的食品、食品添加剂、食品相关产品应符合我国的食品安全国家标准。进口的食品、食品添加剂应当经出入境检验检疫机构检验合格，并随附合格证明材料。境外出口商、境外生产企业应当保证向我国出口的食品、食品添加剂、食品相关产品符合我国《食品安全法》以及我国其他有关法律、行政法规的规定和食品安全国家标准的要求，并对标签、说明书的内容负责。

进口尚无食品安全国家标准的食品，由境外出口商、境外生产企业或其委托的进口商向国务院卫生健康行政部门提交所执行的相关国家(地区)标准或者国际标准。国务院卫生健康行政部门对相关标准进行审查，认为符合食品安全要求的，决定暂予适用，并及时制定相应的食品安全国家标准。

2. 进口新原料食品和新品种需要进行安全性评估

进口利用新的食品原料生产的食品或者进口食品添加剂新品种、食品相关产品新品种时，应向国务院卫生健康行政部门提交相关产品的安全性评估材料，符合食品安全要求的准予许可并公布。出入境检验检疫机构按照国务院卫生健康行政部门的要求，对上述食品、食品添加剂、食品相关产品进行检验，检验结果应当公开。

(二)对进口食品的包装、标签和说明书的要求

进口的预包装食品、食品添加剂应有中文标签,依法应当有说明书的,还应当有中文说明书。标签、说明书应符合我国《食品安全法》以及其他有关法律规定和食品安全国家标准的要求,并载明食品的原产地以及境内代理商的名称、地址、联系方式。预包装食品没有中文标签、中文说明书或标签、说明书不符合上述规定的,不得进口。

(三)建立境外出口商、生产企业的审核与销售记录制度

进口商应当建立境外出口商、境外生产企业审核制度,重点审核其产品是否符合我国《食品安全法》及其他有关法律的规定和食品安全国家标准的要求,以及食品标签、说明书的内容是否符合法律规定,审核不合格的不得进口。发现进口食品不符合我国食品安全国家标准或者有证据证明可能危害人体健康的,应立即停止进口,并依照《食品安全法》的有关规定召回。

进口商应建立食品、食品添加剂进口和销售记录制度,如实记录食品、食品添加剂的名称、规格、数量、生产日期、生产或者进口批号、保质期、境外出口商和购货者的名称、地址及联系方式、交货日期等内容,并保存相关凭证。

(四)进出口食品生产经营者的备案与注册

向我国境内出口食品的境外出口商或者代理商、进口食品的进口商应向国家出入境检验检疫部门备案。向我国境内出口食品的境外食品生产企业应经国家出入境检验检疫部门注册。已经注册的境外食品生产企业提供虚假材料,或者因其自身的原因致使进口食品发生重大安全事故的,国家出入境检验检疫部门应撤销注册并公告。国家出入境检验检疫部门应定期公布已经备案的境外出口商、代理商、进口商和已经注册的境外食品生产企业名单。

出口食品生产企业和出口食品原料种植、养殖场应向国家出入境检验检疫部门备案。出口食品生产企业应保证其出口食品符合进口国(地区)的标准或合同要求。

(五)进口食品安全事件的风险预警和控制

境外发生的食品安全事件可能对我国境内造成影响,或者在进口食品、食品添加剂、食品相关产品中发现严重食品安全问题的,国家出入境检验检疫部门应及时采取风险预警或控制措施,并向国务院食品监督管理部门、卫生健康行政部门、农业行政部门通报。接到通报的部门应及时采取相应措施。

县级以上食品监管部门对国内市场上销售的进口食品、食品添加剂实施监督管理,发现存在严重食品安全问题的,国务院食品监督管理部门应及时向国家出入境检验检疫部门通报,国家出入境检验检疫部门应及时采取相应措施。

(六)进出口食品安全信息收集与企业信用管理

1.进出口食品安全信息收集

国家出入境检验检疫部门应收集、汇总下列进出口食品安全信息，并及时通报相关部门、机构和企业：出入境检验检疫机构对进出口食品实施检验检疫时发现的食品安全信息；食品行业协会和消费者协会等组织、消费者反映的进口食品安全信息；国际组织、境外政府机构发布的风险预警信息及其他食品安全信息，以及境外食品行业协会等组织、消费者反映的食品安全信息；其他食品安全信息。

2.进出口食品的生产经营企业信用管理

国家出入境检验检疫部门应对进出口食品的进口商、出口商和出口食品生产企业实施信用管理，建立信用记录，并依法向社会公布；对有不良记录的进出口商和生产企业，应加强对其进出口食品的检验检疫；可以对向我国境内出口食品的国家(地区)的食品安全管理体系和食品安全状况进行评估和审查，并根据评估和审查结果确定相应的检验检疫要求。

九、食品安全事故处置

食品安全事故是指食源性疾病、食品污染等源于食品，对人体健康有危害或者可能有危害的事故。按照《国家食品安全事故应急预案》的规定，食品安全事故按其性质、危害程度和涉及范围，分为特别重大食品安全事故、重大食品安全事故、较大食品安全事故和一般食品安全事故。

(一)食品安全事故应急预案

食品安全事故应急预案是指经过一定程序制定的开展食品安全事故应急处理工作的事先指导方案。国务院应组织制定国家食品安全事故应急预案；县级以上地方人民政府制定本行政区域的食品安全事故应急预案，并报上一级政府备案；食品生产经营企业应当制定食品安全事故处置方案，定期检查本企业各项食品安全防范措施的落实情况，及时消除食品安全事故隐患。

应急预案的内容包括食品安全事故分级、事故处置组织指挥体系与职责、预防预警机制、处置程序、应急保障措施等。

(二)食品安全事故的报告和通报

1.食品安全事故的报告

食品安全事故的报告人有两类：一类是发生食品安全事故的单位，应立即予以处置，防止事故扩大，并向所在地的县级食品监管部门报告；二类是接收食品安全事故患者治疗的医疗机构，发现其接收的患者属于食源性疾病患者或疑似患者的，应按规定及时将相关信息向所在地的县级卫生健康行政部门报告。

接到报告的食品监管部门应向本级政府和上级食品监管部门报告，县级政府和上级食品监管部门应按应急预案的规定上报。

2.食品安全事故的通报

县级以上农业行政等部门在日常监督管理中发现食品安全事故或接到事故举报后，应立即向同级食品监管部门通报。卫生健康行政部门接到医疗机构的报告后，认为与食品安全有关的，应及时通报同级食品监管部门。卫生健康行政部门在调查处理传染病或其他突发公共卫生事件时发现与食品安全相关的信息后，应及时通报同级食品监管部门。

任何单位和个人不得对食品安全事故隐瞒、谎报、缓报，不得隐匿、伪造、毁灭有关证据。

（三）食品安全事故的应急措施及预案启动

1.食品安全事故的应急措施

县级以上食品监管部门接到食品安全事故报告后，应立即会同同级卫生健康行政、农业行政等部门进行调查处理，并采取下列措施防止或减轻社会危害：

(1)开展应急救援工作，组织救治因食品安全事故导致人身伤害的人员。

(2)封存可能导致食品安全事故的食品及其原料，并立即进行检验；对确认属于被污染的食品及其原料，责令食品生产经营者依法召回或者停止经营。

(3)封存被污染的食品相关产品，并责令进行清洗消毒。

(4)做好信息发布工作，依法对食品安全事故及其处理情况进行发布，并对可能产生的危害加以解释说明。

2.应急预案的启动程序

需要启动应急预案时，县级以上人民政府应立即成立事故处置指挥机构，启动应急预案，采取应急措施并依预案的规定进行处置。县级以上疾病预防控制机构应对事故现场进行卫生处理，并对与事故有关的因素开展流行病学调查，向同级食品监管部门、卫生健康行政部门提交流行病学调查报告。

（四）食品安全事故的责任调查

发生食品安全事故后，设区的市级以上食品监管部门应立即会同有关部门进行事故责任调查，督促有关部门履行职责，向本级人民政府和上一级食品监管部门提出事故责任调查处理报告。涉及两个以上省、自治区、直辖市的重大事故由国务院食品监督管理部门组织调查。

事故调查部门有权向有关单位和个人了解与事故有关的情况，并要求提供相关资料和样品。有关单位和个人应予以配合，按要求提供相关资料和样品，不得拒绝。任何单位和个人不得阻挠、干涉食品安全事故的调查处理。

调查食品安全事故时，应坚持实事求是、尊重科学的原则，及时、准确地查清事故性质和原因，认定事故责任，提出整改措施。除查明事故单位的责任外，还应查明有关监督管理部门、食品检验机构、认证机构及其工作人员的责任。防止工作人员的失职、渎职情况。

十、食品安全的监督管理

(一)食品安全的分级管理和年度监管计划

1. 分级管理和年度监管计划的确定

为合理配置监管资源，有针对性地加强对食品企业的动态监管和风险预警分析，法律规定对食品安全实行风险分级管理制度。监督管理的重点、方式和频次等由县级以上食品监管部门根据食品安全风险监测、风险评估结果和食品安全状况等确定。

食品安全年度监督管理计划由县级以上地方人民政府组织本级食品监督管理部门、农业行政部门等制定，并向社会公布且组织实施。

2. 年度监管的重点

下列事项属于年度监管的重点：专供婴幼儿和其他特定人群食用的主辅食品；保健食品生产过程中的添加行为和按照注册或备案的技术要求组织生产的情况，保健食品的标签、说明书以及宣传材料中有关功能宣传的情况；发生食品安全事故风险较高的食品生产经营者；食品安全风险监测结果表明可能存在食品安全隐患的事项。

(二)食品安全监督管理措施

1. 食品安全监督检查措施

县级以上食品监管部门有权采取下列措施，对生产经营者遵守《食品安全法》的情况进行监督检查：

(1)进入生产经营场所实施现场检查。

(2)对生产经营的食品、食品添加剂、食品相关产品进行抽样检验。

(3)查阅、复制有关合同、票据、账簿以及其他有关资料。

(4)查封、扣押有证据证明不符合食品安全标准或者有证据证明存在安全隐患以及用于违法生产经营的食品、食品添加剂、食品相关产品。

(5)查封违法从事食品生产经营活动的场所。

2. 食品监管的抽样检测和检验

食品监督管理部门可以采用国家规定的快速检测方法对食品进行抽查检测。对抽查检测结果表明可能不符合食品安全标准的食品，委托符合《食品安全法》规定的食品检验机构进行检验。检测结果确定有关食品不符合食品安全标准的，可以作为行政处罚的依据。

(三)建立食品安全信用档案

建立食品安全信用档案有利于引导食品生产经营者在生产经营活动中重质量、重服务、重信誉、重自律,进而形成确保食品安全的长效机制,而且对监管部门提升监督检查效率,增强执法威慑力具有重要意义。

按照法律规定,食品安全信用档案由县级以上食品监管部门建立,记录对食品生产经营者的许可颁发、日常监督检查结果、违法行为查处等情况,并依法向社会公布且实时更新。食品生产经营企业被责任约谈的,责任约谈情况和整改情况应纳入食品生产经营者的食品安全信用档案。

食品监管部门对有不良信用记录的食品生产经营者要增加监督检查频次,对违法行为情节严重的生产经营者,可以通报投资主管部门、证券监督管理机构和有关的金融机构。

(四)对食品安全咨询、投诉和举报的处理

县级以上食品监管部门应公布本部门的电子邮件地址或电话,接受咨询、投诉、举报。属于本部门职责的,应受理并在法定期限内及时答复、核实、处理;不属于本部门职责的,应移交有权处理的部门并书面通知咨询、投诉、举报人。有权处理的部门应在法定期限内及时处理,不得推诿。

任何组织或个人都有权举报食品安全违法行为,依法向有关部门了解食品安全信息。有关部门应对举报人的信息予以保密,保护举报人的合法权益。举报人举报所在企业的,该企业不得以解除、变更劳动合同或其他方式对举报人进行打击报复。

(五)食品安全责任约谈

约谈,顾名思义就是"相约而谈",这是近年来广泛使用于行政管理和执法中的一种新的工作制度。食品安全责任约谈有利于进一步强化食品安全管理者的责任意识,推动食品安全监管职责落实到位,有效防范食品安全事故的发生。

食品安全责任约谈分为食品监管部门对企业负责人的约谈和上级政府对下级政府和食品安全监管部门负责人的约谈两种。

发现食品生产经营者存在食品质量安全风险,未及时采取措施消除隐患和影响时,监管部门可以约谈该生产经营者的主要负责人,要求其正确认识问题,提醒、督促其采取有效措施,全面落实食品安全责任。责任约谈情况和整改情况应纳入食品生产经营者的食品安全信用档案。

政府可以对未及时发现系统性风险、未及时消除监管区域内的食品安全隐患的监管部门主要负责人和下级人民政府主要负责人进行责任约谈。被约谈的部门和地方政府应立即采取措施,对监管工作进行整改。责任约谈情况和整改情况应纳入地方人民政府和有关部门的食品安全监管工作评议及考核记录。

(六)食品安全信息的公布与通报

1.食品安全信息的统一公布

国家应建立统一的食品安全信息平台,实行食品安全信息的统一公布制度。国家食品安全总体情况、食品安全风险警示信息、重大食品安全事故及其调查处理信息和国务院确定需要统一公布的其他信息,由国务院食品监督管理部门统一公布。食品安全风险警示信息和重大食品安全事故及其调查处理信息的影响限于特定区域的,可由有关省级食品监督管理部门公布,未经授权不得发布上述信息。县级以上食品监督管理、农业行政部门依据各自的职责公布食品安全日常监督管理信息。

公布食品安全信息应做到准确、及时,并进行必要的解释说明,避免误导消费者和社会舆论。任何单位和个人不得编造、散布虚假食品安全信息。

2.食品安全信息的报告与通报

县级以上食品监管、卫生健康行政部门、农业行政部门等获知需要统一公布的信息后,应向上级主管部门报告,由上级主管部门立即报告国务院食品监督管理部门,必要时可以直接向国务院食品监督管理部门报告。县级以上食品监管部门、卫生健康行政部门、农业行政部门等应相互通报获知的食品安全信息。

食品监管部门发现可能误导消费者和社会舆论的食品安全信息时,应立即组织有关部门、专业机构、相关食品生产经营者等进行核实、分析,并及时公布结果。

(七)食品安全案件的移送

为畅通行政执法与刑事司法衔接,《食品安全法》规定了食品安全行政执法案件的移送程序和各相关部门的职责,以便有利于形成多部门联合打击食品安全违法犯罪的局面。法律规定:食品监管部门发现涉嫌食品安全犯罪的,应及时将案件移送公安机关;公安机关经侦查认为没有犯罪事实,或犯罪事实显著轻微,不需要追究刑事责任,但依法应追究行政责任的,应及时将案件移送食品监管部门和监察机关。

(八)公众对食品监管工作的监督

任何组织和个人都有权对食品安全监督管理工作提出意见和建议。食品生产经营者、食品行业协会、消费者协会等发现食品安全执法人员在执法过程中有违反法律、法规规定的行为以及不规范执法行为的,可以向本级或上级食品监管部门或监察机关投诉、举报。食品监管部门应加强对执法人员的食品安全法律、法规、标准和专业知识与执法能力等的培训,提高其执法能力。

(九)网络餐饮服务食品安全的监督管理

网络餐饮服务是指餐饮服务的提供者利用互联网提供餐饮服务,即人们俗称的“外卖”。这里的网络餐饮服务食品安全监督管理仅指在我国境内的网络餐饮服务食品安全监管。

网络餐饮服务第三方平台提供者、通过第三方平台和自建网站提供餐饮服务的餐饮服务提供者简称“入网餐饮服务提供者”。入网餐饮服务提供者应具有实体经营门店并依法取得食品经营许可证，并按食品经营许可证载明的主体业态、经营项目从事经营活动，不得超范围经营。网络销售的餐饮食品应与实体店销售的餐饮食品质量安全保持一致。

为加强对网络餐饮服务食品安全的监督管理，规范网络餐饮服务经营行为，2017 年 9 月 5 日，食品药品监管总局局务会议上审议通过了《网络餐饮服务食品安全监督管理办法》，自 2018 年 1 月 1 日起实施。在我国境内的网络餐饮服务第三方平台提供者、通过第三方平台和自建网站提供餐饮服务的餐饮服务提供者利用互联网提供餐饮服务时，对其的监督管理适用本办法。

第十二章 药品管理法律制度

第一节 药品管理法理论与相关问题

一、药品及药品管理

(一)药品

药品是指用于预防、治疗、诊断人的疾病,有目的地调节人的生理机能,并规定有适应证或者功能主治、用法和用量的物质,包括中药、化学药和生物制品等。

药品是一种具有特殊用途、特殊质量要求,与人体健康和生命相关的特殊用品,它的特殊性在于:

(1)每种药品都有一定的适应证,适合特定的人群,对于不适宜的人来说,服用该药会有危害;对于有禁忌证的人群来说,该药则是毒药。

(2)药品有严格的配方和标准要求,不按照配方和标准生产,则药品质量无法保证。若某种成分超过一定的含量,则有可能产生巨大的危害,甚至造成服药者死亡;若某种成分达不到要求,则不产生疗效,会延误服用者的病情。对于起到预防作用的疫苗来说,不合格的疫苗就无法起到预防的作用,甚至会直接产生危害,造成接种者的健康损害。

(3)药品生产经营过程中,有的药品有特殊要求,比如需要低温冷藏,若高温就会丧失效果或者产生危害。

(4)药品还有一种特殊性,就是合格药品在正常用法用量下也会出现与用药目的无关的有害反应,称为“药品的不良反应”。药品的不良反应包括对人体有害的副作用、毒性反应(如引起贫血、肝功能损害)、“三致”作用(致畸形、致突变、致癌)、后遗效应、继发性反应等。为及时、有效地控制药品风险,保障公众用药安全,国家实行药品不良反应报告制度和监测制度,药品生产企业(包括进口药品的境外制药厂商)、药品经营企业、医疗机构应当按照规定报告所发现的药品不良反应。对已确认的严重药品不良反应或者药品群体不良事件,应采取相关的紧急控制措施,防止损害的扩大。对已上市销售的存在安全隐患的药品,应及时召回。国家应建立药品召回信息公开制度,采取有效途径向社会发布存在安全隐患药品的信息和召回情况。

(二)药品管理

药品管理是指对药品质量和使用安全的全过程管理,包括对药品的研制、生产、经营、使用和监督管理等。从事药品研制、生产、经营、使用活动应当遵守法律、法规、规章、标准和规范,保证全过程信息真实、准确、完整和可追溯。

药品管理工作的原则是以人民健康为中心,坚持"风险管理、全程管控、社会共治"的原则,建立科学、严格的监督管理制度,全面提升药品质量,保障药品的安全、有效、可及。国家发展现代药和传统药,充分发挥其在预防、医疗和保健中的作用。国家对药品管理实行药品上市许可持有人制度,药品上市许可持有人依法对药品研制、生产、经营、使用全过程中药品的安全性、有效性和质量可控性负责。

药品安全事关公众身体健康和社会的和谐稳定,是重大的民生和公共安全问题,加强药品管理是保证药品质量和公众用药安全的重要举措。所以,党的十八届三中全会通过的《中共中央关于全面深化改革若干重大问题的决定》中明确将药品安全监管纳入了国家公共安全体系。① 2019 年 8 月 26 日新修订的《药品管理法》增加了许多内容,并且加大了处罚力度,被称为"史上最严厉的药品管理法"。

二、我国现行有效的药品管理法律法规和规章

我国现行有效的药品管理法律包括《中华人民共和国药品管理法》(以下简称《药品管理法》,1984 年 9 月 20 日通过,2019 年 8 月 26 日第二次修订)、《中华人民共和国疫苗管理法》(以下简称《疫苗管理法》,2019 年 6 月 29 日通过,2019 年 12 月 1 日起施行)、《中华人民共和国中医药法》(以下简称《中医药法》,2016 年 12 月 25 日通过,2017 年 7 月 1 日起施行)。

药品管理相关法规规章非常多,包括《药品生产质量管理规范》(2010 年修订,2011 年 3 月 1 日起施行)、《药品经营质量管理规范》(2016 年 7 月修正,2016 年 7 月 13 日起施行)、《药品经营许可证管理办法》(2004 年 2 月公布,2017 年 11 月修正)、《药品生产监督管理办法》(2004 年 8 月公布,2017 年 11 月修正)、《互

① 参见《中共中央关于全面深化改革若干重大问题的决定》[EB/OL],(2013-11-15)[2020-03-30],http://cpc. people. com. cn/n/2013/1115/c64094-23559163. html.

联网药品信息服务管理办法》(2004 年 7 月公布,2017 年 11 月修正)、《麻醉药品和精神药品管理条例》(2005 年 11 月 5 日公布,2016 年 2 月第二次修订)、《药品广告审查办法》(2007 年 5 月 1 日起施行,2018 年 12 月 21 日修订)、《药品不良反应报告和监测管理办法》(2011 年 7 月 1 日起施行)、《蛋白同化制剂和肽类激素进出口管理办法》(2014 年 9 月公布,2017 年 11 月修正)、《药物非临床研究质量管理规范》(2017 年 9 月 1 日起施行)、《生物制品批签发管理办法》(2018 年 2 月 1 日起施行)等。

三、药品及药品管理相关法律问题

(一)药品生产经营违法情况严重

根据国家食品药品监督管理总局每年发布的《年度食品药品监管统计年报》,将 2013～2018 年全国各级药品监管部门每年查处的违法药品案件、涉及物品总值、取缔无证经营者数量、捣毁制假售假窝点数量、责令停产停业整顿、吊销许可证、移交司法机关处理的情况用表格的形式呈现出来(见表 12-1),可清楚地看到药品违法情况严重。查处的违法案件情况 6 年来没有明显的变化,行政处罚中的责令停产整顿、吊销许可证均属于严重违法情形,6 年来这些严重的违法情形也没有明显的好转,无证经营和制造、销售假药的窝点也没有明显减少;移交司法机关的案件表明行为人违法情节严重,构成犯罪,6 年来也没有明显的变化。

表 12-1　　2013～2018 年全国查处的违法药品案件情况

年度	查处案件/件	涉物总值/万元	取缔无证经营/户	捣毁制假窝点/个	停业整顿/户次	吊销许可证/件	移交司法机关/件
2013	147 322	98 279.9	2 495	608	2 009	193	2 337
2014	103 318	35 771.4	1 905	423	1 823	127	2 316
2015	89 226	54 020.9	1 221	165	2 959	77	1 529
2016	96 825	63 360.4	1 401	188	1 702	153	1 655
2017	112 000	33 000.0	1 146	238	1 569	163	1 951
2018	98 000	27 400.0	1 037	148	1 093	197	2 000

据国家食品药品监督管理总局发布的《年度食品药品监管统计年报》统计,2013～2018 年全国每年受理的药品投诉案件分别是45 908件、61 850件、39 023

件、49 354件、5.8万件、6.4万件[①]，基本上呈逐年上升趋势，这也从另一个角度说明了公众对药品质量和使用情形的不满。

本书第二章中曾谈到公共卫生监管和执法力度不够。2019年新修订的《药品管理法》和新颁布的《疫苗管理法》明确了上市许可持有人与监管部门的责任，全面加大了对违法行为的处罚力度，实施联合惩戒，旨在通过严惩违法，以达到保障公众用药安全的目的。

(二)违法药品广告情况严重

广告宣传是消费者认知产品的重要途径，并对消费者的购买行为起着极其重要的引导作用。药品作为特殊的商品，关系到消费者的用药安全与身体健康，所以药品广告内容的真实、合法尤为重要。从现实情况看，虚假违法药品广告主要表现为如下几种形式：

(1)未取得批准而发布广告宣传。依法发布药品广告须由药品监管部门对广告内容进行审查，获得广告批准，未取得批准就意味着广告内容的真实性未经审核。

(2)广告内容失实。药品广告的内容必须真实、合法，以国务院药品监督管理部门批准的说明书为准，不得含有虚假的内容。违反该项规定的广告通常是篡改了批准药品说明书上的内容，包括主要成分、功效、适应证(主治)、用法、用量、禁忌证(注意事项)和不良反应等。这类广告的危害性很大，极易造成消费者健康损害或延误正常的诊疗。

(3)以法律禁止的方式发布广告。大量的广告含有不科学的表示功效的断言或保证，夸大治愈率或功效，做出“无效退款”的承诺，吹嘘“绝无毒副作用”；利用医药科研单位、学术机构或者专家、学者、医师、患者的名义和形象作证明等。

从法律规定上看，对违法广告有行政责任和刑事责任的追究。加大惩罚程度有利于秩序管理，加强诚信建设有利于强化单位和个人的自律行为。

(三)药品的可及性与药品的专利保护问题

1.药品的可及性

药品的可及性代表人人有可承担价格的药品，能安全、切实地获得适当、高质量以及文化上可接受的药品，并有方便、合理地使用药品相关信息的机会。简单地讲，对患者来说，就是有适宜的药，价格可承担；对国家来说，就是保障有足够量的有效药，患者能够买得起这些药。

为了保障国民药品的可及性，国家实行基本药物制度，遴选适当数量的基本

---

① 参见相关年份国家食品药品监督管理总局发布的《年度食品药品监管统计年报》。

药物品种，加强组织生产和储备，提高基本药物的供给能力，强化基本药物质量监管，确保基本药物公平可及、合理使用。按照《药品管理法》的规定，对于短缺药，国家实行短缺药品清单管理制度。国家鼓励对短缺药品的研制和生产，对临床急需的短缺药品、防治重大传染病和罕见病等疾病的新药予以优先审评审批。对短缺药品，国务院可以限制或者禁止出口。必要时，国务院有关部门可以采取组织生产、价格干预和扩大进口等措施，保障药品供应。药品上市许可持有人、药品生产企业、药品经营企业应当按照规定保障药品的生产和供应。药品上市许可持有人停止生产短缺药品的，应向药品监督管理部门报告。

国家逐步采取措施，对基本药物的价格进行有效控制。例如，通过国家医保局谈判，有效地降低了某些药品价格偏高的问题。2019 年国家医保目录价格谈判涉及 150 种药品，包括 119 种新增谈判药品和 31 种续约谈判药品。119 种新增药品中有 70 种谈判成功，价格平均降幅为 60.7%。三种丙肝治疗用药降幅平均在 85%以上，肿瘤、糖尿病等治疗用药的降幅平均在 65%左右。31 种续约药品中有 27 种成功，价格平均降幅为 26.4%。① 这次谈判成功的药品多为近年来新上市且具有较高临床价值的药品，涉及癌症、罕见病、肝炎、糖尿病、耐多药结核、风湿免疫、心脑血管、消化等 10 余个临床治疗领域。

目前，我国药品可及性问题在以下几个方面表现比较突出：

(1)癌症患者的药品可及性问题。癌症是全球第二大死亡原因，是我国第三大死亡原因，已经成为日益严峻的公共卫生问题。据国家癌症中心发布的《中国恶性肿瘤流行情况分析报告》显示，我国每年新发恶性肿瘤病例 392.9 万例，每年所需的相关医疗花费超过 2 200 亿元。② 与癌症的严峻形势相比，我国上市新药数量寥寥无几，并且药品价格昂贵，患者吃不起“救命药”。所以，2018 年电影《我不是药神》上映后引发了如此大的舆论热议，以至于李克强总理就电影《我不是药神》引发的舆论热议作出批示，要求有关部门加快落实抗癌药降价保供等相关措施。③ 之后，有许多的抗癌药投入研制开发、优先审批、纳入医保、降低价格，例如 2018 年第一批抗癌药清单中的 103 个抗癌药品制剂、51 个抗癌药品原料

---

① 参见《新一轮医保药品准入谈判结果公布 名贵药如何开出优惠价》[EB/OL]，(2019-12-02)[2020-03-30]，http://www.xinhuanet.com/fortune/2019-12/02/c_1125295705.htm.

② 参见郑荣寿、孙可欣、张思维等：《2015 年中国恶性肿瘤流行情况分析》，《中华肿瘤杂志》2019 年第 1 期。

③ 参见《总理批示〈我不是药神〉直击民生痛点》[EB/OL]，(2018-07-19)[2020-03-30]，http://www.gov.cn:8080/xinwen/2018-07/19/content_5307605.htm.

药，都可以享受到3%增值税率的优惠政策。① 2019年，通过国家医保谈判，国家医保目录中的22个抗癌药拿到了全球少见的低价，解决了原来药品价格高的问题。② 但是，与完全能够满足癌症患者药品可及性要求相比，还有相当大的差距。

(2)罕见病患者药品可及问题。中国大约有300万名罕见病患者，罕见病患者缺药涉及三个方面的问题：一是直接无药；二是有药但未纳入医保；三是药品价格太贵，患者负担不起。2018年5月，国家五部委联合发布了国家第一批罕见病目录，包含121个病种，这是中国罕见病事业发展史上的里程碑性事件，标志着国家解决罕见病患者用药可及性、可负担性的决心。③ 2019年10月19日，在北京召开的2019年中国罕见病大会上，国家药监局副局长徐景和透露，截至目前，已有75种罕见病药品注册申请纳入优先审评范围，首批21种罕见病药品享受到税收优惠。④ 然而，罕见病缺药问题却难以在短时间内解决。据初步统计，在我国已经获批上市的55种罕见病用药中，有32种被纳入国家医保药品目录⑤，加上2019年谈判成功的7种罕见病药，也不过只有40种纳入了国家医保药品目录。

(3)儿童患者药品可及性问题。儿童是一个特殊群体，其生理特点决定了药物在体内的作用过程与成人不同，儿童不是成人的缩小版，所以儿童用药应该有适宜的品种、剂型、规格等，即儿童要用儿童药。然而，由于适宜儿童用的药品缺乏，导致儿童不得不用成人药；由于药品说明书中儿童用药信息缺乏，导致儿科标签外用药现象普遍；由于儿童用药指南或共识缺乏，导致儿科经验性用药的用药风险明显高于成人。儿童用药问题属于世界性难题，世界卫生组织于2007年12月6日发起了“量身定制儿童药物”的全球运动，以解决15岁以下儿童获取和

---

① 参见《进口抗癌药降价：减税只是第一步 以量换价进入医保》[EB/OL]，(2018-05-02)[2020-03-30]，https://finance.china.com/industrial/11173306/20180502/32366948.html.

② 参见《新一轮医保药品准入谈判结果公布 名贵药如何开出优惠价》[EB/OL]，(2019-12-02)[2020-03-30]，http://www.xinhuanet.com/fortune/2019-12/02/c_1125295705.htm.

③ 参见《国家卫生健康委员会等五部门联合制定〈第一批罕见病目录〉》[EB/OL]，(2018-06-11)[2020-03-30]，http://health.people.com.cn/n1/2018/0611/c14739-30050014.html.

④ 参见《每年新增罕见病患者超20万 我国“三医”联动破解罕见病诊疗难、用药难》[EB/OL]，(2019-10-24)[2020-03-30]，http://www.xinhuanet.com/health/2019-10/24/c_1125144608.htm.

⑤ 参见《每年新增罕见病患者超20万 我国“三医”联动破解罕见病诊疗难、用药难》[EB/OL]，(2019-10-24)[2020-03-30]，http://www.xinhuanet.com/health/2019-10/24/c_1125144608.htm.

利用安全专用药物的问题。[①]

在我国，儿童用药一直呈现“四少三高”的特点：儿童专用药品少，适用的剂型少，适用规格少，生产厂家少；用药风险高，不良反应高，资源浪费高。国内儿童药剂型可及性较差，市场上超过90%的药品缺乏儿童适宜剂型；国内尚无指导儿童药剂型研发的法规及指南，药典中亦缺乏儿童适宜剂型及规格。《2016年中国儿童用药安全调查报告白皮书》显示，我国儿童临床用药中，存在注射剂及抗菌药物滥用、用药成人化、超说明书用药、药物不良反应高发现象严重等问题。[②]

解决儿童用药问题，做好风险防控，需要从新药研发、新药评价与上市后评价、上市后使用等环节多管齐下，多措并举。新修改的药品管理法针对儿童用药提出：国家采取有效措施，鼓励儿童用药品的研制和创新，支持开发符合儿童生理特征的儿童用药品新品种、剂型和规格，对儿童用药品予以优先审评审批。希望能从法律上、制度上为解决儿童用药短缺问题提供路径和方法，逐步告别儿童用药“缺药”时代。

2.药品的专利保护

获得专利的药品受法律保护，除法律另有规定外，任何单位或个人未经专利权人许可，都不得实施其专利，即不得为生产经营目的制造、使用、许诺销售、销售、进口其专利产品，或者使用其专利方法以及使用、许诺销售、销售、进口依照该专利方法直接获得的产品，否则为侵权行为。

法律另有规定的情形之一，是在国家出现紧急状态或者非常情况时，或者为了公共利益的目的，国务院专利行政部门可以给予实施发明专利或实用新型专利的强制许可。也就是说，在正常情形下，保护专利权的专有性和垄断性，以促进科技发明和社会的发展；而在特定情形下，国家不允许专利权人独占专利实施权，允许符合条件的其他单位实施该专利，实施单位依法付给专利权人合理的使用费。该项规定主要是为了国家利益和公共利益，例如暴发大规模疾病、发生严重自然灾害时，根据情形的需要，国家允许其他单位依法生产、销售、使用专利产品，满足救治患者、消毒除害之需。可见，强制许可解决的是专利权的私权性与公共健康的冲突问题。从人权和人类生存与发展角度讲，当一个国家乃至整个人类社会都面临某种严重疾病的威胁时，国家利益和公共利益至上，对专利权人的保护理当退居到一个次要地位。

---

① 参见《量身定制儿童药物》[EB/OL]，[2020-03-30]，https://www.who.int/childmedicines/zh/.

② 参见《引领儿童用药走向春天》[EB/OL]，(2019-03-21)[2020-03-30]，http://health.people.com.cn/n1/2019/0321/c14739-30988281.html.

(四)我国仿制药水平需要提高

仿制药是指与原研药具有相同商品名称、相同的活性成分,在剂量、安全性和效力、质量、作用以及适应证上相同的一种仿制品。在世界范围内,任何一个国家的专利药品保护期到期以后,其他国家和制药厂可以生产该专利药品,称为"仿制药"。仿制药只需经过质量和疗效一致性评价就允许上市,在临床上可与原研药相互替代。由于不需要重复进行创新药批准前进行的多年临床前动物研究和人体临床研究,所以仿制药的药品价格低,大大地减轻了患者的经济负担,满足了患者的用药需要。

疗效较好的超过保护期的专利药品可以仿制生产,这对广大患者和社会来说都是一件非常有益的事情。因此,仿制药得到了各国的重视。同为发展中国家,印度是仿制药生产强国,其每年出口的药品中大部分为非专利药。相比之下,我国的仿制药处在低水平仿制和低利润状态,对外出口化学药制剂总额仅有几千万美元,国内所需的大量仿制药品依赖进口,这对降低国内药品价格十分不利,患者的用药可及性难以得到保障。现实生活中,许多患者从代购者手中购买国外的仿制药,这从另一个角度反映出我国仿制药水平有待提高。

第二节　药品管理法律规定

本节主要介绍 2019 年新修订的《药品管理法》的相关规定。

一、政府及药品监管部门的职责

(一)政府职责

政府是药品监管、药品储备、药品宣传等工作的领导、组织、协调者。县级以上地方人民政府对本行政区域内的药品监督管理工作负责,统一领导、组织、协调本行政区域内的药品监督管理工作以及药品安全突发事件应对工作,建立健全药品监督管理工作机制和信息共享机制。

县级以上人民政府要将药品安全工作纳入本级国民经济和社会发展规划,将药品安全工作经费列入本级政府预算,加强药品监督管理能力建设,为药品安全工作提供保障。

各级人民政府应加强药品安全宣传教育,开展药品安全法律法规等知识的普及工作。

(二)药品监督管理部门的职责

国务院药品监督管理部门主管全国药品监督管理工作。省、自治区、直辖市人民政府药品监督管理部门负责本行政区域内的药品监督管理工作。设区的市级、县级人民政府承担药品监督管理职责的部门负责本行政区域内的药品监督管理工作。

药品监督管理部门依法对药品研制、生产、经营和药品使用单位使用药品等活动进行监督检查,对违法行为予以行政处罚,发现药品违法行为涉嫌犯罪的,及时将案件移送公安机关。必要时可以对为药品研制、生产、经营、使用提供产品或者服务的单位和个人进行延伸检查。

(三)其他有关部门和组织的职责

国务院有关部门在各自职责范围内负责与药品有关的监督管理工作。县级以上地方人民政府有关部门在各自的职责范围内负责与药品有关的监督管理工作。

药品监督管理部门设置或指定的药品专业技术机构承担依法实施药品监督管理所需的审评、检验、核查、监测与评价等工作。

二、药品研制与注册

(一)药品研制创新

从事药品研制活动应遵守药物非临床研究质量管理规范和药物临床试验质量管理规范,保证药品研制全过程持续符合法定要求。

1.鼓励支持药物研制创新

国家支持以临床价值为导向、对人的疾病具有明确或特殊疗效的药物创新,鼓励具有新的治疗机理、治疗严重危及生命的疾病或者罕见病、对人体具有多靶向系统性调节干预功能等的新药研制,推动药品技术进步。

国家鼓励运用现代科学技术和传统中药研究方法开展中药科学技术研究和药物开发,建立和完善符合中药特点的技术评价体系,促进中药传承创新。

国家采取有效措施,鼓励儿童用药品的研制和创新,支持开发符合儿童生理特征的儿童用药品新品种、剂型和规格,对儿童用药品予以优先审评审批。

2.药品的非临床研究

药品的非临床研究是指为评价药品的安全性,在实验室条件下,用实验系统进行的各种毒性试验,这些试验包括安全药理学试验、单次给药毒性试验、重复给药毒性试验、生殖毒性试验、遗传毒性试验、致癌性试验、局部毒性试验、免疫原性试验、依赖性试验、毒代动力学试验以及与评价药物安全性有关的其他试验。

开展药物非临床研究应符合国家有关规定,有与研究项目相适应的人员、场地、设备、仪器和管理制度,保证有关数据、资料和样品的真实性。

3.药物临床试验需批准

药物临床试验是指以人体(患者或健康受试者)为对象的试验、研究,意在发现或验证某种试验药物的临床医学、药理学及其他药效学作用、不良反应，或者试验药物的吸收、分布、代谢和排泄，以确定药物的疗效与安全性的系统性试验。

药物临床试验是确证新药有效性和安全性必不可少的步骤。开展药物临床试验应按国务院药品监督管理部门的规定如实报送研制方法、质量指标、药理及毒理试验结果等有关数据、资料和样品，并经国务院药品监督管理部门批准。其中，开展生物等效性试验的，报国务院药品监督管理部门备案。

国务院药品监督管理部门应自受理临床试验申请之日起60个工作日内决定是否同意并通知临床试验申办者，逾期未通知的视为同意。

药物临床试验过程必须规范，数据和结果要科学、真实、可靠，要保护受试者的权益和安全。研究者在临床试验过程中应遵守试验方案，凡涉及医学判断或临床决策的，应由临床医生作出。参加临床试验实施的研究人员应具有在临床试验中承担相应工作的教育、培训和经验。这里的研究者是指实施临床试验并对临床试验质量及受试者安全和权益负责的试验现场的负责人，又称"主要研究者"。

开展药物临床试验应当在具备相应条件的临床试验机构进行，对药物临床试验机构实行备案管理。

4.药物临床试验的伦理审查与受试者知情同意

药物临床试验应符合《世界医学大会赫尔辛基宣言》的原则及相关伦理要求，受试者的权益和安全是考虑的首要因素，优先于科学和社会获益。药物临床试验应有充分的科学依据，权衡受试者和社会预期的风险和获益，只有当预期的获益大于风险时，方可实施或者继续临床试验。伦理审查与知情同意是保障受试者权益的主要措施。

开展药物临床试验应制定试验方案，经伦理委员会审查同意。伦理委员会应由医学、科学及非科学背景的人员独立组成，其职责是通过审查、同意、跟踪审查试验方案及相关文件，获得和记录受试者知情同意所用的方法和材料等，确保受试者的权益、安全受到保护。伦理委员会应建立伦理审查工作制度，保证伦理审查过程独立、客观、公正，监督规范开展药物临床试验，保障受试者的合法权益，维护社会的公共利益。

实施药物临床试验，应向受试者或其监护人如实说明和解释临床试验的目的和风险等详细情况，取得受试者或其监护人自愿签署的知情同意书，并采取有效措施保护受试者的合法权益。这里的"知情同意"是指告知受试者可影响其作出参加临床试验决定的各方面情况后，受试者自愿确认同意参加临床试验的过程。该过程应以书面的、签署姓名和日期的知情同意书作为文件证明。

5.临床试验方案的调整、暂停和终止

进行药物临床试验期间，发现存在安全性问题或其他风险的，临床试验申办者应及时调整临床试验方案、暂停或者终止临床试验，并向国务院药品监督管理部门报告。必要时，国务院药品监督管理部门可以责令调整临床试验方案、暂停或终止临床试验。临床试验申办者指的是负责临床试验的发起、管理和提供临床试验经费的个人、组织或者机构。

对正在开展临床试验的用于治疗严重危及生命且尚无有效治疗手段的疾病的药物，经医学观察可能获益，并且符合伦理原则的，经审查、知情同意后可以在开展临床试验的机构内用于其他病情相同的患者身上。

(二)药品注册

1.药品上市需取得药品注册证书

在中国境内上市的药品应经国务院药品监督管理部门批准，取得药品注册证书，但是，未实施审批管理的中药材和中药饮片除外(实施审批管理的中药材、中药饮片品种目录由国务院药品监督管理部门会同国务院中医药主管部门制定)。申请药品注册的，申请人应提供真实、充分、可靠的数据、资料和样品，证明药品的安全性、有效性和质量可控性。

2.注册药品的审评审批

对申请注册的药品，由国务院药品监督管理部门组织药学、医学和其他技术人员进行审评。对药品的安全性、有效性和质量可控性以及申请人的质量管理、风险防控和责任赔偿等能力进行审查，符合条件的颁发药品注册证书。审批药品时，对化学原料药一并审评审批，对相关辅料(指生产药品和调配处方时所用的赋形剂和附加剂)、直接接触药品的包装材料和容器一并审评，对药品的质量标准、生产工艺、标签和说明书一并核准。

对治疗严重危及生命且尚无有效治疗手段的疾病以及公共卫生方面急需的药品，药物临床试验已有数据显示疗效并能预测其临床价值的，可以附条件批准，并在药品注册证书中载明相关事项。批准上市药品的审评结论和依据应当依法公开，接受社会监督。

注册药品的审评审批关系重大，国务院药品监督管理部门应完善药品审评审批工作制度，加强能力建设，建立健全沟通交流、专家咨询等机制，优化审评审批流程，提高审评审批效率，对审评审批中知悉的商业秘密予以保密。

3.药品应符合国家药品标准

国务院药品监督管理部门颁布的《中华人民共和国药典》和药品标准为国家药品标准。国务院药品监督管理部门设置或指定的药品检验机构负责标定国家药品标准品、对照品。列入国家药品标准的药品名称为药品通用名称，已经作为药品通用名称的，该名称不得作为药品商标使用。

药品应符合国家药品标准。经国务院药品监督管理部门核准的药品质量标准高于国家药品标准的，按照经核准的药品质量标准执行；没有国家药品标准的，应符合经核准的药品质量标准。

三、药品上市许可持有人

药品上市许可持有人是指取得药品注册证书的企业或者药品研制机构等。药品上市许可持有人应依《药品管理法》的规定，对药品的非临床研究、临床试验、生产经营、上市后研究、不良反应监测及报告与处理等承担责任。药品上市许可持有人的法定代表人、主要负责人对药品质量全面负责，其他从事药品研制、生产、经营、储存、运输、使用等活动的单位和个人依法承担相应责任。

药品上市许可持有人为境外企业的，应由其指定的在中国境内的企业法人履行药品上市许可持有人义务，与药品上市许可持有人承担连带责任。

（一）建立药品质量保证体系

药品上市许可持有人应建立药品质量保证体系，配备专门人员独立负责药品质量管理。许可持有人对受托药品生产企业、药品经营企业的质量管理体系进行定期审核，监督其持续具备质量保证和控制能力。

药品上市许可持有人可以自行生产药品，也可以委托药品生产企业生产。对自行生产的药品，应依法取得药品生产许可证；委托生产的，应委托符合条件的药品生产企业。血液制品、麻醉药品、精神药品、医疗用毒性药品、药品类易制毒化学品不得委托生产，但国务院药品监督管理部门另有规定的除外。

药品上市许可持有人和受托生产企业应签订委托协议和质量协议，并严格履行协议约定的义务。国务院药品监督管理部门制定药品委托生产质量协议指南，指导、监督药品上市许可持有人和受托生产企业履行药品质量保证义务。

（二）建立药品上市放行规程

药品上市许可持有人应建立药品上市放行规程，对药品生产企业出厂放行的药品进行审核，经质量受权人签字后方可放行。不符合国家药品标准的，不得放行。

1. 持有人自行销售药品

药品上市许可持有人可以自行销售其药品，自行销售药品的应具备下列条件：

（1）有依法经过资格认定的药师或其他药学技术人员。

（2）有与所经营药品相适应的营业场所、设备、仓储设施和卫生环境。

（3）有与所经营药品相适应的质量管理机构或人员。

（4）有保证药品质量的规章制度，并符合国务院药品监督管理部门制定的药品经营质量管理规范要求。若持有人从事药品零售活动的，应取得药品经营许可证。

2.委托他人销售药品

药品上市许可持有人也可以委托符合条件的药品经营企业销售其药品。委托时,应与受托经营企业签订委托协议,并严格履行协议约定的义务。药品上市许可持有人、药品生产企业、药品经营企业委托储存、运输药品的,应当对受托方的质量保证能力和风险管理能力进行评估,与其签订委托协议,约定药品质量责任、操作规程等内容,并对受托方进行监督。

(三)建立药品追溯和年度报告制度

1.药品追溯

国家建立健全药品追溯制度,国务院药品监督管理部门应制定统一的药品追溯标准和规范,推进药品追溯信息互通互享,实现药品可追溯。

药品上市许可持有人、药品生产企业、药品经营企业和医疗机构应建立并实施药品追溯制度,按照规定提供追溯信息,保证药品可追溯。

中药饮片生产企业履行药品上市许可持有人的相关义务,对中药饮片生产、销售实行全过程管理,建立中药饮片追溯体系,保证中药饮片安全、有效、可追溯。

2.药品年度报告

药品上市许可持有人应建立年度报告制度,每年将药品生产销售、上市后研究、风险管理等情况按照规定向省药品监督管理部门报告。

(四)药品上市许可转让

经国务院药品监督管理部门批准,药品上市许可持有人可以转让药品上市许可。受让方应具备保障药品安全性、有效性和质量可控性的质量管理、风险防控和责任赔偿等能力,履行药品上市许可持有人的义务。

四、药品生产

(一)实行药品生产许可制度

从事药品生产活动应经所在地省药品监督管理部门批准,取得药品生产许可证。无药品生产许可证的,不得生产药品。药品生产许可证应标明有效期和生产范围,到期重新审查发证。

(二)从事药品生产的必备条件

从事药品生产活动应具备以下条件:

(1)具有依法经过资格认定的药学技术人员、工程技术人员及相应的技术工人。

(2)有与药品生产相适应的厂房、设施和卫生环境。

(3)有能对所生产药品进行质量管理和质量检验的机构、人员以及必要的仪器设备。

(4)有保证药品质量的规章制度，并符合国务院药品监督管理部门制定的药品生产质量管理规范的要求。

(三)建立健全药品生产质量管理体系

从事药品生产活动应遵守药品生产质量管理规范，建立健全药品生产质量管理体系，保证药品生产全过程持续符合法定要求。药品生产企业的法定代表人、主要负责人对本企业的药品生产活动全面负责。

1.按照药品标准、生产工艺进行生产

药品应按国家药品标准和经药品监督管理部门核准的生产工艺进行生产。生产、检验记录应完整准确，不得编造。

中药饮片应按国家药品标准炮制；国家药品标准没有规定的，按省药品监督管理部门制定的炮制规范炮制。不符合国家药品标准或者不按照省药品监督管理部门制定的炮制规范炮制的，不得出厂、销售。

2.原料、辅料、包装材料等需符合要求

生产药品所需的原料、辅料应符合药用要求及药品生产质量管理规范的有关要求。生产药品应按规定对供应原料、辅料等的供应商进行审核，保证购进、使用的原料、辅料等符合要求。直接接触药品的包装材料和容器应符合药用要求，符合保障人体健康、安全的标准。

3.建立药品出厂放行规程

药品生产企业对药品进行质量检验，不符合国家药品标准的不得出厂。药品生产企业应建立药品出厂放行规程，明确出厂放行的标准与条件。符合标准与条件的，经质量受权人签字后方可放行。

(四)药品包装要求

药品包装应适合药品质量的要求，方便储存、运输和医疗使用。发运中药材也应有包装，在每件包装上应注明品名、产地、日期、供货单位，并附有质量合格的标志。

药品包装应按规定印有或贴有标签并附有说明书。标签或说明书上应注明药品的通用名称、成分、规格、上市许可持有人及其地址、生产企业及其地址、批准文号、产品批号、生产日期、有效期、适应证或者功能主治、用法、用量、禁忌证、不良反应和注意事项。标签、说明书中的文字应清晰，生产日期、有效期等事项应当显著标注，容易辨识。

麻醉药品、精神药品、医疗用毒性药品、放射性药品、外用药品和非处方药的标签、说明书应当印有规定的标志。

(五)从业人员健康要求

为防止污染药品，法律规定药品上市许可持有人、药品生产企业、药品经营企业和医疗机构中直接接触药品的工作人员应每年进行健康检查。患有传染病或者其他可能污染药品的疾病的，不得从事直接接触药品的工作。

五、药品经营

（一）实行药品经营许可制度

药品经营包括批发和零售。从事药品批发活动的，应经所在地省药品监督管理部门批准，取得药品经营许可证；从事药品零售活动的，应经所在地县级以上地方人民政府药品监督管理部门批准，取得药品经营许可证。无药品经营许可证的，不得经营药品。药品经营许可证应标明有效期和经营范围，到期重新审查发证。

（二）药品经营应当具备的条件

从事药品经营活动应当具备以下条件：有依法经过资格认定的药师或其他药学技术人员；有与所经营药品相适应的营业场所、设备、仓储设施和卫生环境；有与所经营药品相适应的质量管理机构或者人员；有保证药品质量的规章制度，并符合国务院药品监督管理部门制定的药品经营质量管理规范的要求。

（三）建立健全药品经营质量管理体系

从事药品经营活动应遵守药品经营质量管理规范，建立健全药品经营质量管理体系，保证药品经营全过程持续符合法定要求。

国家鼓励、引导药品零售连锁经营。从事药品零售连锁经营活动的企业总部应建立统一的质量管理制度，对所属零售企业的经营活动履行管理责任。药品经营企业的法定代表人、主要负责人对本企业的药品经营活动全面负责。

1. 实施药品购进查验制度

药品上市许可持有人、药品生产企业、药品经营企业和医疗机构应当从药品上市许可持有人或者具有药品生产、经营资格的企业购进药品（购进未实施审批管理的中药材除外）。

药品经营企业购进药品应建立并执行进货检查验收制度，验明药品合格证明和其他标志，不符合规定要求的不得购进和销售。

2. 记录药品购销信息

药品经营企业购销药品应当有真实、完整的购销记录。购销记录应注明药品的通用名称、剂型、规格、产品批号、有效期、上市许可持有人、生产企业、购销单位、购销数量、购销价格、购销日期及国务院药品监督管理部门规定的其他内容。

3. 零售药品销售和处方调配应准确

药品经营企业零售药品应当准确无误，并正确说明用法、用量和注意事项。

调配处方应经过核对，对处方所列药品不得擅自更改或代用。对有配伍禁忌或者超剂量的处方，应拒绝调配；必要时，经处方医师更正或重新签字方可调配。

药品经营企业销售中药材时应当标明产地。应由依法经过资格认定的药师或其他药学技术人员负责本企业的药品管理、处方审核和调配、合理用药指导等工作。

4. 药品保管

药品经营企业应制定和执行药品保管制度，采取必要的冷藏、防冻、防潮、防虫、防鼠等措施，保证药品质量。药品入库和出库应执行检查制度。

（四）药品的网络销售

药品上市许可持有人、药品经营企业通过网络销售药品时应遵守《药品管理法》中对药品经营的有关规定，具体管理办法由国务院药品监督管理部门会同国务院卫生健康主管部门等部门制定。

1. 特殊管理药品不得在网上销售

疫苗、血液制品、麻醉药品、精神药品、医疗用毒性药品、放射性药品、药品类易制毒化学品等国家实行特殊管理的药品不得在网络上销售。

2. 药品网络交易平台提供者责任

药品网络交易第三方平台提供者应按照国务院药品监督管理部门的规定，向所在省份的省级药品监督管理部门备案。

第三方平台提供者应依法对申请进入平台经营的药品上市许可持有人、药品经营企业的资质等进行审核，保证其符合法定要求，并对发生在平台的药品经营行为进行管理。发现进入平台经营的药品上市许可持有人、药品经营企业有违反法律规定行为的，应及时制止并立即报告所在地的药品监管部门，发现严重违法行为的，应立即停止提供网络交易平台服务。

（五）进口药品的备案与批准

1. 药品进口备案

新发现和从境外引种的药材，经国务院药品监督管理部门批准后方可销售。药品应当从允许药品进口的口岸进口，并由进口药品的企业向口岸所在地的药品监督管理部门备案。海关凭药品监督管理部门出具的进口药品通关单办理通关手续。无通关单的，海关不得放行。允许药品进口的口岸由国务院药品监督管理部门会同海关总署提出，报国务院批准。

口岸所在地的药品监督管理部门应通知药品检验机构按照国务院药品监督管理部门的规定对进口药品进行抽查检验。

2. 临床急需药品的进口

医疗机构因临床急需进口少量药品的，经国务院药品监督管理部门或国务院授权的省、自治区、直辖市人民政府批准,可以进口。进口的药品应在指定医疗机构内用于特定医疗目的。个人自用携带入境的少量药品按照国家有关规定办理。

3. 特殊药品的进出口规定

进口、出口麻醉药品和国家规定范围内的精神药品,应持有国务院药品监督管理部门颁发的进口准许证、出口准许证。

4. 禁止进口的药品

禁止进口疗效不确切、不良反应大或者因其他原因危害人体健康的药品。国务院药品监督管理部门对下列药品在销售前或者进口时,应指定药品检验机构进行检验,未经检验或检验不合格的不得销售或者进口:首次在中国境内销售的药品;国务院药品监督管理部门规定的生物制品;国务院规定的其他药品。

六、医疗机构药事管理

医疗机构应配备依法经过资格认定的药师或者其他药学技术人员,负责本单位的药品管理、处方审核和调配、合理用药指导等工作。非药学技术人员不得直接从事药剂技术工作。

(一)药品的进货检验和存放保管

医疗机构购进药品时应建立并执行进货检查验收制度,验明药品合格证明和其他标志,不符合规定要求的不得购进和使用。

医疗机构应当有与所使用药品相适应的场所、设备、仓储设施和卫生环境,制定和执行药品保管制度,采取必要的冷藏、防冻、防潮、防虫、防鼠等措施,保证药品质量。

(二)用药原则与处方审核

医疗机构应坚持安全有效、经济合理的用药原则,遵循药品临床应用指导原则、临床诊疗指南和药品说明书等进行合理用药,并对医师处方、用药医嘱的适宜性进行审核。

依法经过资格认定的药师或者其他药学技术人员调配处方时应当进行核对,对处方所列药品不得擅自更改或者代用。对有配伍禁忌或者超剂量的处方应当拒绝调配;必要时,经处方医师更正或者重新签字方可调配。

(三)医疗机构制剂管理

医疗机构依法可以配制制剂,但仅限于配制本单位临床需要而市场上没有供应的品种,并且凭医师处方在本单位使用,不得在市场上销售。经国务院药品监督管理部门或者省药品监督管理部门批准,医疗机构配制的制剂可以在指定的医疗机构之间调剂使用。

1.取得医疗机构制剂许可证

医疗机构配制制剂应当经所在地省药品监督管理部门批准，取得医疗机构制剂许可证，无医疗机构制剂许可证的不得配制制剂。制剂许可证应标明有效期，到期重新审查发证。

2.制剂应保证质量

医疗机构配制制剂应当有能够保证制剂质量的设施、管理制度、检验仪器和卫生环境。配制制剂时，应按照经核准的工艺进行，所需的原料、辅料和包装材料等应符合药用要求。医疗机构配制的制剂应当按照规定进行质量检验，合格的凭医师处方在本单位使用。

3.中药制剂的配制

医疗机构配制中药制剂应依《药品管理法》的规定取得医疗机构制剂许可证，或者委托取得药品生产许可证的药品生产企业、取得医疗机构制剂许可证的其他医疗机构配制中药制剂。委托配制的，应向委托方所在地省药品监督管理部门备案。

医疗机构配制的中药制剂品种应依法取得制剂批准文号，但仅应用传统工艺配制的中药制剂品种向医疗机构所在地省药品监督管理部门备案后即可配制，不需要取得制剂批准文号。

七、药品上市后的管理

药品上市许可持有人应制定药品上市后的风险管理计划，主动开展药品上市后的研究，对药品的安全性、有效性和质量可控性进行进一步确证，加强对已上市药品的持续管理。

（一）对附条件批准的药品管理

对附条件批准的药品，药品上市许可持有人应采取相应的风险管理措施，并在规定期限内按要求完成相关研究；逾期未按要求完成研究或者不能证明其获益大于风险的，国务院药品监管部门应依法处理，直至注销药品注册证书。

（二）药品生产过程中的变更管理

对药品生产过程中的变更，按照其对药品安全性、有效性和质量可控性的风险和产生影响的程度，实行分类管理。属于重大变更的，应当经国务院药品监督管理部门批准，其他变更应按照国务院药品监管部门的规定备案或报告。

药品上市许可持有人应按国务院药品监管部门的规定，全面评估、验证变更事项对药品安全性、有效性和质量可控性的影响。

（三）药品不良反应监测

药品上市许可持有人应开展药品上市后的不良反应监测，主动收集、跟踪、分析疑似药品不良反应信息，对已发现风险的药品及时采取风险控制措施。

药品上市许可持有人、药品生产企业、药品经营企业和医疗机构应经常考察本单位所生产、经营、使用的药品质量、疗效和不良反应。发现疑似不良反应的，应及时向药品监管部门和卫生健康主管部门报告。

（四）药品召回

对已确认发生严重不良反应的药品，由国务院药品监管部门或者省药品监管部门根据实际情况采取停止生产、销售、使用等紧急控制措施，并在5日内组织鉴定，自鉴定结论作出之日起15日内依法作出行政处理决定。

药品存在质量问题或者其他安全隐患的，药品上市许可持有人应立即停止销售，告知相关药品经营企业和医疗机构停止销售和使用，召回已销售的药品，及时公开召回信息，必要时立即停止生产，并将药品的召回和处理情况向省药品监管部门和卫生健康主管部门报告。药品上市许可持有人依法应当召回药品而未召回的，省药品监管部门应当责令其召回。

（五）药品上市后的定期评价

药品上市许可持有人应当对已上市药品的安全性、有效性和质量可控性定期开展上市后评价。必要时，国务院药品监督管理部门可以责令药品上市许可持有人开展上市后评价或者直接组织开展上市后评价。

经评价，对疗效不确切、不良反应大或者因其他原因危害人体健康的药品，应当注销药品注册证书。已被注销药品注册证书的药品不得生产或者进口、销售和使用。已被注销药品注册证书、超过有效期等的药品应由药品监管部门监督销毁或依法采取其他无害化处理等措施。

八、药品价格与广告

关于药品价格和广告，《药品管理法》有规定的，适用《药品管理法》的规定；未作规定的，适用《价格法》《反垄断法》《反不正当竞争法》和《广告法》等的规定。

（一）药品价格

国家完善药品采购管理制度，对药品价格进行监测，开展成本价格调查，加强药品价格监督检查，依法查处价格垄断、哄抬价格等药品价格违法行为，维护药品价格秩序。

1.药品定价原则

依法实行市场调节价的药品，药品上市许可持有人、药品生产企业、药品经营企业和医疗机构应当按照公平、合理和诚实信用、质价相符的原则制定价格，为用药者提供价格合理的药品。

药品上市许可持有人、药品生产企业、药品经营企业和医疗机构应遵守国务院药品价格主管部门关于药品价格管理的规定，制定和标明药品零售价格，禁止暴利、价格垄断和价格欺诈等行为。药品上市许可持有人、药品生产企业、药品经营企业和医疗机构应依法向药品价格主管部门提供其药品的实际购销价格和购销数量等资料。

2.医疗机构公布其用药价格

医疗机构应向患者提供所用药品的价格清单，按照规定如实公布其常用药品的价格，加强合理用药管理。

3.禁止商业贿赂和其他不正当利益

禁止药品上市许可持有人、药品生产企业、药品经营企业和医疗机构在药品购销中给予、收受回扣或者谋求其他不正当利益。

禁止药品上市许可持有人、药品生产企业、药品经营企业或者代理人以任何名义给予使用其药品的医疗机构的负责人、药品采购人员、医师、药师等有关人员财物或其他不正当利益。禁止医疗机构的负责人、药品采购人员、医师、药师等有关人员以任何名义收受药品上市许可持有人、药品生产企业、药品经营企业或者代理人给予的财物或其他不正当利益。

（二）药品广告

药品广告应经广告主所在地省、自治区、直辖市人民政府确定的广告审查机关批准，未经批准的不得发布。

药品广告的内容应当真实、合法，以国务院药品监督管理部门核准的药品说明书为准，不得含有虚假的内容。药品广告不得含有表示功效、安全性的断言或者保证；不得利用国家机关、科研单位、学术机构、行业协会或者专家、学者、医师、药师、患者等的名义或者形象作推荐、证明。非药品广告不得有涉及药品的宣传。

九、药品储备与供应

（一）药品储备和基本药物制度

国家实行药品储备制度，建立中央和地方两级药品储备。发生重大灾情、疫情或者其他突发事件时，依照《突发事件应对法》的规定，可以紧急调用药品。

国家实行基本药物制度，遴选适当数量的基本药物品种，加强组织生产和储备，提高基本药物的供给能力，满足疾病防治的基本用药需求。

（二）药品供应

国家建立药品供求监测体系，及时收集和汇总分析短缺药品供求信息，对短缺药品实行预警，采取应对措施。

国家实行短缺药品清单管理制度。药品上市许可持有人停止生产短缺药品的，应按规定向药品监管部门报告。国家鼓励短缺药品的研制和生产，对临床急需的短缺药品、防治重大传染病和罕见病等疾病的新药予以优先审评审批。

对短缺药品，国务院可以限制或者禁止出口。必要时，国务院有关部门可以采取组织生产、价格干预和扩大进口等措施，保障药品供应。药品上市许可持有人、药品生产企业、药品经营企业应按规定保障药品的生产和供应。

十、药品的监督管理

（一）禁止生产、销售、使用假药和劣药

禁止生产（包括配制，下同）、销售、使用假药、劣药。

1.假药

有下列情形之一的为假药：药品所含成分与国家药品标准规定的成分不符；以非药品冒充药品或者以他种药品冒充此种药品；变质的药品；药品所标明的适应证或者功能主治超出规定范围。

2.劣药

有下列情形之一的为劣药：药品成分的含量不符合国家药品标准；被污染的药品；未标明或者更改有效期的药品；未注明或者更改产品批号的药品；超过有效期的药品；擅自添加防腐剂、辅料的药品；其他不符合药品标准的药品。

禁止未取得药品批准证明文件时生产、进口药品，禁止使用未按照规定审评、审批的原料药、包装材料和容器生产药品。

（二）药品监督检查的对象和重点

1.药品监督检查的对象及内容

药品监督管理部门依法对药品研制、生产、经营和药品使用单位使用药品等活动进行监督检查，必要时可以对为药品研制、生产、经营、使用提供产品或者服务的单位和个人进行延伸检查，有关单位和个人应予以配合，不得拒绝和隐瞒。

药品监管部门应当对药品上市许可持有人、药品生产企业、药品经营企业和药物非临床安全性评价研究机构、药物临床试验机构等遵守药品生产质量管理规范、药品经营质量管理规范、药物非临床研究质量管理规范、药物临床试验质量管理规范等情况进行检查，监督其持续符合法定要求。

药品监督管理部门进行监督检查时，应出示证明文件，对监督检查中知悉的商业秘密予以保密。

国家应建立职业化、专业化的药品检查员队伍。检查员应当熟悉药品法律法规，具备药品专业知识。

2.监督检查的重点及措施

药品监督管理部门应当对高风险的药品实施重点监督检查。对有证据证明可能存在安全隐患的，药品监管部门可根据监督检查情况，采取告诫、约谈、限期

整改以及暂停生产、销售、使用、进口等措施，并及时公布检查处理结果。根据监管需要，药品监管部门可以对药品质量进行抽查检验，按照规定抽样，不得收取任何费用。国务院和省药品监督管理部门应定期公告药品质量抽查检验结果。

对有证据证明可能危害人体健康的药品及其有关材料，药品监督管理部门可以查封、扣押，并在7日内作出行政处理决定。药品需要检验的，应自检验报告书发出之日起15日内作出行政处理决定。

3.检验结果复验

当事人对药品检验结果有异议的，可以申请复验。复验的机构为原药品检验机构或者上一级药品监督管理部门设置或者指定的药品检验机构，或者是国务院药品监督管理部门设置或者指定的药品检验机构。当事人自收到药品检验结果之日起7日内向这些复验机构申请复验，复验机构应在规定的时间内作出复验结论。

4.建立安全信用档案

药品监督管理部门应建立药品上市许可持有人、药品生产企业、药品经营企业、药物非临床安全性评价研究机构、药物临床试验机构和医疗机构药品安全信用档案，记录许可颁发、日常监督检查结果、违法行为查处等情况，依法向社会公布并及时更新。对有不良信用记录的，应增加监督检查的频次，并可以按照国家规定实施联合惩戒。

(三)公布药品安全信息

国家实行药品安全信息统一公布制度。国家药品安全总体情况、药品安全风险警示信息、重大药品安全事件及其调查处理信息和国务院确定需要统一公布的其他信息，由国务院药品监督管理部门统一公布。药品安全风险警示信息和重大药品安全事件及其调查处理信息的影响限于特定区域的，可以由有关省的药品监督管理部门公布，未经授权不得发布上述信息。

公布药品安全信息应及时、准确、全面，并进行必要的说明，避免误导。任何单位和个人不得编造、散布虚假药品安全信息。

(四)制定药品安全事件应急预案

县级以上人民政府应制定药品安全事件应急预案。药品上市许可持有人、药品生产企业、药品经营企业和医疗机构等应制定本单位的药品安全事件处置方案，并组织开展培训和应急演练。

发生药品安全事件后，县级以上人民政府应按照应急预案立即组织开展应对工作。有关单位应立即采取有效措施进行处置，防止危害扩大。

(五)约谈

药品监督管理部门未及时发现药品安全系统性风险，未及时消除监督管理区域内药品安全隐患的，本级人民政府或者上级人民政府药品监督管理部门应当对其主要负责人进行约谈。

地方人民政府未履行药品安全职责，未及时消除区域性重大药品安全隐患的，上级人民政府或上级人民政府药品监管部门应对其主要负责人进行约谈。

被约谈的部门和地方人民政府应立即采取措施，对药品监管工作进行整改。约谈情况和整改情况纳入有关部门和地方人民政府药品监督管理工作评议、考核记录。

(六)案件的移送与协助

药品监督管理部门发现药品违法行为涉嫌犯罪的，应及时将案件移送公安机关。同样，对依法不需要追究刑事责任或者免予刑事处罚，但应当追究行政责任的，公安机关、人民检察院、人民法院应及时将案件移送药品监督管理部门。

公安机关、人民检察院、人民法院商请药品监督管理部门、生态环境主管部门等部门提供检验结论、认定意见以及对涉案药品进行无害化处理等协助的，有关部门应当及时提供，予以协助。

第三节　疫苗管理法律规定

我国在近年来加强了疫苗管理立法。2019 年 6 月 29 日，第十三届全国人民代表大会常务委员会第十一次会议通过了《中华人民共和国疫苗管理法》(以下简称《疫苗管理法》)，自 2019 年 12 月 1 日起实施。这对加强疫苗管理，保证疫苗质量和供应，规范预防接种，促进疫苗行业发展，保障公众健康，维护公共卫生安全将起到重要的作用。在我国境内从事疫苗研制、生产、流通和预防接种及其监督管理活动的，适用本法；本法未作规定的，适用《药品管理法》《传染病防治法》等法律、行政法规的规定。本节介绍《疫苗管理法》的相关规定。

一、疫苗与疫苗管理

(一)疫苗

疫苗是指为了预防、控制传染病的发生、流行，用于人体预防接种的疫苗类预防性生物制品，包括免疫规划疫苗和非免疫规划疫苗。

免疫规划疫苗是指居民应按政府的规定接种的疫苗，包括国家免疫规划确定的疫苗，省、自治区、直辖市人民政府在执行国家免疫规划时增加的疫苗，以及县级以上人民政府或者其卫生健康主管部门组织的应急接种或者群体性预防接种所使用的疫苗。免疫规划疫苗由政府免费向居民提供。非免疫规划疫苗是指由居民自愿接种的其他疫苗。非免疫规划疫苗由居民自费。

(二)疫苗管理

疫苗是一种特殊的药品,是国家的战略性和公益性产品,注射疫苗是防控传染病发生和流行最经济、最有效的措施。疫苗管理链条长、环节多,所以有必要建立从疫苗研制注册、疫苗生产、疫苗流通、预防接种到上市后管理的全过程监管制度。同时,在监管和法律宣传上,强调通过各级人民政府、药品监督管理部门、卫生健康主管部门、疫苗上市许可持有人(指依法取得疫苗药品注册证书和药品生产许可证的企业)、疾病预防控制机构、接种单位、新闻媒体、行业协会等多元主体的合作治理,通过让不同主体承担不同的权利、义务与责任,形成监管合力,保障公众健康。为此,国家采取立法的形式,对疫苗实行最严格的管理制度,坚持"安全第一、风险管理、全程管控、科学监管、社会共治"的原则。

为加强对疫苗安全的管理,国家实行疫苗全程电子追溯制度。国务院药品监督管理部门会同国务院卫生健康主管部门制定统一的疫苗追溯标准和规范,建立全国疫苗电子追溯协同平台,整合疫苗生产、流通和预防接种全过程追溯信息,实现疫苗可追溯。同时,要求疫苗上市许可持有人建立疫苗电子追溯系统,与全国疫苗电子追溯协同平台相衔接,实现生产、流通和预防接种全过程最小包装单位疫苗可追溯、可核查。疾病预防控制机构、接种单位要如实记录疫苗流通、预防接种等情况,并按规定向全国疫苗电子追溯协同平台提供追溯信息。

疫苗在研制、生产、检验等过程中应建立健全生物安全管理制度,严格控制生物安全风险,加强对菌毒株等病原微生物的生物安全管理,保护操作人员和公众的健康,保证菌毒株等病原微生物用途合法、正当。疫苗研制、生产、检验等使用的菌毒株和细胞株应明确历史、生物学特征、代次,建立详细的档案,保证来源合法、清晰、可追溯。来源不明的不得使用。

疫苗上市许可持有人应加强疫苗全生命周期质量管理,对疫苗的安全性、有效性和质量可控性负责。从事疫苗研制、生产、流通和预防接种活动的单位和个人应遵守相关法律、法规、规章、标准和规范,保证全过程信息真实、准确、完整和可追溯,依法承担责任,接受社会监督。

《疫苗管理法》对违法者作出了严厉的处罚,严厉处罚的主要表现有:

(1)违反《疫苗管理法》规定,构成犯罪的,依法从重追究刑事责任。

(2)某些违法行为最高可能被并处货值金额50倍以下的罚款,某些违法行为最高可处300万元以下的罚款。

(3)某些违法人员会被处以终身禁止从事药品生产经营活动。

(4)政府监管人员违法的,会受到开除处分,造成严重后果的,其主要负责人应引咎辞职,等等。

严厉处罚的目的是加强疫苗安全性管理,保障疫苗质量和接种人的安全,达到预防疾病的公共卫生目的。

二、政府及监管部门的职责

(一)疫苗安全和预防接种工作中的政府责任

1. 国家实行免疫规划制度

国家坚持疫苗产品的公益性,实行免疫规划制度,由政府免费向居民提供免疫规划疫苗。居住在中国境内的居民依法享有接种免疫规划疫苗的权利,履行接种免疫规划疫苗的义务。具体实施由县级以上人民政府及其有关部门保障适龄儿童接种免疫规划疫苗,监护人依法保证适龄儿童按时接种免疫规划疫苗。

2. 国家坚持疫苗产品的战略性

国家坚持疫苗产品的战略性。国家支持疫苗基础研究和应用研究,促进疫苗研制和创新,将预防、控制重大疾病的疫苗研制、生产和储备纳入国家战略。国家制定疫苗行业发展规划和产业政策,支持疫苗产业发展和结构优化,鼓励疫苗生产的规模化、集约化,不断提升疫苗生产工艺和质量水平。

3. 国家加强疫苗监督管理能力建设

县级以上人民政府应将疫苗安全工作和预防接种工作纳入本级国民经济和社会发展规划,加强疫苗监督管理能力建设,建立健全疫苗监督管理工作机制。县级以上地方人民政府对本行政区域内的疫苗监督管理工作负责,统一领导、组织、协调本行政区域内的疫苗监督管理工作。

国务院和省、自治区、直辖市人民政府建立部门协调机制,统筹协调疫苗监督管理的有关工作,定期分析疫苗安全形势,加强对疫苗的监督管理,保障疫苗供应。

(二)疫苗的监管部门及其职责

疫苗的监管工作由药品监督管理部门负责。国务院药品监督管理部门负责全国的疫苗监督管理工作,地方各级人民政府药品监督管理部门负责本行政区域内的疫苗监管工作。药品监管部门依法对疫苗研制、生产、储存、运输以及预防接种的疫苗质量进行监督检查,对违法者予以行政处罚。

(三)预防接种的监管部门及其职责

卫生健康主管部门依法对免疫规划制度的实施和预防接种活动进行监督检查。国务院卫生健康主管部门负责全国的预防接种监管工作,县级以上卫生健康主管部门负责本行政区域预防接种的监管工作,对违法者依法予以行政处罚。

三、疫苗研制和注册

(一)疫苗研制

1.国家支持、鼓励疫苗研制工作

国家根据疾病流行情况、人群免疫状况等因素，制定相关研制规划，安排必要的资金，支持多联多价等新型疫苗的研制工作。国家组织疫苗上市许可持有人、科研单位、医疗卫生机构联合攻关，研制疾病预防、控制急需的疫苗。同时，国家鼓励疫苗上市许可持有人加大研制和创新资金投入，优化生产工艺，提升质量控制水平，推动疫苗技术的进步。

2.规范疫苗的临床试验

开展疫苗临床试验，应经国务院药品监督管理部门批准。疫苗临床试验应由符合国务院药品监督管理部门和国务院卫生健康主管部门规定条件的三级医疗机构或者省级以上疾病预防控制机构实施或者组织实施。

疫苗临床试验申办者应制定临床试验方案，建立临床试验安全监测与评价制度，审慎选择受试者，合理设置受试者群体和年龄组，并根据风险程度采取有效措施，保护受试者的合法权益。开展疫苗临床试验时，应取得受试者的书面知情同意。受试者为无民事行为能力人的，应取得其监护人的书面知情同意；受试者为限制民事行为能力人的，应取得本人及其监护人的书面知情同意。

(二)疫苗注册

1.上市疫苗必须取得注册证书

在中国境内上市的疫苗应经国务院药品监督管理部门批准，取得药品注册证书。申请疫苗注册应当提供真实、充分、可靠的数据、资料和样品。

2.特殊情形下的优先审批和附条件批准

对疾病预防、控制急需的疫苗和创新疫苗，国务院药品监督管理部门应当予以优先审评审批。应对重大突发公共卫生事件急需的疫苗或者国务院卫生健康主管部门认定急需的其他疫苗，经评估获益大于风险的，国务院药品监督管理部门可以附条件批准疫苗注册申请。出现特别重大突发公共卫生事件或者其他严重威胁公众健康的紧急事件时，国务院卫生健康主管部门可根据传染病预防、控制的需要提出紧急使用疫苗的建议，经国务院药品监督管理部门组织论证同意后可以在一定范围和期限内紧急使用。

3.疫苗说明书、标签内容的核准与公布

国务院药品监督管理部门在批准疫苗注册申请时，对疫苗的生产工艺、质量控制标准和说明书、标签予以核准，并在网站上及时公布疫苗说明书、标签的内容。公众可以在网上自行查阅疫苗说明书和标签的内容。

四、疫苗生产和批签发

(一)疫苗生产

1. 疫苗生产许可制度

国家对疫苗生产实行严格准入制度,从事疫苗生产活动应当经省级以上人民政府药品监督管理部门批准,取得药品生产许可证。

2. 从事疫苗生产的条件

从事疫苗生产活动除应符合《药品管理法》规定的从事药品生产活动的条件外,还应具备下列条件:具备适度规模和足够的产能储备;具有保证生物安全的制度和设施、设备;符合疾病预防、控制的需要。

疫苗上市许可持有人应具备疫苗生产能力,超出疫苗生产能力确需委托生产的,应经国务院药品监督管理部门批准。接受委托生产的,应遵守《疫苗管理法》的规定和国家有关规定,保证疫苗质量。

3. 对相关人员的要求

疫苗上市许可持有人的法定代表人、主要负责人应具有良好的信用记录,生产管理负责人、质量管理负责人、质量受权人等关键岗位人员应具有相关专业背景和从业经历。疫苗上市许可持有人应加强对上述人员的培训和考核,及时将其任职和变更情况向省药品监督管理部门报告。

4. 对疫苗生产质量的要求

疫苗应按照经核准的生产工艺和质量控制标准进行生产和检验,生产全过程应符合药品生产质量管理规范的要求。疫苗上市许可持有人应按规定对疫苗生产的全过程和疫苗质量进行审核、检验。

疫苗上市许可持有人应建立完整的生产质量管理体系,持续加强偏差管理,采用信息化手段如实记录生产、检验过程中形成的所有数据,确保生产全过程持续符合法定要求。

(二)疫苗批签发

1. 疫苗销售必须得到批签发

国家实行疫苗批签发制度,每批疫苗销售前或者进口时,应经国务院药品监督管理部门指定的批签发机构按照相关技术要求进行审核、检验。符合要求的,发给批签发证明;不符合要求的,发给不予批签发通知书。不予批签发的疫苗不得销售,并由省药品监督管理部门监督销毁。不予批签发的进口疫苗由口岸所在地药品监督管理部门监督销毁或依法进行其他处理。

预防、控制传染病疫情或者应对突发事件急需的疫苗,经国务院药品监督管理部门批准,免予批签发。国务院药品监督管理部门、批签发机构应及时公布上市疫苗的批签发结果,供公众查询。

2.疫苗批签发申请

申请疫苗批签发应按规定向批签发机构提供批生产及检验记录摘要等资料和同批号产品等样品。进口疫苗还应提供原产地证明、批签发证明;在原产地免予批签发的,应提供免予批签发证明。

疫苗批签发应逐批进行资料审核和抽样检验,批签发检验项目和检验频次根据疫苗的质量风险评估情况进行动态调整。对批签发申请资料或者样品的真实性有疑问,或者存在其他需要进一步核实的情况的,批签发机构应当予以核实,必要时应采用现场抽样检验等方式组织开展现场核实。

3.发现疫苗存在重大质量风险时的处理

批签发机构在批签发过程中发现疫苗存在重大质量风险的,应及时向国务院药品监管部门和省药品监管部门报告。接到报告的部门应立即对疫苗上市许可持有人进行现场检查,根据检查结果通知批签发机构对该相关产品或者所有产品不予批签发或暂停批签发,并责令疫苗上市许可持有人整改。疫苗上市许可持有人应立即整改,并及时将整改情况向责令其整改的部门报告。

对生产工艺偏差、质量差异、生产过程中的故障和事故以及采取的措施,疫苗上市许可持有人应如实记录,并在相应批产品申请批签发的文件中载明。可能影响疫苗质量的,应立即采取措施,并向省药品监管部门报告。

五、疫苗流通

(一)疫苗招标与采购

1.疫苗的集中招标和统一采购

国家免疫规划疫苗由国务院卫生健康主管部门会同国务院财政部门等组织集中招标或者统一谈判,形成并公布中标价格或者成交价格,各省、自治区、直辖市实行统一采购。

国家免疫规划疫苗以外的其他免疫规划疫苗、非免疫规划疫苗由各省、自治区、直辖市通过省级公共资源交易平台组织采购。

2.免疫规划疫苗使用计划

省级疾病预防控制机构根据国家免疫规划和本行政区域疾病预防、控制的需要,制定本行政区域的免疫规划疫苗使用计划,并按照国家有关规定向组织采购疫苗的部门报告,同时报省级卫生健康主管部门备案。

(二)疫苗供应

1.疫苗供应单位

疫苗上市许可持有人应当按照采购合同的约定,向疾病预防控制机构供应疫苗。疾病预防控制机构应按规定向接种单位供应疫苗。疾病预防控制机构以外的单位和个人不得向接种单位供应疫苗，接种单位也不得接收该疫苗。

2.疫苗配送与储存

疫苗上市许可持有人应按采购合同约定，向疾病预防控制机构或者疾病预防控制机构指定的接种单位配送疫苗。疫苗上市许可持有人、疾病预防控制机构自行配送疫苗应具备疫苗冷链储存、运输条件，也可以委托符合条件的疫苗配送单位配送疫苗。

疾病预防控制机构、接种单位、疫苗上市许可持有人、疫苗配送单位应遵守疫苗储存、运输的管理规范，保证疫苗质量。疫苗在储存、运输全过程中应当处于规定的温度环境，冷链储存、运输应当符合要求，并定时监测、记录温度。

3.疫苗批签发证明文件的提供与索取

疫苗上市许可持有人在销售疫苗时，应提供加盖其印章的批签发证明复印件或电子文件；销售进口疫苗的，还应提供加盖其印章的进口药品通关单复印件或电子文件。疾病预防控制机构、接种单位在接收或购进疫苗时，应索取这些证明文件，并保存至疫苗有效期满后不少于5年备查。

4.疫苗销售记录

疫苗上市许可持有人应按规定建立真实、准确、完整的销售记录。疾病预防控制机构、接种单位、疫苗配送单位应按规定建立真实、准确、完整的接收、购进、储存、配送、供应记录。疾病预防控制机构、接种单位接收或购进疫苗时，应索取本次运输、储存全过程的温度监测记录，对不能提供监测记录或者温度控制不符合要求的，不得接收或购进，并应立即向县级以上药品监督管理部门、卫生健康主管部门报告。

上述销售记录、接收配送记录、温度监测记录等均应保存至疫苗有效期满后不少于5年备查。

5.疫苗的定期检查

疾病预防控制机构、接种单位应建立疫苗定期检查制度，对存在包装无法识别、储存温度不符合要求、超过有效期等问题的疫苗，采取隔离存放、设置警示标志等措施，并按照国务院药品监督管理部门、卫生健康主管部门、生态环境主管部门的规定处置。疾病预防控制机构、接种单位应当如实记录处置情况，处置记录应保存至疫苗有效期满后不少于5年备查。

六、预防接种

(一)免疫规划的制定及规划疫苗的拟定

国家免疫规划由国务院卫生健康主管部门制定，国家免疫规划的疫苗种类也由国务院卫生健康主管部门会同国务院财政部门拟订，报国务院批准后公布。

国务院卫生健康主管部门建立国家免疫规划专家咨询委员会，并会同国务院财政部门建立国家免疫规划疫苗种类动态调整机制。省、自治区、直辖市人民政府在执行国家免疫规划时，可以根据本行政区域疾病预防、控制的需要，增加免疫规划疫苗的种类，报国务院卫生健康主管部门备案并公布。

（二）预防接种工作规范

国务院卫生健康主管部门应制定、公布预防接种工作规范，制定、公布国家免疫规划疫苗的免疫程序和非免疫规划疫苗的使用指导原则。省级卫生健康主管部门结合本行政区域的实际情况制定接种方案，并报国务院卫生健康主管部门备案。

（三）预防接种相关培训、技术指导、应急处置

各级疾病预防控制机构按照各自的职责，开展与预防接种相关的宣传、培训、技术指导、监测、评价、流行病学调查、应急处置等工作。

（四）预防接种工作

1.预防接种单位

预防接种单位由县级以上地方人民政府卫生健康主管部门指定符合条件的医疗机构承担。接种单位应具备下列条件：取得医疗机构执业许可证；具有经过县级人民政府卫生健康主管部门组织的预防接种专业培训并考核合格的医师、护士或者乡村医生；具有符合疫苗储存、运输管理规范的冷藏设施、设备和冷藏保管制度。

预防接种单位承担责任区域内的免疫规划疫苗接种工作，也可以承担非免疫规划疫苗接种工作，但应报卫生健康主管部门备案。

接种单位开展预防接种工作时应遵守预防接种工作规范、免疫程序、疫苗使用指导原则和接种方案。各级疾病预防控制机构应加强对接种单位预防接种工作的技术指导和疫苗使用的管理。

2.严格按照规范实施接种

医疗卫生人员实施接种时，应告知受种者或其监护人所接种疫苗的品种、作用、禁忌证、不良反应以及现场留观等注意事项，询问受种者的健康状况以及是否有接种禁忌等情况，并如实记录告知和询问情况。受种者或其监护人应如实提供受种者的健康状况和接种禁忌等情况。有接种禁忌不能接种的，医疗卫生人员应向受种者或其监护人提出医学建议，并如实记录提出医学建议的情况。

医疗卫生人员在实施接种前，应按照预防接种工作规范的要求，检查受种者的健康状况，核查接种禁忌，查对预防接种证，检查疫苗、注射器的外观、批号、有效期，核对受种者的姓名、年龄和疫苗的品名、规格、剂量、接种部位、接种途径，做到受种者、预防接种证和疫苗信息相一致,确认无误后方可实施接种。

医疗卫生人员对符合接种条件的受种者实施接种。受种者在现场留观期间出现不良反应的,医疗卫生人员应按照预防接种工作规范的要求,及时采取救治等措施。

3. 记录接种疫苗的相关信息

医疗卫生人员应按照国务院卫生健康主管部门的规定,真实、准确、完整地记录疫苗的品种、上市许可持有人、最小包装单位的识别信息、有效期、接种时间、实施接种的医疗卫生人员、受种者等接种信息,确保接种信息可追溯、可查询。接种记录应当保存至疫苗有效期满后不少于5年备查。

(五)儿童预防接种

1. 预防接种证制度

国家对儿童实行预防接种证制度。在儿童出生后1个月内,其监护人应到儿童居住地承担预防接种工作的接种单位或者出生医院为其办理预防接种证。接种单位或者出生医院不得拒绝办理。监护人应当妥善保管预防接种证。

2. 免疫规划疫苗的补种

预防接种实行居住地管理,儿童离开原居住地期间,由现居住地承担预防接种工作的接种单位负责对其实施接种。

儿童入托、入学时,托幼机构、学校应查验预防接种证,发现未按照规定接种免疫规划疫苗的,应向儿童居住地或者托幼机构、学校所在地承担预防接种工作的接种单位报告,并配合接种单位督促其监护人按照规定补种。

(六)群体性预防接种

县级以上地方人民政府卫生健康主管部门根据传染病监测和预警信息,为预防、控制传染病暴发、流行,报经本级人民政府决定,并报省级以上人民政府卫生健康主管部门备案,可以在本行政区域内进行群体性预防接种。需要在全国范围或者跨省、自治区、直辖市范围内进行群体性预防接种的,由国务院卫生健康主管部门决定。其他任何单位和个人都不得擅自进行群体性预防接种。

传染病暴发、流行时,县级以上地方人民政府或者其卫生健康主管部门需要采取应急接种措施的,依照法律、行政法规的规定执行。

七、异常反应监测和处理

预防接种异常反应,是指合格的疫苗在实施规范接种过程中或者实施规范接种后造成受种者机体组织器官、功能损害,相关各方均无过错的药品不良反应。

目前,预防接种的异常反应尚没有好的办法避免,只能加强异常反应和疑似预防接种异常反应监测工作,及时报告异常反应情形,调查核实异常反应和疑似预防接种异常反应发生的情况和原因,以便改进疫苗质量和提高预防接种服务质量,及时采取风险控制措施,救治不良反应者。下列情形不属于预防接种异常反应:

(1)因疫苗本身特性引起的接种后一般反应。

(2)因疫苗质量问题给受种者造成的损害。

(3)因接种单位违反预防接种工作规范、免疫程序、疫苗使用指导原则、接种方案给受种者造成的损害。

(4)受种者在接种时正处于某种疾病的潜伏期或者前驱期,接种后偶合发病。

(5)受种者有疫苗说明书规定的接种禁忌,在接种前受种者或者其监护人未如实提供受种者的健康状况和接种禁忌等情况,接种后受种者原有疾病急性复发或者病情加重。

(6)因心理因素发生的个体或者群体的心因性反应。

(一)预防接种异常反应监测与报告

国家应加强对预防接种异常反应的监测,接种单位、医疗机构、疾病预防控制机构、疫苗上市许可持有人都是监测和报告单位。

接种单位、医疗机构等发现疑似预防接种异常反应的,应按规定向疾病预防控制机构报告。疫苗上市许可持有人应设立专门机构,配备专职人员,主动收集、跟踪、分析疑似预防接种异常反应,及时采取风险控制措施,将疑似预防接种异常反应向疾病预防控制机构报告,将质量分析报告提交省药品监督管理部门。

对疑似预防接种异常反应,疾病预防控制机构应按规定及时报告,组织调查、诊断,并将调查、诊断的结论告知受种者或其监护人。对调查、诊断结论有争议的,可以申请鉴定。

(二)预防接种异常反应的处理和补偿制度

因预防接种导致受种者死亡、严重残疾,或者群体性疑似预防接种异常反应等对社会有重大影响的疑似预防接种异常反应,由设区的市级以上人民政府卫生健康主管部门、药品监督管理部门按照各自的职责组织调查、处理。

国家实行预防接种异常反应补偿制度。实施接种过程中或者实施接种后出现受种者死亡、严重残疾、器官组织损伤等损害,属于预防接种异常反应或者不能排除的,应给予补偿。补偿费用由省、自治区、直辖市人民政府财政部门在预防接种经费中安排。接种非免疫规划疫苗所需的补偿费用由相关疫苗上市许可持有人承担。国家鼓励通过商业保险等多种形式对预防接种异常反应受种者予以补偿。商业保险形式的引入有助于以更为简化、便捷的救济方式令受种者得到快速有效的补偿。

对预防接种异常反应的补偿应及时、便民、合理。补偿范围、标准、程序由国务院规定，省、自治区、直辖市制定具体实施办法。

八、疫苗上市后的管理

疫苗上市许可持有人应建立健全疫苗全生命周期质量管理体系，制定并实施疫苗上市后的风险管理计划，开展疫苗上市后的研究，对疫苗的安全性、有效性和质量可控性进行进一步确证。所谓“疫苗全生命周期”，是指疫苗研制、生产、流通、预防接种等全过程。

（一）在规定期限内对需要进一步研究的疫苗完成研究

对批准疫苗注册申请时提出进一步研究要求的疫苗，疫苗上市许可持有人应在规定期限内完成研究。逾期未完成研究或者不能证明其获益大于风险的，国务院药品监督管理部门应依法处理，直至注销该疫苗的药品注册证书。

（二）对疫苗质量进行跟踪分析

疫苗上市许可持有人应对疫苗进行质量跟踪分析，持续提升质量控制标准，改进生产工艺，提高生产工艺的稳定性。生产工艺、生产场地、关键设备等发生变更的，应当进行评估、验证，按照国务院药品监督管理部门有关变更管理的规定备案或者报告。变更可能影响疫苗安全性、有效性和质量可控性的，应经国务院药品监督管理部门批准。

疫苗上市许可持有人应根据疫苗上市后研究、预防接种异常反应等情况持续更新说明书、标签，并按规定申请核准或备案。国务院药品监督管理部门应在其网站上及时公布更新后的疫苗说明书及标签内容。

（三）报告疫苗生产流通、上市后研究、风险管理等情况

疫苗上市许可持有人应建立疫苗质量回顾分析和风险报告制度，每年将疫苗生产流通、上市后研究、风险管理等情况如实向国务院药品监督管理部门报告。

国务院药品监督管理部门可以根据实际情况，责令疫苗上市许可持有人开展上市后评价或直接组织开展上市后评价。对预防接种异常反应严重或其他原因危害人体健康的疫苗，应注销该疫苗的药品注册证书。

国务院药品监督管理部门可以根据疾病预防、控制的需要和疫苗行业发展情况，组织对疫苗品种开展上市后评价，发现该疫苗品种的产品设计、生产工艺、安全性、有效性或者质量可控性明显劣于预防、控制同种疾病的其他疫苗品种的，应注销该品种所有疫苗的药品注册证书并废止相应的国家药品标准。

九、保障措施

(一)政府给予经费支持

县级以上人民政府应将疫苗安全工作、购买免疫规划疫苗和预防接种工作以及信息化建设等所需经费纳入本级政府预算,保证免疫规划制度的实施。政府对从事预防接种工作的乡村医生和其他基层医疗卫生人员给予补助。

国家根据需要对经济欠发达地区的预防接种工作给予支持。省、自治区、直辖市人民政府和设区的市级人民政府对经济欠发达地区的县级人民政府开展与预防接种相关的工作给予必要的经费补助。

省、自治区、直辖市人民政府根据本行政区域传染病的流行趋势,在国务院卫生健康主管部门确定的传染病预防、控制项目范围内,确定本行政区域与预防接种相关的项目,并保证项目的实施。

各级财政安排用于预防接种的经费应专款专用,任何单位和个人不得挪用、挤占。有关单位和个人使用预防接种的经费应依法接受审计机关的审计监督。

(二)保障疫苗生产与供应

国务院卫生健康主管部门根据各省、自治区、直辖市国家免疫规划疫苗的使用计划,向疫苗上市许可持有人提供国家免疫规划疫苗需求信息,疫苗上市许可持有人根据疫苗需求信息合理安排生产。

疫苗存在供应短缺的风险时,国务院卫生健康主管部门、国务院药品监督管理部门应提出建议,由国务院工业和信息化主管部门、国务院财政部门采取有效措施,保障疫苗的生产、供应。疫苗上市许可持有人应依法组织生产,保障疫苗的供应。持有人停止疫苗生产的,应及时向国务院药品监督管理部门或省、自治区、直辖市人民政府药品监督管理部门报告。

传染病暴发、流行时,相关疫苗上市许可持有人应及时生产和供应预防、控制传染病的疫苗。交通运输单位应当优先运输预防、控制传染病的疫苗。县级以上人民政府及其有关部门应当做好组织、协调、保障工作。

(三)将疫苗纳入战略物资储备

国家应将疫苗纳入战略物资储备,实行中央和省级两级储备。国务院工业和信息化主管部门、财政部门应会同国务院卫生健康主管部门、公安部门、市场监督管理部门和药品监督管理部门,根据疾病预防、控制和公共卫生应急准备的需要,加强储备疫苗的产能、产品管理,建立动态调整机制。

(四)实行疫苗责任强制保险制度

国家实行疫苗责任强制保险制度。疫苗上市许可持有人应按规定投保疫苗责任强制保险。因疫苗质量问题造成受种者损害的,由保险公司在承保的责任限额内予以赔付。

十、监督管理

药品监督管理部门、卫生健康主管部门按照各自的职责对疫苗研制、生产、流通和预防接种全过程进行监督管理，监督疫苗上市许可持有人、疾病预防控制机构、接种单位等依法履行义务。

具体的分工是：药品监督管理部门依法对疫苗研制、生产、储存、运输以及预防接种中的疫苗质量进行监督检查。卫生健康主管部门依法对免疫规划制度的实施、预防接种活动进行监督检查。

（一）对疫苗的现场检查和延伸检查

药品监督管理部门应加强对疫苗上市许可持有人的现场检查；必要时，可以对为疫苗研制、生产、流通等活动提供产品或者服务的单位和个人进行延伸检查；有关单位和个人应当予以配合，不得拒绝和隐瞒。

国家建设中央和省级两级职业化、专业化药品检查员队伍，加强对疫苗的监督检查。省级药品监督管理部门选派检查员入驻疫苗上市许可持有人单位，检查员负责监督检查药品生产质量管理规范的执行情况，收集疫苗质量风险和违法违规线索，向省级药品监督管理部门报告情况并提出建议，对派驻期间的行为负责。

（二）疫苗存在安全隐患时的监管

疫苗质量管理存在安全隐患，疫苗上市许可持有人等未及时采取措施消除的，药品监管部门可以采取责任约谈、限期整改等措施。严重违反药品相关质量管理规范的，应责令其暂停对疫苗的生产、销售、配送，立即整改。整改完成后，经药品监管部门检查符合要求的，方可恢复生产、销售、配送。

药品监管部门应建立疫苗上市许可持有人及其相关人员的信用记录制度，纳入全国信用信息共享平台，按照规定公示其严重失信信息，实施联合惩戒。

（三）问题疫苗的应急处理与召回

疫苗存在或者疑似存在质量问题的，疫苗上市许可持有人、疾病预防控制机构、接种单位应立即停止销售、配送、使用，必要时立即停止生产，并按规定向药品监管部门、卫生健康主管部门报告。卫生健康主管部门应立即组织疾病预防控制机构和接种单位采取必要的应急处置措施，同时向上级卫生健康主管部门报告。药品监管部门应依法采取查封、扣押等措施。对已经销售的疫苗，疫苗上市许可持有人应及时通知相关疾病预防控制机构、疫苗配送单位、接种单位，按照规定召回，如实记录召回和通知情况，疾病预防控制机构、疫苗配送单位、接种单位应当予以配合。

未依法停止生产、销售、配送、使用或者召回疫苗的，药品监督管理部门、卫生健康主管部门按照各自的职责责令其停止生产、销售、配送、使用或召回疫苗。

疫苗上市许可持有人、疾病预防控制机构、接种单位发现存在或者疑似存在有质量问题的疫苗时，不得瞒报、谎报、缓报、漏报，不得隐匿、伪造、毁灭有关证据。

（四）信息公开及共享

疫苗上市许可持有人应建立信息公开制度，按照规定在其网站上及时公开疫苗产品信息、说明书和标签、药品相关质量管理规范执行情况、批签发情况、召回情况、接受检查和处罚情况以及投保疫苗责任强制保险情况等信息。

国务院药品监督管理部门会同国务院卫生健康主管部门等建立疫苗质量、预防接种等信息共享机制。省级以上人民政府药品监督管理部门、卫生健康主管部门等按照科学、客观、及时、公开的原则，组织疫苗上市许可持有人、疾病预防控制机构、接种单位、新闻媒体、科研单位等就疫苗质量和预防接种等信息进行交流沟通。

国家实行疫苗安全信息统一公布制度。疫苗安全风险警示信息、重大疫苗安全事故及其调查处理信息和国务院确定需要统一公布的其他疫苗安全信息由国务院药品监督管理部门会同有关部门公布。全国预防接种异常反应报告情况由国务院卫生健康主管部门会同国务院药品监督管理部门统一公布，未经授权不得发布上述信息。公布重大疫苗安全信息应当及时、准确、全面，并按照规定进行科学评估，作出必要的解释说明。

县级以上人民政府药品监督管理部门发现可能误导公众和社会舆论的疫苗安全信息时，应立即会同卫生健康主管部门及其他有关部门、专业机构、相关疫苗上市许可持有人等进行核实、分析，并及时公布结果。任何单位和个人都不得编造、散布虚假疫苗安全信息。

（五）疫苗及疫苗监管工作的社会监督

任何单位和个人都有权依法了解疫苗信息，对疫苗监督管理工作提出意见、建议。任何单位和个人都有权向卫生健康主管部门、药品监督管理部门等举报疫苗违法行为，对卫生健康主管部门、药品监督管理部门等部门及其工作人员未依法履行监督管理职责的情况有权向人民政府及其有关部门、监察机关举报。有关部门、机关应及时核实、处理，对查证属实的举报，按照规定给予举报人奖励。举报人举报所在单位严重违法行为，查证属实的，给予重奖。

（六）疫苗安全事件的应急处理

县级以上人民政府应当制定疫苗安全事件应急预案，对疫苗安全事件的分级、处置组织指挥体系与职责、预防预警机制、处置程序、应急保障措施等作出规定。

疫苗上市许可持有人应制定疫苗安全事件处置方案，定期检查各项防范措施的落实情况，及时消除安全隐患。

发生疫苗安全事件后，疫苗上市许可持有人应立即向国务院药品监督管理部门或者省药品监督管理部门报告。疾病预防控制机构、接种单位、医疗机构应立即向县级以上人民政府卫生健康主管部门、药品监督管理部门报告。药品监督管理部门应会同卫生健康主管部门按照应急预案的规定，成立疫苗安全事件处置指挥机构，开展医疗救治、风险控制、调查处理、信息发布、解释说明等工作，做好补种等善后处置工作。

有关单位和个人不得瞒报、谎报、缓报、漏报疫苗安全事件，不得隐匿、伪造、毁灭有关证据。

第十三章　环境保护法律制度

第一节　环境保护法理论及相关问题

一、环境与环境保护

(一)环境

环境是人类赖以生存和发展的前提和基础,恶劣的环境会严重影响人类的健康,甚至会造成人类的毁灭。这并非骇人听闻,因为历史上曾有不少国家和城邦被漫漫黄沙所湮灭,或者因生态环境破坏引发的瘟疫所荒废。环境必须得到全人类的共同保护,人人参与。在保护环境的主题下,人类命运共同体的涵义最为确切,因为没有一个国家、民族或者个人能在环境之外独立生存。

从公共卫生的视角下谈环境,主要是从环境卫生的角度进行的。环境卫生是以人类及其周围环境为对象,阐明环境因素对人类健康影响的发生与发展规律,并通过识别、评价、利用或控制与人群健康有关的各种环境因素,以达到保护和促进人群健康的目的。① 法律意义上的环境也是从环境卫生的角度来框定一定范围的、能够通过法律手段来保护的环境,而并非环境科学研究的环境。我国《环境保护法》第二条对环境作了这样的界定:“环境是指影响人类生存和发展的各种天然和经过人工改造的自然因素的总称,包括大气、水、海洋、土地、矿藏、森林、草原、湿地、野生生物、自然遗迹、人文遗迹、自然保护区、风景名胜区、城市和乡村等。”可以清楚地看出,环境既包括生活环境,也包括生态环境;既包括影响人类生存和发展的各种天然因素,即自然环境,如森林、草地、湿地等环境,也包括经过人工改造的自然因素,即人工环境,如城市和乡村环境等。

---

① 参见傅华主编:《预防医学》,人民卫生出版社 2010 年版,第 277 页。

(二)环境保护

1.环境保护的含义

环境保护是指保护和改善生活环境和生态环境,合理地开发利用自然资源,防止环境污染和公害,使环境适合人类的生存和发展。① 可见,环境保护要求人类有意识地保护和改善环境和生态,防止自然环境受到污染和破坏,并且对污染和破坏的环境进行综合治理,以创造适合人类生活、工作的环境。环境保护包含着保护和改善两层涵义:保护环境是在现有基础上不再使之恶化,基本途径是减少污染物的排放,合理开发利用自然环境要素;改善环境则是将已被污染破坏的环境恢复到良好状态,或者将原本不适宜居住的环境改变为适宜居住的环境,但从法律角度上说,更多的是指将已被破坏的环境恢复,基本方法是治理已有的污染,用人工的方法恢复被破坏的生态环境。当然,环境污染的治理难度非常大,一朝被污染需要若干年的治理。

环境卫生是预防医学的重要内容之一,环境与健康问题已成为公共卫生的关注热点,世界卫生组织环境规划署将每年的 6 月 5 日定为"世界环境日",旨在提醒全世界注意地球状况和人类活动对环境的危害,促进全球环保意识,提高政府对环境问题的注意并采取行动。我国的环境问题与世界环境问题一样,环境污染和生态破坏已经严重威胁着公众的健康,造成了公害病、职业病、传染病、食源性疾病等,也影响着社会经济的可持续发展。

2.防治污染和公害的目标与措施

环境污染是指由于人们在生产建设或者其他活动中产生的废气、废水、废渣、粉尘、恶臭气体、放射性物质以及噪声、振动、电磁波辐射等对环境的污染和危害,使环境质量恶化,影响了人体健康、生命安全,或者影响了其他生物的生存和发展以至生态系统良性循环的现象。② 公害是指由于大气污染、水体污染、噪声污染、振动、恶臭等对公众的健康、安全、生命、财产及生活舒适性等造成的危害,如妨碍日照、妨碍通风、地面沉降等。

环境污染对人体健康的危害包括急性危害、慢性危害、远期效应和间接影响。污染物在短期内浓度很高,或者几种污染物联合进入人体使人群在短期内出现不良反应和急性中毒,这属于急性危害;低剂量污染物持续、反复作用于人体产生危害,这属于慢性危害,是环境危害机体健康的主要表现形式;远期效应是指环境对人体的危害经过较长潜伏期才表现出来;间接危害则是指环境污染除直接破坏和影响生态系统外,污染物的积累和迁移转化还给生态系统和人类

① 参见韩德培主编:《环境保护法教程》,法律出版社 2018 年版,第 8 页。

② 参见韩德培主编:《环境保护法教程》,法律出版社 2018 年版,第 3 页。

社会造成间接的危害，如温室效应、全球变暖、臭氧层破坏等，给人类健康带来的健康损害等。被污染的环境会造成人类生殖功能下降，损害神经系统、降低免疫力以及致癌等。公害病是指严重环境污染引起公害所发生的区域性疾病。公害病是对人群的危害，比生产环境中的职业性危害更广泛，所以公害病也称"公害事件"，这说明它不仅是一个医学概念，而且是需要通过法律手段来防止的事件。防治污染和公害主要是防治大气、水、土壤、海洋等遭受的污染，控制环境噪声、固体废弃物等对环境造成的不利影响。所以，国家除制订了《中华人民共和国环境保护法》外，还制订了《中华人民共和国大气污染防治法》《中华人民共和国水污染防治法》《中华人民共和国海洋环境保护法》《中华人民共和国土壤污染防治法》《中华人民共和国环境噪声污染防治法》《中华人民共和国固体废弃物污染防治法》等专项的保护环境、防治污染的法律，有针对性地给出了防治目标和防治原则，给出了具体的防治措施，现简要阐述如下：

(1)按照《大气污染防治法》的规定，防治大气污染应以改善大气环境质量为目标，坚持源头治理、规划先行，转变经济发展方式，优化产业结构和布局，调整能源结构。应加强对燃煤、工业、机动车船、扬尘、农业等大气污染的综合防治，推行区域大气污染联合防治，对颗粒物、二氧化硫、氮氧化物、挥发性有机物、氨等大气污染物和温室气体实施协同控制。该法律对大气污染防治的监督管理、防治措施(燃煤和其他能源污染防治、工业污染防治、机动车船等污染防治、扬尘污染防治、农业和其他污染防治)、重点区域大气污染联合防治、重污染天气应对、法律责任等方面进行了具体的规定。

(2)按照《水污染防治法》的规定，水污染防治应坚持"预防为主、防治结合、综合治理"的原则，优先保护饮用水水源，严格控制工业污染、城镇生活污染，防治农业面源污染，积极推进生态治理工程建设，预防、控制和减少水环境污染和生态破坏。排放水污染物不得超过国家或地方规定的排放标准和重点水污染物排放总量控制指标。该法律对水污染防治的标准和规划、水污染防治措施(一般规定、工业水污染防治、城镇水污染防治、农业和农村水污染防治、船舶水污染防治)、饮用水水源和其他特殊水体保护、水污染事故处置、法律责任等方面进行了具体规定。

(3)按照《海洋环境保护法》的规定，国家建立并实施重点海域排污总量控制制度，确定主要污染物排海总量控制指标，并对主要污染源分配排放控制数量。国家在重点海洋生态功能区、生态环境敏感区和脆弱区等海域划定生态保护红线，实行严格保护。该法律对海洋环境监督管理、海洋生态保护、防治陆源污染物对海洋环境的污染损害、防治海岸工程建设项目对海洋环境的污染损害、防治海洋工程建设项目对海洋环境的污染损害、防治倾倒废弃物对海洋环境的污染损害、防治船舶及有关作业活动对海洋环境的污染损害、法律责任等方面进行了具体规定。

(4)按照《土壤污染防治法》的规定,土壤污染防治应坚持"预防为主、保护优先、分类管理、风险管控、污染担责、公众参与"的原则。地方各级人民政府应对本行政区域内的土壤污染防治和安全利用负责。国家实行土壤污染防治目标责任制和考核评价制度,将土壤污染防治目标完成情况作为考核评价地方各级人民政府及其负责人、县级以上人民政府负有土壤污染防治监督管理职责的部门及其负责人的内容。任何组织和个人都有保护土壤、防止土壤污染的义务。土地使用权人从事土地开发利用活动,及企事业单位和其他生产经营者从事生产经营活动时,应采取有效措施,防止、减少土壤污染,对所造成的土壤污染依法承担责任。该法律对预防和保护、风险管控和修复(一般规定、农用地、建设用地)、保障和监督、法律责任等方面作了具体规定。

(5)按照《固体废弃物污染防治法》的规定,国家对固体废弃物污染环境的防治实行"减少固体废物的产生量和危害性,充分合理地利用固体废弃物和无害化处置固体废弃物"的原则,促进清洁生产和循环经济发展。国家采取有利于固体废弃物综合利用活动的经济、技术政策和措施,对固体废弃物实行充分回收和合理利用。国家鼓励、支持采取有利于保护环境的集中处置固体废弃物的措施,促进固体废弃物污染环境防治产业的发展。国家对固体废弃物污染环境防治实行污染者依法负责的原则,产品的生产者、销售者、进口者、使用者对其产生的固体废物依法承担污染防治责任。该法律对固体废弃物污染环境防治的监督管理、固体废弃物污染环境的防治(一般规定、工业固体废弃物污染环境的防治、生活垃圾污染环境的防治)、危险废弃物污染环境防治的特别规定、法律责任等方面进行了具体规定。

(6)按照《环境噪声污染防治法》的规定,地方各级人民政府在制定城乡建设规划时,应充分考虑建设项目和区域开发、改造所产生的噪声对周围生活环境的影响,统筹规划,合理安排功能区和建设布局,防止或减轻环境噪声污染。国家对环境噪声污染严重的落后设备实行淘汰制度,禁止生产、销售、进口环境噪声污染严重的设备。该法律对环境噪声污染防治的监督管理、工业噪声污染防治、建筑施工噪声污染防治、交通运输噪声污染防治、社会生活噪声污染防治、法律责任等方面进行了具体规定。

二、现行有效的环境保护法律法规和规章

我国现行有效的环境保护法律法规非常多,相关的规章和标准更是数不胜数。现行主要的法律有:在综合立法方面有《环境保护法》(2014 年 4 月 24 日修

订，2015 年 1 月 1 日起施行)，《中华人民共和国环境影响评价法》(2003 年 9 月 1 日起施行，2016 年 9 月 1 日第二次修订)、《中华人民共和国循环经济促进法》(2009 年 9 月 1 日起施行)、《中华人民共和国清洁生产促进法》(2012 年 2 月修正，2012 年 7 月 1 日起施行)；在污染防治领域有《中华人民共和国环境噪声污染防治法》(1997 年 3 月 1 日起施行)、《中华人民共和国固体废弃物污染防治法》(2005 年 4 月 1 日起施行，2015 年 4 月 24 日第二次修正)、《中华人民共和国大气污染防治法》(2015 年 8 月 29 日修订，2016 年 1 月 1 日起施行)、《中华人民共和国海洋环境保护法》(2017 年 11 月 4 日第二次修正，2017 年 11 月 5 日起施行)、《中华人民共和国水污染防治法》(2017 年 6 月 27 日修正，2018 年 1 月 1 日起施行)；在生态保护领域有《中华人民共和国防沙治沙法》(2002 年 1 月 1 日起施行)、《中华人民共和国野生动物保护法》(2016 年 7 月 2 日修订，2017 年 1 月 1 日起施行)、《中华人民共和国水土保持法》(2010 年 12 月 25 日修订，2011 年 3 月 1 日起施行)；在核与辐射安全领域主要有《中华人民共和国放射性污染防治法》(2003 年 6 月 28 日修订，2003 年 10 月 1 日起施行)等。

除了法律之外，还有大量的环境保护方面的行政法规和规章，主要有《放射性同位素与射线装置安全和防护条例》(2005 年 12 月 1 日起施行，2019 年 3 月 2 日第二次修订)、《废弃电器电子产品回收处理管理条例》(2011 年 1 月 1 日起施行，2019 年 3 月 2 日修订)、《民用核安全设备监督管理条例》(自 2008 年 1 月 1 日起施行，2019 年 3 月 2 日第二次修订)、《防治船舶污染海洋环境管理条例》(2010 年 3 月 1 日起施行，2018 年 3 月 19 日第六次修订)、《防治海洋工程建设项目污染损害海洋环境管理条例》(2006 年 11 月 1 日起施行，2018 年 3 月 19 日第二次修订)、《消耗臭氧层物质管理条例》(2010 年 6 月 1 日起施行，2018 年 3 月 19 日修订)、《中华人民共和国防治海岸工程建设项目污染损害海洋环境管理条例》(1990 年 8 月 1 日起施行，2018 年 3 月 19 日第三次修订)等。

三、环境保护相关法律问题

环境问题是指由于自然界或者人类活动，使环境质量下降或生态破坏，对人类的社会经济发展、身体健康以及生命安全和其他生物产生有害影响的现象。[①]由于人们的认识能力有限，人类在改造和利用自然的同时，也在不断地污染环境，破坏生态平衡，毁坏自己赖以生存的基础。特别是随着科技革命时代生产力的飞速发展，人们对自然界的干预越来越多，引发了大规模的世界性环境问题，

① 参见韩德培主编：《环境保护法教程》，法律出版社 2018 年版，第 3 页。

包括气候变暖、臭氧层破坏、生物多样性减少、酸雨危害、森林锐减、土地盐碱化、大气污染、水体污染、固体废弃物污染、白色污染等。无论哪种污染，最终都会造成人体健康损害，影响人类生存。所以，环境保护问题是重要的公共卫生问题，我们对环境问题的探讨也主要是从环境卫生、环境与健康的关系角度来进行的。面对困境，各国都在寻求解决环境问题的有效途径，在众多的管理手段中，运用法律手段实行环境保护已成为世界各国的共识。

(一)我国环保法律的完善与实施问题

我国的环境立法起步较早，早在1979年，全国人大常委会就通过了《环境保护法》(试行)，1982年宪法规定"国家保护和改善生活环境和生态环境，防治污染和其他公害"。第十三届全国人大一次会议表决通过的宪法修正案把新发展理念、生态文明和建设美丽中国的要求写入了宪法。有关水污染防治、大气污染防治、海洋环保等法律也于20世纪80年代初相继出台。截至目前，除了上述现行有效的法律外，国务院及其各部委还制订了大量行政法规、规章和环境标准。全国人大常委会和国务院批准、签署了《生物多样性公约》等多边国际环境条约50余件。最高人民法院和最高人民检察院还分别作出了关于惩治环境犯罪法律适用的司法解释。我国的环境保护法律框架已经形成，各环境要素监管主要领域已得到基本覆盖。

从法治管理的角度讲，环保法在法律体系和法的贯彻落实方面还存在不足。法律体系方面突出的问题是某些领域还缺乏明确的规定和标准，如国家鼓励投保环境污染责任保险，但缺乏环境责任险相关法律制度；已经实施环境公益诉讼，但法律制度上还不完善；缺乏公害病相关法律规定以及专门的鉴定制度；对于环保违法犯罪的许多标准、适用、认定等缺乏具体细节规定。2019年2月20日，最高人民法院、最高人民检察院、公安部、司法部、生态环境部印发了《关于办理环境污染刑事案件有关问题座谈会纪要》的通知，就办理环境污染刑事案件中的有关问题形成了统一认识，下发相关单位遵照执行。① 但从完善法律体系的角度，需要及早修改完善相关的法律规定。

我国在环保法律法规的贯彻实施方面存在的问题，就是法律条文不能得到很好的贯彻落实。下面探讨的问题都能反映出法律的执行力不够。

(二)环境状况令人担忧

我国的环保事业起步于20世纪70年代，围绕水体、大气、噪声、土壤与固体废物、生态、核与辐射等领域，开展了持续深入的环境保护和生态建设，环保工作

① 参见《两高三部关于办理环境污染刑事案件有关问题座谈会纪要》[EB/OL]，(2019-02-20)[2020-03-30]，https://www.spp.gov.cn/spp/zdgz/201902/t20190220_408574.shtml.

取得了积极进展。但是,环境问题依然严峻,污染仍比较严重。根据国家生态环境部发布的《2018 年中国生态环境状况公报》显示,我国城市空气质量、水质、噪声等情况均不理想,污染情况比较严重。① 下文的相关数据均来自《2018 年中国生态环境状况公报》。

1. 城市空气情况

《2018 年中国生态环境状况公报》显示:2018 年,全国 338 个地级及以上城市(以下简称"338 个城市")中,有 121 个城市环境空气质量达标,占全部城市数的 35.8%;217 个城市环境空气质量超标,占 64.2%。若不扣除沙尘影响,338 个城市中,空气质量达标城市比例为 33.7%,超标城市比例为 66.3%;PM2.5 和 PM10 平均浓度分别为 41 $\mu g/m^3$ 和 78 $\mu g/m^3$。338 个城市发生重度污染 1 899 天次,严重污染 822 天次,以 PM2.5 为首要污染物的天数占重度及以上污染天数的 60.0%,以 PM10 为首要污染物的占 37.2%,以臭氧为首要污染物的占 3.6%。

酸雨的发生频率情况是:471 个监测降水的城市(区、县)中,酸雨频率平均为 10.5%,出现酸雨的城市比例为 37.6%,酸雨频率在 25%以上、50%以上、75%以上的城市比例为 16.3%、8.3%和 3.0%。

2. 水质情况

水质的分类是这样:Ⅰ、Ⅱ类水质可用于饮用水源一级保护区、珍稀水生生物栖息地、鱼虾类产卵场、仔稚幼鱼的索饵场等;Ⅲ类水质可用于饮用水源二级保护区、鱼虾类越冬场、洄游通道、水产养殖区、游泳区;Ⅳ类水质可用于一般工业用水和人体非直接接触的娱乐用水;Ⅴ类水质可用于农业用水及一般景观用水;劣Ⅴ类水质除调节局部气候外,几乎无使用功能。

《2018 年中国生态环境状况公报》显示:地表水方面,2018 年全国地表水的 1935 个水质断面(点位)中,Ⅰ~Ⅲ类的为 71.0%;劣Ⅴ类为 6.7%。地下水方面,全国10 168个国家级地下水水质监测点中,Ⅰ类水质监测点占 1.9%,Ⅱ类占 9.0%,Ⅲ类占 2.9%,Ⅳ类占 70.7%,Ⅴ类占 15.5%,超标指标为锰、铁、浊度、总硬度、溶解性总固体、碘化物、氯化物、"三氮"(亚硝酸盐氮、硝酸盐氮和氨氮)和硫酸盐,个别监测点铅、锌、砷、汞、六价铬和镉等重(类)金属超标。全国2 833处浅层地下水监测井水质总体较差,Ⅰ~Ⅲ类水质监测井占 23.9%,Ⅳ类占 29.2%,Ⅴ类占 46.9%,超标指标为锰、铁、总硬度、溶解性总固体、氨氮、氟化物、铝、碘化物、硫酸盐和硝酸盐氮。

① 参见《2018 年中国生态环境状况公报》[EB/OL],(2019-05-29)[2020-03-30],http://www.mee.gov.cn/xxgk2018/xxgk/xxgk15/201912/t20191231_754139.html.

全国地级以上城市集中式生活饮用水水源方面，按照监测断面(点位)数量统计，监测的337个地级及以上城市的906个在用集中式生活饮用水水源监测断面(点位)中，全年均达标的占89.8%，其中地表水水源监测断面(点位)577个，全年均达标的占92.5%，主要超标指标为硫酸盐、总磷和锰；地下水水源监测断面(点位)329个，全年均达标的占85.1%，主要超标指标为锰、铁和氨氮。

3. 生态环境质量情况

根据《2018年中国生态环境状况公报》，全国生态环境质量为“优”和“良”的县域面积占国土面积的44.7%，“一般”的占23.8%，“较差”和“差”的占31.6%。818个国家重点生态功能区县域中，与2016年相比，2018年生态环境质量变好的县域占9.5%，基本稳定的占79.1%，变差的占11.4%。

依据《生态环境状况评价技术规范》(HJ 192—2015)评价，生态环境状况指数大于或等于75为“优”，表现为植被覆盖度高，生物多样性丰富，生态系统稳定；55～75为“良”，表现为植被覆盖度较高，生物多样性较丰富，适合人类生活；35～55为“一般”，表现为植被覆盖度中等，生物多样性一般水平，较适合人类生活，但有不适合人类生活的制约性因子出现；20～35为“较差”，表现为植被覆盖较差，严重干旱少雨，物种较少，存在明显限制人类生活的因素；小于20为“差”，表现为条件较恶劣，人类生活受到限制。可见，评价为“一般”的区域虽然较适合人类生活，但已经有不适合人类生活的制约性因子出现；而评价为“较差”和“差”的区域存在明显限制人类生活的因素，或者人类生活受到限制，也可以说不适合人类生活了。

4. 区域声环境情况

区域声环境的评价指标是这样的：昼间区域声环境平均等效声级小于或等于50.0分贝为“好”(一级)，50.1～55.0分贝为“较好”(二级)，55.1～60.0分贝为“一般”(三级)，60.1～65.0分贝为“较差”(四级)，大于65.0分贝为“差”(五级)；夜间区域声环境平均等效声级小于或等于40.0分贝为“好”(一级)，40.1～45.0分贝为“较好”(二级)，45.1～50.0分贝为“一般”(三级)，50.1～55.0分贝为“较差”(四级)，大于55.0分贝为“差”(五级)。

2018年，全国323个地级及以上城市开展了昼间区域声环境监测，平均等效声级为54.4分贝。其中，城市昼间区域声环境质量为一级的占4.0%，二级的占63.5%，三级的占30.7%，四级的占1.2%，五级的占0.6%。

2018年，全国319个地级及以上城市开展了夜间区域声环境监测，平均等效声级为46.0分贝。其中，夜间区域声环境质量为一级的占1.3%，二级的占37.9%，三级的占53.9%，四级的占5.3%，五级的占1.6%。

从上述各项监测数据可以看到，城市空气质量、水质、生态环境质量、区域声环境均不是很好。城市空气的各项指标较 2017 年有所好转，但依然显示城市环境空气污染严重。地表水、地下水的Ⅰ～Ⅲ类占比均不高，浅层地下水的水质总体较差，城市集中式生活饮用水水源的全年达标率也仅为 89.8%。与 2016 年相比，2018 年生态环境质量变好的县域占 9.5%，变差的占 11.4%。区域声环境质量方面，城市昼间区域声环境质量为“好”与“较好”的仅占 67.5%，夜间区域声环境质量为“好”与“较好”的仅占 39.2%。从已有的环境卫生防控实际情况得知，空气中的有害物质主要来源于工业生产、交通运输、建筑扬尘、建筑材料及家用电器、室内人员活动等，水中的有害物质主要来源于工业废水、农业污水、生活污水等，土壤中的有害物质主要来源于工业污染、生活污染、农业污染等，噪声污染主要来源于交通噪声、工业噪声、建筑噪声和社会噪声等。环境保护也需要从这些方面着手，减少污染，加快治理。

（三）环境违法案件多且查惩难度大

在以往约 40 年的快速发展时期，我国采用了追赶型经济发展模式，结构型、压缩型、累积型、耦合型的环境污染相互交织，环境问题集中显现。为加强对生态环境的管理，在 2018 年的党和国家机构改革中，新组建了生态环境部，统一行使生态和城乡各类污染排放监管与行政执法职责。同时，组建了生态环境保护综合执法队伍，以增强执法的统一性、独立性、权威性和有效性。在加大监管力度后，以 2018 年的环保行政执法和违法犯罪情况为例，全国实施行政处罚案件 18.6 万件，罚款数额 152.8 亿元人民币，同比增长 32%，是 2014 年的 4.8 倍。① 2019 年 2 月 14 日，国务院新闻办公室举行的中国生态环境检察工作新闻发布会透露，2018 年生态环境部门移送涉嫌环境污染犯罪案件2 574件，是 2013 年的 3.7 倍；全国检察机关批捕破坏环境资源保护犯罪15 095人，比 2017 年上升了 51.5%；起诉42 195人，比 2017 年上升了 21%；2018 年全国检察机关办理公益诉讼案件共 11 万余件，其中自然资源和生态环境领域的近 6 万件，占半数以上。②

总的来看，我国自然资源和生态环境领域刑事案件整体发展态势呈现三个特点：一是从批捕起诉环节看，案件大幅上升。2018 年全国检察机关批捕破坏环境资源保护犯罪人数比 2017 年上升了 51.5%；起诉人数比 2017 年上升了 21%。二是此类犯罪案件的罪名相对集中，滥伐林木犯罪、非法占用农用地犯罪两类犯

① 参见《2018 年中国实施环境行政处罚案件 18.6 万件》[EB/OL]，(2019-01-19)[2020-03-30]，https://www.chinacourt.org/index.php/article/detail/2019/01/id/3709943.shtml.

② 参见《2018 年全国共立案办理自然资源和生态环境类公益诉讼案件 59312 件》[EB/OL]，(2019-02-18)[2020-03-30]，http://www.chinamining.org.cn/index.php?a=show&c=index&catid=6&id=28170&m=content.

罪占了《刑法》第六章第六节全部破坏环境资源保护犯罪案件的50%。三是非法采矿、非法捕捞水产品犯罪上升迅猛,2018年批捕非法采矿案件人数和案件数比2017年分别上升了190%和145%。①

在实践中,对污染破坏环境违法行为的查惩非常困难,这一方面是因为违法行为和违法主体都不易被发现。污染破坏的手段非常隐蔽,例如有的企业通过暗管、渗井、渗坑、灌注等方式排放污染物,违法行为不易被发现或者说不易很快被发现,而且污染破坏行为大多具有间接性,危害结果又具有潜伏性,污染破坏行为与损害结果之间的因果链条比较复杂,违法犯罪的主体认定困难,尤其是单位犯罪认定难。另一方面是因为调查取证难。除了案件本身的复杂性而造成的取证难之外,部分地方政府片面追求GDP,对污染破坏环境的行为采取包庇态度,阻拦执法人员调查取证,打压新闻报道。除缺乏足够的证据无法起诉外,还因为大多数案件侵犯的是公众权益,受害对象具有不明确性,缺少诉讼的提起者,导致立案难。生态环境损害的标准认定难,也影响了案例的受理和判决。此外还有鉴定难的原因,污染破坏环境犯罪案件专门鉴定机构数量少,缺乏统一的鉴定标准,鉴定周期过长。以上种种原因造成了对污染破坏环境违法行为的查惩非常困难,执法难度大。

(四)需要提高全民的环保意识

人们已经看到了环境污染状况,也清楚地知道环境污染与生态破坏对健康的影响,那为什么环保工作就做不好呢?像生活垃圾的分类,到目前为止,我国只是在极少数的城市推行,相比发达国家我们已经落后了几十年。这是个没有技术难度的活,为什么推行这么难?说到底,还是环保意识和理念的问题,口说心不认同,故没有行动,不愿意从自我做起;企业为了自己的经济利益而不履行环境治理义务,只顾着自己的利益,而不管对环境的污染与破坏。2018年全国检察机关办理的公益诉讼案件中,涉及自然资源和生态环境领域的有近6万件。②有的地方政府为了完成经济指标而忽视环境保护和生态平衡,这是价值取向的问题,是如何平衡经济发展与生态环境关系的问题。社会的发展不单纯表现为经济的发展,如果理解偏了,那就会出现一切以GDP论英雄的局面。

① 参见《2018年全国共立案办理自然资源和生态环境类公益诉讼案件59312件》[EB/OL],(2019-02-18)[2020-03-30],http://www.chinamining.org.cn/index.php?a=show&c=index&catid=6&id=28170&m=content.

② 参见《2018年全国共立案办理自然资源和生态环境类公益诉讼案件59312件》[EB/OL],(2019-02-18)[2020-03-30],http://www.chinamining.org.cn/index.php?a=show&c=index&catid=6&id=28170&m=content.

环境保护的关键在意识和行动。每位公民的环保意识都提高了，踏踏实实地去做了，环保工作才可能真正做好。

保护环境是每位公民的义务，同时也是公德意识的体现。一个一个的公民组成了社会的整体，如果每位公民的环保意识都提高了，整个社会的环保意识也就提高了。公民既是环保的行为者，也是环保的监督者。所谓“环保的行为者”，是指从自身做起，采用低碳节俭的生活方式，处处注意对环境的保护，减少污染，为自己，也为子孙；所谓“环保的监督者”，是指每个人都有权也应该监督他人的环保违法行为，监督企业的污染行为，监督环保执法工作，乃至监督政府环保工作。要提高公众的环保意识，充分尊重其在环境治理中的知情权、参与权、监督权。

环保治理，企业是源头。目前，我们以法律的手段硬性规定企业法定代表人、主要负责人对本单位的生态环境保护负第一责任。法律的规定、行政的执法监督只能从外在上促使企业履行义务，但要想企业真正做好环保工作，必须靠企业的自律。而企业要自律，必须让企业法定代表人、主要负责人具有非常高的环保意识，在他们的带领和严格要求下，才能真正落实建设项目环境影响评价和“三同时”制度，保障治污设施正常运行，杜绝超标排污，规范危险废弃物处理处置，杜绝环境污染和生态破坏事故，接受执法检查等，从源头上解决环保问题。

环保治理，各级领导是关键。只有各级领导的环保意识提高了，环保理念才能融入所有政策，才能从根本上扭转 GDP 唯上的政绩观，处理好生存与发展、眼前利益和长远利益、经济效益和生态效益的关系，不再以牺牲环境换取经济增长。

第二节 环境保护法律规定

为保护和改善环境，防治污染和其他公害，保障公众健康，推进生态文明建设，促进经济社会可持续发展，我国制定了《环境保护法》。环境是个很广义的范围，前面提到，我国有针对大气、水、海洋、土壤等防治污染的法律，这些法律更为详细地规定了某个方面的污染防治，但是限于篇幅和笔者的能力，本节中只介绍《环境保护法》的相关内容。

一、环境保护的基本原则

环境保护坚持保护优先、预防为主、综合治理、公众参与、损害担责的原则。

(一)保护优先、预防为主原则

保护优先、预防为主是环境保护必须坚持的基本原则，因为环境一旦被破坏或者污染，治理起来将非常困难，甚至有些破坏是无法逆转、无法修复的。所以，

2015年新修订的《环境保护法》改变了以往发展优先、兼顾环保的思维定式，给以牺牲环境为代价的发展模式从法理上画上了句号。修改后的《环境保护法》增加了第五条的内容，即"环境保护坚持保护优先、预防为主、综合治理、公众参与、损害担责的原则"，明确提出保护环境是国家的基本国策。国家支持环境保护科学技术研究、开发和应用，鼓励环境保护产业发展，促进环境保护信息化建设，提高环境保护科学技术水平。国务院有关部门和地方各级人民政府应采取措施，推广清洁能源的生产和使用。企业应优先使用清洁能源，采用资源利用率高、污染物排放量少的工艺、设备以及废弃物综合利用技术和污染物无害化处理技术，减少污染物的产生。国家采取有利于节约和循环利用资源、保护和改善环境、促进人与自然和谐的经济、技术政策和措施，使经济社会发展与环境保护相协调。在"鱼与熊掌不可兼得"的情况下，国家选择了保护优先、预防为主的环保工作原则，体现了党和国家对保护和改善环境，防治污染和其他公害，保障人体健康，推进生态文明建设，促进经济社会可持续发展的决心。

（二）综合治理、公众参与原则

环保是一个系统工程，又是一项长期任务，必须由政府、公民、企业共同努力。环境是个大概念，涉及空气、水、土壤、声音等，涉及各个领域，也涉及各行各业，涉及生产生活的各方面，所以，环境保护必须坚持综合治理、公众参与的基本原则。

国家建立健全环境监测制度，国务院环境保护主管部门制定监测规范，会同有关部门组织监测网络，统一规划设置监测网络，建立监测数据共享机制；完善跨行政区污染防治制度，国家建立跨行政区域的重点区域、流域环境污染和生态破坏联合防治协调机制，实行统一规划、统一标准、统一监测，实施统一的防治措施；实施重点污染物排放总量控制，国家在重点生态环保区、生态环境敏感区和脆弱区等区域划定生态保护红线，实行严格保护；加强对农业污染源的监测预警；未依法进行环境影响评价的建设项目不得开工建设；突出强调政府责任、监督和法律责任。这些综合治理措施的运用旨在全方位地做好环保工作，保持生态环境的良序发展。

同时，国家实施环保信息公开制度，一切单位和个人都有保护环境的义务。法律规定了环境公益诉讼制度，对污染环境、破坏生态、损害社会公共利益的行为，允许相关社会组织和专门从事环境保护公益活动的社会组织向人民法院提起公益诉讼，这些都是公众参与原则的体现。

（三）损害担责原则

损害担责原则就是损害者要为其造成的损害承担责任。企业造成环境污染和生态破坏后，应当对其造成的生态环境损害和公众人身、财产损害依法承担责任。同时,地方各级生态环境部门应依法依规追究相关企业法定代表人、实际控制人、主要负责人和直接责任人的责任。新修订的《环境保护法》加重了对违法者的惩罚力度,企事业单位和其他生产经营者违法排放污染物会受到罚款处罚,被责令改正,拒不改正的,依法作出处罚决定的行政机关可以自责令改正之日的次日起,按照原处罚数额按日连续处罚。按日连续处罚意味着对环境违法行为的处罚不设上限,对于仍不纠正超标或超总量排污行为的企业,可予以限产、停产,情节严重的可提请政府予以停业、关闭。对于重犯、屡犯的企业,可以追究法定代表人或直接责任人的刑事责任。

损害担责原则是环境保护的一项重要原则,是对违法者的一种惩罚,更是对违法者和其他人的一种警示。只有坚持损害担责原则,才能落实企业是生态环境保护第一责任人的规定,才能有效地防止污染。

二、政府与环境保护部门职责

(一)政府职责

新修订的《环境保护法》突出强调政府的责任,增设了"监督管理"一章,要求地方各级人民政府应对本行政区域的环境质量负责,县级以上人民政府应将环境保护工作纳入国民经济和社会发展规划,加大保护和改善环境、防治污染和其他公害的财政投入,提高财政资金的使用效益。

各级人民政府还应当加强环境保护宣传和普及工作,鼓励基层群众性自治组织、社会组织、环境保护志愿者开展环境保护法律法规和环境保护知识的宣传,营造保护环境的良好风气。

(二)环境保护的主管部门

2018 年 3 月政府机构改革后,组建了环境生态部,统一行使生态和城乡各类污染排放监管与行政执法职责,各级环境生态部门为环境保护的主管部门。

国务院环境保护主管部门对全国环境保护工作实施统一的监督管理,县级以上地方人民政府环境保护主管部门对本行政区域的环境保护工作实施统一监督管理。

县级以上人民政府有关部门和军队环境保护部门依照有关法律的规定对资源保护和污染防治等环境保护工作实施监督管理。

三、监督管理

(一)编制国家环境保护规划

县级以上人民政府应将环境保护工作纳入国民经济和社会发展规划。国务院环境保护主管部门应会同有关部门根据国民经济和社会发展规划编制国家环境保护规划，报国务院批准并公布实施。环境保护规划的内容应包括生态保护和污染防治的目标、任务、保障措施等，并与主体功能区规划、土地利用总体规划和城乡规划等相衔接。

县级以上环保部门会同有关部门，根据国家环保规划的要求，编制本行政区域的环保规划，报同级人民政府批准并公布实施。

国务院有关部门和省级人民政府组织制定经济、技术政策时，应当充分考虑对环境的影响，听取有关方面和专家的意见，这体现了保护优先、预防为主的原则。

（二）制定国家环境质量标准

国务院环境保护主管部门应制定国家环境质量标准。省级人民政府对国家环境质量标准中未作规定的项目，可以制定地方环境质量标准；对国家环境质量标准中已作规定的项目，可以制定严于国家环境质量标准的地方环境质量标准，并报国务院环境保护主管部门备案。

（三）制定国家污染物排放标准

国务院环境保护主管部门应根据国家环境质量标准和国家的经济、技术条件，制定国家污染物排放标准。省级人民政府对国家污染物排放标准中未作规定的项目，可以制定地方污染物排放标准；对国家污染物排放标准中已作规定的项目，可以制定严于国家污染物排放标准的地方污染物排放标准，并报国务院环境保护主管部门备案。

（四）建立健全环境监测制度

国家应建立、健全环境监测制度。国务院环境保护主管部门制定监测规范，会同有关部门组织监测网络，统一规划国家环境质量监测站（点）的设置，建立监测数据共享机制，加强对环境监测的管理。

监测机构应使用符合国家标准的监测设备，遵守监测规范。监测机构及其负责人对监测数据的真实性和准确性负责。

省级以上人民政府应组织有关部门或委托专业机构对环境状况进行调查、评价，建立环境资源承载能力监测预警机制。

（五）进行开发利用规划和建设项目的环境影响评价

各级政府在编制有关开发利用规划，建设对环境有影响的项目时，应依法进行环境影响评价。未依法进行环境影响评价的开发利用规划不得组织实施，未依法进行环境影响评价的建设项目不得开工建设。

（六）建立联合防治协调机制

国家应建立跨行政区域的重点区域、流域环境污染和生态破坏联合防治协调机制，实行统一规划、统一标准、统一监测、统一防治措施。重点区域、流域以外的跨行政区域的环境污染和生态破坏的防治，由上级人民政府协调解决，或者由有关地方人民政府协商解决。

(七)鼓励和支持环保产业发展

国家支持环境保护科学技术研究、开发和应用，鼓励环境保护产业发展，促进环境保护信息化建设，提高环境保护科学技术水平。国家可采取财政、税收、价格、政府采购等方面的政策和措施，鼓励和支持环境保护技术装备、资源综合利用和环境服务等环境保护产业的发展。

企事业单位和其他生产经营者在污染物排放符合法定要求的基础上，进一步减少污染物排放的，政府应依法采取财政、税收、价格、政府采购等方面的政策和措施予以鼓励和支持。企事业单位和其他生产经营者为改善环境，依照有关规定转产、搬迁、关闭的，政府予以支持。

(八)监管部门的现场检查

环境保护主管部门及其委托的环境监察机构和其他负有环境保护监督管理职责的部门有权对排放污染物的企事业单位和其他生产经营者进行现场检查。被检查者应如实反映情况，提供必要的资料。

企事业单位和其他生产经营者违法排放污染物，造成或者可能造成严重污染的，环保主管部门和其他负有环保监督管理职责的部门可以查封、扣押造成污染物排放的设施、设备。

(九)实行环境保护目标责任制和考核评价制度

国家实行环境保护目标责任制和考核评价制度。县级以上人民政府应将环境保护目标完成情况纳入对本级人民政府负有环保监督管理职责的部门及其负责人和下级人民政府及其负责人的考核内容，作为对其考核评价的重要依据。考核结果应向社会公开。

县级以上人民政府应每年向本级人民代表大会或者人大常委会报告环境状况和环境保护目标完成情况，对发生的重大环境事件应及时向本级人大常委会报告，依法接受监督，充分发挥人大对环保工作的监督作用。

四、保护和改善环境

国家加强对大气、水、土壤等的保护，建立和完善相应的调查、监测、评估和修复制度。国家应建立、健全环境与健康监测、调查和风险评估制度，鼓励和组织开展环境质量对公众健康影响的研究，采取措施预防和控制与环境污染有关的疾病。

(一)达到环境质量标准

地方各级人民政府应根据环境保护目标和治理任务，采取有效措施，改善环境质量。未达到国家环境质量标准的重点区域、流域的有关地方人民政府,应制定限期达标规划,并采取措施按期达标。

(二)加强对重点区域的保护

国家在重点生态功能区、生态环境敏感区和脆弱区等区域划定生态保护红线,实行严格保护。

各级人民政府对具有代表性的各种类型的自然生态系统区域,珍稀、濒危的野生动植物自然分布区域,重要的水源涵养区域,具有重大科学文化价值的地质构造,著名溶洞和化石分布区,冰川、火山、温泉等自然遗迹,以及人文遗迹、古树名木,应采取措施予以保护,严禁破坏。

(三)建立健全生态保护补偿制度

开发利用自然资源应合理,应保护生物多样性,保障生态安全,依法制定有关生态保护和恢复治理方案并予以实施。引进外来物种以及研究、开发和利用生物技术时应采取措施,防止对生物多样性的破坏。

国家加大对生态保护地区的财政转移支付力度。有关地方人民政府应落实生态保护补偿资金,确保其用于生态保护补偿。国家指导受益地区和生态保护地区的人民政府通过协商或者按照市场规则进行生态保护补偿。

(四)加强对农业环境的保护

各级人民政府应加强对农业环境的保护,促进农业环保新技术的使用,加强对农业污染源的监测预警,统筹有关部门采取措施,防治土壤污染和土地沙化、盐渍化、贫瘠化、石漠化、地面沉降以及防治植被破坏、水土流失、水体富营养化、水源枯竭、种源灭绝等生态失调现象,推广对植物病虫害的综合防治。

县、乡级人民政府应提高农村环境保护公共服务水平,推动对农村环境的综合整治。

(五)加强对海洋环境的保护

国务院和沿海地方各级人民政府应加强对海洋环境的保护。向海洋排放污染物、倾倒废弃物,进行海岸工程和海洋工程建设时,应符合法律法规规定和有关标准,防止和减少对海洋环境的污染损害。我国有《海洋环境保护法》,具体的防治内容该法有详细规定。

(六)加强城乡建设与环保管理

城乡建设应结合当地自然环境的特点,保护植被、水域和自然景观,加强城市园林、绿地和风景名胜区的建设与管理。

国家鼓励和引导公民、法人和其他组织使用有利于环保的产品和再生产品,减少废弃物的产生。国家机关和使用财政资金的其他组织应优先采购和使用节能、节水、节材等有利于保护环境的产品、设备和设施。

地方各级人民政府应采取措施，组织对生活废弃物的分类处置、回收利用。公民应遵守环境保护法律法规，配合实施环境保护措施，按照规定对生活废弃物进行分类放置，减少日常生活对环境造成的损害。

五、防治污染和其他公害

为防治污染和其他公害，我国法律从以下几个方面作了规定：

（一）促进清洁生产和资源循环利用

国务院有关部门和地方各级人民政府应采取措施，推广清洁能源的生产和使用。企业应优先使用清洁能源，采用资源利用率高、污染物排放量少的工艺、设备以及废弃物综合利用技术和污染物无害化处理技术，减少污染物的产生。

（二）建设项目中防治污染设施的“三同时”规定

建设项目中，防治污染的设施应与主体工程同时设计、同时施工、同时投产使用。防治污染的设施应符合经批准的环境影响评价文件的要求，不得擅自拆除或者闲置。

（三）排污单位的排污管理

排放污染物的企事业单位和其他生产经营者应采取措施，防治在生产建设或其他活动中产生的废气、废水、废渣、医疗废物、粉尘、恶臭气体、放射性物质以及噪声、振动、光辐射、电磁辐射等对环境的污染和危害。排放污染物的企事业单位应建立环境保护责任制度，明确单位负责人和相关人员的责任。

重点排污单位应按照国家有关规定和监测规范安装使用监测设备，保证监测设备的正常运行，保存原始监测记录。严禁通过暗管、渗井、渗坑、灌注或篡改、伪造监测数据，或者不正常运行防治污染设施等逃避监管的方式违法排放污染物。

排污单位应按照国家有关规定缴纳排污费，排污费应全部专项用于环境污染防治，任何单位和个人不得截留、挤占或挪作他用。

（四）重点污染物排放总量控制制度

国家实行重点污染物排放总量控制制度，重点污染物排放总量控制指标由国务院下达，各省、自治区、直辖市人民政府分解落实。企事业单位在执行国家和地方污染物排放标准的同时，应遵守分解落实到本单位的重点污染物排放总量控制指标。

对超过国家重点污染物排放总量控制指标或未完成国家确定的环境质量目标的地区，省级以上环保主管部门应暂停审批其新增重点污染物排放总量的建设项目环境影响评价文件。

（五）排污许可管理制度

国家依照法律规定实行排污许可管理制度，实行排污许可管理的企事业单位和其他生产经营者应按照排污许可证的要求排放污染物,未取得排污许可证的不得排放污染物。

(六)淘汰严重污染环境的工艺、设备和产品

国家对严重污染环境的工艺、设备和产品实行淘汰制度。任何单位和个人不得生产、销售或者转移、使用严重污染环境的工艺、设备和产品。禁止引进不符合我国环境保护规定的技术、设备、材料和产品。

(七)突发环境事件的应急管理

各级人民政府及其有关部门和企事业单位应依照《中华人民共和国突发事件应对法》的规定,做好突发环境事件的风险控制、应急准备、应急处置和事后恢复等工作。

县级以上人民政府应建立环境污染公共监测预警机制,组织制定预警方案;环境受到污染,可能影响公众健康和环境安全时,应依法及时公布预警信息,启动应急措施。

企事业单位应制定突发环境事件应急预案,报环保部门和有关部门备案。在发生或可能发生突发环境事件时,应立即采取措施处理,及时通报可能受到危害的单位和居民,并向环保部门和有关部门报告。

突发环境事件应急处置工作结束后,有关人民政府应立即组织评估事件造成的环境影响和损失,并及时将评估结果向社会公布。

(八)防止农业面源污染

各级人民政府及其农业等有关部门和机构应当指导农业生产经营者科学种植和养殖,科学合理地施用农药、化肥等农业投入品,科学地处置农用薄膜、农作物秸秆等农业废弃物,防止农业面源污染。

禁止将不符合农用标准和环境保护标准的固体废物、废水施入农田。施用农药、化肥等农业投入品及进行灌溉时,应采取措施,防止重金属和其他有毒有害物质污染环境。

畜禽养殖场、养殖小区、定点屠宰企业等的选址、建设和管理应符合有关法律法规的规定。从事畜禽养殖和屠宰的单位和个人应采取措施,对畜禽粪便、尸体和污水等废弃物进行科学处置,防止污染环境。县级人民政府负责组织农村生活废弃物的处置工作。

(九)配套相关环卫环保设施

各级人民政府应在财政预算中安排资金,支持农村饮用水水源地保护、生活污水和其他废弃物处理、畜禽养殖和屠宰污染防治、土壤污染防治和农村工矿污染治理等环境保护工作。

各级人民政府统筹城乡建设污水处理设施及配套管网,统筹建设固体废弃物的收集、运输和处置等环境卫生设施,危险废弃物集中处置设施、场所以及其他环境保护公共设施,并保障其正常运行。

六、信息公开和公众参与

公民、法人和其他组织依法享有获取环境信息、参与和监督环境保护的权利。各级人民政府环境保护主管部门和其他负有环境保护监督管理职责的部门应依法公开环境信息,完善公众的参与程序,为公民、法人和其他组织参与和监督环境保护提供便利。

(一)环境信息的公开

国务院环境保护主管部门统一发布国家环境质量、重点污染源监测信息及其他重大环境信息。省级以上人民政府环境保护主管部门定期发布环境状况公报。县级以上环保主管部门和其他负有环保监督管理职责的部门应依法公开环境质量、环境监测、突发环境事件以及环境行政许可、行政处罚、排污费的征收和使用情况等信息,并将企业单位和其他生产经营者的环境违法信息记入社会诚信档案,及时向社会公布违法者名单。

重点排污单位应如实向社会公开其主要污染物的名称、排放方式、排放浓度和总量、超标排放情况,以及防治污染设施的建设和运行情况,接受社会监督。

(二)公众的参与和监督

公众的监督主要体现在对污染破坏环境行为的举报,对环境执法监督部门不依法履行职责的行为进行举报,以及参与环境公益性诉讼上。

公民、法人和其他组织发现任何单位和个人有污染环境和破坏生态行为的,有权向环境保护主管部门或者其他负有环境保护监督管理职责的部门举报;发现地方各级人民政府、环保主管部门和其他负有环保监督管理职责的部门不依法履行职责的,有权向其上级机关或者监察机关举报。

法律规定可进行环境公益性诉讼,即对污染环境、破坏生态、损害社会公共利益的行为,符合下列条件的社会组织可以向人民法院提起诉讼:依法在设区的市级以上人民政府民政部门登记;专门从事环境保护公益活动连续5年以上且无违法记录。实行环境公益性诉讼的目的在于激发公众参与环境资源保护的积极性,及时惩治违法者,有效地促进我国生态环境保护与资源节约目标的实现。

第十四章　公共场所卫生管理法律制度

第一节　公共场所卫生管理法理论及相关问题

一、公共场所的概念

法律中所称的“公共场所”，是指人群聚集，并供公众进行生活活动和文化娱乐活动等使用的一切有围护结构的场所。

公共场所的范围主要包括：宾馆、饭店、旅馆、招待所、车马店、咖啡馆、酒吧、茶座；公共浴室、理发店、美容店；影剧院、录像厅（室）、游艺厅（室）、舞厅、音乐厅；体育场（馆）、游泳场（馆）、公园；展览馆、博物馆、美术馆、图书馆；商场（店）、书店；候诊室、候车（机、船）室、公共交通工具。

公共场所是人们进行社会交往、文化娱乐、商业活动等必不可少的重要场所，具有人口密集、流动性大、设备设施公用等特点。公共场所的空气质量、用品用具的卫生状况、噪声噪音状况、温度湿度、采光照明等，都关系到人群的健康。公共场所卫生状况一旦出现问题，极易造成群体健康事件，如集体中毒事件和传染性疾病的暴发、流行等。所以，公共场所的卫生安全一直都是公共卫生监管工作的重要内容。

二、我国现行有效的公共场所卫生管理法律法规和规章

我国现行的公共场所卫生管理法律法规不多，主要有《公共场所卫生管理条例》和《公共场所卫生管理条例实施细则》两个法规，外加一个《公共场所卫生管理规范》。《公共场所卫生管理条例》于 1987 年 4 月 1 日发布，2016 年 1 月 13 日第一次修订，2019 年 4 月 23 日第二次修订。《公共场所卫生管理条例实施细则》于 2011 年 5 月 1 日起实施，2017 年 12 月 26 日修改。《公共场所卫生管理规范》是 2019 年 11 月 1 日新实施的一个管理规范。

与之配套的法规规章有:《公共场所卫生监测技术规范》和《公共场所卫生标准检验方法(GB/T 18204—2013)》(2013年12月发布实施)、《公共场所集中空调通风系统卫生规范(WS 394—2013)》(2012年9月发布实施)、《住宿业卫生规范》(2007年6月发布实施)、《沐浴场所卫生规范》(2007年6月发布实施)、《美容美发场所卫生规范》(2007年6月发布实施)、《游泳场所卫生规范》(2007年6月发布实施)等。

三、公共场所卫生管理存在的主要相关法律问题

(一)公共场所存在的主要违法事由和监管问题

1. 公共场所存在的主要违法事由

卫生健康行政部门和受卫生健康行政部门委托的卫生监督部门负责对公共场所的卫生进行监督检查。从现有对公共场所违法处罚案件的分析看,"未取得公共场所卫生许可证擅自营业""安排未获得有效健康合格证明的从业人员从事直接为顾客服务的工作""未按照规定对顾客所用物品用具进行清洗消毒""未按照规定对公共场所进行卫生检测"是主要的违法事由。

根据梁思思等人对上海市浦东新区2012～2016年2 427起行政处罚案件的分析看,"未取得公共场所卫生许可证擅自营业"的占全部行政处罚案件的51.71%,"安排未获得有效健康合格证明的从业人员从事直接为顾客服务的工作"的占36.46%。[①] 黄琼等的研究结果表明:"安排未获得有效健康合格证明的从业人员从事直接为顾客服务的工作"的违法案件占全部案件的47.5%,"未取得公共场所卫生许可证擅自营业"的占16.1%,"未按照规定对公共场所进行卫生检测"的占18.6%。[②] 参见郝欣欣等的研究显示:"安排未获得有效健康合格证明的从业人员从事直接为顾客服务的工作"的占全部案件的35.55%,"未按照规定对公共场所进行卫生检测"的占24.25%,"未按照规定对顾客所用物品用具进行清洗消毒"的占17.94%[③],其他研究者的研究结果大致也是这样。

2. 公共场所监管手段存在的问题和改进建议

从目前实际情况看,对公共场所的预防性卫生监督工作极其薄弱,主要的原

① 参见梁思思、项嘉汇、杨桦等:《上海浦东新区2012～2016年公共场所卫生行政处罚案件分析》,《中国卫生法制》2018年第1期。

② 参见黄琼、王燕梓:《柳州市2014年公共场所卫生行政处罚中存在的问题与探讨》,《中国卫生法制》2016年第3期。

③ 参见郝欣欣、阮水富:《公共场所卫生监督现状与法律修订对策研究》,《中国卫生法制》2017年第6期。

因之一是公共场所的经营单位众多，而卫生监督监管人员太少，黄琼的研究结果显示，平均每位公共卫生监督员需要负责 256 户公共场所的监管工作。解决这个问题的关键不是增加监督监管人员的数量，而是加强经营者的第一责任人意识，增加对经营者和从业人员的宣传教育和卫生方面的技能培训，鼓励和支持公共场所行业组织开展行业自律教育，引导公共场所经营者依法经营，自觉遵守有关法律、法规和部门规章以及相关的卫生标准、卫生规范，为消费者提供良好的卫生环境。为了增强监管信息的透明度，促进经营者的自我管理，自 2009 年起，我国对公共场所进行了分级量化管理。根据法律、法规、规章和标准、规范的要求，对公共场所评价项目进行量化，并应用风险性分析理论，按风险度高低分为关键项目和非关键项目。通过监督量化评价评定公共场所的卫生信誉等级，客观公正地反映其卫生状况。

卫生执法所需要的硬件设施设备的配置和使用也应跟上时代的发展需要，不但要数量足够，而且要保证其功能的正常、准确，并要将先进的科技运用到执法中来。例如，有研究者提出扩大远程在线监测手段的使用范围，目前主要运用于游泳场所水质、生活饮用水水质、公共场所空气质量、微小气候监测等方面的远程在线监测，可 24 小时不间断地将公共场所相关卫生指标数据传输到远程监控平台。① 如果能将该监测手段运用于更多的场所和项目，则可弥补公共场所卫生监督力量不足的缺陷。

公共场所的卫生更需要充分发挥公众的参与和监督作用。通过对公众进行卫生宣传，让公众养成良好的卫生习惯，在公共场所自觉遵守卫生规定，共同维持公共场所的卫生环境。许多省份正在积极探索和试点公共场所卫生管理工作，发挥公众的监督作用。例如，四川省尝试在公共场所张贴“阳光二维码”，公众通过扫描二维码可以知晓该场所的卫生检查情况，从而引导消费。消费者还可以通过平台了解卫生监督知识，同时对公共场所进行监督和反馈，提高消费者在卫生监督中的知晓性和参与性。②

（二）需要加强监管的场所和项目

疾病预防控制机构负责对公共场所卫生状况的监测。从不同城市疾病预防控制机构研究者对本区域内公共场所的卫生监测分析结果看，公共场所存在不同的卫生问题，比较集中和突出的是游泳池、公共浴池、文化娱乐场所、地下空间公共场所的相关卫生问题，比较突出的是水质、空气质量、集中空调通风系统中

① 参见金涛：《公共场所卫生监测相关问题探讨》，《中国卫生监督杂志》2015 年第 6 期。

② 参见熊开科、谢绍洲、孙莉等：《四川省公共场所卫生监督新举措试点实施效果评价》，《中国卫生监督杂志》2014 年第 4 期。

的细菌问题等。对公共场所进行卫生监测分析的研究者多是在疾控岗位上的工作者，他们对日常监测的数据进行分析，查找危害和风险因素，所得的分析结果真实可信。

1. 游泳池和公共浴池、文化娱乐场所的卫生合格率较低

文化娱乐场所的空气质量要比其他场所的空气质量差，用品的卫生状况也不好。也许由于通风不良、人流较密集等原因，许多研究的结果显示，文化娱乐场所的空气质量、室内卫生环境以及用品、噪声等的合格率较低。例如，在李尚益的研究中，公共场所空气质量合格率为 71.8%，而其中的文化娱乐场所的空气质量最差，合格率仅为 28.1%；公共场所用品合格率为 92.0%，而文化娱乐场所用品的合格率仅为 78.0%。① 石国栋的研究发现，对公共场所用品的卫生监测中，文化娱乐场所的最低，为 80.39%；空气质量监测中，书店的合格率最低，为 66.67%。② 张淑霞的研究也显示，文化娱乐场所用品的合格率最低，为 75.93%，远低于平均合格率 88.31%；文化娱乐场所的卫生检验结果公示率也最低。③ 王玲等的研究结果显示，合格率最低的是图书馆，为 56.25%。④ 其他人的研究结果基本也是这样。

游泳池和公共洗浴场所的水质和用品合格率也较低。吴攀⑤、张英⑥、刘国康⑦等人的研究结果显示，不同场所的用品卫生监测中，游泳池水样合格率最低，分别为 29.41%、41.67%、63.0%；浴室类用品的卫生监测合格率较低，提示游泳池、公共洗浴水质和用品卫生状况不良。张淑霞等在某市范围内抽取 41 家婴幼儿洗浴游泳场，对其空气质量、池水和公共用品情况进行了抽样分析，结果显示

---

① 参见李尚益：《2009～2015 年广州市番禺区公共场所卫生状况分析》，《预防医学与公共卫生》2016 年第 7 期。

② 参见石国栋：《泰安市泰山区 185 家公共场所卫生监测分析》，《当代医学》2017 年第 12 期。

③ 参见张淑霞、于兴：《洛阳市城区公共场所卫生管理状况调查》，《河南预防医学》2017 年第 6 期。

④ 参见王玲、马晓军、刘斌等：《2015 年成都市公共场所卫生监测结果分析》，《预防医学论坛》2017 年第 9 期。

⑤ 参见吴攀、王旺成、李腊梅等：《2015 年荆门市公共场所卫生状况分析》，《现代预防医学》2017 年第 13 期。

⑥ 参见张英、廖茜茜、王利等：《2012～2016 年重庆市江津区公共场所卫生监测结果分析》，《现代预防医学》2017 年第 24 期。

⑦ 参见刘国康、林崇昌、余焜娟等：《2012～2014 年开平市公共场所卫生状况分析》，《医学动物防制》2016 年第 6 期。

只有29.27%的经营者对空气进行了消毒,36.84%的经营者对公用池水进行了消毒,57.14%的公用池水未达到每天至少更换一次的要求;仅有4.88%的经营者能对浴缸、泳圈等公共用具做到"一客一消毒";室内环境检测总合格率为0;室温、二氧化碳、细菌总数和台面照度合格率依次为9.76%、48.78%、70.73%、73.17%;池水总合格率为29.27%,其中水温、浑浊度、细菌总数合格率分别为53.66%、82.93%、43.90%。① 这组数据显示,婴幼儿洗浴游泳场的水质、空气、用品等的卫生状况堪忧,目前对婴幼儿洗浴游泳场的卫生监测分析研究比较少,对这样一个特殊群体活动的场所的卫生状况需要特别予以关注。

2.公共场所集中空调通风系统的卫生状况不良

公共场所集中空调通风系统的污染物主要分布在过滤器、通风管道、冷却盘管、冷却塔以及进排风口等部件上。从现有研究看,公共场所集中空调通风系统存在许多健康隐患,主要是细菌总数超标、真菌总数超标、嗜肺军团菌污染比较严重。黎智等对公共场所集中空调通风系统卫生状况作的研究显示:集中空调通风系统的监测合格率为42.13%,细菌总数的合格率为47.19%,细菌总数指标检出值超过标准限值的114倍,真菌总数合格率为37.08%,真菌总数指标检出值超过标准限值的360倍,冷却水中嗜肺军团菌合格率为87.61%。② 王玲等的分析显示:集中空调通风系统卫生指标总体合格率为86.10%,真菌总数合格率最低,为72.97%。③ 杨建铭等的研究结果是:集中空调通风系统卫生指标总体合格率为23.7%,细菌总数合格率为78.4%,真菌总数合格率为63.3%,冷却水中嗜肺军团菌检出率为8.3%。④ 雷娟等的研究结果是:冷却塔水中嗜肺军团菌的检出率为35.44%。⑤ 所以,要加强对营业场所管理者有关集中空调通风系统清洗和消毒方面的培训,促使其日常清洗和消毒,减少因为集中空调通风系统污染造成的疾病传播。

3.地下空间公共场所的卫生需加强监管

随着城市建设的加快,城市可用建设土地越来越少,人们对地下空间的开发

---

① 张淑霞、刘海涛:《洛阳市婴幼儿洗浴游泳场所卫生状况调查分析》,《环境与健康杂志》2017年第4期。

② 黎智、陈康成、农惠婷等:《2015～2016年广西公共场所集中空调通风系统卫生状况调查》,《应用预防医学》2017年第5期。

③ 王玲、马晓军、刘斌等:《2015年成都市公共场所卫生监测结果分析》,《预防医学论坛》2017年第9期。

④ 杨建铭、黄信有、余国平等:《南平市公共场所集中空调通风系统监测分析》,《海峡预防医学杂志》2016年第6期。

⑤ 参见雷娟、方开宇、荀梦君等:《贵阳市公共场所集中空调通风系统冷却塔嗜肺军团菌影响因素 Logistic 回归分析》,《微量元素与健康研究》2018年第1期。

利用面积也越来越大。以北京市为例，北京市的地下空间每年增加的建筑面积大约为300万平方米，占建筑总面积的10%左右；到2020年，北京市建成的地下空间面积有望达到9000万平方米，人均拥有地下建筑面积预计达5平方米。① 地下空间的开发利用包括新挖掘开发和对原有人防工程的改造利用。与地上公共场所不同的是，地下空间的公共场所相对更加密封，自然通风不足，缺乏自然采光，所以主要的卫生问题就是空气质量、噪音、湿度和采光问题。空气质量恶化是引发地下空间公共场所灾害的主要原因之一，目前国内外的研究显示，微小气候、新风量状况、空气颗粒物、二氧化碳指标、微生物、甲醛和挥发性有机物污染等都是城市地下空间公共场所空气质量存在的主要问题。

根据高俊敏②、吕文亭③、崔术祥④等人对地下商场、地铁、文化娱乐等场所的卫生状况进行的测试分析，其噪音值、湿度、风速、室内氡含量、总挥发性有机物等指标均远远超过国家标准，不合格率也明显高于地面建筑。

（三）公共场所卫生管理方面的法的位阶普遍较低

我国在公共场所卫生管理领域目前还没有一部法律，现行的最主要的法规是2019年修订的《公共场所卫生管理条例》、2017年修订的《公共场所卫生管理条例实施细则》以及2019年新实施的《公共场所卫生管理规范》，法的位阶普遍较低。

另外，现行的《公共场所卫生管理条例》是1987年制定的，2016年修订时，根据《国务院关于修改部分行政法规的决定》进行了微修，仅将第八条修改为“除公园、体育场（馆）、公共交通工具外的公共场所，经营单位应当及时向卫生行政部门申请办理卫生许可证，卫生许可证两年复核一次”。2019年第二次修订也是将第三条第二款、第十八条中的“卫生部”修改为“国务院卫生行政部门”，将第四条第一款修改为“国家对公共场所实行‘卫生许可证’制度”，删去了第十二条第三项“对新建、扩建、改建的公共场所的选址和设计进行卫生审查，并参加竣工验收”。2011年5月实施的《公共场所卫生管理条例实施细则》，弥补了《公共场所

① 参见费翔、冯少杰、张羽等：《城市地下空间内部灾害特点与成因分析》，《科教导刊》2012年第30期。

② 参见高俊敏、陈磊、张英等：《重庆市地下空间商场TVOC污染调查和来源分析》，《中南大学学报》（自然科学版）2012年第11期。

③ 参见吕文亭、朱浩、郦胜等：《上海地下公共空间环境氡浓度调查》，《上海预防医学》2012年第4期。

④ 参见参见崔术祥、杨维、李灿等：《城市地下KTV包间空气质量调查研究》，《湖南工业大学学报》2012年第6期。

卫生管理条例》中的某些不足，2017 年对《公共场所卫生管理条例实施细则》进行了修改，但由于《公共场所卫生管理条例》没有修改，《公共场所卫生管理条例实施细则》也难以大幅度地修改。所以，《公共场所卫生管理条例》和《公共场所卫生管理条例实施细则》中有些条款是不适用的，可操作性差，并且处罚力度也太轻，罚款数额的上限为 3 万元，根本达不到惩戒和威慑作用。因此，建议国家将公共场所卫生纳入人大立法，提高法的位阶，增加法的适用性和可操作性，毕竟公共场所的卫生状况关系到公众的健康与安全。

第二节　公共场所卫生管理法律规定

本节介绍的内容主要是《公共场所卫生管理条例》及其实施细则的规定，尤其是《公共场所卫生管理条例实施细则》的规定。

一、公共场所卫生监管部门及其职责

（一）公共场所卫生监管部门

国家卫生行政部门主管全国公共场所的卫生监督管理工作，县级以上地方各级人民政府卫生行政部门负责本行政区域的公共场所卫生监督管理工作。根据监管需要，卫生行政部门应建立健全公共场所卫生监督队伍和公共场所卫生监测体系，制定公共场所卫生监督计划并组织实施。

国境口岸及出入境交通工具的卫生监督管理工作由出入境检验检疫机构按照有关法律法规的规定执行。铁路部门所属的卫生主管部门负责对管辖范围内的车站、等候室、铁路客车以及主要为本系统职工服务的公共场所的卫生监管工作。

（二）公共场所卫生监管部门的职责

公共场所卫生监管部门对公共场所行使下列卫生监督职责：对公共场所进行卫生监测和卫生技术指导；监督公共场所从业人员进行健康检查，指导有关部门对从业人员进行卫生知识教育和培训；对违法单位和个人进行行政处罚。

二、公共场所卫生管理

这里所称的“卫生管理”是指公共场所经营者依法进行的自我管理。经营者负责对所经营的公共场所的卫生进行管理，卫生监管部门对经营者的自我管理进行监督检查，督促经营者履行各项法定义务。法律鼓励和支持公共场所行业组织开展行业自律教育，引导公共场所经营者依法经营，推动行业诚信建设，宣传、普及公共场所卫生知识。

公共场所经营者在经营活动中应遵守有关卫生法律、行政法规、部门规章以及相关的卫生标准、规范，开展公共场所卫生知识宣传，预防传染病和保障公众健康，为顾客提供良好的卫生环境。公共场所的法定代表人或负责人是其经营场所卫生安全的第一责任人。公共场所经营者依法应当从以下几个方面进行卫生管理工作：

（一）建立健全卫生管理制度和卫生管理档案

公共场所经营者应设立卫生管理部门或配备专（兼）职卫生管理人员，具体负责本公共场所的卫生工作，建立健全卫生管理制度和卫生管理档案。

公共场所卫生管理档案应包括下列内容：卫生管理部门、人员设置情况及卫生管理制度；空气、微小气候（湿度、温度、风速）、水质、采光、照明、噪声的检测情况；顾客用品用具的清洗、消毒、更换及检测情况；卫生设施的使用、维护、检查情况；集中空调通风系统的清洗、消毒情况；安排从业人员进行健康检查情况和培训考核情况；公共卫生用品进货索证管理情况；公共场所危害健康事故应急预案或方案；省、自治区、直辖市卫生行政部门要求记录的其他情况。公共场所卫生管理档案应有专人管理，分类记录，至少保存2年。

（二）公共场所从业人员的职业培训和健康查体

公共场所经营者应建立卫生培训制度，组织从业人员学习相关卫生法律知识和公共场所卫生知识，并进行考核。对考核不合格的，不得安排上岗。未按照规定组织从业人员进行相关卫生法律知识和公共场所卫生知识培训，或者安排未经相关卫生法律知识和公共场所卫生知识培训考核的从业人员上岗的，由卫生行政部门责令改正，予以警告、罚款等行政处罚，情节严重的可以依法责令其停业整顿，直至吊销卫生许可证。

公共场所经营者应组织从业人员每年进行健康检查，从业人员在取得有效健康合格证明后方可上岗。按照法律规定，患有痢疾、伤寒、甲型病毒性肝炎、戊型病毒性肝炎等消化道传染病的人员，以及患有活动性肺结核、化脓性或者渗出性皮肤病等疾病的人员在治愈前不得从事直接为顾客服务的工作。

（三）公共场所的卫生要求

公共场所的下列项目应符合国家卫生标准和要求：空气、微小气候（湿度、温度、风速）；水质；采光、照明；噪音；顾客用具和卫生设施。具体的卫生标准和要求由国务院卫生行政部门制定。

1. 公共场所空气卫生要求

公共场所经营者应保持公共场所空气流通，室内空气质量应当符合国家卫生标准和要求。公共场所采用集中空调通风系统的，应符合公共场所集中空调通风系统相关卫生规范和规定的要求。所谓“集中空调通风系统”是指为使房间或者封闭空间内空气温度、湿度、洁净度和气流速度等参数达到设定的要求，而对空气进行集中处理、输送、分配的所有设备、管道及附件、仪器仪表的总称。

为预防空气传播性疾病在公共场所的传播，保障公众健康，2012 年 9 月卫生部发布了新的《公共场所集中空调通风系统卫生规范》等 3 项卫生行业标准。强制性卫生行业标准为《公共场所集中空调通风系统卫生规范》（WS 394—2012），推荐性卫生行业标准为《公共场所集中空调通风系统卫生学评价规范》（WS/T 395—2012）和《公共场所集中空调通风系统清洗消毒规范》（WS/T 396—2012）。要求经营者按照规定做好集中空调通风系统的卫生管理工作，建立健全集中空调通风系统的卫生管理制度，定期开展检查、检测和维护，并建立专门档案。

2.公共场所水质卫生要求

公共场所经营者提供给顾客使用的生活饮用水应当符合国家生活饮用水的卫生标准要求，游泳场（馆）和公共浴室水质应当符合国家卫生标准和要求。2007 年，卫生部和国家体育总局联合印发了《游泳场所卫生规范》，要求境内各类游泳场所（包括人工游泳场所、天然游泳场所和水上游乐设施等）一律遵守该规范的卫生要求，其水质应符合该规范对水质的卫生要求。

3.公共场所采光、照明、噪音卫生要求

公共场所的采光、照明、噪声应符合国家卫生标准和要求。公共场所应尽量采用自然光，自然采光不足的，经营者应配置与其经营场所规模相适应的照明设施。公共场所经营者应采取措施降低噪声。

4.顾客用具和卫生设施卫生要求

公共场所经营者提供给顾客使用的用品用具应保证卫生安全，可以反复使用的用品用具应当“一客一换”，按照有关卫生标准和要求清洗、消毒、保洁。禁止重复使用一次性用品用具，对违反者予以行政处罚，情节严重的可以依法责令其停业整顿，直至吊销卫生许可证。

公共场所经营者应根据经营规模、项目设置清洗、消毒、保洁、盥洗等设施设备和公共卫生间。经营者应建立卫生设施设备维护制度，定期检查卫生设施设备，确保其正常运行，不得擅自拆除、改造或挪作他用。公共场所设置的卫生间应有单独的通风排气设施，保持清洁无异味。违反者由行政部门责令限期改正。逾期不改的，给予警告、罚款处罚；情节严重的可以依法责令停业整顿，直至吊销卫生许可证。

公共场所经营者应配备安全、有效的预防控制蚊、蝇、蟑螂、鼠和其他病媒生物的设施设备及废弃物存放专用设施设备，并保证相关设施设备的正常使用，及时清运废弃物。违反者由行政部门责令限期改正。逾期不改的，给予警告、罚款处罚；情节严重的，可以依法责令停业整顿，直至吊销卫生许可证。

5. 公共场所的选址、设计、装修的卫生要求

公共场所的选址、设计、装修应当符合国家相关标准和规范的要求。室内装饰装修期间不得营业;进行局部装饰装修的,经营者应当采取有效措施,保证营业的非装饰装修区域室内空气质量合格。

6. 公共场所的控烟要求

吸烟有害健康,烟雾中含有多种有毒物质和致癌物,所以被动吸烟一样会对人体健康造成危害,尤其是对妇女和儿童危害严重。室内公共场所禁止吸烟,公共场所经营者应设置醒目的禁止吸烟警语和标志;室外公共场所设置的吸烟区不得位于行人必经的通道上。公共场所不得设置自动售烟机。

公共场所经营者应当开展吸烟危害健康的宣传,并配备专(兼)职人员对吸烟者进行劝阻。

(四)公共场所的卫生检测

公共场所经营者应按照卫生标准、规范的要求对公共场所的空气、微小气候、水质、采光、照明、噪声、顾客用品用具等进行卫生检测,应在醒目位置如实公示检测结果,并对其卫生检测的真实性负责。卫生检测每年不得少于一次,检测结果不符合卫生标准、规范要求的应及时整改。经营者不具备检测能力的,可以委托检测。未按照规定对公共场所的空气、微小气候、水质、采光、照明、噪声、顾客用品用具等进行卫生检测的,卫生行政监督部门可以责令其限期改正,给予警告,并可处2 000元以下罚款;逾期不改正,造成公共场所卫生质量不符合卫生标准和要求的,处以2 000元以上 2万元以下的罚款;情节严重的,可以依法责令其停业整顿,直至吊销卫生许可证。

(五)危害健康事故应急预案及事故处理

公共场所的危害健康事故是指公共场所内发生的传染病疫情或者因空气质量、水质不符合卫生标准、用品用具或者设施受到污染导致的危害公众健康的事故。公共场所经营者应制定公共场所危害健康事故应急预案或方案,定期检查公共场所的各项卫生制度、措施的落实情况,及时消除危害公众健康的隐患。

公共场所内发生的传染病疫情或因空气质量、水质不符合卫生标准、用品用具或者设施受到污染导致的危害公众健康事故,经营者应立即处置,防止危害扩大,并及时向县级人民政府卫生行政部门报告。任何单位或者个人对危害健康事故不得隐瞒、缓报、谎报或者授意他人隐瞒、缓报、谎报。

公共场所经营者对发生的危害健康事故未立即采取处置措施导致危害扩大,或者隐瞒、缓报、谎报的,卫生行政部门可以予以罚款,情节严重的,可以依法责令停业整顿,直至吊销卫生许可证。构成犯罪的,要依法追究刑事责任。

三、卫生监督

县级以上人民政府卫生行政部门依法对本行政区域内的公共场所卫生进行监督执法。卫生行政机关及其工作人员玩忽职守、滥用职权、收取贿赂的，由有关部门对单位负责人、直接负责的主管人员和其他责任人员依法给予行政处分。构成犯罪的，要依法追究刑事责任。

开展公共场所卫生检验、检测、评价等业务的技术服务机构应具有相应的专业技术能力，按照有关卫生标准、规范的要求开展工作，不得出具虚假检验、检测、评价等报告。

（一）公共场所实施卫生许可制度

1.公共场所卫生许可申请

国家对公共场所实行卫生许可证管理。公共场所经营者取得市场管理行政部门颁发的营业执照后，还应按照规定向县级以上地方人民政府卫生行政部门申请卫生许可证，方可营业。

公共场所经营者申请卫生许可证时，应当提交下列资料：卫生许可证申请表，法定代表人或者负责人的身份证明，公共场所地址方位示意图、平面图和卫生设施平面布局图，公共场所卫生检测或者评价报告，公共场所卫生管理制度，省、自治区、直辖市卫生行政部门要求提供的其他材料。使用集中空调通风系统的，还应当提供集中空调通风系统卫生检测或者评价报告。

卫生行政部门自受理公共场所卫生许可申请之日起 20 日内，对申报资料进行审查，对现场进行审核，符合规定条件的，作出准予公共场所卫生许可的决定，对不符合规定条件的，作出不予行政许可的决定，并书面说明理由。

公共场所经营者变更经营项目、经营场所地址的，应向县级以上地方人民政府卫生行政部门重新申请卫生许可证。

2.卫生许可的变更和延续

公共场所经营者变更单位名称、法定代表人或者负责人的，应向原发证卫生行政部门办理变更手续。公共场所卫生许可证的有效期为 4 年。公共场所经营者需要延续卫生许可证的，应在卫生许可证有效期届满 30 日前向原发证部门提出申请。

未依法取得公共场所卫生许可证擅自营业的，或者以涂改、转让、倒卖、伪造的卫生许可证擅自营业的，卫生行政部门可以责令其限期改正，给予警告，并处罚款。对涂改、转让、倒卖有效卫生许可证的，由原发证部门予以注销。

（二）公共场所的预防性卫生审查

公共场所进行新建、改建、扩建的，应当符合有关卫生标准和要求，经营者应当按照有关规定办理预防性卫生审查手续。预防性卫生审查程序和具体要求由省、自治区、直辖市人民政府的卫生行政部门制定。

(三)公共场所健康危害因素的检测

卫生行政部门应组织对公共场所的健康危害因素进行监测、分析,为制定法律法规、卫生标准和实施监督管理提供科学依据。县级以上疾病预防控制机构应当承担卫生行政部门下达的公共场所健康危害因素监测任务。

(四)公共场所的量化分级管理

卫生行政部门应对公共场所的卫生监督实施量化分级管理,促进公共场所经营者自身的卫生管理,增强卫生监督信息透明度,并根据卫生监督量化评价的结果确定公共场所的卫生信誉度等级和日常监督频次。

2009 年 1 月,原卫生部组织制定了《公共场所卫生监督量化分级管理指南》,总体目标是提高公共场所经营者的自身管理水平,强化其作为公共场所卫生第一责任人的意识;增强卫生监督信息的透明度;提高公共场所的卫生整体水平,减少群体性健康损害事件的发生,保护公众身体健康。根据该管理指南的要求,卫生行政部门应根据法律、法规、规章和标准、规范的要求,对公共场所评价项目进行量化,并应用风险性分析理论,按风险度高低分为关键项目和非关键项目。通过监督量化评价评定公共场所的卫生信誉等级,以客观公正地反映其卫生状况。公共场所卫生信誉度等级应当在公共场所的醒目位置公示。

(五)公共场所的监督检查

卫生行政部门对公共场所进行监督检查时,应依据有关卫生标准和要求,采取现场卫生监测、采样、查阅和复制文件、询问等方法,有关单位和个人不得拒绝或隐瞒。应加强对公共场所的卫生监督抽检,并将抽检结果向社会公布。

卫生行政部门对发生危害健康事故的公共场所可以依法采取封闭场所、封存相关物品等临时控制措施。经检验属于被污染的场所、物品,应进行消毒或者销毁处理;对未被污染的场所、物品或经消毒后可以使用的物品,应解除控制措施。

第三节　公共场所禁烟管理规定

一、公共场所吸烟的危害

烟草消费和接触烟草烟雾会造成死亡、疾病和残疾。卷烟和某些其他烟草制品经过精心加工,能引起和维持人对烟草的依赖,它们所含的许多化合物和它们所产生的烟雾具有药理活性、毒性、致突变性和致癌性。现在已知与烟草有关的疾病达20多种，因烟草使用每年会夺去数百万人的生命。之所以要禁止在公共场所吸烟，是为了保护公众不受二手烟危害。二手烟也称“被动吸烟”，是指不吸烟者吸入吸烟者呼出的烟雾及卷烟燃烧产生的烟雾。烟雾中所含的有毒物质和致癌物对人群，尤其是妇女和儿童危害严重。

世界卫生组织的研究表明，目前世界上的吸烟人口已达13亿，大约有1/3的成年人长期暴露于二手烟，约有7亿儿童呼吸的空气遭受二手烟雾污染，每年二手烟夺去60万条生命。① 中国疾病预防控制中心编写的《中国控制吸烟报告》显示，我国吸烟人数有3.5亿，居世界各国之首，有7.4亿非吸烟者遭受二手烟的危害。②

公共场所是发生二手烟暴露最为严重的地方，禁止在公共场所吸烟可有效地防止或减少与烟草有关的疾病发生，所以公共场所的禁烟控烟活动是公共卫生活动的重要内容之一。

二、倡导公共场所禁烟

为创造无烟的生活和工作环境，政府和相关部门应进行烟草危害知识的宣传普及，倡导吸烟者戒烟，禁止在公共场所吸烟，创造无烟的生活和工作环境。

世界卫生组织宣布1988年4月7日为第一个“世界无烟日”，自1989年起，改为每年的5月31日为“世界无烟日”。根据世界卫生组织的提议，经过政府间谈判，2003年5月，在日内瓦召开的第56届世界卫生大会上，《世界卫生组织烟草控制框架公约》(以下简称《烟草控制框架公约》)获得一致通过。③ 该公约呼吁所有国家开展尽可能广泛的国际合作，控制烟草的广泛流行，目的之一就是防止人群接触烟草烟雾，保护非吸烟者，避免人群在室内工作场所、公共交通工具、公共场所接触烟草烟雾。2005年8月28日，我国第十届全国人大常委会第十七次会议正式批准《烟草控制框架公约》，2006年1月9日《烟草控制框架公约》在我国生效。

我国从1979年起开始倡导控烟工作，之后持续开展了多项公共场所禁止吸烟的活动，如1992年在全国开始创建“无烟学校”的活动，1999年开始创建“无烟医院”的活动。为发挥卫生部门的示范带头作用，2009年5月20日，卫生部、国家中医药管理局、总后勤部卫生部和武警部队卫生部四部门联合印发了《关于

---

① 参见汪建荣主编:《卫生法》，人民卫生出版社2014年版，第113页。

② 参见汪建荣主编:《卫生法》，人民卫生出版社2014年版，第113页。

③ 参见世界卫生组织:《烟草控制框架公约》[EB/OL]，(2005-10-20)[2020-03-30]，http://www.npc.gov.cn/wxzl/gongbao/2005-10/20/content_5343968.htm.

2011年起全国医疗卫生系统全面禁烟的决定》，要求积极开展卫生行政部门和医疗卫生机构的全面禁烟工作，创建无烟医疗卫生机构，将工作人员戒烟、不在工作场所和公共场所吸烟、宣传烟草危害知识、劝阻吸烟和提供戒烟服务等指标纳入《医院管理评价指南》《各级疾病预防控制中心基本职责》以及其他医疗卫生机构的管理规定，努力实现室内公共场所和工作场所全面禁烟。2013年又开展了党政机关建设“无烟机关”活动，要求党政机关在公务活动中严禁吸烟，领导干部要带头遵守公共场所禁烟的规定，为公共场所禁烟作出表率。

三、公共场所禁烟的相关法律规定

目前，我国国家层面上还没有一部专门针对公共场所禁烟的法律出台，上海、北京等城市出台了地方性法规。从增进国民健康和促进经济发展的角度，公共场所的禁烟应该有专门的立法，以增加公共场所禁烟活动的推动力度，早日实现公共场所无烟化目标，从而保护人群免受烟草消费和接触烟草烟雾对健康、社会、环境和经济造成的破坏性影响。

目前，我国关于公共场所禁烟或控烟的规定分散在几个单项的法律法规中，下面重点介绍几个相关的法律规定。

(一)《烟草控制框架公约》中的相关规定

《烟草控制框架公约》于2006年1月9日在我国生效，该公约要求成员国采取的控烟措施主要有：

(1)使人人了解烟草消费和接触烟草烟雾造成的健康后果、成瘾性和致命威胁，并在适当的政府级别考虑有效的立法、实施、行政或其他措施，以保护所有人免于接触烟草烟雾。

(2)必须采取措施防止所有人接触烟草烟雾，防止在室内工作场所、公共交通工具、室内公共场所(适当时包括其他公共场所)接触烟草烟雾。

(3)管制和披露烟草制品成分。

(4)烟草制品的包装和标签上要带有说明烟草使用有害后果的健康警语，禁止烟草制品包装和标签使用虚假、误导、欺骗性文字等信息。

(5)禁止烟草广告、促销和赞助。禁止采用任何虚假、误导、欺骗或可能对其特性、健康影响、危害或释放物产生错误印象的手段，推销烟草制品的所有形式的烟草广告、促销和赞助。

(6)降低与烟草依赖和戒烟有关的烟草需求。

(7)禁止向未成年人销售烟草制品。

(8)促进民间社会的参与意识，利用教育、培训等一切交流手段促进和加强公众对烟草控制问题的认识。

(二)《中华人民共和国基本医疗卫生与健康促进法》中的相关规定

《基本医疗卫生与健康促进法》第七十八条规定：国家采取措施，减少吸烟对公民健康的危害。公共场所应控制吸烟，强化监督执法。烟草制品包装应当印制带有说明吸烟危害的警示。禁止向未成年人出售烟酒。

(三)《公共场所卫生管理条例实施细则》中的禁烟规定

2011年实施的《公共场所卫生管理条例实施细则》第十八条对公共场所的禁烟作了相关规定，具体规定如下：

(1)室内公共场所禁止吸烟，公共场所经营者应当设置醒目的禁止吸烟警语和标志，室外公共场所设置的吸烟区不得位于行人必经的通道上。

(2)公共场所不得设置自动售烟机。

(3)公共场所经营者应当开展吸烟危害健康的宣传，并配备专(兼)职人员对吸烟者进行劝阻。

(四)《中华人民共和国烟草专卖法》及其实施细则中的有关规定

(1)国家和社会加强对吸烟危害健康的宣传教育，禁止或者限制在公共交通工具和公共场所吸烟，劝阻青少年吸烟，禁止中小学生吸烟。

(2)国家制定卷烟、雪茄烟的焦油含量级标准，卷烟、雪茄烟应当在包装上标明焦油含量级和"吸烟有害健康"。在中国境内销售的卷烟、雪茄烟应当在小包、条包上标注焦油含量级和"吸烟有害健康"的中文字样。

(3)禁止在广播电台、电视台、报刊上播放、刊登烟草制品广告。

(五)《中华人民共和国广告法》中的规定

禁止在大众传播媒介或者公共场所、公共交通工具、户外发布烟草广告。禁止向未成年人发送任何形式的烟草广告。禁止利用其他商品或者服务的广告、公益广告宣传烟草制品的名称、商标、包装、装潢以及类似的内容。烟草制品生产者或者销售者发布的迁址、更名、招聘等启事中，不得含有烟草制品的名称、商标、包装、装潢以及类似内容。

(六)《未成年人保护法》中的相关规定

任何人不得在中小学校、幼儿园、托儿所的教室、寝室、活动室和其他未成年人集中活动的场所吸烟。禁止向未成年人出售烟酒，经营者应当在显著位置设置不向未成年人出售烟酒的标志。对难以判明是否已成年的，应当要求其出示身份证件。

(七)在公共交通工具及其等候室的禁烟规定

1997年1月，全国爱卫会、卫生部、交通部等联合印发了《关于在公共交通工具及其等候室禁止吸烟的规定》，其中要求，除特别指定区域外，在下列公共交通工具及其等候室禁止吸烟：各类旅客列车的软卧、硬卧、软座、硬座、旅客餐车车厢内；各类客运轮船的旅客座舱、卧舱及会议室、阅览室等公共场所，长途客运汽车上；民航国内、国际航班各等客舱内；地铁、轻轨列车，各类公共汽车、电车（包括有轨电车）、出租汽车，各类客渡轮（船）、游轮（船）、客运索道及缆车；各类车站、港口、机场的旅客等候室、售票厅及会议室、阅览室等公共场所；铁路、交通、民航的卫生主管部门和建设部的城建主管部门根据实际需要确定的其他禁止吸烟场所。

禁止吸烟场所的经营或管理单位应履行下列职责：

(1)在禁止吸烟场所必须设立明显的禁止吸烟标志。

(2)在禁止吸烟场所不得设置烟草广告标志，不放置吸烟器具；公共交通工具车身上不得设置烟草广告标志。

(3)旅客等候室及运行时间较长的公共交通工具内可以指定吸烟的区域或设置有通风装置的吸烟室。

(4)指定吸烟的区域和设置的吸烟室必须设立准许吸烟的明显标志。

(5)禁止吸烟场所的经营或管理单位必须对禁止吸烟的工作进行严格管理，设置卫生检查员监督管理本场所的禁烟工作，劝阻旅客吸烟。

(6)禁止吸烟场所的经营或管理单位有责任和义务采取各种形式向旅客开展吸烟有害健康的教育工作。

第十五章　突发公共卫生事件应对法律制度

第一节　突发公共卫生事件应对法理论及相关问题

一、突发公共卫生事件的概念和特征

在我国，一提起“突发公共卫生事件”，人们立刻就会想到2003年的“非典”(SARS)疫情。2003年上半年的这场疫情不仅使国人知道了什么是突发公共卫生事件，也使国人真正开始认识到公共卫生的重要。这场疫情共波及我国内地24个省、自治区、直辖市，累计报告“非典”临床诊断病例5 327例(其中医务人员1 002例)，治愈出院4 947例，死亡348例，死亡率为6.5%。[①] 中国香港地区发生1 755例，死亡300例，死亡率为17%；中国台湾地区发生665例，死亡180例，死亡率为27%。上述我国三地共占全世界“非典”病例的92%，占死亡病例的91%[②]。截至2003年7月31日，“非典”在亚洲、美洲、欧洲29个国家和地区发生流行。今天看来，“非典”不过是后来以及未来多种突发性危机事件降临之前的“预演”。

(一)突发公共卫生事件的概念

突发事件是指突然发生，造成或者可能造成严重社会危害，需要采取应急处置措施予以应对的自然灾害、事故灾难、公共卫生事件和社会安全事件。自然灾害主要是由自然因素直接所致的严重灾害，包括地震灾害、地质灾害、海洋灾害、水旱灾害、气象灾害等。事故灾难主要是由人们无视规则的行为所致的严重灾难性事故，如工矿企业的安全事故、公共设施和设备事故、核与辐射事故、环境污

---

① 参见中国疾病预防控制中心:《中国公共卫生体系改革与思考》，突发公共卫生事件应急管理干部培训教材，2004年，第5页。

② 参见俞顺章:《灾难——突发公共卫生事件回顾》，上海辞书出版社2005年版，第20页。

染事故等。社会安全事故主要是由一定的社会问题诱发的重大事件，如恐怖袭击事件、民族宗教事件、经济安全事件、群体性事件等。

突发公共卫生事件是突发事件的一种，是由自然因素和人为因素共同所致的严重影响公众健康的公共卫生事件。按照《突发公共卫生事件应急条例》第二条的规定，突发公共卫生事件是指突然发生的，造成或者可能造成社会公众健康严重损害的重大传染病疫情、群体不明原因疾病、重大食物和职业中毒以及其他严重影响公众健康的事件。

(二)突发公共卫生事件的特征

突发事件包括自然灾害、事故灾难、公共卫生事件和社会安全事件，这些突发事件的共同特征是突发性、紧迫性、严重危害性、不确定性。突发公共卫生事件除了这些共同特征外，具有如下几个独有的特征：

1.事件发生在公共卫生领域

从词语构成角度看，“突发公共卫生事件”由“突发”“公共卫生”“事件”三个部分组成，其中的“公共卫生”点明了突发事件发生的领域，这是突发公共卫生事件与其他突发事件的最主要区别之一。事件发生在公共卫生领域内，涉及传染性疾病、食品安全、职业安全等，所以突发公共卫生事件主要包括重大传染病疫情、群体性不明原因疾病、重大食品安全事故、重大职业中毒事件和其他严重影响公众健康的事件，如重大动物疫情、重大放射性危害等。

2.事件危害的主要对象为社会公众的健康

突发公共卫生事件危害的对象是健康，并且是社会公众的健康，即群体健康，这是突发公共卫生事件与其他突发事件的又一个最主要的区别。尽管突发公共卫生事件也涉及经济和财产损失，但最主要、最直接的危害是公众健康。像2019年新冠肺炎疫情直接危害的是数百万公众的健康。而自然灾害、事故灾难和社会安全事件首先或者直接危害的，是生命、财产、国家安全、社会秩序等。当然，各类突发事件彼此并不是孤立和对立的，其相互之间呈现多元和共时的特征，在特定的条件下可能相互转化，即自然灾害、事故灾难和社会安全事件有可能继而引发公众健康事件，如地震之后灾区发生了传染病传播，之后的传染病疫情有可能演变成突发公共卫生事件，也就是说，突发公共卫生事件有可能伴随着其他突发事件而产生，我们需要及时做好防范。

3.事件具有极强的社会性

自然灾害、事故灾难、社会安全事件往往发生在一定区域内，其他区域相对安全稳定。而突发公共卫生事件则不同，尤其是发生重大传染性疾病、群体性不明原因疾病、食品安全事故以及其他由生物因素、化学因素、核辐射等造成的危害时，与全社会每个公民的健康和安全都直接相关。发生在一个区域内的传染性疾病一夜之间就可能传播到千里之外，被污染的食品可能流通到全国各地甚至国外，使所有公众都处于威胁下。所以，公共卫生事件不只是卫生问题，更是综合性的社会问题，事件的处置需要各部门各尽其职，协同努力，需要全体社会成员的积极参与，包括信息报告，开展自救与互助，协助维持秩序，服从指挥和安排等。这一点，在抗击新冠肺炎的过程中体现得非常突出，各级政府组织、人民军队、医疗机构、疾控机构、交通运输、能源电力、物资供应、网络电信、公安消防、保安快递、社区组织和广大志愿者等都冒着感染风险，在岗在位，救治患者，遏制疫情蔓延势头，保证社会正常运行，满足人民生活必需。对于武汉重灾区，全国人民在党中央的领导指挥下，举全国之力，采用了一个省对口支援一个市的紧急援助方式。这种"一方有难，八方支援"的精神，正是公共卫生的精神。

4. 事件具有国际性，需要多国合作

由于现代交通发达，经济日益全球化，一些突发事件引发的灾难可迅速越出国界，波及全球。例如，2011 年 5 月的"德国毒黄瓜事件"，从 5 月中旬开始在德国蔓延，很快波及瑞典、丹麦、英国和荷兰等多个欧洲国家。2009 年 3 月底发生在墨西哥、美国的甲型 H1N1 流感疫情也是这样，截至 2009 年 7 月 9 日，世界卫生组织确认全球 136 个国家和地区共发生确诊病例 94512 例①，成为一场全球性的公共卫生危机。2019 年 12 月的新冠肺炎疫情也随着春运人口流动而迅速蔓延，2020 年 1 月 30 日，世界卫生组织宣布将 2019 新冠肺炎疫情列为"国际关注的突发公共卫生事件"。② 何为"国际关注的突发公共卫生事件"？就是指通过疾病的国际传播构成对其他国家的公共卫生风险，并可能需要采取协调一致的国际应对措施的不同寻常的事件。世卫组织总干事谭德塞说："没有任何一个国家或组织能够单独阻止这场疫情。我们最大的、也是唯一的希望就是共同努力。"③截至 2020 年 3 月 9 日，全球已有百个以上的国家和地区有确诊病例，足见在全球化时代，突发公共卫生事件仅通过一国公共卫生能力难以防范，无论是突发公共卫生事件的预防、监测与预警，还是信息通报、应对处置与救援等，均需要各国政府和有关国际组织之间广泛地合作与交流。

---

① 参见《全球甲型 H1N1 流感疫情最新数字》[EB/OL]，(2009-07-12)[2020-03-30]，http://www.gov.cn/jrzg/2009-07/12/content_1363559.htm.

② 参见《世界卫生组织将新型冠状病毒疫情列为 PHEIC》[EB/OL]，(2020-01-31)[2020-03-30]，http://world.people.com.cn/n1/2020/0131/c1002-31565617.html.

③ 参见《世卫组织总干事：全球抗新冠病毒口罩将用尽》[EB/OL]，(2020-02-08)[2020-03-30]，https://toutiao.china.com/jssy/zgjsyw/13000153/20200208/37776961_all.html.

二、我国突发公共卫生事件应急处置的立法情况与法治历程

“非典”发生之前，我国关于公共卫生事件应急处理的法律规定主要包含在单行法律法规中，作为一个章节或者几个条款而存在，其中表现为法规形式的有《食物中毒事件处理办法》《核事故医学应急管理规定》《灾害事故医疗救援工作管理规定》等。这些规定都是针对某个具体的事件，并且由于制定年代久远，存在法规之间冲突、不适用等现象。所以，制定、修改有关突发公共卫生事件应急处理的法律法规很有必要。

随着科技的发展，生物因素、有毒化学物质、核辐射等危害随时可能发生，环境中化学性污染也越来越严重，自然灾害、恐怖袭击以及其他人为因素引发的突发事件接连不断，需要通过立法来确定应急体系、常态下的预防和应急准备、监测与预警、应急处置与救援等，最大限度地控制突发事件的发生和危害的扩大，迅速恢复社会秩序，以保护公众的健康。另外，突发公共卫生事件不是单纯的医疗卫生问题，如果处理不好，就可能演变成经济危机和政治危机，采用立法的形式来规范突发公共卫生事件的应对处理非常有必要。

(一)制定突发公共卫生事件应急条例

2003 年突如其来的“非典”疫情充分暴露了我国应对突发公共卫生事件存在着诸如预警机制不健全、应急准备不够、信息渠道不畅、组织指挥不统一等问题，人们在亲身感受到突发事件巨大危害的同时，也深深地感受到了应急处理机制的建立和相关法律法规出台的迫切性。鉴于当时情况的需要，在总结防治“非典”工作实践经验的基础上，2003 年 5 月，国务院制定并颁布了《突发公共卫生事件应急条例》(以下简称《应急条例》)，标志着我国突发公共卫生事件应急处理工作进入了法制化轨道。《应急条例》着重解决了上述存在的问题，从法律角度进一步确立了应对突发公共卫生事件的快速处置机制，明确了相应责任，提高了处置应急事件的反应能力。无疑，《应急条例》是我国社会危机管理制度史上具有标志性意义的重要法规，为我国突发事件的应对立法提供了有益的经验。

《应急条例》是在防治“非典”工作的关键时期，为适应形势需要所制定的一部行政法规。这项非常时期的特别立法自 2003 年 4 月 14 日国务院第四次常务会议提出抓紧研究，到同年 5 月 9 日颁布实施，历时仅 22 天。条例存在若干漏洞和不完善的地方，如《应急条例》第四十四条规定：“在突发事件中需要接受隔离治疗、医学观察措施的病人、疑似病人和传染病病人密切接触者在卫生行政主管部门或者有关机构采取医学措施时应当予以配合；拒绝配合的，由公安机关依法协助强制执行。”按照《中华人民共和国立法法》的规定，“对公民政治权利的剥夺、限制人身自由的强制措施和处罚”只能制定法律，而当时的《传染病防治法》

中并没有这样的规定，显然，属于行政法规的《应急条例》无权对限制人身自由的事项进行规定。

(二)修订《传染病防治法》

"非典"起初属于不明原因的群体性疾病，2003 年 4 月 8 日，卫生部宣布其为法定传染病。既然是法定传染病，就应按照《传染病防治法》的规定进行处置，然而，1989 年 2 月通过的《传染病防治法》由于年代久远，许多条款已经无法适用。所以，"非典"之后国家对《传染病防治法》进行了修订，2004 年 8 月，第十届全国人大常委会第十一次会议通过了修订后的《传染病防治法》。

针对抗击"非典"过程中暴露出来的一些问题，如国家对传染病暴发流行的监测、预警能力较弱，疫情信息报告、通报渠道不畅，医疗机构对传染病的救治能力、医院内交叉感染控制能力薄弱，传染病暴发流行时采取紧急控制措施的制度不够完善，疾病预防控制的财政保障不足等①，新修订的《传染病防治法》都作了补充和完善，有了明确规定。

(三)制定《突发事件应对法》

"非典"事件暴露出了我国突发事件(不仅仅是突发公共卫生事件)应对机制的缺陷。"非典"之后，制定统一的危机应对法(也有学者称"紧急状态法")的呼声日高。为预防和减少突发事件的发生，控制、减轻和消除突发事件引起的严重社会危害，规范突发事件应对活动，保护人民群众的生命财产安全，维护国家安全、公共安全、环境安全和社会秩序，2007 年 8 月 30 日，第十届全国人民代表大会常务委员会第二十九次会议通过了《中华人民共和国突发事件应对法》(以下简称《突发事件应对法》)。该法的颁布实施是实现我国公共应急法治的关键步骤。突发公共卫生事件的预防与应急准备、监测与预警、应急处置与救援、事后恢复与重建等应对活动亦适用《突发事件应对法》的规定。

(四)其他相关法律法规的制定与修订

2003 年"非典"时期，鉴于当时缺乏对突发传染病疫情预防和控制方面的刑事责任规定，最高人民法院和最高人民检察院于 2003 年 5 月 14 日发布了《关于办理妨害预防、控制突发传染病疫情等灾害的刑事案件具体应用法律若干问题的解释》，根据《刑法》有关规定，就办理惩治妨害预防、控制突发传染病疫情等灾害的犯罪案件的具体应用法律问题进行了解释，完善了有关刑事责任的规定。为规范突发公共卫生事件的监测信息报告，卫生部于 2003 年 11 月发布了《突发公共卫生事件与传染病疫情监测信息报告管理办法》，并于 2006 年 8 月进行了

---

① 参见汪永清：《中华人民共和国传染病防治法释义》，中国法制出版社 2004 年版，第 1 页。

修订。为指导和规范各类突发公共卫生事件的应急处理工作，国务院、卫生部等先后颁发了《国家突发公共事件总体应急预案》(2006 年)、《国家突发公共卫生事件应急预案》(2006 年)、《国家突发重大动物疫情应急预案》(2006 年)、《国家突发公共事件医疗卫生救援应急预案》(2006 年)、《国家重大食品安全事故应急预案》(2006 年制定，2011 年 10 月修订)、《疫苗管理法》(2019 年)、《药品管理法》(2019 年修订)等，《突发公共卫生事件应急条例》也于 2011 年 1 月 8 日进行了修订。这些配套的法律法规对突发公共卫生事件的信息报告要求、诊断标准、处理原则、预案编制等作了较为详细的规定。

总之，《突发事件应对法》、修订后的《传染病防治法》以及相关的这些行政规章等一同弥补了《应急条例》的不足和缺陷。

(五)应急法治建设还需要加强

尽管《突发事件应对法》、修订后的《传染病防治法》以及相关的法律规章等一同弥补了《应急条例》的不足和缺陷，但我国的应急法治体系还是不够完备，尤其是在贯彻落实方面存在问题。新冠肺炎疫情期间，再次暴露出了许多法治方面的问题。山东大学著名法学教授肖金明提出："应对挑战的能力无疑受制于国家制度和治理体系的弱项与短板，我们确有必要为非常时期预备一套更加科学系统的应对制度和应急法治，确保非常状态下的公共权威秩序和危机管理能力。"[①]在 2020 年 2 月 5 日召开的中央全面依法治国委员会第三次会议上，国家主席习近平在讲话中指出："要完善疫情防控相关立法，加强配套制度建设，完善处罚程序，强化公共安全保障，构建系统完备、科学规范、运行有效的疫情防控法律体系。要严格执行疫情防控和应急处置法律法规，加强风险评估，依法审慎决策，严格依法实施防控措施，坚决防止疫情蔓延。"[②]总之，突发公共卫生事件管理的长效机制必须建立在法治的基础上，完善相关的法律体系，并保证法的贯彻执行，这样才能保障对突发事件的快速处置，使社会安定有序。

三、应急状态下的行政权应用

突发公共卫生事件发生后，事件发生区域内甚至是更大范围内的社会秩序处于非常状态。应急法治属于非常态法治，是关于突发事件引起的公共紧急情

---

① 参见肖金明：《战"疫"时期，努力用行动诠释山大人的奋进姿态》[EB/OL]，(2020-02-11)[2020-03-30]，https://www.view.sdu.edu.cn/info/1021/130284.htm.

② 参见习近平：《全面提高依法防控依法治理能力 为疫情防控提供有力法治保障》[EB/OL]，(2020-02-05)[2020-03-30]，http://www.xinhuanet.com/politics/leaders/2020-02/05/c_1125535239.htm.

况下如何处理国家权力之间、国家权力与公民权利之间、公民权利之间的各种社会关系的法律规范和原则的总称。① 在非正常状态下，法律规定和应用有别于正常状态下。在突发公共卫生事件的应急处理过程中，关于行政权方面有如下几个问题需要特别注意，应用好这些原则和权力能够很好地应对突发事件，迅速控制疫情和危险，保护公众健康不受更大的损害，快速恢复经济生产和社会秩序。

（一）行政应急性原则的应用

在正常的行政管理过程中，行政行为应当遵守合法性原则和合理性原则。合法性原则是指行政权的存在要有法律依据，行政权的行使要符合法律规定，行政行为的内容合法、程序合法，不得与法律相抵触。合理性原则是指在行使自由裁量权时，行政行为应符合立法目的，应建立在正当考虑的基础上，要平等地适用法律规范，符合自然规律和社会道德。

行政行为除了遵守合法性原则和合理性原则外，在紧急情形下，还有可能用到应急性原则。行政应急性原则是指在某些特殊紧急情况下，出于国家安全、社会秩序或公共利益的需要，行政机关可以采取没有法律依据或者与法律相抵触的措施。这就是说，在特殊紧急情况下，若完全依照原有法律授权、法定程序、行政措施等规定，则可能无法及时有效地进行行政管理，延误时机或使危险扩大。此时，为了国家安全、社会秩序或公共利益的需要，就不能机械地死守规定，而需要依照法律的精神灵活地管理和处置。例如，2003 年“非典”之初（2003 年 4 月 8 日之前），其还未被定为法定传染病，但临床已经证实该病会通过呼吸道传播。此时，广东省卫生行政部门果断地对“非典”患者和疑似患者采取了《传染病防治法》中规定的隔离治疗和隔离观察的控制措施，有效地减少了该病的传播，该隔离控制措施的使用，就是行政应急性原则的应用。如果当时不对“非典”患者和疑似患者采取法定传染病的控制措施的话，那么“非典”给公众健康带来的损害会更加严重。

应急性原则与突发事件应对法律规定不是一回事。应急性原则是合法性原则的例外，是在法律没有规定或者法律没有授权情形下的一种灵活运用。即使是《突发事件应对法》，也可能存在没有规定或者没有授权的情形，这个时候一样可以按照应急性原则去应对突发事件，减少危害。面对一种新的重大传染性疾病，没有对症的药物，没有疫苗，没有参照，甚至不知道具体的传播途径。如果只是等待，先制定修改法律，按照原有法律规定的时限审批病毒核酸检测试剂、防疫器械的质量的话，就是不作为，会贻误时机。所以，新冠肺炎疫情期间，各地政

---

① 参见马怀德主编：《应急管理法治化研究》，法律出版社 2010 年版，第 5 页。

府根据实际情况采取了符合立法精神的灵活措施予以处置。中国-世界卫生组织新冠肺炎联合专家考察组考察后，在报告中指出：中国采取了历史上最勇敢、最灵活、最积极的防控措施。

需要注意的是，应急性原则并非排斥任何法律控制和限制，适用不当的话会造成不应有的损失，所以，它的适用必须符合下列条件：存在明确无误的紧急危险，按照现有法律规定难以处置；非法定机关行使了紧急权，事后需要得到有关机关的确认；行政机关做出应急行为应受有权机关的监督；应急权力的行使应当适当，应将负面损害控制在最小的程度和范围内。

（二）应急状态下的行政优先权

行政优先权是行政优益权的重要组成部分。国家为保障行政主体有效地行使行政职权而赋予行政主体许多职务上的优先条件，包括先行处置权、获得社会协助权、行政行为的推定有效（公定力）等。其中的先行处置权和获得社会协助权在处置突发公共卫生事件中能够发挥更好的管理作用，有效防止公共利益和公民权益遭受更大损失。

某些情形下，行政行为可以不受法定程序的制约而先行处置。行政主体在执行职务过程中，如果与其他社会组织和公民个人的权利在同一领域或同一范畴内相遇，行政权具有优先行使和实现的权力。需要有关组织或个人协助执行或提供方便时，有关组织和个人必须协助和提供，这是强制性义务，违反者要承担法律责任。根据公共利益的需要，国家可以强制征用相对人的财产，这是单方强制行为，不以被征用财物所有权人和使用权人是否同意为前提。在突发公共卫生事件的应急处理期间，行政优先权会被更广泛地使用，包括调集相关的专业技术人员和医务人员，调集物资、交通工具、相关设备、设施、救治药品、医疗器械，铁路、交通、民用航空优先运送应急所需物资和人员等。

应急处置过程中的行政优先权也不是随意而为，它的行使必须遵守法律规定。例如，《突发事件应对法》第五十二条规定："履行统一领导职责或者组织处置突发事件的人民政府，必要时可以向单位和个人征用应急救援所需设备、设施、场地、交通工具和其他物资，请求其他地方人民政府提供人力、物力、财力或者技术支援，要求生产、供应生活必需品和应急救援物资的企业组织生产、保证供给，要求提供医疗、交通等公共服务的组织提供相应的服务。履行统一领导职责或者组织处置突发事件的人民政府，应当组织协调运输经营单位，优先运送处置突发事件所需物资、设备、工具、应急救援人员和受到突发事件危害的人员。"被征用的财产在使用完毕或者突发事件应急处置工作结束后，应当及时返还。财产被征用或征用后毁损、灭失的，应当给予补偿。对调集的人员应给予适当的报酬等。

四、应急状态下的公民权益保障与限制

应急状态下涉及许多公民权益问题，这里只探讨公众知情权和人权克减两个问题。

（一）公众知情权问题

公众知情权是现代社会公众的基本权利，既是行政公开的要求，也是社会良善治理的需要。公众知情权保护与政府信息公开是人权与社会发展和法治建设的重大问题之一。

就突发公共卫生事件而言，公众的知情权是指公众对于所发生事件的性质、危害程度、防范措施、政府决策等与公众利益密切相关的信息有了解和知悉的权利。公众知情权的实现要仰仗政府信息的及时、准确公布，政府信息的及时、准确公布又要依赖相关人员的统计与报告。《应急条例》和《传染病防治法》都对传染病、突发事件的报告、公布做了具体规定，例如，发生传染病、突发公共卫生事件后，责任报告人应在几小时内向什么单位报告，接到报告的单位应该如何处理，相关的信息应该如何公布等。法律规定任何单位和个人不得隐瞒、缓报、谎报或者授意他人隐瞒、缓报、谎报。向公众公布的疫情信息等应该全面、及时、准确。同时法律规定，有隐瞒、缓报、谎报或者授意他人隐瞒、缓报、谎报的，对政府主要领导人及卫生行政主管部门主要负责人依法给予降级或者撤职的行政处分；造成传染病传播、流行或者对社会公众健康造成其他严重危害后果的，依法给予开除的行政处分；构成犯罪的，依法追究刑事责任。

信息的公开与透明是政府、医疗卫生部门、社会各组织、公众作出正确判断的前提。要严格执行疫情防控和应急处置法律法规，加强风险评估，依法审慎决策，保持信息的公开与透明，增强政府的公信力，在党的领导下，紧紧依靠人民群众，战胜疫情。

（二）紧急状态下的人权克减问题

紧急状态是一种非正常状态，与突发公共卫生事件不完全是一回事，但有联系。根据《突发事件应对法》第六十九条的规定："发生特别重大突发事件，对人民生命财产安全、国家安全、公共安全、环境安全或者社会秩序构成重大威胁，采取本法和其他有关法律、法规、规章规定的应急处置措施不能消除或者有效控制、减轻其严重社会危害，需要进入紧急状态的，由全国人民代表大会常务委员会或者国务院依照宪法和其他有关法律规定的权限和程序决定。"也就是说，当突发的公共卫生事件特别重大时，有可能进入紧急状态，是否进入紧急状态由全国人大常委会或者国务院决定。

发生了对人民生命财产、国家安全、公共安全、环境安全或者社会秩序构成

重大威胁的特别重大突发事件时，人民生命财产、国家安全、环境安全或者社会秩序就上升到了首位，其他一切活动和措施都必须符合首位价值的需要。在这种紧急状态下，行政权力会扩张，与此对应的公民个人权益会被不同程度地限制，紧急措施的采用有可能使人权与国家利益发生冲突。“在人权保障与国家利益的维护之间发生冲突时，人权的优先性必须让位于国家的至上性。这是由人权的相对性和社会性所决定的。”①

紧急状态下，在利益考量的基础上对人权施加必需的限制，法律上称为“人权克减”。克减的目的不是单纯地限制人权，而是服务于人民生命财产、国家安全、环境安全或者社会秩序这些最高目的，在更深层意义上是为了更好地实现人权，所谓“皮之不存，毛将焉附”，这也是个体生存权与集体生存权的关系问题。例如，2019 年新冠肺炎疫情暴发后，瞬时被归为特别重大级别，面对这样一场严重危害人们生命健康、重创社会经济发展的突发事件，必须立即启动应急预案，采取特别的防控措施，如“封城”、限制某些行业开工、禁止有关场所营业，交通管制等。公民有义务接受限制，无条件服从决定与命令，配合政府采取紧急措施。人们自觉接受了限制，与确诊患者有接触史的，自觉接受隔离观察；去过疫区或者与疫区人员有接触的人员，自我在家隔离观察；全国几亿人口自愿待在家不出门，配合政府的号召以减少感染风险。

灾害治理有一个规律，那就是要治疗灾害，仅靠常规体系是搞不定的，必须动用“运动式”机制。但“运动”是否有效，不仅取决于动员的力度，更取决于常规体系是否长期处于“准备”状态。② 许多人对“运动式”机制提出质疑，怀疑是否符合法律的程序，是否符合法治原则。法治是在常规状态下的治理，当面对传染性强、病情严重的新冠肺炎疫情，已经有几万人确诊、几十万疑似病例、上百万人有接触史时，显然不能再按部就班地以常规状态处置，此时必须进入“战备”状态，动员一切可动员的力量“参战”，不仅依靠医疗科技阻止疫情蔓延，还要依靠民族团结奋斗精神构筑阻击战的铜墙铁壁，万众一心，众志成城，打赢这场阻击和决战新冠肺炎疫情的人民战争。这就是对“人民的生命健康高于一切”的最好诠释。对于中国的防疫举措，世卫组织总干事谭德塞博士作出这样的评价，他一生中从未见过这样的动员，中国体制之有力和中国举措之有效，世所罕见。2020 年 2 月 24 日，中国-世卫组织新冠肺炎联合专家考察组在北京举行新闻发布会，世卫组织专家对中方采取的包括隔离措施在内的非药物性干预措施给予了高度评

---

① 郭春明：《紧急状态法律制度研究》，中国检察院出版社 2004 年版，第 177 页。

② 参见侠客岛：《武汉这场大排查，为何这么难？》[EB/OL]，(2020-02-20)[2020-03-30]，https://news.sina.com.cn/c/2020-02-20/doc-iimxyqvz4564930.shtml.

价，称这种应对疫情的战略和战术方法是被事实证明对减缓疫情扩散蔓延、阻断病毒的人际传播取得明显效果的措施，并作为经验向其他疫情国家推荐。

当然，即使在紧急状态下，也要尽力依法行事，并将行政紧急权力对公民的不利影响降低到最低程度。人权克减是暂时的，一旦紧急状态消除，就必须取消对人权的限制，因权利被克减而受到的某些损失，可采用其他方式给予补偿，如个人的不动产或动产被征用或征用后毁损、灭失的，应当给予补偿。必须注意：不是所有的人权都可以克减，有些人权如财产权、经营权、人身自由等可以被克减，而有些人权如生命权、人格尊严权等则是不能克减的。

五、应对突发公共卫生事件亟需提高的几个方面

（一）提高政府的应急反应与处置能力

“非典”是我们国家公共卫生管理的一个分水岭，从那以后，我国有关传染病防治、突发公共卫生应急救援的人才队伍、平台条件、技术储备和专项研究等都有了较大的发展，对突发公共卫生事件的管理也有了相关的法律规定。然而，在2019年这场新冠肺炎疫情来袭时，还是暴露出了某些地方政府的应急反应和处置能力存在问题，这反映出我国在重大疫情应急响应机制方面还存在问题，还没能做到指令清晰、系统有序、条块畅达、执行有力。同时，也暴露出了基层政府力量薄弱，人、财、物均缺乏，医疗卫生机构尤其是基层医疗卫生机构能力不足等问题。

新冠肺炎疫情的中后期，许多地方还出现了乱作为、简单粗暴以及过度执法等问题，给疫情防控工作和人民群众的生活带来了不便。2020年2月24日，司法部及时印发了《关于推动严格规范公正文明执法为疫情防控工作提供有力法治保障的意见》，对乱作为、过度执法等问题及时转送有关执法机关处理作了规定。

重大疫情的应急处置是对政府治理体系和治理能力的一次重大挑战。新冠肺炎疫情初期反映出来的问题，既有卫生防疫本身的问题，也有社会治理层面的问题，都说明政府的应急反应与处置能力需要提高。习总书记在2020年2月14日主持召开的中央全面深化改革委员会第十二次会议上指出：要总结经验、吸取教训，针对这次疫情暴露出来的短板和不足，抓紧补短板、堵漏洞、强弱项，该坚持的坚持，该完善的完善，该建立的建立，该落实的落实，完善重大疫情防控体制机制，健全国家公共卫生应急管理体系，提高应对突发重大公共卫生事件的能力水平。他强调，要改革完善疾病预防控制体系，改革完善重大疫情防控救治体系，健全统一的应急物资保障体系。

（二）提高公众的理性和判断力

面对突发事件，人们很难做到镇定和理智。在2019年新冠肺炎重大疫情初

期，出现了一些不好的表现，如慌乱无序、听信谣言、惊慌抢购、盲目消毒、不配合基层管理人员的调查、不听从专业人员指挥、隐瞒接触史、隐瞒行程甚至隐瞒病情等。也有部分人轻视传染病预防，进入超市等人多的地方不戴口罩，不听劝阻办宴席或者参加各种聚会等。

愚昧有时候等于罪恶。世界卫生组织于1989年对健康的定义进行了修改，在原有健康的层面上加上了道德健康。道德健康是指不能损害他人的利益来满足自己的需要，能按照社会认可的行为道德来约束自己及支配自己的思维和行动，具有辨别真伪、善恶、荣辱的是非观念和能力。身体和心理的健康需要医学的治疗，而社会的适应能力和道德健康则不是医学能够解决的。加强精神文明建设，提高公民道德修养，弘扬中华传统美德，弘扬时代新风，加强健康教育与促进工作，提高人们的健康素养和科学素养，是提高公众理性和判断力的有效措施。

新冠肺炎疫情期间，中国工程院院士、天津中医药大学校长张伯礼院士在2020年2月28日接受专访时说“磨难之后一定是进步”；《鼠疫》的作者、法国作家加缪说“人应当从灾难中获得记忆与知识”。重大突发事件带给人们的是痛苦，是伤害，是悲伤，更是醒悟。可以预见，民众将在灾难中成熟起来，保持理智和机敏，敬畏生命，善待他人，尊重科学，提高自我保护和判断是非的能力。

（三）提高全民的法律意识

自2003年“非典”疫情以来，有关突发事件（包括突发公共卫生事件）应急处理的相关法律法规颁布了许多，如《突发公共卫生事件应急条例》《突发事件应对法》《传染病防治法》《国家突发公共事件总体应急预案》《国家突发公共卫生事件应急预案》《国家突发公共事件医疗卫生救援应急预案》《国家重大食品安全事故应急预案》《病原微生物实验室生物安全管理条例》《医疗机构传染病预检分诊管理办法》《传染病病人或疑似传染病病人尸体解剖查验规定》《医院感染管理办法》《突发公共卫生事件与传染病疫情监测信息报告管理办法》等。

但是，我们的法律体系还存在不完备的地方，公众的突发事件防范意识和应急知识培养也需要进一步普及。疫情的中后期，许多部门甚至一些无权的单位或组织，也因为种种行为而给疫情防控工作和公众生活带来了不便。这些都说明了一个问题，即急需普及应急法律知识，提高公众的法治意识。所以，建议各地大力普及应急法律知识，无论行政人员、医疗卫生人员还是普通百姓，必须清楚地知道法律是如何规定的，应该怎么做，然后依法去做。

六、突发公共卫生事件发生时必须从严从快惩处的几种违法犯罪行为

突发公共卫生事件发生过程中，有几种违法犯罪行为必须作为从重情节予

以考量，并且从严从快地予以惩处，否则难以有力地震慑违法行为，也难以保障突发事件的处置工作顺利开展。当出现我国《刑法》没有规定或者不适用的情况时，有关机关和部门会根据形势的需要，及时作出依法惩治某些违法行为的决定或解释，以确保法律的正确实施。2003 年我国出台了《最高人民法院、最高人民检察院关于办理妨害预防、控制突发传染病疫情等灾害的刑事案件具体应用法律若干问题的解释》，2020 年 2 月 10 日最高人民法院、最高人民检察院、公安部、司法部（简称“两高两部”）印发了《关于依法惩治妨害新型冠状病毒感染肺炎疫情防控违法犯罪的意见》等。从严从快惩处某些违法犯罪行为，对于快速稳定社会局势，恢复正常社会状态起着非常重要的作用。

（一）涉医违法犯罪行为

伤害医务人员的违法行为平时就频繁发生。为保护医务人员的合法权益，保障正常医疗秩序，2014 年 4 月，最高人民法院、最高人民检察院、公安部、司法部、国家卫生和计划生育委员会联合下发了《关于依法惩处涉医违法犯罪维护正常医疗秩序的意见》。突发公共卫生事件期间，尤其是发生传染性疾病疫情和群体性不明原因疾病时，医务人员冒着生命危险战斗在防控救治的第一线，他们是和平时代的英雄，应受到所有人的尊敬与爱戴。然而，我们却也看到了种种令人发指的伤医行为，如 2019 年新冠肺炎暴发期间，有患者持刀威胁医务人员，有患者故意向医务人员咳嗽、吐口水，也有患者家属故意撕扯医务人员的防护服，等等。

对待类似动机卑劣、手段残忍、危害极大的伤医行为，法律能够做什么呢？2020 年 2 月 7 日，国家卫健委、最高法、最高检、公安部联合印发了《关于做好新型冠状病毒肺炎疫情防控期间保障医务人员安全维护良好医疗秩序的通知》，要求依法严惩疫情期间七类涉医违法犯罪。对犯罪动机卑劣、情节恶劣、手段残忍、主观恶性深、人身危险性大，或者所犯罪行严重危害公共安全、社会影响恶劣的被告人，予以从严惩处，符合判处重刑至死刑条件的，坚决依法判处。这七类涉医违法犯罪情形包括：

(1)殴打、故意伤害、故意杀害医务人员的。

(2)以暴力、威胁等方法非法限制医务人员人身自由，或者公然侮辱、恐吓、诽谤医务人员的。

(3)对医务人员实施撕扯防护用具、吐口水等行为，可能导致医务人员感染新型冠状病毒的。

(4)以暴力、威胁等方法拒不接受医疗卫生机构的检疫、隔离、治疗措施，或者阻碍医疗卫生机构依法处置传染病患者尸体的。

(5)强拿硬要或者故意损毁、占用医疗卫生机构的财物，或者在医疗卫生机构起哄闹事,违规停放尸体,私设灵堂,造成秩序混乱,影响疫情防控工作正常进行的。

(6)非法携带枪支、弹药、管制器具或者爆炸性、放射性、毒害性、腐蚀性物品进入医疗卫生机构的。

(7)其他侵犯医务人员安全、扰乱医疗秩序的情形。

2020年2月10日,"两高两部"又印发了《关于依法惩治妨害新型冠状病毒感染肺炎疫情防控违法犯罪的意见》,其中规定:

(1)在疫情防控期间,故意伤害医务人员造成轻伤以上的严重后果,或者对医务人员实施撕扯防护装备、吐口水等行为,致使医务人员感染新冠病毒的,以故意伤害罪定罪处罚。

(2)随意殴打医务人员,情节恶劣的,以寻衅滋事罪定罪处罚。

(3)采取暴力或其他方法公然侮辱、恐吓医务人员的,符合《刑法》第二百四十六条、第二百九十三条规定的,以侮辱罪或者寻衅滋事罪定罪处罚。

(4)以不准离开工作场所等方式非法限制医务人员人身自由的,符合《刑法》第二百三十八条规定的,以非法拘禁罪定罪处罚。

(二)抗拒应急防控措施的行为

依照法律规定,突发公共卫生事件发生后,突发事件应急处理指挥部有权紧急调集人员、储备的物资、交通工具以及相关设施、设备;必要时,对人员进行疏散或者隔离,并可以依法对传染病疫区实行封锁。需要接受隔离治疗、医学观察措施的患者、疑似患者和传染病患者密切接触者在卫生行政主管部门或者有关机构采取医学措施时,应当予以配合;拒绝配合的,由公安机关依法协助强制执行。在传染病暴发、流行时,街道、乡镇以及居民委员会、村民委员会应组织力量,协助卫生行政部门和其他有关部门、医疗卫生机构做好疫情信息的收集和报告、人员的分散隔离、公共卫生措施的落实工作,向居民、村民宣传传染病防治的相关知识。

突发公共卫生事件,尤其是突发重大事件发生时,应急防控工作是压倒一切的头等大事。所有人员必须服从应急防控管理,抗拒应急防控措施的行为要受到法律的制裁,构成犯罪的要依法从严从快地惩处。针对武汉新冠肺炎疫情期间的抗拒防控违法犯罪行为,2020年2月10日"两高两部"印发的《关于依法惩治妨害新型冠状病毒感染肺炎疫情防控违法犯罪的意见》明确规定:故意传播新型冠状病毒感染肺炎病原体,具有下列情形之一,危害公共安全的,以"以危险方法危害公共安全罪"定罪处罚:已经确诊的新型冠状病毒感染肺炎患者、病原携带者,拒绝隔离治疗或者隔离期未满擅自脱离隔离治疗,并进入公共场所或者公共交通工具的;新型冠状病毒感染肺炎疑似患者拒绝隔离治疗或者隔离期未满擅自脱离隔离治疗,并进入公共场所或者公共交通工具,造成新型冠状病毒传播的;其他拒绝执行卫生防疫机构依照《传染病防治法》提出的防控措施,引起新型冠状病毒传播或者有严重传播危险的,以妨害传染病防治罪定罪处罚;以暴力、威胁方法阻碍国家机关工作人员(含在依照法律、法规规定行使国家有关疫情防控行政管理职权的组织中从事公务的人员,在受国家机关委托代表国家机关行使疫情防控职权的组织中从事公务的人员,虽未列入国家机关人员编制但在国家机关中从事疫情防控公务的人员)依法履行为防控疫情而采取的防疫、检疫、强制隔离、隔离治疗等措施的,以妨害公务罪定罪处罚;暴力袭击正在依法执行职务的人民警察的,以妨害公务罪定罪,从重处罚。

(三)生产销售假劣防控物资行为

我国《刑法》第一百四十一、一百四十二、一百四十五条对生产销售假药劣药、不符合标准的卫生器材等犯罪行为进行了规定,第一百四十条对生产销售伪劣产品的犯罪行为进行了规定。

突发公共卫生事件期间,尤其是传染病疫情暴发期间,将假劣药品、医疗器械、医用卫生材料等提供给救治防疫人员的话,那无疑是对一线抗疫医疗卫生人员生命健康的谋害,也是对公众健康的危害,同时也是对抗击疫情战役的破坏,所以生产销售假劣防控物资的行为属于从重惩处的情形。

按照“两高两部”《关于依法惩治妨害新型冠状病毒感染肺炎疫情防控违法犯罪的意见》的规定,在疫情防控期间,生产、销售伪劣的防治、防护产品、物资,或者生产、销售用于防治新型冠状病毒感染肺炎的假药、劣药,符合《刑法》第一百四十条、第一百四十一条、第一百四十二条规定的,以生产、销售伪劣产品罪,生产、销售假药罪或者生产、销售劣药罪定罪处罚。在疫情防控期间,生产不符合保障人体健康的国家标准、行业标准的医用口罩、护目镜、防护服等医用器材,或者销售明知是不符合标准的医用器材,足以严重危害人体健康的,以生产、销售不符合标准的医用器材罪定罪处罚。

(四)囤积居奇、哄抬物价的行为

危难的时候最能看出人心的善与恶。以 2019 年新冠肺炎疫情为例,在这样一个非常期间,有人奋不顾身地奔赴疫情战场,有人却借疫情制售假货;社会各界慷慨解囊,无私捐献,有人却囤积居奇、哄抬物价,谋取暴利。此时的囤积居奇、哄抬物价行为不仅造成民众防护用品和生活用品的短缺,而且造成恐慌,扰乱民心。对于这种严重扰乱市场、发国难财的违法行为,必须重拳出击,从严从快地惩处,以保障社会的安定有序。

“两高两部”《关于依法惩治妨害新型冠状病毒感染肺炎疫情防控违法犯罪的意见》明确规定:在疫情防控期间,违反国家有关市场经营、价格管理等规定,囤积居奇，哄抬疫情防控急需的口罩、护目镜、防护服、消毒液等防护用品、药品或者其他涉及民生的物品价格，牟取暴利，违法所得数额较大或者有其他严重情节，严重扰乱市场秩序的，以非法经营罪定罪处罚。

（五）故意传播病毒的行为

2019年新冠肺炎重大疫情期间，在全国范围内，发生过多起已经确诊或者疑似感染新型冠状病毒的人拒不服从隔离治疗措施，或者曾经进出疫情高发地区，已出现发热等感染症状，仍然刻意隐瞒甚至进入公共场所，结果造成多人感染的事例，也发现有人往小区的门上、公用电梯、他人轿车车门上吐口水等行为。对于这些有可能将新冠肺炎传播给他人的行为，要根据行为的动机、情节、所造成的后果等，分别予以定罪处罚。例如，按照“两高两部”《关于依法惩治妨害新型冠状病毒感染肺炎疫情防控违法犯罪的意见》，故意传播新型冠状病毒感染肺炎病原体，具有下列情形之一，危害公共安全的，依照《刑法》的规定，以“以危险方法危害公共安全罪”定罪处罚：已经确诊的新型冠状病毒感染肺炎患者、病原携带者拒绝隔离治疗或者隔离期未满擅自脱离隔离治疗，并进入公共场所或者公共交通工具的；新型冠状病毒感染肺炎疑似患者拒绝隔离治疗或者隔离期未满擅自脱离隔离治疗，并进入公共场所或者公共交通工具，造成新型冠状病毒传播的。情节轻微，未造成严重后果，不构成犯罪的，可以予以治安行政处罚。

（六）编造散布虚假信息的行为

在突发事件期间，总有人恶意地编造、散布虚假信息，制造社会恐慌，扰乱社会秩序。对虚假信息案件，要根据违法人的犯罪动机、侵犯的客体、所造成的危害程度等，依法、精准、恰当地处置。对恶意编造虚假疫情信息，制造社会恐慌，挑动社会情绪，扰乱公共秩序，特别是恶意攻击党和政府，借机煽动颠覆国家政权、推翻社会主义制度的，要依法严惩。对于因轻信而传播虚假信息，危害不大的，不以犯罪论处。

针对新冠肺炎重大疫情期间编造散布谣言的行为，“两高两部”《关于依法惩治妨害新型冠状病毒感染肺炎疫情防控违法犯罪的意见》规定：编造虚假的疫情信息，在信息网络或者其他媒体上传播，或者明知是虚假疫情信息，故意在信息网络或者其他媒体上传播，严重扰乱社会秩序的，以编造、故意传播虚假信息罪定罪处罚。编造虚假信息，或者明知是编造的虚假信息，在信息网络上散布，或者组织、指使人员在信息网络上散布，起哄闹事，造成公共秩序严重混乱的，以寻衅滋事罪定罪处罚。利用新型冠状病毒感染肺炎疫情，制造、传播谣言，煽动分裂国家、破坏国家统一，或者煽动颠覆国家政权、推翻社会主义制度的，以煽动分裂国家罪或者煽动颠覆国家政权罪定罪处罚。网络服务提供者不履行法律、行政法规规定的信息网络安全管理义务，经监管部门责令采取改正措施而拒不改正，致使虚假疫情信息或者其他违法信息大量传播的，以拒不履行信息网络安全管理义务罪定罪处罚。

(七)失职渎职、贪污挪用等犯罪行为

"两高两部"《关于依法惩治妨害新型冠状病毒感染肺炎疫情防控违法犯罪的意见》规定：在疫情防控工作中，负有组织、协调、指挥、灾害调查、控制、医疗救治、信息传递、交通运输、物资保障等职责的国家机关工作人员，滥用职权或者玩忽职守，致使公共财产、国家和人民利益遭受重大损失的，以滥用职权罪或者玩忽职守罪定罪处罚。卫生行政部门的工作人员严重不负责任，不履行或者不认真履行防治监管职责，导致新型冠状病毒感染肺炎传播或者流行，情节严重的，以传染病防治失职罪定罪处罚。从事实验、保藏、携带、运输传染病菌种、毒种的人员，违反国务院卫生行政部门的有关规定，造成新型冠状病毒毒种扩散，后果严重的，以传染病毒种扩散罪定罪处罚。国家工作人员，受委托管理国有财产的人员，公司、企业或者其他单位的人员，利用职务便利侵吞、截留或者以其他手段非法占有用于防控新型冠状病毒感染肺炎的款物，或者挪用上述款物归个人使用，符合《刑法》第三百八十二条、第三百八十三条、第二百七十一条、第三百八十四条、第二百七十二条规定的，以贪污罪、职务侵占罪、挪用公款罪、挪用资金罪定罪处罚。挪用用于防控新型冠状病毒感染肺炎的救灾、优抚、救济等款物，符合《刑法》第二百七十三条规定的，对直接责任人员以挪用特定款物罪定罪处罚。

第二节　突发公共卫生事件的应急法律规定

本节所介绍的内容主要是《应急条例》的内容，个别地方涉及《突发事件应对法》《国家突发公共卫生事件应急预案》。

一、突发公共卫生事件的概念

所谓"突发公共卫生事件"，是指突然发生，造成或者可能造成社会公众健康严重损害的重大传染病疫情、群体不明原因疾病、重大食物和职业中毒以及其他严重影响公众健康的事件。分析此概念，至少有五个基本的含义要掌握：一是突然发生，强调事件的突发性；二是事件已经造成或者可能造成公众健康严重损害，强调危害的实际存在或即将发生；三是事件的危害面向社会公众而非特定的某个人；四是造成的损害主要是健康，并且损害严重；五是公共卫生事件，包括重大传染病疫情、群体性不明原因疾病、重大食物中毒、重大职业中毒以及其他严重影响公众健康的事件。

所谓"重大传染病疫情"，是指发生《传染病防治法》规定的传染病或者依法增加的传染病暴发流行的重大疫情。群体性不明原因疾病是指在一定的时间内，某个相对集中的区域内同时或者相继出现多种临床表现基本相似的患者，但又暂时不能明确诊断的疾病。重大食物和职业中毒事件是指危害严重的急性食物中毒和职业中毒事件。其他严重影响公众健康的事件有许多，如放射性危害事件，重大动物疫情事件，因自然灾害、事故灾难或社会安全等事件引起的严重影响公众身心健康的公共卫生事件等。

根据突发公共卫生事件的性质、危害程度、涉及范围，可将事件划分为特别重大（Ⅰ级）、重大（Ⅱ级）、较大（Ⅲ级）和一般（Ⅳ级）四级。

二、突发公共卫生事件的应急方针和原则以及政府责任

根据《应急条例》第五条的规定，突发事件应急工作应当遵循预防为主、常备不懈的方针，贯彻统一领导、分级负责、反应及时、措施果断、依靠科学、加强合作的原则。

县级以上各级人民政府应当组织开展防治突发事件的相关科学研究，建立突发事件应急流行病学调查、传染源隔离、医疗救护、现场处置、监督检查、监测检验、卫生防护等有关物资、设备、设施、技术与人才资源储备，所需经费列入本级政府财政预算。国家对边远贫困地区突发事件应急工作给予财政支持。国务院有关部门和县级以上地方人民政府及其有关部门应建立严格的突发事件防范和应急处理责任制，切实履行各自的职责，保证突发事件应急处理工作的正常进行。

三、突发公共卫生事件的预防与应急准备

任何突发事件的应对都是一个动态发展过程，一般包括预防与应急准备、应急处置与救援、事后恢复和重建等环节。预防与应急准备是防患于未然的阶段，也是应对突发公共卫生事件最重要的阶段，主要包括培养公众突发事件防范意识和普及应急知识，制定应急预案，建立突发事件监测和预警体系，储备物资，建立急救医疗服务网络，培训技术人员的技能等。

（一）培养公众突发事件防范意识和普及应急知识

《突发公共卫生事件应急条例》规定，县级以上人民政府应组织有关部门利用广播、影视、报刊、互联网、手册等多种形式对社会公众广泛开展突发公共卫生事件应急知识的普及教育，宣传卫生科普知识，指导群众以科学的行为和方式对待突发公共卫生事件；充分发挥有关社会团体在普及卫生应急知识和卫生科普知识方面的作用，增强全社会对突发事件的防范意识和应对能力。

2007年生效的《突发事件应对法》第六条规定：国家建立有效的社会动员机

制，增强全民的公共安全和防范风险的意识，提高全社会的避险救助能力。

（二）制定突发公共卫生事件应急预案

应急预案是指为了有效预防、及时控制和消除突发公共卫生事件及其危害，指导和规范各类突发公共卫生事件的应急处理，最大限度地减少突发公共卫生事件对公众健康造成的危害，保障公众身心健康与生命安全而预先制定的工作计划。全国突发事件应急预案的制定由国务院卫生健康行政主管部门按照分类指导、快速反应的要求制定，报请国务院批准。省级人民政府根据全国预案，结合本地实际情况，制定本行政区域的应急预案。

预案应包括以下主要内容：突发事件应急处理指挥部的组成和相关部门的职责；突发事件的监测与预警；突发事件信息的收集、分析、报告、通报制度；突发事件应急处理技术和监测机构及其任务；突发事件的分级和应急处理工作方案；突发事件的预防、现场控制，应急设施、设备、救治药品和医疗器械以及其他物资和技术的储备与调度；突发事件应急处理专业队伍的建设和培训。

（三）建立突发公共卫生事件监测与预警系统

突发事件虽然具有不确定性，但有先兆的可监测性，若能建立完善的监测体系，定期对监测信息进行分析，预测预报可能的危害事件，则能有效地防止突发公共卫生事件的发生，以及做好充分的应急响应，减少突发事件带来的损害。按照《突发事件应对法》第四十一条的规定，县级以上人民政府及有关部门应根据公共卫生事件的种类和特点，建立健全基础信息数据库，完善监测网络，配备专职或兼职人员，对可能发生的突发事件进行监测。按照《应急条例》第十四条、十五条的规定，县级以上人民政府应建立和完善突发事件的监测和预警体系，卫生健康行政主管部门应指定机构负责开展突发事件的日常监测，并确保监测与预警系统的正常运行。根据突发事件的类别，制定监测计划，科学分析、综合评价监测数据，对早期发现的潜在隐患以及可能发生的突发事件及时报告。

为落实《应急条例》的规定，《国家突发公共卫生事件应急预案》明确规定：各级医疗机构、疾病预防控制机构、卫生监督机构和出入境检验检疫机构负责开展突发公共卫生事件的日常监测工作。各级卫生健康行政部门根据医疗机构、疾病预防控制机构、卫生监督机构提供的监测信息，按照公共卫生事件的发生、发展规律和特点，及时分析其对公众身心健康的危害程度、可能的发展趋势，及时作出预警。

预警的级别按照突发事件发生的紧急程度、发展势态和可能造成的危害程度分为一级、二级、三级和四级，分别用红色、橙色、黄色、蓝色标示，一级为最高级别。

（四）应急物资储备

国务院有关部门和县级以上地方人民政府及其有关部门应根据突发事件应

急预案的要求，保证应急设施、设备、救治药品和医疗器械等物资储备。

（五）建立应急处理专业技术机构和急救医疗服务网络

医疗机构、疾病预防控制机构、卫生监督机构、出入境检验检疫机构是突发公共卫生事件应急处理的专业技术机构。发生突发公共卫生事件时，要服从卫生行政部门的统一指挥和安排，开展应急处理工作。

县级以上各级政府应加强急救医疗服务网络的建设，配备相应的医疗救治药物、技术、设备和人员，提高医疗卫生机构应对各类突发事件的救治能力。设区的市级以上地方人民政府应设置与传染病防治工作需要相适应的传染病专科医院，或指定具备传染病防治条件和能力的医疗机构承担传染病防治任务。

（六）加强专业人员的技能培训

应急处理专业技术机构要结合本单位职责，开展专业技术人员处理突发公共卫生事件的能力培训，提高快速应对能力和技术水平。县级以上卫生健康行政部门应定期对医疗卫生机构和人员开展突发事件应急处理相关知识、技能的培训，定期组织医疗卫生机构进行突发事件应急演练，推广最新知识和先进技术。

四、突发公共卫生事件的报告、通报与信息发布

国务院卫生健康行政部门要建立健全重大、紧急疫情信息报告系统，各地要建立健全从省到村的疫情信息网络，严格执行疫情报告制度和信息发布制度。有关单位和人员报送、报告突发事件信息应做到及时、客观、真实，不得迟报、谎报、瞒报、漏报。任何单位和个人均有权向政府或政府部门报告突发事件，有权举报不履行职责或者不按照规定履行职责的政府或政府部门。

（一）突发公共卫生事件的报告

1. 报告责任单位和责任人

按照《国家突发公共卫生事件应急预案》的规定，县级以上各级卫生健康行政部门指定的突发公共卫生事件监测机构、各级各类医疗卫生机构、卫生健康行政部门、县级以上地方人民政府和检验检疫机构、食品监督管理机构、药品监督管理机构、环境保护监测机构、教育机构等有关单位为突发公共卫生事件的责任报告单位。执行职务的各级各类医疗卫生机构的医疗卫生人员、个体开业医生为突发公共卫生事件的责任报告人。

此外，任何单位和个人都有权向国务院卫生健康行政部门和地方各级人民政府及其有关部门报告突发公共卫生事件及其隐患，也有权向上级政府部门举报不履行或不按照规定履行突发公共卫生事件应急处理职责的部门、单位及个人。

2.报告方式和时限

发现下列情形之一的，突发事件监测机关、医疗卫生机构和有关单位应在2小时内向所在地县级卫生健康行政部门报告：发生或可能发生传染病暴发、流行的；发生或发现不明原因的群体性疾病的；发生传染病菌种、毒种丢失的；发生或可能发生重大食物和职业中毒事件的。卫生健康行政部门接到报告后应在2小时内向本级人民政府报告，并同时向上级卫生健康行政部门和国务院卫生健康行政部门报告。县级以上人民政府应在接到报告后2小时向上级汇报，省级人民政府应在接到报告1小时内向国务院卫生健康行政部门报告；国务院卫生健康行政部门对可能造成重大社会影响的突发事件应立即向国务院报告。接到报告的地方人民政府、卫生健康行政部门应立即组织力量对报告事项调查核实、确证，采取必要的控制措施，并及时报告调查情况。

按照《突发公共卫生事件与传染病疫情监测信息报告管理办法》的规定，责任报告单位和责任疫情报告人发现甲类传染病和乙类传染病中的肺炭疽、传染性非典型肺炎、脊髓灰质炎、人感染高致病性禽流感患者或疑似患者时，或发现其他传染病和不明原因疾病暴发时，应于2小时内将传染病报告卡通过网络报告；未实行网络直报的责任报告单位应于2小时内以最快的通信方式（电话、传真）向当地县级疾病预防控制机构报告，并于2小时内寄送出传染病报告卡。2020年1月20日，国家卫健委将新型冠状病毒感染的肺炎纳入法定传染病乙类，采取甲类传染病的预防、控制措施。

对其他乙、丙类传染病患者、疑似患者和规定报告的传染病病原携带者在诊断后，实行网络直报的责任报告单位应于24小时内进行网络报告；未实行网络直报的，应于24小时内寄送出传染病报告卡。县级疾病预防控制机构收到无网络直报条件责任报告单位报送的传染病报告卡后，应于2小时内通过网络进行直报。

（二）突发公共卫生事件的通报

国务院卫生健康行政部门应根据发生突发事件的情况，及时向国务院有关部门和各省级卫生健康行政部门以及军队有关部门通报。突发事件发生地的省级卫生健康行政部门应及时向毗邻省级卫生健康行政部门通报。接到通报的主管部门必要时应及时通知本行政区域内的医疗卫生机构。

县级以上地方人民政府有关部门面对已经发生或者发现可能引起突发事件的情形时，应及时向同级卫生健康行政部门通报。

（三）突发公共卫生事件的信息发布

按照《应急条例》的规定，国家建立突发事件的信息发布制度。国务院卫生健康行政部门负责向社会发布突发事件的信息，必要时可以授权省级卫生健康行政部门向社会发布本行政区域内突发事件的信息。信息发布应当及时、准确、全面。

按照《突发公共卫生事件与传染病疫情监测信息报告管理办法》的规定，突发公共卫生事件和传染病疫情发布内容包括：突发公共卫生事件和传染病疫情的性质、原因；突发公共卫生事件和传染病疫情发生地及范围；突发公共卫生事件和传染病疫情的发病、伤亡及涉及的人员范围；突发公共卫生事件和传染病疫情处理措施和控制情况；突发公共卫生事件和传染病疫情发生地的解除。

五、突发公共卫生事件的应急处理与救援

（一）成立应急处理指挥部

突发事件发生后，国务院应设立全国突发事件应急处理指挥部，由国务院有关部门和军队有关部门组成，国务院主管领导人担任总指挥，负责对全国突发事件应急处理的统一领导、统一指挥。

同样，行政区域内发生突发事件后，省、自治区、直辖市人民政府应成立地方突发事件应急处理指挥部，省、自治区、直辖市人民政府主要领导人担任总指挥，负责领导、指挥本行政区域内突发事件的应急处理工作。

（二）启动应急预案

突发事件发生后，由卫生健康行政部门组织相关的专家对突发事件作出综合评估，初步判断突发事件的类型，根据事件的类型和严重程度等提出是否启动突发事件应急预案的建议。

经专家论证评估之后，认为需要启动应急预案的，如果是在全国范围内或者跨省、自治区、直辖市范围内启动全国突发事件应急预案，应由国务院卫生健康行政部门报国务院批准后实施。省、自治区、直辖市启动突发事件应急预案，由省、自治区、直辖市人民政府决定，并向国务院报告。

（三）各部门服从指挥、相互配合

应急预案启动后，突发事件发生地的人民政府有关部门应当根据预案规定的职责要求，服从突发事件应急处理指挥部的统一指挥，立即到达规定岗位，采取有关的控制措施。突发事件应急处理的专业技术机构负责突发事件的技术调查、确证、处置、控制和评价工作。医疗卫生机构、监测机构和科学研究机构应当服从突发事件应急处理指挥部的统一指挥，相互配合、协作，集中力量开展相关的科学研究工作。

（四）调集人员和保证物资供应

根据突发事件应急处理的需要，应急处理指挥部有权紧急调集人员、储备的物资、交通工具以及相关设施、设备。国务院有关部门和县级以上地方人民政府

及其有关部门应保证应急处理所需的医疗救护设备、救治药品、医疗器械等物资的生产、供应。铁路、交通、民用航空行政主管部门应当保证及时运送。

县级以上各级人民政府应提供必要资金,保障因突发事件致病、致残的人员得到及时、有效的救治。

(五)采取必要的应急反应措施

按照《应急条例》的规定,突发公共卫生事件发生后,突发事件应急处理指挥部根据突发事件应急处理的需要,可以对食物和水源采取控制措施。

县级以上卫生健康行政部门应对突发事件现场等采取控制措施,宣传突发事件防治知识,及时对易受感染的人群和其他易受损害的人群采取应急接种、预防性投药、群体防护等措施。参加突发事件应急处理的工作人员应当按照预案的规定,采取卫生防护措施,并在专业人员的指导下进行工作。

传染病暴发、流行时,街道、乡镇以及居民委员会、村民委员会应当组织力量,协助卫生健康行政部门和其他有关部门、医疗卫生机构做好疫情信息的收集和报告、人员的分散隔离、公共卫生措施的落实工作,向居民、村民宣传传染病防治的相关知识。

交通工具上发现需要采取应急控制措施的传染病患者、疑似传染病患者时,其负责人应当以最快的方式通知前方停靠点,并向交通工具的营运单位报告。前方停靠点和营运单位应立即向交通工具营运单位行政主管部门和县级以上卫生健康行政部门报告。卫生健康行政部门接到报告后,应立即组织有关人员采取相应的医学处置措施。对传染病患者密切接触者,应由交通工具停靠点的县级以上卫生健康行政部门或者铁路、交通、民用航空行政主管部门根据各自的职责,依法采取控制措施。

《应急条例》对于事件发生后的应急反应措施作了上述比较笼统的规定。2006 年发布的《国家突发公共卫生事件应急预案》就各级人民政府、卫生健康行政部门、医疗机构、疾病预防控制机构、卫生监督机构、出入境检验检疫机构的应急反应措施作了非常详细的规定。限于篇幅限制,这里不作介绍,实践中,一旦发生突发公共卫生事件必须遵守其具体规定。

(六)现场调查采样和技术指导

国务院卫生健康行政部门或其他有关部门指定的专业技术机构有权进入突发事件现场进行调查、采样、技术分析和检验,对地方突发事件的应急处理工作进行技术指导,有关单位和个人应予以配合;任何单位和个人不得以任何理由予以拒绝。

省级以上卫生健康行政部门或其他有关部门指定的突发事件应急处理技术机构负责突发事件的技术调查、确证、处置、控制和评价工作。

对新发现的突发传染病、不明原因的群体性疾病、重大食物和职业中毒事件，国务院卫生健康行政部门应尽快组织力量制定相关的技术标准、规范和控制措施。

(七)医疗救护和现场救援

医疗卫生机构应当对因突发事件致病的人员提供医疗救护和现场救援，对就诊患者必须予以接诊治疗，并书写详细、完整的病历记录；对需要转送的患者，应按照规定将患者连同病历记录的复印件转送至接诊的或者指定的医疗机构。

有关部门、医疗卫生机构应当对传染病做到早发现、早报告、早隔离、早治疗，切断其传播途径，防止扩散。

在突发事件中需要接受隔离治疗、医学观察措施的患者、疑似患者和传染病患者密切接触者在卫生健康行政部门或有关机构采取医学措施时应当予以配合；拒绝配合的，由公安机关依法协助强制执行。

六、突发公共卫生事件的善后处理

《应急条例》没有规定突发公共卫生事件的善后处理，2006 年的《国家突发公共卫生事件应急预案》作了具体规定，包括后期评估、奖励与责任、抚恤和补助、征用物资和劳务的补偿等。

(一)后期评估

突发公共卫生事件结束后，各级卫生健康行政部门应在本级人民政府的领导下，组织有关人员对突发公共卫生事件的处理情况进行评估。评估内容主要包括事件概况、现场调查处理概况、患者救治情况、所采取措施的效果评价、应急处理过程中存在的问题和取得的经验及改进建议。评估报告上报本级人民政府和上一级卫生健康行政部门。

(二)奖励与责任追究

县级以上人民政府人事部门和卫生健康行政部门应对参加突发公共卫生事件应急处理做出贡献的先进集体和个人进行联合表彰；民政部门对在突发公共卫生事件应急处理工作中英勇献身的人员，按有关规定追认为烈士。

对在突发公共卫生事件的预防、报告、调查、控制和处理过程中，有玩忽职守、失职、渎职等行为的，依据《突发公共卫生事件应急条例》及有关法律法规追究当事人的责任。

(三)抚恤和补助

地方各级人民政府要组织有关部门对因参与应急处理工作致病、致残、死亡的人员，按照国家有关规定给予相应的补助和抚恤；对参加应急处理一线工作的专业技术人员应根据工作需要制订合理的补助标准，给予补助。

(四)征用物资和劳务的补偿

突发公共卫生事件应急工作结束后，地方各级人民政府应组织有关部门对应急处理期间紧急调集、征用有关单位、企业、个人的物资和劳务进行合理评估，给予补偿。